T5-BQA-230

A DOCUMENTARY HISTORY OF THE JEWS IN ITALY

XV

EDITED BY

SHLOMO SIMONSOHN

THE DIASPORA RESEARCH INSTITUTE
TEL AVIV UNIVERSITY

STUDIA POST-BIBLICA

GENERAL EDITOR
DAVID S. KATZ (Tel Aviv)

VOLUME 48,4

THE JEWS IN GENOA

BY

ROSSANA URBANI

AND

GUIDO NATHAN ZAZZU

VOLUME TWO

1682-1799

BRILL
LEIDEN · BOSTON · KÖLN
1999

The preparation and publication of this volume were made possible by a grant from the Memorial Foundation for Jewish Culture.

The paper in this book is printed on acid-free paper.

ISSN 0169-9717
ISBN 90 04 11326 6

PRINTED IN THE NETHERLANDS

Contents

Preface

The present volume is the fifteenth of my *Documentary History of the Jews in Italy*, and the second and last of the *Jews in Genoa* by Guido Nathan Zazzu and Rosanna Urbani. It also represents volume 135 of the Publications of the *Diaspora Research Institute*, The School of Jewish Studies, Tel Aviv University.

Like its predecessor, this volume is based on the historical records preserved in the archives of Genoa. It deals with the history of the Jews there in the last quarter of the seventeenth century and in the eighteenth century.

Shlomo Simonsohn

Tel Aviv University, 1999

958

Genoa, 20 January 1682

Source: A.S.G., Notaio Francesco Maria Cambiaso, filza 4.

Luca Airolo lets to Jacob Del Mare, son of the late Abram, and Emanuele Coen, son of the late Gionata, a house located near the church of San Giorgio for 2 years, at the rate of 325 pounds per year.

959

Genoa, 21 January 1682

Source: A.S.G., Archivio Segreto, n. 1661, Politicorum.

Note found in the calice *of the Lesser Council, read to the* Collegi *and forwarded to the Jewish Deputies. It contains accusations against the Jews and complaints about the fact that Jews are allowed to sleep in Christian houses, as there is no ghetto.*

Note: From this time on the petitions from the citizens to build a ghetto increase. Officially, having been destroyed after the Jews were requested to leave Genoa as per the 1679 decree, there is no reason for a ghetto to exist. The Jews in town after the date of the decree must have residence permits which are granted for various lengths of time and must be renewed each time they expire.

960

Genoa, 26 February–10 December 1682

Source: A.S.G., Archivio Segreto, n. 1390.

The Collegi *grant residence permits for various lengths of time to the following Jews:*
Abram Sarfatti from Venice;
Beniamino Lopez from Florence;
Jacob Del Mare, and his wife Allegra;
Abram Del Mare;
Angelo Del Mare;

Salomon and Anna Cabiglio;
Isac Cagli;
Raffael and Ricca Pansier;
Samuel Pansier;
Lazzaro Pansier;
Samuele and Anna Campagnano from Rome;
Said Cabib;
Samuel Vais Pegna;
Abram Vais Pegna;
Judah Mendes Pegna;
Abram Lusena;
Mosè Lusena;
Isach Machiado;
Isac Vais Pegna;
Giuseppe Vais Pegna;
Raffael Aio;
Mattatia Sarfatti.

961

Genoa, 8 March 1682

Source: A.S.G., Notaio Silvestro Merello, filza 7.

Jacob Del Mare, son of the late Abram, appoints Mosè and Efraim Cassuto of Leghorn his attorneys, in order to collect from Pietro Giovanni Basso of Finale, patrono della nave Nostra Signora del Carmine, *570 pounds (as per the deed dated 4 November 1681 notarized by C. Merello) bottomry, including 6% interest, for a journey to and from Sicily. Another deed dated 2 June records the payment by Pietro Giovanni Basso to Jacob Del Mare of 390 pounds, as settlement of previous dealings.*

Note: See above, Docs. 946, 951.

Bibliography: On Mosè Cassuto (Cafsuto), see Toaff, *Livorno e Pisa*, p. 705.

962

Genoa, 25 April 1682

Source: A.S.G., Notaio Silvestro Merello, filza 7.

Giovanni Carlo Morando, son of the late Isach Enriquez, a Jew, attorney of Rachele, widow of Isac, and her son Abram (with right of substitution), appoints Pasquale Molinari deputy attorney.

Note: In a deed dated 15 April 1683 Giovanni Carlo Morando recognizes in the person of Pasquale Molinari his new attorney. See *Notaio Silvestro Merello*, filza 8.

963

Genoa, 11 May 1682

Source: A.S.G., Notaio Silvestro Merello, filza 7.

Jacob Del Mare appoints Giovanni Battista Bonafede his attorney to collect from Emanuel Coen or his representatives 11 gold scudi *at on the Easter Fair to be held in Novi, as per the note signed by Coen.*

964

Genoa, 22 May 1682

Source: A.S.G., Senato, Diversorum Collegi, n. 154.

The Collegi *grant David Mendes Telles several residence permits (without having to wear the badge), provided that he does not go out at night and reports his lodgings and change of address, if any.*

965

Genoa, 25 May 1682

Source: A.S.G., Notaio Francesco Maria Cambiaso, filza 4 .

The notary certifies that the Uditori della Rota Civile *grant Jacob Del Mare, son of the late Abram, licence to distrain 450 pounds for 25 dozen gloves which Alessandro Ponzello was supposed to sell in Spain.*

966

Genoa, 10 June 1682

Source: A.S.G., Archivio Segreto, n. 2201 ter, Lettere di ministri.

A letter by Giovanni Battista Spinola to Paolo De Marini, Genoese diplomat at the court of the King of France, informing him that two footmen of Saint Olon, Inviato Straordinario *of the King of France, Louis XIV, in Genoa, killed a converted Jew. The murder was ordered by a Spanish Jew from Antibes called Bueno, part of Saint Olon's entourage in his capacity as banker.*

1. Questa mattina la famiglia del Signor di S. Olon ha cominciato a far delle sue, con un caso delli più horridi che si possino nominare. Due suoi staffieri francesi verso l'oratorio di S. Donato hanno chiamato di sua casa un giovane hebreo fatto christiano e tenuto al sacro fonte dalla Signora Anna Spinola del fu Domenico Doria, come ben potete ricordarvi, et a colpi di spade, due di pistola, l'hanno barbaramente trucidato et à pena ha potuto invocare il nome di Gesù protestando di morire Christiano. Questo fatto ha alzato una gran commotione fra tutto il popolo contro le nationi et ogn'uno ne discorre variamente. Il più certo è che un hebreo spagnolo, che sta in Antibbo ed ora viveva in casa del Signor di S. Olon, nemico del detto giovane, si sii valso delli detti staffieri per farlo assassinare. Sino a' quest'hora il Signor di S. Olon non haveva fatto fare ancora alcuna imbasciata a' Palazzo....

2. *From a deed dated 13 June 1682 it can be inferred that the converted Jew called Domenico Doria had been murdered by mistake following Bueno's order. Bueno had in fact mistaken Angelo Domenico Doria for Gio.*

Morando, a converted Jew himself, brother of Abram Enriquez, Rabbi of Nice, in Provence. Morando had received a letter from Nice, warning him to be careful as Bueno was going to Genoa and had said to volergliela fare. *Bueno wanted revenge: he killed his own wife, pregnant with Morando's brother's child, and wounded Morando. Bueno changed his name to Ambrosio or Isac, and talking with Angelo Domenico the previous day, had said not to let people know he was Jewish. Angelo reassured him he would not and explained that* se in Genova si fosse saputo, l'havrebbero abbruggiato vivo.

Note: See below, Doc. 967 and also *Archivio Segreto*, n. 2752 b.

967

Genoa, 22 July 1682

Source: A.S.G., Notaio Silvestro Merello, filza 7.

As requested by the Mother Superior of the Maestre Medee *(a Genoese Order of Nuns), Nicoletta Machiavelli states that the nuns fed the late Angelo Domenico Doria, a converted Jew, for 2 years, at the rate of 500 pounds per year. This price included his lodgings. The nuns still claim 412 pounds for food, lodgings and funeral expenses, amounting to 89.3.4 pounds. Nicoletta's testimony (she knows these things because she works as a servant for the nuns) is followed by that of another servant's. The deed was drawn up at the* Maestre Medee's, hora vigesima quarta, opportunis luminibus accensis.

Note: See above, Doc. 966.

968

Genoa, 1 September 1682

Source: A.S.G., Archivio Segreto, n. 1390.

A Senate vote whereby a civil, real and personal safe-conduct is granted for a year to Angelo Finzi, a Jew from Massa.

969

Genoa, 27 October 1682

Source: A.S.G., Notaio Silvestro Merello, filza 7.

Agostino Pallani and Giacomo Lercari, from the ship Nostra Signora del Carmine, *owe Jacob Del Mare 187 pounds for chocolate, and another sum for 60 ounces of fine grain to be sold at no less than 40 pounds per ounce during the voyage from Genoa to Spain. The settlement is recorded on 6 May 1683.*

970

Genoa, 27 November 1682

Source: A.S.G., Senato, Diversorum Collegi, n. 154.

The Collegi, *having ascertained the illness of the Deputies of the Jewish community, entrust another person with the task for the current month.*

971

Genoa, 4 December 1682

Source: A.S.G., Senato, Diversorum Collegi, n. 154.

The permit for Raffael Pansier and his family is renewed for one year. On 30 December a one-year permit is renewed for Raffaele Aio and his family.

972

Monterosso, 1 February 1683

Source: A.S.G., Archivio Segreto, n. 1390.

The Podestà *of Monterosso informs the Protectors of the Jewish community that David Cogna from Pisa was arrested for not wearing the badge in Lerici. The Protectors order that he be freed on bail.*

973

Genoa, 6–22 September 1683

Source: A.S.G., Senato, Diversorum Collegi, n. 155.

The Collegi *grant David Mendes Teghier and his servant permission to stay in town without the badge for 15 days; a further eight-day licence is then granted.*

974

Genoa, 12 October–23 December 1683

Source: A.S.G., Senato, Diversorum Collegi, n. 155.

Gio. Luca Maggiolo petitions the Collegi *and is granted permission to call Abraham, son of Matatia Sarfatti, expert in sublimates, from Venice for one year. His workshop master had died.*

1. Serenissimi Signori
Il Magnifico Gio. Lucca Maggiolo ottenne privileggio privativo "quoad omnes" di poter far fabricare nella presente città li solimati, et a tal'effetto hà eretto la fabrica di presente nella vicinanza del muolo, et essendo mancato il maestro di detta opera, e perche non andasse in dispersione con danno suo proprio et anche del publico, è stato constretto far venire da Venetia Abraham de Matattia Sarfatti, hebreo, molto prattico e versato in detto mestiere. E perche pare v'osti qualche decreto od ordine per la continuata permanenza od habitatione in la presente città, si supplica pertanto humilmente Vostre Signorie Serenissime restar servite a concedere che possa detto Abraham con sua famiglia e lavoranti habitare in detta fabrica, eretta dal detto Magnifico Maggiolo, con sua famiglia e lavoranti detti sopra, e continuare alla fabrica de sodetti solimati e con quelli privileggi e forme concesse a detto Magnifico Gio. Lucca, e detto tanto, le giova sperare dalla somma begninità di Vostre Signorie Serenissime.....

2. *The* Collegi *grant a residence permit on certain conditions*. Si permette a detto Matatia Sarfatti poter dimorare nella presente città per un anno, portando il solito segno nel capello in tutto come viene supplicato, mentre

non occorra in contrario agli Illustrissimi et Eccellentissimi Deputati alla natione ebrea.

3. *On 23 December 1683, the Deputies of the Jewish community ratify the decree.* Gli Illustrissimi et Eccellentissimi Agostino Spinola e Luca Maria Invrea, Deputati alla nazione hebrea, visto il soprascritto decreto di proroga concesso a detto Matatia, dichiarano che a loro Eccellenze non occorre in contrario in tutto alla forma del decreto, con condizione però che l'istesso Matatia non passeggi per la presente citta suonate le ventiquattr'hore, che debba denonciare la sua habitazione e portare il solito segno nel capello. E contravenendo alle sudette cose o' alcuna di esse resti privo del beneficio del sudetto decreto.

4. *On the same day, it is certified that Gio. Luca Maggiolo has reported Matatia's address.* Il Magnifico Gio. Luca Magiolo a nome di detto Mattatia denoncia l'habitatione del medesimo Mattatia qual dice essere in una casa di esso Magiolo posta al molo nelVicolo della Celsa, ove si fabricano li solimati......

Bibliography: For further information on Abram Sarfatti and his activities, see Balletti, *Gli Ebrei e gli Estensi*, p. 150; Israel, *Gli ebrei d'Europa nell'età moderna*, p. 230; Mortara, *Indice alfabetico dei Rabbini e Scrittori Israeliti di cose giudaiche in Italia*, p. 70. On Luca Maggiolo, see Costantini, *La Repubblica di Genova*, p. 386; Urbani, *Nuovi documenti*, p. 207.

975

Genoa, 15 October 1683

Source: A.S.G., Senato, Diversorum Collegi, n. 155.

Isach Cagli, a Jew from Leghorn, asks the Collegi *for permission to stay in town for 3 months, instead of the 3 days allowed by the* Magistrato della Consegna, *in view of his merchandise in the free port. He is granted a one-month permit.*

Note: See below, Docs. 978, 979.

976

Genoa, 27 October 1683

Source: A.S.G., Senato, Diversorum Collegi, n. 155.

The Collegi *grant a two-year permit extension to Jacob Del Mare and Raffael Pansier and their families. On 28 December Agostino Spinola and Luca Maria Invrea, Deputies of the Jewish community, list the usual conditions for their stay and specify that a specially appointed officer will close their door every night and open it again in the morning and that their address must be notified. Raffael Pansier states that he lives at Onofrio Ponte's house, in Piazza dei Tessitori, number 184.*
The same two-year extension is recorded in Archivio Segreto n. 1390, *where the names Solomon Campagnano and Solomon Cabiglio are also noted. The latter lives at the end of Coltelleria, in Luca Airolo's house, at number 2. The same document, dated 28 December, records the conditions set forth by the Deputies as regards Raffael Pansier's stay.*

Note: See below, Doc. 998.

977

Genoa, 10 December 1683

Source: A.S.G., Archivio Segreto, n. 1390.

Vote by the Collegi *granting Said Cabib and his family permission to live in Genoa for another 2 years as he deals with salt imported from Tripoli in Barbary. This is granted provided the Protectors have no objection.*

Note: See above, Doc. 936.

978

Genoa, 13 December 1683

Source: A.S.G., Senato, Diversorum Collegi, n. 155.

The Collegi *grant the families of Samuel Vais Pegna and Abram Lusena permission to stay for another 5 years, in consideration of the profits to the tax office and the trade with the East. Their petition is at first confused with those of Isach Cagli and Isach Levi Soncino, to whom five-year licences are granted.*

Note: See Docs. 975, 979.

979

Genoa, 13 December 1683

Source: A.S.G., Senato, Diversorum Collegi, n. 155.

Isach Cagli asks the Collegi *permission to live in town for another 2 years for business purposes. Permission is granted for 3 months.*

Note: See above, Docs. 975, 978.

980

Genoa, 14 December 1683

Source: A.S.G., Senato, Diversorum Collegi, n. 155.

A two-year extension is granted by the Collegi *to the families of Raffael Pansier and Salomon Campagnano.*

981

Genoa, 14 December 1683

Source: A.S.G., Senato, Diversorum Collegi, n. 155.

Emanuele Coen and his brothers Abram and Jacob, his wife Buonafiglia, and his son Mosè, are granted permission to stay for another 2 years, provided that he wears the badge, does not walk through town after midnight, reports his home address, and has his door locked by an appointed person every night and opened again in the morning. On 29 December it is certified that Emanuele lives at number 2, Coltelleria, in Gio. Luca Airolo's house.

Note: See Docs. 957, 1021.

982

Genoa, 17 December 1683

Source: A.S.G., Senato, Diversorum Collegi, n. 155.

The Collegi *grant Isach Levi Soncino, his wife Zaffira, his children Samaria and Nauctarè, permission to stay nother 2 years, provided they wear the badge and do not go out at night.*

983

Genoa, 22–23 December 1683

Source: A.S.G., Archivio Segreto, n. 1390.

The Protectors of the Jewish community order Said Cabib to be released from jail, bail having been paid by Gio. Luca Maggiolo. Cabib had been taken to prison to ascertain whether he had a permit.

Note: Probably Cabib did not have the permit with him, as it had been granted to him on 10 December. See above, Doc. 977.

984

Genoa, 6 April 1684

Source: A.S.G., Magistrato delle Comunità, n. 304.

The Magistrato delle Comunità *forwards to the Senate for approval the new Charter and addenda on the annual* etrog *harvest sent by the Agents in Bordighera. The Agents ask to be the sole authority appointed to set* etrog *prices, to keep* etrogim *from being sold to Italian and German Jews at low prices, since it would be detrimental to the poor, who would then be forced to sell at lower prices.*

985

Genoa, 22 April 1684

Source: A.S.G., Archivio Segreto, n. 1390.

The Protectors of the Jewish community order the Podestà *of Lerici to release on bail Aronne Arovas, seized because he was not wearing a badge and had robbed another Jew.*

986

Genoa, 25 May 1684

Source: A.S.G., Magistrato di Guerra e Marina, n. 1178, doc. 522.

The Deputazione *(probably of the Jewish community) grants free passports for the entire Dominion of the Republic to the following Jews, who may chose not to wear the badge: Salvator Tieve, Raffael Pansier, Salomon Cabiglio, Salomon Campagnano, Emanuele Coen, Raffael Aio, Samuel Vais, Abram Lusena, Said Cabib. The permit is extended to their families and property.*

Note: This and other favourable measures may be connected to the tragic situation in the town, which was bombed for 5 consecutive days (from the evening of 17 to 22 May) by the fleet of the King of France, Louis XIV.

987

Genoa, 4 June 1684

Source: A.S.G., Magistrato di Guerra e Marina, n. 1179.

Giovanni Battista Saluzzo, a converted Jew, and his family are granted a free passport throughout the Dominion.

988

Genoa, 9 June 1684

Source: A.S.G., Rota Criminale, filza n. 30.

Samuel and Abram Vaiz Pegna give the Rota Criminale *a list of all the items missing from their house, located in Piazza dell'Olmo. The robbery is connected to the bombing of Genoa. The Jews swear* tacto calamo. *The four-story house was damaged by fire. Among the missing items are furniture, chairs, a walnut bed, cotton and silk drapes, bedclothes, blankets, towels, coffers, a case of woman's hats, a basket of various women's hair accessories men's and women's woolen and silk clothes, corals, 2 framed mirrors and several brass chandeliers, many reading and writing books, many large and small Hebrew, Latin Vulgate, and Spanish books as well as* una cassa d'Inghilterra di coio negro, tutta con bolle, nella quale v'erano quattro Bibie e diversi libri ebraici, et una di queste Bibie era con guarnizione d'argento e brocato.

Note: See below, Doc. 991.

989

Genoa, 10 July 1684

Source: A.S.G., Magistrato di Guerra e Marina, n. 1179.

Samuel Vais Pegna and Abram Lusena and their families can stay in Genoa for the entire month of August without wearing the badge.

990

Genoa, 12 July 1684

Source: A.S.G., Notaio Gio. Agostino Savignone, filza 37.

Calman Trucher, Samuel Polach, Elias Chugenheim and Erz Buchsbaum form a company for the sale of palms and etrogim. *The deed is ratified and is witnessed by Calman and Samuel. The company is established for 20 years.*

No partnership with Christians or Jews is allowed. The profits are to be given to Fraim (Efraim) Levita il vecchio, *previously part of the company, according to the shares fixed by the Rabbis.* Etrogim *and palms must be delivered to Frankfurt to two persons, one chosen by Elias and Samuel, the other by Calman and Erz. The* etrogim *and palms required by the Jews in Frankfurt shall be stored in Erz's house. Any dispute is to be settled by Rabbi Joseph Taor. Profits are to be divided equally. The Jews swear* tacto calamo*and on the* Brei *book (perhaps Bereshit). The deed is ratified in Domenico Mattone's house. On 5 August, the parties, acknowledging the expenses incurred for the journey from Frankfurt to Genoa and San Remo, decide that* dalli guadagni che faranno dal detto negozio si dovranno ad ognuno di loro bonificare quello che obiettivamente giureranno aver speso.

Bibliography: Urbani-Figari, *Considerazioni*, pp. 333–334.

991

Genoa, 28 September–28 November 1684

Source: A.S.G., Senato, Atti, n. 2607.

The Senate grants Samuel Vais Pegna a civil, general and personal moratorium for one year, notwithstanding negotiations started with the Dominion and opponents, following his request whereby he declares he has suffered damages from bombs and theft.

Serenissimi Signori.
Samuel Vais Pegna ebreo rappresenta umilmente a Vostre Signorie Serenissime esserle stata rovinata e incendiata non solo dalle bombe la sua casa ove habitava, ma anche da ladri, a segno tale che è la distruzione di tutta la sua casa e famiglia, havendo perso tutte le sue sostanze ch'erano di qualche rillievo. E trovandosi qualche debito civile a cui non può compire, atteso la necessità in quali è adesso constituito quando e altro era poverisimo a compire e sodisfare ogn'uno, et havendo altresì molti crediti da' riscuotere e robe sparse da recuperare, supplica la somma begninità di Vostre Signorie Serenissime umilmente supplicarle concederle salvacondotto civile, generale e personale per un'anno, escluso li opponenti. Per il che per essere Vostre Signorie Serenissime padri

compassionevoli, spera il sudetto supplicante che sarà compatito il suo stato e gratiato della richiesta grazia e le fo profondissima riverenza......

Note: See above, Doc. 988.
Bibliography: Urbani, *Nuovi documenti*, p. 207.

992

Genoa, 15–30 November 1684

Source: A.S.G., Archivio Segreto, n. 1390.

The Protectors of the Jewish community order Matteo Valle to be arrested, having beaten Samuel Vais and Abram Luzena with a stick.

993

Genoa, 26 December 1684

Source: A.S.G., Senato, Atti, n. 2607.

Abram Zarfatti (Sarfatti) requests the permission of the Serenissimi Signori *to* mostrar maniera facille d'levar la terra, pietra e calce *and transfer them more easily and rapidly with handcarts, so that the fort at the Cava can be built* con piu espediente. *He further requests a charter for 2 years and a sum in proportion to his invention. His request is considered.*

Serenissimi Signori.
Vigilando io Abram Zarfatti ebreo e conssiderando nella diffesa della presente citta, per avanti o' racordato qualche particolarita nel Magistrato Eccellentissimo di Guera in proposito della zatta gia fabricata acio sia in tutto preffetionata, et ora devo rapresentarmi d'avanti questo Serenissimo Trono a fin che sia fabricato con piu espediente il forte che alla Cava tutta via si travaglia. E cio m'offerisco di mostrar maniera facille di levar la terra, pietre e calce e trasportarli d'un loco a' l'altro con molto meno dispendio e con assai piu brevita del tempo determinato, cio è con careti da mano. Desiderando che per doi anni abbi a godere io sollo, o' chi aveva causa da me, previlegio di servirssene in questa cita de similli careti in interesse del

privato che pertanto, quanto all'pubblico interesse per il bisogno che stimerei al presente vi sia nell'fabricar il predetto forte della Cava o' che vi fosse in altro posto, mi esebisco pronto in eseguire quelli ordini mi sarano comessi, et impiegar mia persona per quella paga che parera a Vostre Signorie Serenissime riguardo il sparanio d'tempo e dinari che per mezzo di questa mia nova introdutione infferiva al publico dispendio, poi che quela quantita d'terra che un omo portera nella coffa in tre o' quattro volte, la portera in detto careto in una sol volta.

Bibliography: Urbani, *Nuovi documenti*, p. 207.

994

Genoa, 5 February 1685

Source: A.S.G., Archivio Segreto n. 1390.

The Republic of Genoa decrees the expulsion of the Jews from the Dominion.

Note: The decree has not been traced to date. The information is gathered from a document dated 9 July 1692, in which the *Giunta di Giurisdizione* asks the Lesser Council whether the Jewish community should be included in the free port declaration of 1690, since Jews are allowed in Genoa only with personal temporary residence permits.

Note: See below, Docs. 1002, 1003, 1041.

995

Genoa, 13 February 1685

Source: A.S.G., Senato, Atti, n. 2609.

The Senate grants a civil, real and personal moratorium to Isach Uzielli, a Jew from Sarzana, for one year.

996

Genoa, 13 March–25 May 1685

Source: A.S.G., Senato, Litterarum, n. 884.

Samuel Vais Pegna and Abram Lusena appeal to the Serenissimi Signori *as, having been ordered to leave the town, they wish to show that they can stay thanks to a decree of December 1683 (Doc. 978). They remind the* Serenissimi Signori *about the damage suffered from the bombs, their good behaviour, and the money paid to the tax office. The* Collegi, *in view of the previous permit, forward to the* Giunta di Giurisdizione *the decree and the Jew's requests. Permission to stay for another year is granted on certain conditions.*

1. *13 March 1685. Vais Pegna and Lusena's petition is read to the* Collegi.

Serenissimi Signori.
Corre il secondo anno che le due famiglie de mercatanti ebrei Samuele Vais Pegna et Abram Lusena fecero ricorso a Vostre Signorie Serenissime esponendo come si ritrovavano in precisa obligatione di andar pensando così a ristringere i loro interessi, come a' non impegnarsi in nuove negotiationi, stante la terminatione del tempo prescritto alla loro dimora in questa città, et ottennero da Vostre Signorie Serenissime benigno rescritto col quale loro promisero il continuare questa medesima residenza per un intiero quinquennio, come dal decreto de 13 dicembre 1683 che presentano. Sopra la buona fede di una tal concessione hanno questi moltiplicato le loro negotiationi et impieghi et hora si trovano non solo spossessati di buona parte del loro patrimonio, ma' inoltre impossibilitati per le stretezze de correnti tempi a' ristringerlo, oltre gl'eccessivi danni da loro patiti nell'abbrugiamento di tutto il mobile seguito a' causa delle ostilità ultimamente praticate contro questa città, quando si sono sentiti intimare per comandamento di Vostre Signorie Serenissime la partenza da questa città e Dominio.
Da queste insinuationi vivamente sorprisi gl'esponenti considerando che se fussero state rappresentate a' Vostre Signorie Serenissime le loro ragioni non sarebbono rimaste persuase dell'accennata deliberatione sulla fiducia di non aver li supplicanti data occasione alcuna di doglianza delle loro persone e modo di vivere, che anzi dalli estratti delle Doane ben si riconosce essere stati di rilevantissimo profitto a' pubblici introiti. Si sono tenuti in obligo ricorrere al riveritissimo Trono di Vostre Signorie Serenissime umilmente supplicarle di non permettere che sotto la pubblica

fede delle espresse loro concessioni vengano a' patire un totale eccidio de loro beni, rimarcabili nelle angustie de correnti tempi, come di niuna speranza quando essi fussero astretti a' partire in sì fatta contingenza, anzi confermandole la gratia una volta loro accordata, ciò che sperano in seguimento della somma giustitia et impareggiabile benignità di Vostre Signorie Serenissime alle quali profondamente s'inchinano.......

2. *Presentation of the decree dated 13 December 1683, granting the Vais Lusena families permission to stay in town for 5 years. The decree is confused with the petition presented on the same date by Isach Cagli and Isach Levi Soncino.*

Serenissimi Signori.
Aprosimandosi il termine prescritto alle due famiglie d'hebrei Samuel Vais Pegna e Abram Lusena, mercadanti, per la loro dimora nella presente città, e corendo loro l'obbligatione cosi di andar pensando a' restringere i loro interessi come di non impegnarsi in nuove negoziationi quando non fossero per conseguire dalla soma benignità di Vostre Signorie Serenissime nuovo termine alla continuazione della medesima, ricorrono perciò riverentemente al Trono di Vostre Signorie Serenissime, supplicandole ad haver la bontà di concedere nuova proroga per quel tempo che piu stimeranno convenirsi. Non tacendo a' Vostre Signorie Serenissime durare tuttavia i motivi di gratiarli per detta proroga su la considerazione del profitto che essi portano così alle gabelle che alle negoziazioni di pani di seta per il Levante, giunta la riflessione che essi vivono con quei limiti che li sono stati prescritti di star rinserrati in propria casa, senza dar luogho a' doglianza veruna delle loro persone, oltre il dover ricevere simili concessioni dalle solite grazie di Vostre Signorie Serenissime a' quali riverentemente si inchinano......

3. *Misunderstanding and amendments.*
Si circonscriva il decreto stato fatto questa mattina ad Isach Cagli con un suo compagno et ad Isach Levi Soncin hebrei di potersi fermare nella presente città per anni cinque prossimi, portando il solito segno. Per essersi preso equivoco ed in luogo delli sopradetti si concede in tutto come sopra, cioè di poter continuare nella presente città per anni cinque prossimi col carico di portare il solito segno, alli detti Samuel Vais Pegna et Abram Lusegna, o sia Lusena, e loro famiglie rispettivamente.

4. *List of the members of the Vais Pegna and Lusena families included in the decree dated 13 December 1683.*
Semuel Vais Pegna's family:
Semuel,
his wife Ester,
Abraham Vais Pegna, nephew or grandchildren of Semuel,
his wife Sara,
Isache Vais, son of Abraham,
Josef, son of Abraham,
two small daughters and another five women.
Abraham Lusena's family:
daughter of Abraham Lusena,
Abraham himself,
his brother Giacop,
his brother Moise,
his brother Semuel,
his cousin David.
Both families live in a house in Picapietra, owned by Giuseppe Domenico and Angelo Giustiniani.

5. *The same petition, and relevant misunderstanding, is recorded in* Senato, Diversorum Collegi, n. 155. *Thus is apprehended that Isach Cagli, having requested a two-year extension, had been granted a three-month permit.*

6. *20 March 1685. The* Collegi *ask the* Giunta di Giurisdizione *to acknowledge the reasons behind the petition and extend the permit for the Jews, pending the* Giunta's *decisions, provided that no more than 2 months pass.*

7. *28 March 1685. Samuel Vais and Abram Lusena, having been granted judgement, must present the decree to the* Giunta di Giurisdizione *within 2 days; see* Senato, Diversorum Collegi, n. 157.

8. *25 May 1685. The* Collegi, *having heard the* Giunta, *reduce Samuel Vais Pegna and Abram Lusena's permits to one year, final deadline.*

997

Genoa, 21 March 1685

Source: A.S.G., Senato, Diversorum Collegi, n. 157.

The Collegi *pass on to the* Giunta di Giurisdizione *the petition whereby Raffael Pansier, called* il Romano, *asks permission to stay in Genoa. He points out that the Customs profited thanks to him and that he supplied clothing for the soldiers. He also emphasizes how his business suffered from the bombing and the robberies, in the amount of 60,000 pounds. He also explains that, should he be forced to leave, he would not be able to collect his debts. On 28 March, he is ordered to present the previous decree of December 1683 to the* Giunta di Giurisdizione *within 2 days, to be examined together with the permits of Abram Lusena and Samuel Vais Pegna. In the meantime the* Collegi *extend the permit for 2 months, pending the* Giunta's *decisions. On 25 May Raffael Pansier is granted a one-year permit.*

998

Genoa, 4 April 1685

Source: A.S.G., Senato, Diversorum Collegi, n. 157.

Jacob Del Mare asks the Collegi *to be referred to the* Giunta di Giurisdizione *for a new residence permit, as he could not be present with the other Jews due to his being sick. In the meantime he is allowed to stay until May 25, like Samuel Vais and Abram Lusena.*
On 19 August Jacob Del Mare is granted a one-year permit.

Note: See above, Doc. 976.

999

Genoa, 1 June 1685

Source: A.S.G., Senato, Diversorum Collegi, n. 157.

The petition to the Collegi *by David Mendes Teghier and his servant, to stay in town without wearing the badge for 8 days, ends with a* nihil actum. *On*

28 October the same happens to Isach, son of Sabbato Cagli, and two companions coming from Leghorn with free port merchandise, requesting first a one-month and then a two-week extension.

1000

Genoa, 9 July–1 August 1685

Source: A.S.G., Archivio Segreto, n. 2944, Privilegi riguardanti manifatture.

Measures taken against Abram and Mosè Lusena, having brought to their brother Jacob in Leghorn some coral workers.

1. *The* Consoli e i Consiglieri *of the coral workers' guild inform the* Serenissimi Signori *that some foreigners living in town have hired craftsmen to introduce the art of coral working in foreign countries, which is detrimental to public revenue and to the coral workers. The* Collegi *defer the matter to the* Magistrato degli Inquisitori di Stato e alla Giunta del Traffico, *to investigate the matter and take suitable action.*

2. *On 16 July, the* Inquisitori di Stato informano i Serenissimi Signori *that the art of coral working is being introduced in Leghorn by three Genoese craftsmen called Michele Campanella, Giovanni Battista Isola and Francesco Maria Ramorino. It is suggested that they be called back to Genoa by the* Console.

3. *On 30 July 1685, the* Inquisitori di Stato *report that the craftsmen have been taken on by Mosè Lusena, brother of Abram, from Genoa, and sent to Leghorn to their brother Giacobbe* che tiene colà casa aperta di negozio comune *with his brothers.*

4. *In August the Senate orders Mosè and Abram Lusena to be arrested and entrusts the task to the* Residenti di Palazzo . *The* bargello *can seize only Abram, as Mosè is in Leghorn.*

Bibliography: Urbani, *Nuovi documenti*, p. 205.

1001

Ventimiglia, 29 August–Genoa, 19 December 1685

Source: A.S.G., Archivio Segreto, n. 1390.

The Capitano *of Ventimiglia sends the Protectors of the Jewish community a letter concerning the trial of Mosè Carcassone from Menton, who had been caught at the Latte fair along with his 9-year-old son without a permit or the badge. Mosè Carcassone refers to a permit, obtained 2 years previously from the* Capitano *of Ventimiglia. The Jews are then released on bail.*

1002

Genoa, 22 September 1685

Source: A.S.G., Senato, Miscellanea, n. 1140.

An undated paper records that on 22 September 1685, the Capitoli di tolleranza *for the Jews, having expired in 1684, the* Collegi *requested the Deputies of the Jewish community to report* ciò che gli possa occorere per la totale uscita *of the Jews from the Dominion.*

Note: See Docs. 994, 1003, 1041.

1003

Genoa, 22 October 1685

Source: A.S.G., Archivio Segreto, n. 1390.

An anonymous letter against the Jews, similar in tone to Bernardino da Feltre's 1463 sermon on the Black Death, is read at the Senate expressing the hope for the complete expulsion of all Jews from the town. The Senate then deliberates that gli Illustrissimi et Eccellentissimi Diputati sopra la nazione ebrea vedano e riferino a Serenissimi Collegi ciò che gli possa occorrere per la totale uscita e partenza dal Dominio Serenissimo e riferino quanto prima.

Note: See Docs. 994, 1002, 1041.

1004

Genoa, 26 March 1686

Source: A.S.G., Archivio Segreto, n. 1390.

The Collegi *grant Jona Clava a one-month residence permit without the badge.*

Note: See below, Docs. 1008, 1089.
Bibliography: On Jona Clava, see Segre, *Piedmont*, p. 2087.

1005

Genoa, 7 May 1686

Source: A.S.G., Archivio Segreto, n. 1390.

The Doge, having informed the Collegi, *reports that Monsignor De Mari, Bishop of Bastia in Corsica, in the name of the Pope, would appreciate it if all Jews still living in Genoa were deported.*

1006

Genoa, 8 May 1686

Source: A.S.G., Archivio Segreto, n. 1390.

The Collegi *grant Salomon Cabiglio and Jacob Del Mare and their families a one-year extension, in view of the fact that they have not yet concluded their business. On 10 November 1690 the Protectors of the Jewish community renew Jacob Del Mare's permit, provided that it does not exceed 2 years.*

1007

Genoa, 14 October 1686

Source: A.S.G., Archivio Segreto, n. 1390.

The bargello *arrests Jacob Olivieri, a Jew from Nice, as he had no permit and no badge.*

1008

Genoa, 20 November 1686

Source: A.S.G., Archivio Segreto, n. 1390.

The Magistrato del Sale *asks the* Collegi *to release Mosè Lazzaro Camaiore, servant of Jona Clava, caught without the badge. Permission for Jona Clava, salt dealer for Monferrato, and his servants not to wear a badge is also requested. The Protectors of the Jewish community release Camaiore on bail.*

Note: See Docs. 1004, 1089.

1009

Genoa, 16 May 1687

Source: A.S.G., Notaio Silvestro Merello, filza 12.

Antonio Lusciardo sells to Jacob Del Mare, son of the late Abram, a Turkish slave called Aisa, aged 30, for 125 8-real pieces.

1010

Genoa, 4 June 1687

Source: A.S.G., Archivio Segreto, n. 1390.

Upon request by the Protettori di S. Giorgio, i Collegi *grant Mosè Levi Morello, Tincos Levi and Salomon Maestri, Jews from Casale and salt dealers, permission to stay in town for one month, without having to wear the badge.*

1011

Genoa, 29 December 1687

Source: A.S.G., Senato, Diversorum Collegi, n. 160.

The Collegi *grant Abram son of Matattia Sarfatti, his wife and his father permission to stay in town for another year, wearing the badge.*

1012

Genoa, undated*

Source: A.S.G., Senato, Miscellanea, n. 1092.

This is a census by area recording that in the San Lorenzo area there are 19 Jews and a Christian Jew. Their names are not indicated.

Note: * Between 1680 and 1687.

1013

Genoa, 29 March 1688

Source: A.S.G., Archivio Segreto, n. 1390.

The Residenti di Palazzo *order the* bargello *to search David Luzena's house and have him appear before the judge. He is charged with possession of the forbidden book* La fonte di salvazione *by Isac Abarbanel.*

Bibliography: Musso, *Per la storia degli ebrei*, p. 128.

1014

Genoa, 11 May 1688

Source: A.S.G., Archivio Segreto, n. 1390.

The Collegi *grant Isac Sarmento, a merchant, permission to stay in Genoa for 10 days without wearing the badge.*

1015

Genoa, 16 July 1688

Source: A.S.G., Senato, Diversorum Collegi, n. 160.

The Collegi *grant David Mendes Telles, a Jew from Leghorn, permission to stay in town for 10 days without wearing the badge.*

1016

Genoa, 13 September 1688

Source: A.S.G., Archivio Segreto, n. 1390.

The Collegi *grant Davide Soria permission to stay in Genoa for 15 days without wearing the badge.*

1017

Genoa, 17 September 1688

Source: A.S.G., Archivio Segreto, n. 1390.

Abram Sulema from Leghorn is granted permission by the Collegi *to stay in Genoa for 15 days without wearing the badge.*

1018

Genoa, 5 November 1688

Source: A.S.G., Archivio Segreto, n. 1390.

Giacomo Terera and his companion are granted permission by the Collegi *to stay in town for one month without wearing the badge.*

1019

Genoa, 5–10 December 1688

Source: A.S.G., Archivio Segreto, n. 1390.

The Collegi *grant David Sorias and Isac Elias a 15-day permit.*

1020

Genoa, 11 May 1689

Source: A.S.G., Archivio Segreto, n. 1390.

The Collegi *grant Isac Rodriguez permission to visit Genoa before the end of June and stay there 8 days without wearing the badge.*

1021

Genoa, 18 May–1 July 1689

Source: A.S.G., Archivio Segreto, n. 1390.

The Collegi *grant Salomon Cabiglio, Raffael Pansier, Emanuele Cuem and their families a four-year extension with some conditions. However, on 1 July they declare the extension to be for 2 years only, as had been granted to Samuel Vais and Abram Lusena. In their petition the Jews emphasize that they have been living in Genoa for 30 years, bringing profit to the town through their business. In particular Salomon employs over 300 people in his haberdasher's business; Raffaele supplies soldiers' uniforms and still has to collect debts, while Emanuele has set up various trades in the city.*

Serenissimi Signori.
Sono da anni circa 30 che dimorano nella presente città con benigni decreti di Vostre Signorie Serenissime le famiglie di Salomone Cabilio, Raffaele Panziere et Emanuelle Cuem, mercadanti ebrei, come appare da' loro decreti che presentano. E nel decorso di detto tempo mai hanno dato occasione di doglianza benche minima, e con l'introduzione de loro negotii hanno dato a' pubblici introiti quelli emolumenti noti a tutti e che appariscono da libri delle dogane. Oltre di ciò detto Salomone mantiene nella presente città più di 300 persone con altro suo negotio di pizzetteria, come è notorio, et ha sparso per la città per detto conto somme rilevantissime.
Il Raffaele Panziere è quello che ha' somministrato e tuttavia somministra alle soldatesche di Vostre Signorie Serenissime tutte le marsine, e hoggidì resta creditore per tal conto di somme di considerazione sì da capitani di esse come da soldati, oltre le perdite fatte da' soldati, da' quali restava creditore, che se ne sono andati nell'ultime riforme.
Il detto Emanuelle ha' anch'esso con l'introduzione di vari negotii dati più emolumenti a' pubblici introiti che ha' dato giustificazione in altri tempi e che hoggidì appariscono da' libri delle dogane. Onde li medesimi Salomone Cabilio, Raffaele Panziere et Emanuelle Cuem supplicano la benignità di Vostre Signorie Serenissime a' compiacersi di prorogarle la loro dimora con le loro respettive famiglie nella presente città, nella maniera si sono degnate ultimamente graziare Samuel Vais et Abram Lusena....

Note: See above, Docs. 957, 981.

1022

Genoa, 27 June 1689

Source: A.S.G., Archivio Segreto, n. 1390.

The Senate states that the Protectors of the Jewish community are the two Eccellentissimi Procuratori Perpetui *(that is, former Doges)* che hanno in ultimo luogo terminato la dignità ducale *and asks the* Collegi *to vote for them.*

1023

Genoa, 19 July 1689

Source: A.S.G., Senato, Diversorum Collegi, n. 161.

Salomon Palocho (Polacco ?) and Salomon Bauxbaum, Jewish traders from Frankfurt, on their way to San Remo for business, ask to be granted permission not to wear the yellow badge on their hats in order to avoid being insulted and harassed in Genoa, during the journey and while staying in San Remo.

1024

Genoa, 20 July 1690

Source: Archivio Storico del Comune di Genova, Magistrato dei Padri del Comune, Arti, n. 471.

Decree by the Magistato dei Padri del Comune *granting Raffael Pensier's request. He asks the* Serenissimi Signori *for permission to send two young boys to sell some fabric in the Jews' houses throughout the Dominion, without being harassed by the* Consoli *of the Guild of the Haberdashers. He emphasizes that he has been living in Genoa for 30 years and pays tax to the Customs. The* Priore dei Padri del Comune, *having heard the haberdashers, grants permission on the conditions set forth by the Senate: payment of 12 silver* scudi *to the* Camera dei Padri del Comune, *stamping of the fabric, and prohibition against going without measuring instruments. The young boys are Aron Della Tomba and Rachamino Cabib.*

Bibliography: Urbani, *Nuovi documenti*, p. 205.

1025

Genoa, 21 August 1690

Source: A.S.G., Archivio Segreto, n. 1390.

The Collegi *grant Samuel Luzena permission to stay in Genoa for 2 years without wearing the badge, provided that his stay never exceeds one month at a time.*
On 22 December 1692 the above permit is extended for another 2 years.

1026

Genoa, 11 October 1690

Source: A.S.G., Archivio Segreto, n. 1390.

Boas Pincas, a Levantine Jew, is granted permission by the Collegi *to stay in Genoa for one year wearing the badge, as opposed to the 5 years requested.*

1027

Genoa, 16 October 1690

Source: A.S.G., Archivio Segreto, n. 1390.

The Collegi *grant Jacob Enriquez Ossuna, a merchant, permission to go to Genoa and stay there 15 days without wearing the badge.*

1028

Genoa, 12 January 1691

Source: A.S.G., Archivo Segreto, n. 1390.

The Collegi *grant Samuel Fernandes and Abram Mattas, from Leghorn on their way to Marseilles, permission to stay in town 15 days without wearing the badge.*

1029

Genoa, 29 January 1691

Source: A.S.G., Archivio Segreto, n. 1390.

The Collegi *grant Jacob and Abram Solema, merchants from Leghorn, and their servant, Salomon Fiorentino called Campagnano, permission to go to Genoa and stay there for 15 days without wearing the badge.*

1030

Genoa, 5 February 1691

Source: A.S.G., Archivio Segreto, n. 1390.

The Collegi *grant Abram Costa and Jacob Osuna, merchants from Leghorn, and their servant Samuel, permission to go to Genoa and stay there for 15 days without wearing the badge.*

1031

Genoa, 14 May 1691

Source: A.S.G., Archivio Segreto, n. 1390.

The Senate orders the Rota Criminale *to refrain from releasing the Jews jailed following the theft of Filippo Doria's silverware, without discussing the matter first.*

Note: See below, Doc. 1032.

1032

Genoa, 14 May 1691

Source: A.S.G., Archivio Segreto, n. 2751, Negoziazioni politiche.

The Seigneur of Ratabon, Envoy of the King of France, complains that the bargello *searched the room where two Jews live, looking for the silverware stolen from Filippo Doria. The room is directly under his own.*

Note: See above, Doc. 1031.

1033

Genoa, 28 June 1691

Source: A.S.G., Archivio Segreto, n. 1390.

The Collegi *grant Isac Erez and two of his boys permission to travel from Genoa to Leghorn without wearing the badge.*

1034

Genoa, 19 August 1691

Source: A.S.G., Archivio Segreto, n. 1390.

The bargello *jails Isac Mendoza, an employee of the spirits and coffee dealer, as he had no residence permit. He is then released by order of the* Collegi.

1035

Genoa, 22 August 1691

Source: A.S.G., Archivio Segreto, n. 1390.

Abram Sulema, David Vita Sulema and their servant Abram Israel are granted permission by the Collegi *to stay in town 15 days without wearing the badge.*

1036

Genoa, 17 September 1691

Source: A.S.G., Archivio Segreto, n. 1390.

Abram Israel Diaz and David Vita Sulema are allowed to stay in Genoa for another fortnight without wearing the badge.

1037

Genoa, 13–14 December 1691

Source: A.S.G., Archivio Segreto, n. 1390.

Giuseppe Serra and Giuseppe Rodriguez and their families are granted permission to stay in Genoa for one year, wearing the badge, to sell their merchandise. Permission is granted by the Collegi, *provided the Protectors have no objection.*

1038

Genoa, 27 March 1692

Source: A.S.G., Archivio Segreto, n. 1025, Gride e proclami.

David Fano from Modena, travelling with the Duchy's passport, and his servant, are exempted from wearing the badge for their one-month stay in Genoa, where they have to collect or exchange money.

1039

Genoa, 20 June–10 November 1692

Source: A.S.G., Archivio Segreto, n. 1049, Propositionum.

Following a new deliberation, the portofranco generale e generalissimo *is renewed for 10 years. This allows people from any class, country and community to stay in Genoa with their families for as long as they may wish. Before the vote, it is suggested that the Jewish community be included in the privilege. After two negative votes the* Giunta di Giurisdizione *is requested to report on past measures undertaken for admission and expulsion of Jews to and from Genoa. The* Giunta *is furthermore invited to express their judgement on the inclusion of the Jewish community in the Charter.*

1. *20 June 1692: The* Serenissimi Collegi *grant the ten-year extension of the free port requested by the* Protettori del Banco San Giorgio *and ask the Lesser Council to discuss it.*

2. *23 June 1692: Before the Lesser Council, consisting of 132 members, including the two* Collegi, *Francesco Maria Doria suggests that the Jewish community be included in the free port, setting the rules and conditions of such admission. The* Collegi *are in favour.*
"Si è alzato il Magnifico Francesco Maria Doria, quondam Brancaleonis, il quale hà rappresentato che nella proposizione suddetta sono compresi sotto la generalità anche quelli che sono di nazione ebrea, quali altre volte sono stati scacciati dalla città, onde convenire il far riconoscere le deliberazioni fatte nel tempo che furon scacciati, acciò si possa da Magnifici Consiglieri ponderare quello che convenga intorno al lasciare che possano gli ebrei godere del detto portofranco. Nel qual caso sarebbe necessario determinare le forme di ammetterli e tenerli in città, con dar loro luogo ristretto, o' praticare quelle altre forme che convenissero.......
Sopra quale rappresentazione è stato proposto ne' Serenissimi Collegi chi è di parere di aggiungere alla proposizione sudetta della rinnovazione del portofranco, in quella parte dove al principio si enuncia il permettere a' qualunque persona di qualsivoglia stato, grado e nazione di poter venire alla presente città, et in essa dimorare et abitare tutto il tempo che vorrà con la sua famiglia, le seguenti altre parole: "alla riserva della nazione ebrea per la quale i Collegi Serenissimi avranno facoltà di dare tutti quegli ordini che stimeranno opportuni per il buon regolamento, con l'intelligenza degli Illustrissimi Protettori di S. Giorgio."........

3. *Agostino Franzone expresses his opinion. He thinks that the inclusion, formulated as it is, would limit the Jews' freedom to come to Genoa.*
Letta la sudetta proposizione al Minor Consiglio con la predetta aggiunzione... si è alzato il Magnifico Agostino Franzone, il quale ha' esposto essere la sudetta aggiunzione esclusiva della nazione ebrea perche con le parole in essa apposte non avranno libertà gli ebrei di venire alla città, né di starvi, se non nel modo che oggidì si pratica ciò e con la licenza che ottengono da Serenissimi Collegi. Il che apprende essere di danno agli introiti che possono dare al publico cò loro negozii e trafichi, essendo questa nazione come utile ammessa anche in Roma et altrove. Ma per ammetterli esser necessario che abbino la loro abitazione separata e la libertà anche di venire e dimorare colle loro famiglie.....

4. *The Secretary replies, sustained by the* Collegi, *on the inclusion of the Jewish community into the free port which, in his opinion, is not exclusive.*
The Secretary ... inoltre .. soggiunge che per quello riguarda gli ebrei, l'aggiunzione fatta poco fa' alla detta proposizione non limita alla loro

nazione il poter venire e godere del portofranco con abitare qui, ma solamente prescrive il goderne con quali ordini e direzioni che saranno date da loro Signorie Serenissime, e a' questo effetto e per maggior spiegazione nella parte dell'aggiunzione sudetta, nella quale si è detto per il loro regolamento, si esprima et aggiunga circa le loro persone.....".

5. *The proposal and inclusion is not approved by the Lesser Council, with 79 votes for and 74 against.*

6. *25 June 1692: The vote having been negative again, the* Collegi *entrust the* Giunta di Giurisdizione *to report on measures relating to the admission and expulsion of the Jews and to discuss whether it is convenient to include the Jewish community in the free port charter.*
Discorsa nuovamente ne' Serenissimi Collegi la detta pratica, è stato deliberato che l'Illustrissima et Eccellentissima Giunta di Giurisdizione riconosca le deliberazioni fatte in ordine agli ebrei, e particolarmente quando furono introdotti e scacciati di quà, per dover riferire insieme col suo sentimento se convenga o' no' comprendere la nazione ebrea alla goduta del portofranco.....

7. *10 November: A copy of the law on the free port is sent to the* Camera, alla Casa di San Giorgio, al Magistrato dei Supremi Sindicatori e al Magistrato dei Conservatori delle leggi.

Note: See below, Doc. 1041 .

1040

Genoa, 25–27 June 1692

Source: A.S.G., Archivio Segreto, n. 1390.

Abram, son of Giuseppe Sulema, petitions the Collegi *and is granted permission to stay in Genoa with his servant Manimoro for one month without wearing the badge.*

1041

Genoa, 9, 18 July 1692

Source: A.S.G., Archivio Segreto, n. 1390.

The Giunta di Giurisdizione, *having been invited by the* Collegi *to judge whether including the Jewish community in the free port Charter would be convenient, recalls the main events regarding the admission and expulsion of Jews. The* Capitoli *of 1659 and 1674 are read and presented to the* Collegi. *It is emphasized that the Jews had been ordered to leave the town by a decree dated 5 February 1685, and that those who remained had been are authorized to stay by personal and temporary permits.*

The Giunta *invites the* Collegi *to enquire from the Lesser Council whether it would be possible to include the Jewish community in the 1690 free port declaration and, should this be possible, how long they should be allowed to stay in Genoa.*

A first vote is then taken, whereby the Collegi *decide to enquire into the Lesser Council's intentions. Voting is repeated several times with negative results. Votes are repeated. This shows that some of the Counsellors were in favour of the Jews; the first balloting missed passing by one vote. In order to be approved, a 4/5 majority was required..*

1. Report by the Giunta di Giurisdizione: Serenissimi Signori
L'Illustrissima et Eccellentissima Giunta di Giurisdizione, commissionata da Vostre Signorie Serenissime a' riconoscere e riferire le deliberationi fatte in altri tempi in ordine agli ebrei, e particolarmente circa la loro introduzione et espulsione da questo Dominio, e se convenga o' nò comprendere la detta nazione alla goduta del portofranco, avendo fatte le opportune applicationi alla pratica, e viste le dette deliberazioni precedenti, ha' ritrovato in sostanza che l'anno 1658 fu' ammessa in Genova detta nazione ebrea in occasione del portofranco allora deliberato, nel quale si espresse fra le altre cose che gli ebrei et infedeli ancora si sarebbero ammessi e ricevuti sotto i modi e forme che fossero state prescritte dai Serenissimi Collegi, i quali assai presto fecero formare i privileggi e capitoli con cui detti ebrei doveano regolarsi. Che indi furono riformati sulle rimostranze di Roma e del Padre Inquisitore del Santo Ufficio, e ridotti l'anno 1659 a' i termini che si contengono nella scrittura segnata A, da legersi a' Vostre Signorie Serenissime.......
L'anno 1669, quando già erano passati dieci anni dopo la concessione di

detti capitoli, i Collegi Serenissimi, valendosi della facoltà in essi riservatasi, in considerazione del poco notabile beneficio che si era sperimentato dall'ammissione di detti ebrei nel corso delli detti dieci anni e principalmente ancora del maggior servizio di Sua Divina Maestà, deliberarono che non dovessero più continuare e ne fecero publicar grida, onde vennero a' comminciare gli altri cinque anni, concessi et accordati loro ne sudetti medesimi capitoli per ultimo termine, nel quale dovessero ristringer le loro azende e partire.

Ma l'anno 1674 i medesimi Serenissimi Collegi con l'impulso di un ricordo del Minor Consiglio, dopo un pienissimo esame delle considerazioni che occorsero pro' et contra, deliberarono dinuovo di lasciar continuare i detti ebrei a' beneplacito di lor Signorie Serenissime, purche non eccedessero anni diece, con gli obblighi e condizioni espresse nel foglio, o' sia relazione degli Eccellentissimi all'ora Gio. Pietro Spinola et Agostino de Franchi, che contiene ancora le dette considerazioni pro' et contra segnata B, di cui si farà anche in appresso a' Vostre Signorie Serenissime la lettura.

Nel 1679 essendo sovragionti diversi biglietti del Minor Consiglio che ricordavano il licenziare i detti ebrei per far cosa grata a' Dio, nelle circostanze di quei tempi i Collegi Serenissimi, con precedente maturo esame e precedente anche il consulto del Minor Consiglio, dichiarorono (sic) il detto beneplacito finito et ordinarono che dovessero gli ebrei partire per tutto quell'anno.

Ma perche in appresso con licenza particolare si era andato permettendo a qualche ebrei e lor case tratenersi qui ad tempus, e parea che la detta nazione ebrea pretendesse di poter godere del portofranco deliberato nel 1670 per la generalità delle parole, tutto che in esso non fosse detta nazione nominata ne compresa espressamente come per lo contrario era seguito nell'altro portofranco del 1658, fu' posta la pratica nuovamente in esame et in relazione degli Illustrissimi et Eccellentissimi Luca Maria Invrea e del fu Agostino Spinola che rappresentarono fra' le altre cose che il detto portofranco era anche in quei tempi di già spirato, fu' da loro Signorie Serenissime deliberato sotto i 5 febbraio 1685 che dovessero essere scacciati dalla città e Dominio tutti gli ebrei e commessane l'esecuzione a' sudetti Eccellentissimi Diputati. E se dal detto tempo in appresso si son veduti per Genova qualche ebrei, questo è stato o' per decreto particolare e temporaneo o' di passaggio e col supposto che ha havuto anche taluno di poter godere del beneficio del portofranco nella generalità delle persone. A' questa sostanza dunque si riducono le publiche deliberazioni circa l'ammissione et espulsione degli ebrei dal detto anno 1658 fin'ora.

E però passando l'Eccellentissima Giunta all'altra parte della sua commissione se sia conveniente o' nò comprendere la detta nazione ebrea alla goduta del portofranco che si tratta ora di rinovare, stima ella che possa esser luogo quindi leggere a' Vostre Signorie Serenissime la sudetta relazione dei sudetti quondam et Eccellentissimi all'ora Gio. Pietro Spinola et Agostino de Franchi fatta l'anno 1674 dalla quale apparisce il pro et il contra, affinche Vostre Signorie Serenissime possano poi risolvere colla loro somma prudenza et è del tenore che segue. Qui cade la relazione segnata B.

Premesse dunque le sudette cose, pondera adesso l'Eccellentissima Giunta non poter procedere da altro la difficoltà incontrata nel Minor Consiglio per l'approvazione del portofranco che dalla varietà di sentimenti in ordine al comprendervi o' nò la nazione ebrea, come pur mostrano i discorsi fatti da qualche Magnifici consiglieri, ond'è venuta in sentimento di riferire à Vostre Signorie Serenissime tutta la serie de sudetti fatti, perche possano risolvere quello che la loro somma prudenza stimerà più accertato, ponendo solo in considerazione se fusse bene, prima d'innoltrarsi maggiormente rispetto alla detta nazione ebrea, esplorare i sentimenti del Minor Consiglio con due proposizioni per modum colligendi vota: una di ammettere la detta nazione ebrea e comprenderla nel portofranco sotto modi e forme che dovranno poi essere stabilite, e l'altra di escluderla, perche quando i voti fossero per quest'ultima, non vi sarebbe forse più luogo d'insistere per l'altra, ma bensi di applicare altra rinovazione del portofranco, in quegli altri termini che da Vostre Signorie Serenissime fossero giudicati più a proposito. E quando all'incontro si inclinasse ad ammettere ancora i detti ebrei et includerli nel detto potofranco, si potrebbero prendere poi le misure più giuste all'estensione del medesimo e circa le regole e forme che si dovessero far osservare da detti ebrei, il tutto però sotto pene.

2. *9 July: The* Collegi *approve referring the renewal of the free port declaration to the Lesser Council.*

3. *18 July: The* Collegi *suggest that an advisory vote to include the Jewish community in the free port declaration as set forth by the* Serenissimi Collegi *be requested from the Lesser Council. The suggestion, preceded by a speech by Agostino Franzone, is approved by the* Collegi.

Fatto al Minor Consiglio la sudetta proposizione ne' termini sopra espressi, et accompagnata da magnifico Segretario con le ragioni e

ponderazioni in tutto in conformità e per esecuzione del suddetto decreto, eccitati i magnifici Consiglieri a' dire ciò che loro possa occorrere, si è alzato il Magnifico Agostino Franzone, quale ha' discorso doversi aggiustare se sia bene che gli ebrei stiano in questa città, et egli stimare di sì, particolarmente per li negozii del Levante, avendo enumerati gli utili che apportano. Rispetto alla religione ne ha dedotto l'esempio di Roma, con limitazione però di assegnar loro il ghetto.
Per il che proposto ne' Serenissimi Collegi di prendere dal Minor Consiglio il voto consultivo di aggiungere alla detta proposizione del portofranco, che per quanto l'autorità d'introdurre ed amettere quì gli ebrei spetti a' Serenissimi Collegi, che nella detta proposizione del portofranco nel nome generico di nazioni forastiere s'includa anche l'ebrea, resti espressamente la sudetta nazione inclusa in detta proposizione, da stare però quì nel posto con li segni e sotto gli ordini che saranno prescritti da Serenissimi Collegi, latis calculis approbata.

4. *Ansaldo Girmaldi speaks about the free port.* Preso dal detto Minor Consiglio il detto voto consultivo in tutto come sopra, essendosi però prima alzato il Magnifico Ansaldo Grimaldi che ha' detto che il portofranco apporta pregiudizii e frodi e che sarebbe bene fare una Deputazione per ventillare sopra ogni cosa la proposizione ad un tavolino. Dati e raccolti i voti la proposizione ne ha' riportato centotrentaquattro favorevoli e quarant'un contrario e così ho' pubblicato.

5. *It is suggested that the free port declaration include the Jewish community, and that the* Collegi *be authorized to do so.*

Si aggiunga alla detta proposizione del portofranco che s'includa espressamente in detta proposizione la nazione ebrea nonostante che sia compresa sotto il nome generico di nazione forastiera e che l'autorità d'introdurre ed amettere quì detti ebrei spetti a' Serenissimi Collegi, da stare però detta nazione in questa città nel luogo con i segni e sotto gli ordini che saranno prescritti da medesimi Serenissimi Collegi, per eadem ad calcula.

6. Incontinente: *The proposal with the inclusion is rejected by the Lesser Council.*

Fatta al detto Minor Consiglio la detta proposizione del portofranco con la detta aggiunta, non essendosi più alzato alcuno, dati e raccolti i voti, ne ha riportato cento trentanove favorevoli e trentasei contrari, e così non è restata approvata, avendo di conformità il Magnifico Segretario publicato al detto Minor Consiglio.

7. Mox: *The* Collegi *vote to submit the proposal again.*

8. Incontinente: *Speech by Antonio Grimaldi; the proposal is rejected again.*

Riproposta, si è alzato il Magnifico Antonio Grimaldi che ha' dedotto essere troppo brieve a' riguardo degli ebrei il termine di sette anni, onde convenire o' farlo più lungo, o' lasciarne la facoltà a Serenissimi Collegi. Sopra di che hanno loro Signorie Serenissime ordinato che se gli risponda essere solito che le leggi che si fanno ad tempus non siano di più d'un decennio, il quale poi si va' prorogando secondo il beneficio che porta la medesima legge; che con questa regola hanno i Serenissimi Collegi stimato bene di proporre la presente del portofranco per sette anni che con li tre già passati dal 1690 in quà, i quali si comprovano, fanno il solito decennio. Onde messa sotto voti la detta proposizione in tutto e per tutto come sopra non è restata approvata, avendone riportato 115 favorevoli e 64 contrari, e così.

9. *Soon after that, the* Collegi *deliberate and vote to submit the ten-year duration of the free port with the inclusion of the Jewish community again.*

10. Mox: *The proposal is not approved by the Lesser Council, with 111 for and 67 against.*

11. Incontinente: *The* Collegi *do not obtain the majority required. If the proposal is not approved, the* Protettori di San Giorgio *will be requested to take action on the free port.*

Proposto ne' Serenissimi Collegi di riproporla e che il Magnifico Segretario l'accompagni con dire particolarmente che se non resterà approvata non potranno a' meno lor Signorie Serenissime di non far avvertire gl'Illustrissimi Protettori di S. Giorgio perche non si continui più nell'abuso del portofranco, di cui è spirata la legge, dal che considerino i Magnifici Consiglieri quali disordini e pregiudicii sarebbero prodotti, latis calculis nil actum.

12. Incontinente: *The* Collegi *approve. The proposal will be submitted again.*

13. Mox: *Agostino Franzone suggests that the period of stay for the Jews be changed. The* Collegi *agree.*

Riproposta al Minor Consiglio et eseguito dal Magnifico Segretario il suddetto decreto de Serenissimi Collegi, si è alzato il Magnifico Agostino Franzone, quale ha' detto che in questa forma non vi verranno d'ebrei richi e famiglie buone de' medesimi, che perciò sarebbe espediente aggiungere alla proposizione che gli ebrei stiano quì a' beneplacito de' Serenissimi Collegi e Minor Consiglio. Per il che proposto ne' Serenissimi Collegi chi vuole aggiungere alla proposizione del portofranco. Latis calculis per modum colligendi, retulit 71 faventes et 9 repugnantes.

14. Incontinente: *Reply to Agostino Franzone, explaining the function of the free port and the* Collegi *and Lesser Council's competence as regards the Jews.*

Si risponda che la proposizione del detto portofranco concerne solamente alle robbe e mercanzie di detti ebrei e che se questa legge non vi sarà non potranno goderne ne loro ne gli altri; che rispetto alle persone è tutta l'autorità ne' Serenissimi Collegi e quando si mandarono via ciò seguì col voto consultivo del detto Minor Consiglio. Ad calcula.

15. Mox: *The Lesser Council votes again. Again the result is negative.* Eseguito dal Magnifico Segretario e riproposta, raccolti i voti, ne ha riportato ottant'un favorevoli e novanta trè contrarii e così non è restata approvata, come ho' pubblicato......

Note: See above, Docs 994, 1002, 1003.

1042

Genoa, 1 September 1692

Source: A.S.G., Archivio Segreto, n. 1390.

Giacobbe Solema and Mose De Pina, merchants, and their servant Jacob Polito, are granted permission by the Collegi *to stay in Genoa and in the Dominion for one month without wearing the badge.*

1043

Genoa, 17, 20 October 1692

Source: Archivio Storico del Comune di Genova, Magistrato dei Padri del Comune, Arti n. 472.

Angelo Astruch petitions the Illustrissimi Signori *for the return of 7 pieces of fabric which he wanted to sell and which were seized by the Head of the Guild of the Haberdashers. To this purpose, he shows them his residence permit and his trading licence issued by the* Collegi. *On 20 October, Filippo Lomellini, appointed by the Guild of the Haberdashers, having heard the* Consoli, *reports the matter to the* Padri del Comune.

Bibliography: Urbani, *Nuovi documenti*, p. 205.

1044

Genoa, 22 December 1692

Source: A.S.G., Archivio Segreto, n. 1390.

The Senate grants Daniele Aroyo Da Costa and Abram Nunes Bernal, son of the late Elia, Jews from Leghorn, a civil, general, real and personal safe-conduct.

1045

Genoa, 12 March 1693

Source: A.S.G., Archivio Segreto, n. 1390.

The bargello *arrests Leone Vigevano, who is found not wearing the badge. He states that he is allowed to do so, as the* Residente di Francia *intervened for him.*

1046

Genoa, 19 May 1693

Source: A.S.G., Archivio Segreto, n. 1390.

The Collegi *grant Leone Vigevano permission to stay in town for 2 months without wearing the badge.*

1047

Genoa, 1 June 1693

Source: A.S.G., Archivio Segreto, n. 1390.

The Senate grants Gabriel Mendosa permission to travel around the Dominion and the town selling fabric, provided the Padri del Comune *do not object.*

1048

Genoa, 17 June 1693

Source: A.S.G., Notaio Alessandro Alfonso, filza 3.

Jacob Lusena, in his capacity as attorney of the Armenian Sergio, son of Giovanni, states that he has received from Orazio Frugoni and Ottavio Grondona 265 pounds, for a bill of exchange issued in Tunisia.

1049

Genoa, 14 August 1693

Source: A.S.G., Archivio Segreto, n. 1390.

Following an anonymous letter, the Senate orders the Commissioner of Sarzana to inquire into the management of the loan bank by Raffaele and Emanuele Uzielli with the support of the Consiglio degli Anziani.

1050

Genoa, 24 September 1693

Source: A.S.G., Notaio Gio. Agostino Canepa, filza 36.

Angelo Astruch promises to pay Giovanni Battista Storace a bond for 300 pounds.

1051

Genoa, 12 March / 21 May 1696

Source: A.S.G., Eccellentissima Camera, n. 1008.

The Camera, *by public auction, grants a licence to deal in spirits and coffee to Jacob Levi and Giuseppe Azariel Sacerdote and sons, Jews from Casale Monferrato. Their bid is very high, but they ask the* Camera *to be exempted from wearing the badge. At first the* Camera *refuses by one vote. Through the* Collegi, *however, they are granted the exemption for themselves and for three of their deputies for 10 years, which is the duration of the contract.*

1. *On 12 March, Nicolò Bobio, representing people interested in the contract, offers before the* Camera *a 23,500 pound per year bid,* di notevole accrescimento *(exceeding the previous 16,000 per year) for the licence to deal in spirits and coffee for 10 years wearing no badge,* per esser egli l'offerente di alcuni ebrei. *These are Giuseppe Azariel Sacerdote and Jacob Levi from Casale Monferrato.*

2. *On 16 March, the* Camera *suggests that the exemption be granted, but the number of votes is not sufficient.*

3. *On 23 March, the* Camera *refers the matter to the* Collegi, *emphasizing the advantages of the contract in question and that Jacob Levi is already exempted from wearing the badge, such privilege having been granted to him and his family by the* Serenissimi Signori, *as he is a salt dealer from Monferrato.*

....

Si esponga a Serenissimi Collegi che nell'ultima congregazione di loro Signorie Serenissime è mancato un solo voto alla concessione del privilegio

di non portar il segno a Jacob Levi e due figli di Giuseppe Azariel de Sacerdoti ebrei, et a due in tre' loro subalterni, a quali colla condizione del medesimo privilegio è stato dato il nuovo affitto dell'impresa dell'acquavitta e caffè in questo Dominio. Che perciò il Collegio Eccellentissimo si è stimato in obligazione precisa di rappresentare alle prudentissime riflessioni di lor Signorie Serenissime che non concedendosi il sudetto privilegio, resterà il sudetto affitto sconcertato del tutto, con danno notabile della Camera, mentre non essendovi altra obblazione per detta impresa che di annue lire 17000 alligata a qualche condizioni e patti non così facili a ridursi in pratica, si è stabilito l'affitto con sudetti ebrei per annue lire 23500, e cosi con vantaggio in tutto il tempo della loro condotta di lire 6500, che è di grandissima considerazione, massime nelle presenti strettezze del Publico Erario. Ne ha' stimato l'Eccellentissimo Collegio che da sudetta concessione possa nascerne alcun disordine o' scandalo, atteso che il detto Giacob Levi, uno de' medesimi principali che abita nella presente città da molto tempo in quà per lo partito del sale di Monferrato, non porta contrasegno alcuno sulla permissione che già ne ha da loro Signorie Serenissime per lui e tutta la sua famiglia, ne perciò sin'ora si è penetrato alcun eccesso o' che ne sia risultato alcun inconveniente.
Che molto meno ha' stimato che (in persone commode di beni di fortuna, venute quì per introdurvi i loro negotii, da quali può il Publico sperare per i suoi introiti utili di conseguenza) si possa temere che debbano applicarsi a maneggi improprii in questo affitto, onde potrebbero discreditare il loro negozio ed'esporsi a que' castighi che meritarebbero simili operazioni, massime che sono essi que medesimi che maneggiano fra' molte altre anche questa impresa nel Monferrato, ove han casa molto opulenta e che hanno pure partecipazione in quella di Turino con sodisfazione di que Prencipi e sudditi, e senza che se ne sia udito alcun disordine.
Che perciò il Colleggio Eccellentissimo deduce il tutto al prudentissimo intendimento di loro Signorie Serenissime, affinche si degnino di facilitarsi nella concessione del detto privilegio perche la Camera non habbia a recedere dal contratto con tanto suo discapito, tanto più che con questa fiducia si sono essi inoltrati in qualche spese di prevenzioni d'acquavite, d'utensilii e di siti presi a posta a piggione e di tutto ciò che è necessario per dar opportuno indirizzo a questa impresa, la quale non ha' bisogno di maggior dilazione, mentre deve cominciare a giugno prossimo.
Rimettersi però sempre loro Eccellenze alle più accertate determinazioni di loro Signorie Serenissime...

4. *On 2 April, permission is granted by the* Collegi.

....

Letta a Serenissimi Collegi e discorsa la pratica, hanno loro Signorie Serenissime concesso il detto privilegio di non portare il segno a detti ebrei, cioè a detti Jacob Levi, e Marco, e Bonaiuto, figli di Giuseppe Azariel, et a due in tré loro sostituti di non portare il segno per i detti dieci anni e colle condizioni rispetto a detti sostituti, in tutto secondo il rappresentato dal detto Illustrissimo et Eccellentissimo Collegio a 12 marzo caduto........

5. *On 21 May, in the Chancellery of the* Camera, *Jacob Levi appoints Salvatore Elarac, Moise Camaiore and David Leyat his deputies.*

Note: Part of the same is also recorded in *Archivio Segreto*, n. 1390, 12 March–2 April 1696.

1052

Genoa, 21 March 1696

Source: A.S.G., Archivio Segreto, n. 2751, Negoziazioni politiche.

Upon request by the French Consul at Leghorn, the Seigneur of Lucienne, Residente di Francia, *asks for and obtains permission for Emanuele Arias and Abram Goutierres, traders from Leghorn, and two servants to stay in Genoa and its surroundings for 2 months, without wearing the badge, to go to Marseilles where they have been summoned by the French Officer of Commerce.*

1053

Genoa, 27 March 1696

Source: A.S.G., Notaio Alessandro Alfonso, filza 4.

Angelo Maria Pietrobono takes Giulio Cesare Grassi's place as the attorney of Aronne Volterra from the Veneto, in view of the power of attorney received by Angelo Maria Piccino, a notary in the Veneto.

1054

Genoa, 6 April 1696

Source: A.S.G., Archivio Segreto, n. 1390.

The Senate grants Emanuele Arias, Abram Goutierres and their two servants permission to wear their swords for 12 days, day and night.

1055

Genoa, 9 May 1696

Source: A.S.G., Archivio Segreto, n. 1390.

The Collegi *grant Abram Dina and Moisè Norza permission to travel throughout the Dominion and town without wearing the badge for 20 days.*

1056

Genoa, 9 May-29 June 1696

Source: A.S.G., Archivio Segreto, n. 1390.

The Residenti di Palazzo, *having heard the Senate, order the* bargello *to arrest Francesco Maria Casamaura, a perfumer's employee, for insulting and harassing Jacob Del Mare's eldest son.*

1057

Genoa, 18 May 1696

Source: A.S.G., Notaio Silvestro Merello, filza 22.

Nicolao Arco Leone, a Greek, states he owes Ventura Coen, son of the late Leone, 80 8-real pieces, to be paid back within 2 years.

1058

Genoa, 8 June 1696

Source: A.S.G., Notaio Silvestro Merello, filza 22.

Ventura Coen appoints Giovanni Battista Miccone his attorney. On 14 March 1697 the notary extends the attorney's powers at Cohen's house, near the church of Santi Cosma e Damiano.

1059

Genoa, 16 June 1696

Source: A.S.G., Notaio Alessandro Alfonso, filza 4.

Francesco Maria Tassara, upon request by Teramo Canessa, testifies that the previous year he had been called to see about a number of discrepancies between the accounts of Andrea Merello, captain, and Bartolomeo and Nicolò Rizzo, attorneys of Gabriel Medina from Leghorn, in regard to money taken as bottomry by Andrea Merello in London before sailing to Genoa. It was decided that the money would be paid in Genoa to Medina's attorneys, partly in cash and partly as a bill of exchange.

1060

Genoa, 19 June 1696

Source: A.S.G., Notaio Silvestro Merello, filza 22.

Giovanni Battista Grondona, appointed by the Uditori della Rota Civile, *refrains from seizing the property of Abram Vais Pegna, son of the late Moise.*

Note: See below, Doc. 1074.

1061

Genoa, 14 July 1696

Source: A.S.G., Notaio Alessandro Alfonso, filza 4.

Gio. Andrea Cambiaso, partner in the Cambiaso-Saporiti company, avails himself of the authority granted to him to replace Mosè Francia, from London, with Monti and Ratti from Messina .

1062

Genoa, 18 August 1696

Source: A.S.G., Archivio Segreto, n. 1390.

Upon the Seigneur of Lucienne's request, the Collegi *grant Jacob Segni permission to stay in town and in the Dominion for 2 months without wearing the badge, provided that he presents himself to the Senate Chancellery on the day of his arrival.*

1063

Genoa, 10–19 September 1696

Source: A.S.G., Archivio Segreto, n. 1390.

The Collegi *grant Jacob and Salvatore Crespi permission to travel to Genoa and the Dominion for one month without wearing the badge. Having been caught by the* bargello *without wearing the badge, they are immediately released with no fine.*

1064

Genoa, 5 October 1696

Source: A.S.G., Archivio Segreto, n. 1390.

The Senate grants a civil, personal safe-conduct to Jacob Coronel from Nice in view of his debts to foreigners outside the Dominion.

1065

Genoa, 5 December 1696

Source: A.S.G., Archivio Segreto, n. 1390.

Abram, son of Giuseppe Sulema, petitions the Collegi *and is granted permission to stay in town without wearing the badge for 2 months.*

1066

Genoa, 18 March 1697

Source: A.S.G., Giunta di Marina, filza 27.

The Collegi *order the* Inquisitori di Stato *to inquire into the contents of a note received by the Lesser Council. The note states that the sailors employed by Jacob Del Mare stayed in town longer than expected. Furthermore, it is not known whether Jacob complied with the procedures set forth by law.*

1067

Genoa, 20 March 1697

Source: A.S.G., Notaio Silvestro Merello, filza 23.

The notary draws up a deed in the house of Ventura Coen, son of the late Monleone, whereby Ventura states that he owes Pietro Plana from Bordighera, patrono *of a ship, 3,147.12.4 pounds. Ventura must pay his debt, as settlement of the 1,000 8-real pieces charter fee for Pietro's tartan from Genoa to Marseilles.*

1068

Genoa, 8 May 1697

Source: A.S.G., Archivio Segreto, n. 1390.

After a vote, the Senate decides to grant David, son of Mordecai Darmone, a personal civil safe-conduct for one year in view of his debts outside the Dominion.

Bibliography: On David Mordecai Darmone, see Toaff, *Livorno e Pisa*, p. 470.

1069

Genoa, 19 June 1697

Source: A.S.G., Archivio Segreto, n. 1390.

The Senate grants Abram Vais Pegna, son of the late Mosè, a civil and personal safe-conduct for one year in view of his debts outside the Dominion.

1070

Genoa, 10–12 July 1697

Source: A.S.G., Archivio Segreto, n. 1390.

The Residenti di Palazzo, *having heard the Senate, order that Bernardo Brock from Germany be jailed and punished for wounding Jacob Fonseca.*

1071

Genoa, 10 July 1697–24 July 1698

Source: A.S.G., Archivio Segreto, n. 1390.

The Collegi *grant Mosè Cumprecht and Salomon Buxbaum, Jews from Frankfurt, permission to stay in town and in the Dominion for one month on their way to the Western Riviera to purchase etrogim, palms and coral. The one-month permit is then extended for another 3 years on 24 July 1698.*

1072

Genoa, 23 July–2 August 1697

Source: A.S.G., Archivio Segreto, n. 1390.

The Collegi *grant Abram Franco, a merchant from Leghorn, and two of his servants, passing through Genoa on their way to Lyon, permission to stay in town for 8 days without wearing the badge.*

1073

Genoa, 2 August 1697

Source: A.S.G., Notaio Silvestro Merello, filza 23.

Pietro Andrea Sauli refrains from seizing the property, possessions and money of Abram Vais Pegna, son of the late Moise, at the residence of Gio. Giacomo Viviano.

1074

Genoa, 6 August 1697

Source: A.S.G., Notaio Silvestro Merello, filza 23.

The notary draws up 2 separate deeds the same day. The first records a general receipt by Giovanni Battista Grondona and Abram Vais Pegna; the second, Giovanni Battista Grondona's intention not to seize Abram Vais Pegna's possessions.

1075

Genoa, 30 August 1697

Source: A.S.G., Archivio Segreto, n. 1390.

The Senate renews the decree cum clausola vel non *for one year to Salvatore Foa for a civil, real, personal, general safe-conduct, excluding debts inside the Dominion.*

1076

Genoa, 10–25 September 1697

Source: A.S.G., Archivio Segreto, n. 1390.

Petition to the Collegi *by Samuel Quen (Coen), a Jew from the East, jailed because he was caught without the badge and then freed through the intercession of the Seigneur of Lucienne, Envoy of the King of France.*

1077

Genoa, 13 September 1697

Source: A.S.G., Archivio Segreto, n. 1405, Jurisdictionalium et ecclesiasticorum ex parte.

The Senate orders that a converted Jew be jailed for having repeated his baptism.

1078

Genoa, 25 October 1697

Source: A.S.G., Notaio Alessandro Alfonso, filza 5.

Notary deed recording that Giovanni Battista Lanfranco, ship captain, has taken from Isach Abrabanel in Amsterdam 600 8-real pieces bottomry for the voyage to Cadiz.

1079

Genoa, 18 December 1697

Source: A.S.G., Notaio Silvestro Merello, filza 23.

Receipt of the dowry of Ester, daughter of Jacob Del Mare, son of the late Abram, and wife of Izaach Moreno, son of the late Jacob. The dowry is 3,250 pounds, to which the groom adds 5,000 pounds. The agreement specifies the means of payment and return of the dowry in the case of death without any legitimate or natural heirs. The deed is drawn up at Jacob Del Mare's house, near Piazza dell'Olmo. Izaach and his brother Abraam Moreno, sons of the late Jacob, in his capacity as guardian, are present.

Quittatio et assecuratio dotis
Extractum.
18 decembris 1697.
In nomine Domini, amen. Cum tractatum et conclusum fuerit matrimonium per verba de presenti, iuxta ritum ebraicum de brevi celebrandum, per et inter Hester, filiam Jacobi Del Mare quondam Abrae ex una et Jzaach Moreno quondam Jacobi ebreos ex altera, conventis dotibus inter dictos Jacobum, patrem dicte Hester, et Jzaach ac Abraam Morena, fratrem dicti Jzaach, in L. 3250 et volentes partes predicte quod publicum appareat instrumentum de eo quod convenerunt.
Hinc est quod dicti Jzaach et Abram fratres Morena quondam Jacobi et quilibet ipsorum in solidum sponte et omni meliore modo, etcetera, fatentur, etcetera, dicto Jacobo del Mare, futuro socero dicti Jzaach presenti et acceptanti, etcetera, se se ab eo habuisse et recepisse dictas libras tres mille ducentum quinquaginta monete Genue currentis, scilicet L. 2250 modo in peccunia numerata coram me notario et testibus infrascriptis, L. 250 ante nunc in pretio tot auri et L. 750 in pretio tot raubarum eisdem fratribus Morena, ut supra in solidum pariter, ante nunc traditarum et consegnatarum in eorum satisfactione et contentamento, pro ut sic ipsi fateatur, que partite simul iuncte in totum conficiunt summam predictarum L. 3250, quas quidem L. 3250 dicte monete dicti Jzaach et Abraam, ut supra in solidum, acceptaverunt et acceptant pro dote et patrimonio dicte Hester, future uxoris dicti Jzaach, et de eis quare quittaverunt facientes finem promittentes sub etcetera, renunciantes etcetera, cum iuramento tacto calamo respective, exceptioni non consignationis vel non receptionis dicti auri dictarum ac raubarum ut supra ante nunc recepti et receptarum. Dictasque dotes, ut supra receptas, dictus Jzaach auxit et auget ad libras quinque milia dicte monete Genue currentis, quas quidem L. 5000 dicte monete dicti Jzaach et Abraae, ut supra in solidum, cautas et securas fecerunt et faciunt dicte Hester presenti et acceptanti in et super omnibus ipsorum Jzaach et Abraam, ut supra in solidum, bonis mobilibus et immobilibus presentibus et futuris, et in illis precipue in quibus dicta Hester malluerit eiusque heredes et successores malluerint. Dictasque L. 5000 dicte monete dicti Jzaach et Abraam, ut

supra in solidum, cum infrascripta tamen conditione et non aliter, nec alio modo reddere et restituere promisserunt et promittunt dicte Hester, ut supra presenti et acceptanti, eiusque heredibus et successoribus absentibus me notario, seu illi vel illis cui seu quibus de iure dicte dotes essent restituende aut solvende a dicto die et casu dotium restiuendas sub etcetera, renunciantes etcetera, ac fieri solidi etcetera, beneficio novarum constitutionum de duobus vel pluribus reis debendi et beneficio divisionis, privileggio fori etcetera, iudicis incompetentis et quibusvis aliis privileggiis, legibus et statutis et omni alii iuri etcetera ......, me notario ut supra stipulante.

Conditio autem de qua supra etcetera che morendo detta Hester senza figlioli maschi o femine legitimi e naturali in tal caso essi Jzaach et Abraam e loro rispettivamente eredi e successori siano solamente tenuti et obligati alla restitutione della metà di esse doti ch'è di L. 2500, e morendo detto Jzaach senza figlioli legitimi e naturali maschi o femine, come sopra, restino tenuti et obligati li suoi eredi e successori, o sia detto Abraam resti tenuto et obligato com'anco li suoi heredi e successori alla restitutione di dette L. 5000 per intiero perche cosi etcetera.

Quas quidem L. 3250, ut supra, dicto domino Jacobo solutas et exborsatas dictis Jzaach et Abraam pro dote et patrimonio dicte Hester eius filie dicta Hester acceptavit et acceptat....... iurantes dicti Hester et Izaach tacto calamo respective predictis non contravenire, etcetera. Et fecerunt et faciunt predicta omnia et singula scilicet dicta Hester in presentia, cum consilio, consensu, autorisatione et voluntate predicti Jacobi del Mare quondam Abrae eius patris et dicti Izaach Moreno, eius futuri viri, hic presentium, consulentium, consentientium, authorizantium et iurantium, tacto calamo respective, in omnibus ad formam statuti Genue de contractibus minorum et mulierum, et dictus Izaach in presentia cum consilio, consensu et interventu dicti Abrae Moreno, eius fratris et tutoris, pariter hic presentis, consulentis, consentientis et iurantis tacto calamo, in omnibus ad formam predicti statuti Genue de contractibus minorum et mulierum intra quam formam dicti Hester et Izaach denuo iuraverunt tacto respective calamo.

De quibus omnibus, etcetera. Que omnia attendere, etcetera. Sub pena dupli et cum refectione etcetera. Ratis etcetera. Et pro inde etcetera. Per me Silvestrum Merellum notarium. Actum Genue, videlicet in camera cubiculari domus solite habitationis predicti Jacobi del Mare, sita in vicinia platee Urmi, anno a Nativitate Domini millesimo sexcentesimo nonagesimo septimo, inditione quinta, more Genue, die vero mercurii decima octava decembris, in tertiis. Presentibus Michaele Angelo Sartorio filio Antonii et Antonio Maria Divitia quondam Petri Francisci, testibus ad predicta vocatis et rogatis........

Note: In...amen = cancelled.

1080

Genoa, 22 February 1698

Source: A.S.G., Notaio Silvestro Merello, filza 24.

Paolo Geronimo Franzone presents the notary with 2 bills of exchange to be protested; they were issued in Venice to the order of Salomon Levi del Banco in Venice.

Bibliography: On Salomon Levi del Banco, see Simonsohn, *Milan*, Doc. 4701.

1081

Genoa, 1 March 1698

Source: A.S.G., Notaio Silvestro Merello, filza 24.

Mosè and Isacco Ferrara (Ferrera) of Leghorn testify to the insurance of a sum of money on Giovanni Lorenzo Saporito and Giovanni Andrea Cambiaso's ship for the journey to Leghorn, to Tangier and back.

Bibliography: On Mosè Ferrera, see Toaff, *Livorno e Pisa*, p. 711.

1082

Genoa, 24 March 1698

Source: A.S.G., Notaio Silvestro Merello, filza 24.

Jacob Del Mare's will, whereby his wife Allegrezza is usufructuary for life of his personal and real property, provided that starà in habito vidovile; *the universal heirs are his sons Abram, Salomon, Izach and Aron, for a quarter of the property each. The fifth son Angelo, currently in Leghorn, is not mentioned as he has already received his part. The irrevocable attorney after his death will be his wife, who will be able to give a dowry to their daughters Anna and Rachele. The deed is drawn up at Jacob's house.*

Testamentum
24 martii 1698.
Jacob del Mare del quondam Abrae, hebreo, da me notaio infrascritto espressamente conosciuto, e sano di vista, uddito, corpo, mente, senso, loquella et intelletto, ancorche esso si ritrova a letto amalato, et essendo in sua buona e perfetta memoria, ha risoluto di fare il presente suo testamento nuncupativo, che si dice senza scritti, affinche morendo non resti senza farlo, per il quale hà lasciato, disposto et ordinato di sé e suoi beni, in tutto e per tutto come in appresso.

Primieramente lascia che il suo corpo fatto cadavere sia sepelito con quelle spese per il suo funerale che meglio parrà ad Alegrezza Del Mare, sua moglie. Item di tutti li suoi beni mobili et immobili, nomi de debitori, raggioni et attioni e di tutto quello e quanto spetta possa spettare a detto testatore in qualunque modo e per qualsivogli titolo, raggione, occasione e caosa niuna esclusa, hà lasciato e lascia et ha' istituito et instituisce sua herede usofruttuaria donna e madonna e di sua propria bocca ha' nominato e nomina la sudetta Alegrezza del Mare sua moglie, sua vita natural durante e sin a tanto che essa naturalmente viverà e starà in habito vidovile, alla quale vuole che spetti e debba spettare tutto l'intiero e generale usofrutto i tutti li sudetti suoi beni et heredità e che non si possi sminuire né restringere altrimenti senza ch'essi resti tenuta, né astretta, né obbligata a dare sigorta veruna, né legale, né statutaria, et in tal caoso esso testatore hora per all'hora intercede e fa' sigortà per essa sotto hypoteca, rinonciando, etcetera.

Heredi proprietarii universali di tutti li sudetti beni et heredità di detto testatore ha lasciato, instituito e nominato sicome lascia, instituisce e nomina di sua propria bocca (salvo però quanto si è detto sopra) Abram, Salomone, Izach et Aron del Mare, figli legitimi e naturali di detto testatore, soli et in solidum et ogniuno di essi per la loro quarta parte et uguale portione. E morendo alcun d'essi suoi figli et heredi senza figli legitimi e naturali maschi o' femine legitimi e naturali, l'uno succeda all'altro per ugual portione nella portione del deffonto o hà deffonti.

E dice esso testatore che non hà fatto, né fa' mentione nel presente suo testamento di Angelo del Mare, altro suo figlio, che al presente si ritrova nella città di Livorno, perche esso testatore le hà di gia dato et assegnato la sua parte acciò esso si possa incaminare conforme. Così esso testatore dice

e dichiara in sua conscienza havendo esso Angelo havuto più di quello spetta e possa spettare all'altri sudetti suoi figli et heredi.
Inoltre poi esso Jacob del Mare, testatore, hà lasciato e lascia et hà fatto contribuito e creato, sicome fà, contribuisce e crea et in suo luogo ha posto e pone sua procuratrice irrevocabile doppo morte d'esso testatore la detta Alegrezza del Mare sua moglie presente, presente et accettante ad votum da detta Alegrezza, con tutta quella autorità, potestà et bailia ch'essa vorrà e dichiarerà di voler essere procuratrice quandocumque e sempre. E quando farà di bisogno da estendersi il presente mandato di procura in uno o più instrumenti separatamente dal presente et hà data una o più copie del presente mandato, la qual facoltà d'estendere il presente mandato esso testatore hà concesso e concede et hà dato e dà a qualsivogli publico notaro che diano e concedino alla detta Alegrezza tutta quella facoltà, potestà e bailia ch'essa come sopra vorrà havere e dichiarera come sopra di voler essere procuratrice, affinche essa Alegrezza possi fare et opperare tanto in giudicio come fuori tutto quello che potrebbe fare et operare esso Jacob, se all'hora fosse vivente, con facoltà anco potestà e bailia a detta Alegrezza di poter dotare, dare et assignare de beni et heredi d'esso testatore, se ve' ne saranno, la dote ad Anna e Rachella del Mare, figlie legittime e naturali di esso testatore, in quella somma che meglio parra a detta Alegrezza moglie e procuratrice et in tutto conforme come sopra far potrebbe esso testatore se fosse allhora vivente.
E questo è il suo testamento et ultima volontà casando, rivocando, annullando ogni e qualunque altro testamento, codicillo o altra dispositione d'ultima volontà che prima di questo havesse fatto o fatta in atti di qualsivogli altro publico notaro o in qualsivogli altro modo, volendo che il presente doppo sua morte sii esseguito et osservato in tutto e per tutto conforme in esso l'anticedente. Delle quali cose tutte etcetera.
Per me Silvestro Merello notaro, fatto e rogato in Genova, cioe nella camera cubicularia della casa della solita habitatione del sudetto Jacob del Mare testatore, situata nella vicinanza della Piazza dell'Ormo, l'anno dalla Natività di Nostro Signore milleseicentonovant'otto, correndo l'inditione quinta, secondo il corso di Genova, giorno di lunedi li 24 del mese di marzo, alla mattina. Essendovi presenti Pietro Antonio Graffigna del quondam Vincenzo, revenditore di farine, Michele Torricella del quondam Battista, fornaro, Sinibaldo Deferrari di Sinibaldo, Marco Sacciò del quondam Andrea e Francesco Noziglia del quondam Battista, camalli, testimoni a quanto sopra chiamati e pregati.

Note: Camalli [porters].

1083

Genoa, 25 June 1698

Source: A.S.G., Archivio Segreto, n. 1390.

Abram Moreno, caught without the badge, is released thanks to the intercession of the Seigneur of Lucienne, Envoy of the King of France. He is allowed to stay in town for 6 days, provided that he wears the badge.

1084

Genoa, 14 July 1698

Source: A.S.G., Archivio Segreto, n. 1390.

The Senate grants a civil, real and personal safe-conduct, excluding debts inside the Dominion, to Salomone Blanes and his son, Lelio, Jews from Carrara. They had requested it for 2 years.

1085

Genoa, 16 July 1698

Source: A.S.G., Senato, Atti, n. 2754.

The Senate examines the petition submitted by the Jewish community to the Serenissimi Signori *to save Isach Pardo's life. He was accused of fraud against the* Casa di S. Giorgio *because of 2 bales of cloth which the ship's captain, who now threatens to kill him, did not declare. The Senate invites the* Residenti di Palazzo *to inquire into the matter and report to them.*

Serenissimi Signori
Isah Pardo di natione hebrea gia due anni sie partito di Genova con alcune mercantie per portarsi in Barbaria, e gionto pero in questo porto sabbato sera prossimo passato, sopra la coralina o' sia bergantino del patron Anggelo Torre d'Alassio con nome di schiavo, e' per talle e stato sequestrato come preteso in frode contro la Casa di S. Giorgio, e' per che nel'istesso tempo che li ministri di S. Giorgio andarono per haver l'hebreo

trovorno in essa barcha due balle di telle che portava da Livorno di valssuta rilevante che esso patrone non l'aveva denontiato, et anco quela gl'ano fatto frode. Si è dichiarito detto patron, gia che per causa del hebreo hebbe questo danno, che vole recuperar l'ebreo dall'Illustrissimi Prottettori di S. Giorgio o' altri chi speta e privarlo di vitta che cosi si provera bisognando. Pertanto la natione hebrea è costreta di ricorrere alla suprema autorita d'Vostre Signorie Serenissime suplicandole a' degnarsi di prender in detto affare quelle provisioni che sono di giustitia per salvezza della vitta di questo povero hebreo, offerendossi la natione hebrea di dar quele caotele e far anche queli sborsi che saranno necesarii verso la Casa Illustrissima di S. Giorgio, il che tendendo alla liberta e consservatione della vitta' d'un povero forastiere che ebbe traffico in questa cita sperano ottener, et le fano humillissima riverenza.

1086

Genoa, 22–26 November 1698

Source: A.S.G., Archivio Segreto, n. 1390.

Jacob Del Secco, arrested for walking about at night, is released by order of the Collegi *with no charge, even though he gave the* bargello 40 soldi.

1087

Genoa, 26 November 1698

Source: A.S.G., Archivio Segreto, n. 1390.

The Senate grants a civil and personal safe-conduct to Mosè Memantono of Leghorn for one year, excluding his debts inside the Dominion.

1088

Genoa, 7 December 1698

Source: A.S.G., Archivio Segreto, n. 1390.

The Doge and the Residenti di Palazzo *order the Commissioner of Sarzana and the* Podestà *of Lerici to arrest an English woman called Angiola. She is accused of having robbed Jacob Fonseca and then sailing to Rome on board a felucca.*

1089

Genoa, 10–16 December 1698

Source: A.S.G., Archivio Segreto, n. 1390.

Jona and Simon Clava of Casale and their servants ask the Senate for permission to travel about the Dominion without the badge for the duration of the agreement on salt. It is granted.

Note: See above, Docs. 1004, 1008.

Bibliography: On Simon and Jona Clava, see Segre, *Piedmont*, p. 2087.

1090

Genoa, 7 January 1699

Source: A.S.G., Notaio Alessandro Alfonso, filza 7.

Anselmo Levi, partner of Salomon Levi del Banco of Venice, grants ample power of attorney to Giovanni Battista Bensi on behalf of the company and of his person.

1091

Genoa, 10 January 1699

Source: A.S.G., Notaio Alessandro Alfonso, filza 7.

Raffaele Pizzorno appoints Abraham, son of Giuseppe Sulema, of Leghorn his attorney to collect from the Croce brothers 200 silver scudi *coined in Genoa, as settlement for a* 300-scudo *bottomry. Having received his due, Abraham can issue a receipt for and agree upon transactions for a lower sum and, if ecessary, appear before the Duke of Tuscany or any other judge, magistrate or court in Leghorn or anywhere required, to obtain judgement or take legal action.*

1092

Genoa, 28 January–15 July 1699

Source: Archivio Storico del Comune di Genova, Magistrato Padri del Comune, Arti, n. 477.

The guild of haberdashers petitions the Serenissimi Signori *to revoke the permission to sell fabrics granted to the Jews, and to promise never to grant it to them again, or the haberdashers shall be reduced to a state of poverty.*

1. *The motivation behind the petition is the request submitted to the Senate in November 1698 by Samaria Levi Sonsino (Soncino) and his brother Natali to be granted permission to sell fabric, regardless of the haberdashers' reaction. The guild emphasizes that the Jews' sales are detrimental to other guilds, such as* pateri, bambaciari e strapontieri, *although the haberdashers suffer the most.*

2. *On June 13 the* Padri del Comune, *upon the Senate's request, state that permission was granted to only three or four Jews, on a number of conditions and against payment of 12 silver* scudi. *They are furthermore in favour of Samaria's request, provided the Senate does not object, as long as he keeps the fabric under his cloak and does not use the measure stamped by the Customs and against payment of 12 silver* scudi *to the* Camera dei Padri del Comune *and to the Guild of the Haberdashers. Finally, the* Padri del Comune *state that new permissions should be granted to the Jews as they cause no damage to the Guild, but boost trade and bring about profits to the Customs.*

3. *On 15 July the Senate approves the Magistrate's decision.*

Bibliography: Urbani, *Nuovi documenti*, p. 205.

1093

Genoa, 28 February 1699 / 25 February 1701

Source: A.S.G., Magistrato Riscatto schiavi, filza 66.

These papers refer to the payment for Anonio Revertito's release. Revertito was in jail in Algiers. A summary from the relevant file at the Chancellery of the French Consulate in Algeri records that:

Algiers, 29 December 1699. The Chancellor of the French Consulate in Algiers certifies that Antonio Revertito, Mamet Vdabachi's slave, has stated that he was freed by Lunes and Samuel Coen for 307 piastres, paid by order of Moisè and Gabriel Faro from Leghorn. This sum includes deliverance, ordinary immunity and duties, such as Customs, Cafetan del Bascià, *clerks, port captains, documents and fees, travel, commissions and settlement. Antonio Revertito promises this sum will be returned 15 days after his arrival in Leghorn, either by himself or by Moisè and Gabriel Faro.*

Bibliography: On Mosè and Gabriel Faro's company, see Toaff, *Livorno e Pisa*, p. 711.

1094

Genoa, 15 April 1699

Source: A.S.G., Archivio Segreto, n. 1390.

The Doge and the Residenti di Palazzo *take action against those who throw stones and repeatedly insult the Jews.*

Note: It is Wednesday during Easter week.

1095

Genoa, 13 May 1699

Source: A.S.G., Notaio Silvestro Merello, filza 25.

Jacopo Bernardi of Voltri, patrono *of a ship, acknowledges his debt to Abram Del Mare, son of Jacob, amounting to 625 pounds, as bottomry for items and freight loaded on board Francesco Torrei's* cimbra *travelling from Genoa to Sardinia and back. 8% shall be paid to Abram upon the* cimbra's *return to the port of Genoa* purchè non eccedano mesi 4.

1096

Genoa, 13 August 1699

Source: A.S.G., Notaio Alessandro Alfonso, filza 7.

Testimony by Isach Ghaertz and Moise Incava on 180 etrogim *collected at Menton and delivered to Genoa via San Remo, addressed to the company Thoma Vethen& Scaaf. The Jews state that such* etrogim *cannot be used for the celebration [of the Feast of Tabernacles] because they are stained and without stalks.*

....

Testes

1699, die Iovis 13 mensis Augusti, in vesperis, in scriptorio meo notarii infrascripti, in bancis.

Isach Ghaertz testis summarie productus, receptus et per me Alessandrum Alfontium notarium summarie esaminatus, ad instantiam et requisitionem domini Thome Vethen, suo et nomine rationis cantantis sub nominibus dominorum Veten et Scaaf, et cui testi delato iuramento veritatis dicende et qui, tacto calamo hebreorum more, iuravit, etcetera.

Suo iuramento testificando dixit etcetera. Io dico haver veduto e visitato numero cento ottanta cedri venuti in questo porto con la tartana del patron Carli di S. Remo, diretti alli signori Vethen e Scaaf, quali cedri sono stati raccolti nel luogho di Mentone, e non essere li detti cedri a proposito, ne servire per la detta natione hebrea perche le manca il loro pigollo*, stante la quale mancanza, non se ne puo in maniera alcuna servire la detta natione, etcetera.

Et hoc est etcetera.

Interrogatus de causa scientie respondit, per haverli veduti e riconosciuti e non esser buoni per la detta natione, sapendo ancora come hebreo le solennità che ha' la detta natione....
Die ea, paulo post, loco predicto.
Moysen Incava quondam Jacobi, hebreus, testis ut supra productus, receptus et per me iam dictum et infrascriptum notarium summarie examinatus, ad eandem instantian et requisitionem et cui testi delato, ut supra, iuramento veritatis dicende, et qui, tactis scripturis, iuravit etcetera.
Suo iuramento testificando dixit etcetera. Ho veduto e visitato numero cento ottanta cedri imbarcati sopra la tartana del patron Carli di S. Remo, diretti alla compagnia che canta sotto nome di Vethen e Scaaf, raccolti nel luogho di Mentone, quali non sono buoni per la natione hebrea, stante l'esser alcuni machiati, ad alcuni mancarvi il picollo et ad altri esservi cascata la pettima**, et hoc est etcetera.
Interrogatus de causa scientie ... respondit, so tutto quanto per esser di natione hebrea, sapere il stile di detta natione, havere veduto detti cedri et esser ciò la verità...

Note: *Pigollo o picollo*, i.e. stalk.
Pettima: *a distortion of the Hebrew word* pittam, *protuberance, the pistil of the* etrog, *citrus fruit among the Four Species used on Sukkot.*
Bibliography: Zazzu-Urbani, *Ebrei a Genova*, p. 42.

1097

Genoa, 15 August 1699

Source: A.S.G., Rota Criminale, filza 115.

Rebuffo, denounced on 23 July for having slapped a Jew, is released from jail. Rebuffo pays the bail and promises he will not insult him again.

1098

Genoa, 18 August 1699

Source: A.S.G., Archivio Segreto, n. 1390.

The Senate grants a civil, real, and personal safe-conduct to Angelo and Isac Ascoli for one year, excluding debts inside the Dominion.

1099

Genoa, 2 October–30 December 1699

Source: A.S.G., Archivio Segreto n. 1390.

The Collegi *renew permission for Abram Del Mare to stay in the town and in the Dominion for 2 months without wearing the badge. This is repeated on 2 December and 30 December.*

1100

Genoa, 19 October 1699

Source: A.S.G., Notaio Silvestro Merello, filza 25.

Moisè Corchos, son of the late Bono, appoints Abram Vais Pegna, son of the late Mosè, his attorney to collect from Antonio Maria Santamaria, harquebusier , 16 pounds, to purchase a justaucorps which Moisè gave to Raffael Pansier, his guarantor.

1101

Genoa, 16 November 1699

Source: A.S.G., Archivio Segreto, n. 1390.

The Collegi *grant Mosè Vita from Hamburg permission to stay in Genoa for 3 months without wearing the badge.*

1102

Genoa, 26 November 1699

Source: A.S.G., Magistrato Riscatto schiavi, filza 66.

Documents recording payment for the release of Ambrogio Maria Cattaneo from San Remo, jailed in Algiers August 1692. Giuseppe Bonavanti (also

quoted Gioseppe Benaventi or Giuseppe Benavanti), a Jewish merchant from Algiers, and Ventura Coen, as intermediaries of the Magistrato Riscatto Schiavi, *intercede for his release.*
A summary of the files at the Chancellery of the French Consulate in Algiers records:
Algiers, 12 September 1699, Yvone Lorance, a priest, vicar-apostolic of Algiers and Tunis, certifies that Giuseppe Bonavanti, a Jewish merchant in Algiers, on 23 May 1696 has released Ambrogio Maria Cattaneo from San Remo. The young man had been bought by the Consul of the French Community in Algiers, in order to sostrarlo dal pericolo evidente nel quale si trovava d'essere con altri ragazzi portato in Levante e presentato al Gran Signore. *Ambrogio Maria Cattaneo untertakes to return to Ventura Coen the amount paid by Giuseppe Bonavanti, equal to 334 piastres and a quarter of Sevillan and Mexican 8-real pieces according to the current weight used in Leghorn, 20 days after his arrival at Genoa.*

Note: The same document records other prisoners being released by Ventura Coen from the Infidels.

1103

Genoa, 2 December 1699

Source: A.S.G., Notaio Silvestro Merello, filza 25.

General arbitration agreement between Giovanni Battista Pratolongo and Silvestro Chissolo, on one side, and Jacob Del Mare. Arbitrators are appointed and the parties agree to accept their award. The parties furthermore ask the Senate or the Magistrato degli Straordinari *to validate and approve the agreement. The parties refer to deeds drawn up by notary Giovanni Maria Granara.*

Note: *Between 30 December 1697, 8, 9, 11 January and 14 July 1698,* Notaio G. M. Granara *draws up some deeds stating that Giovanni Battista Pratolongo owes Jacob Del Mare 4,000 pounds capital and interest with reference to goods delivered to Pratolongo. The parties agree upon the following: Jacob takes back some of the goods delivered to Pratolongo, namely men's clothes, stone buttons of different colours and chocolate, provided that the quality and number are the same as delivered. Pratolongo promises to pay 1,500 pounds. Payments, insurance and delivery conditions are also specified.*

1104

Genoa, 13 January 1700

Source: A.S.G., Archivio Segreto, n. 1390.

The Collegi *read a note found in the* calice *of the Lesser Council. It accuses the Jews of being troublesome. The* Inquisitori di Stato e la Giunta di Giurisdizione *are notified.*

1105

Genoa, 21 January 1700

Source: A.S.G., Notaio Silvestro Merello, filza 26.

The patroni *Giorgio and Pietro Vignali from Portofino acknowledge receiving from Jacob Del Mare, son of the late Abram, 16 pieces of cloth from Lodi, 125 pounds of chocolate and some linen for 550 pounds. Such items, laden on board Giorgio Vignali's* pinco, *belong to Jacob Del Mare and travel at his own risk. They shall be sold and paid for within 4 months. Upon Jacob's request, on 2 December the* Uditori della Rota Civile *order attachment.*

Note: See below, Doc. 1119.

1106

Genoa, 3 February 1700

Source: A.S.G., Notaio Sivestro Merello, filza 26.

Mosè Luxena, son of the late Isac, appoints Pietro Paolo Varese his attorney to represent him at the fair to be held in Sestri Levante. Later Pietro Paolo appoints his son, Gio. Antonio Varese.

1107

Genoa, 2 March 1700

Source: A.S.G., Archivio Segreto, n. 1390.

The Collegi *grant Abram Josef Solema permission to stay in town and in the Dominion for one month without wearing the badge.*

Note: See below, Doc. 1120.

1108

Genoa, 16 March 1700

Source: A.S.G., Senato, Atti, n. 2771.

The Residenti di Palazzo, *having heard Paolo Francesco Scaniglia's report, refer to the Senate the measures to be taken in order to return to Emanuele Coen and Samuel Pansier the 4,283.16.0 pounds given to Paolo Francesco and Stefano Scaniglia in 1696. Petition by Emanuele Coen and Samuel Pansier to the* Serenissimi Signori.

Serenissimi Signori
Sin dal 1696 a 6 giugno Emanuel Coen e Samuel Pensier, nazionali ebrei, diedero a Paolo Francesco e Stefano, padre e figlio, Scaniglia la somma di lire 4283.16, quali promissero pagarle eziam per debito confesso, come consta da instrumento ricevuto dal notaro Gio. Tomaso Repetto, al quale è ben vero che per quante instanze e diligenze fatte non è potuto riuscire alli detti poveri ebrei rihavere il fatto loro. Anzi, invece di darle soddisfazione, sta detto Paolo Francesco ritirato in una sua casa nella villa di Borzoli, et il detto Stefano se ne è andato in Spagna. E così detto Paolo Francesco Scaniglia, per quanto facoltoso de beni di fortuna, non vuole darle soddisfazione di sorte alcuna. Onde detti poveri ebrei supplicano la clemenza di Vostre Signorie Serenissime provederle di quei rimedi più oportuni che stimeranno adeguati, acciò restino reintegrati del suo a provederle come meglio, e loro fanno umilissima riverenza.

1109

Varazze, 21 March 1700

Source: A.S.G., Senato, Litterarum, n. 916.

Letter by the Podestà *of Varazze reporting the arrest of Isach Pansier and Medoro. The Jews were caught without the badge.*

1110

Genoa, 23 March 1700

Source: A.S.G., Notaio Silvestro Merello, filza 26.

Upon request by Giovanni Maria Giorgietti, haberdasher, Giovanni Maria Guagnino testifies that in 1699, during the Carnival period, Prince Doria's footman went into the haberdasher's shop near San Luca. He said that Gio. Andrea, a converted Jew, might go to the shop to rent a fancy dress costume, a pink woolen giambelucco *and a new wig, for 2 silver* scudi, *and the Reverend Capredone was to pay.*

1111

Genoa, 23 April–22 May 1700

Source: A.S.G., Archivio Segreto, n. 1390.

The parish priest of SS. Cosma and Damiano reports to the Collegi *that two Jewish families have Christian servants. The Magistrate of the* Inquisitori di Stato *informs the Senate that he would order the* Residenti di Palazzo *to search their house. Should Christian women be found serving the Jews, both servants and masters would be jailed.*

1112

Genoa, 28 April 1700

Source: A.S.G., Senato, Atti, n. 2772.

The Residenti di Palazzo *are ordered by the Senate to act on behalf of Emanuele Coen, who requested the payment of a debt amounting to 400 pounds by Giovanni Battista Colombo. Should he fail to pay Coen, the* Residenti *will report to the Senate on the measures to be taken.*

1113

Genoa, April 1700

Source: A.S.G., Senato, Miscellanea, n. 1047.

The census of the SS. Cosma and Damiano church shows that two Jewish families live in Piazza dell'Olmo and employ Christian servants.

Sono in questa parrocchia due famiglie di ebrei sulla Piazza dell'Olmo in casa del Signor Costa, quali tengono al loro servizio quattro donne cristiane: una nutrice, altra giovinetta di buona avvenenza, altre due avanzate in maggiore età. Con ammirazione del vicinato perchè oltre a vedersi dette femmine praticare in materia di religione qualche cerimonie ebraiche, danno anche non leggiero sospetto in materia di dishonestà.

1114

Genoa, 3 June 1700

Source: A.S.G., Notaio Silvestro Merello, filza 26.

Michele Raggio sublets to Jacob Fonseca, son of the late Mosè, a house in Piazza del Molo for 3 years. The rent is 120 pounds.

1115

Genoa, 8 June 1700

Source: A.S.G., Senato, Diversorum Collegi, n. 174.

The Jews are allowed to ride a horse or travel in a carriage without wearing the badge.

Note: See below, Docs. 1128, 1182.

1116

Genoa, 14 June 1700

Source: A.S.G., Archivio Segreto, n. 1390.

Informed by an unsigned letter read to the Senate, the Inquisitori di Stato *take action against two Jews walking along* Vicolo di San Defendente dove abitano più donne di partito *at 6 o'clock at night without wearing the badge.*

1117

Genoa, 9 July 1700

Source: A.S.G., Senato, Diversorum Collegi, n. 174.

Marco Royn, recommended by the Emperor, is granted exemption from wearing the badge for one month.

1118

Genoa, 15 July 1700

Source: A.S.G., Notaio Silvestro Merello, filza 26.

Statement by Ventura Coen, son of the late Leone Bellinfante, about items sent by Racham Alfon from Tripoli in Barbary to Samuel Baruch from Venice.

1119

Genoa, 11 August 1700

Source: A.S.G., Notaio Silvestro Merello, filza 26.

Jacob Del Mare, son of the late Abram, appoints Mosè Mementonu, son of the late Isach of Leghorn, his attorney to deal with the brothers Giorgio and Pietro Vignali from Portofino.

Note: See above, Doc. 1105.

1120

Genoa, 17 August 1700

Source: A.S.G., Archivio Segreto, n. 1390.

The Collegi *grant Abram Giuseppe Solema and Giuseppe Bonfano permission to stay in town and in the Dominion for two months without wearing the badge.*

Note: See above, Doc. 1107.

1121

Genoa, 31 August 1700

Source: A.S.G., Notaio Silvestro Merello, filza 26.

Jacob Del Mare returns to his daughter-in-law, Ester Mendes, the dowry brought for her marriage to Jacob's son Abram David, who died childless. Ester is satisfied and swears tacto calamo, *according to the Jewish custom. Abram Di Leone, son of Abram, and Pellegrino Rapa are present.*

Quittatio restitutionis dotium.
31 agosto 1700.
Nel nome del Signore sia. Essendo vero che sii passato da questa all'altra vita Abram David Del Mare, figlio di Giacob, ebreo, senza prole, e che per

ciò sii venuto il tempo della restitutione delle doti di Ester, figlia del quondam Gregorio Mendes, moglie di detto quondam Abram David, dall'istesso ricevute in prezzo di tante robbe ascendenti al valore di pezze centoquarantacinque da' otto reali, come si asserisce, circa de quali ne consta da una poliza, quale al presente resta appresso Sara Mendes, madre di detta Ester. E volendo il medesimo Giacob, padre di detto quondam Abram David, quantunque non resti obligato, sodisfare alla medesima Ester sua nuora, per farle cosa grata, detta partita o' sia restituirle detta robba conforme di già gliel'hà restituita. E per ciò detta Ester Mendes Del Mare, conosciuta da me notaio per attestatione statami fatta, toccate le Scritture ripetutamente da Gio. Antonio Queirolo quondam Giacomo, mersaro da minuto, e da Steffano Arata quondam Bernardo, camallo che porta aqua, sciens, etcetera, et in ogni miglior modo etcetera, sponte, confessa al medesimo Giacob Del Mare quondam Abram, suo suocero presente et accettante, d'havere dall'istesso havuto e ricevuto ed esserle stata consegnata prima d'hora in sua sodisfattione e contentamento tutta la sudetta robba, stata data in dote al detto quondam Abram David suo marito, ascendente alla somma di detti pezzi centoquarantacinque, renunciando con giuramento tacto calamo, more hebraico, et anco toccate le Scritture Sacre, all'eccetione della consegna di dette robbe non fatta, o' sia alla sodisfattione non havuta. Et attesa detta consegna di robbe, detta Ester ha quittato, liberato et assoluto sicome quitta, libera et assolve detto quondam Abram David suo marito e li suoi beni, hereditate, heredi di tutto quello e quanto possa dall'istesso havere, prettendere o' domandare in qualunque modo e per qualsivoglia titolo, ragione, occasione e causa niuna esclusa, tanto su dispositione di detta polizza, quanto d'altra qualsiasi scrittura si publica come privata o' sia senza, facendole fino a quittanza, etcetera. Promettendo, etcetera. Sotto hypoteca, etcetera. Rinunciando etcetera.

E giura detta Ester in tutto detto sopra di non contravenire, et ha fatto e fa' quanto sopra di presenza, col consiglio, consenso et intervento d'Abram di Leone, figlio di Abram, maggiore d'anni 25, il quale negotia publicamente a scienza di detto suo padre che non lo contradice, conferma cosi con suo giuramento, tactis Scripturis Sacris ac tacto calamo, more hebraico, ha' affermato cugino di detta Ester come uno de suoi più prossimi parenti, che detta Ester asserisce d'haver nella presente città di Genova e dentro di dodici miglia, e di Pellegrino Rapa quondam Marc'Anselmo, tutti ebrei, come uno dei suoi più prossimi viccini in luogo d'altro parente, che detta Ester dice non havere dentro la presente città di Genova e dentro dette dodici miglia quei parenti che le hanno dato il suo

consenso e consiglio e giurano, toccate rispettivamente calamo et Scripturis Sacris dicto more ebraico. In tutto alla forma del Statuto di Genova delli contratti delli minori e donne, secondo la qual forma detta Ester di nuovo ha' giurato, toccato in tutto come sopra. Delle quali cose tutte, etcetera.
Per me Silvestro Merello notaro, fatto e rogato in Genova, cioè nella sala della casa della solita habitatione di detto Giacob Del Mare, situata vicino alla Piazza dell'Ormo, l'anno della Natività di Nostro Signore, mille settecento, correndo l'inditione settima al costume di Genova, giorno di Martedi li trent'uno del mese d'agosto, al doppo pranzo, essendovi presenti Michel'Angelo Sartorio, figlio di Antonio, e Bartolomeo Molfino quondam Michele mediatore, testimonii a queste sopra chiamati e pregati......

camallo = porter

1122

Genoa, 8 October 1700

Source: A.S.G., Notaio Silvestro Merello, filza 26.

Ventura Coen, son of the late Leone Bellinfanti, states that he owes Antonio Maria Zenolio 85 pounds following a purchase of oil.

1123

Genoa, 9 October 1700

Source: A.S.G., Notaio Silvestro Merello, filza 26.

Jacob Del Mare, son of the late Abram, in Codogno orders Canon Giovanni Cremonese to give Nicolosio Tamagno, a muleteer from Busalla, 94 pieces of raw cloth to be brought by mule to the free port and delivered to Prince Doria, who bought them from Jacob. Nothing shall be charged to the prince for the transport, to be effected by the Canon, at his own risk.

1124

Genoa, 26 November 1700

Source: A.S.G., Senato, Diversorum Collegi, n. 174.

The Senate grants Jacob Sarmento and Abram, son of Raffaele De Paz, Jews from Leghorn, exemption from wearing the badge for1 month.

1125

Genoa, 22 December 1700

Source: A.S.G., Notaio Alessandro Alfonso, filza

Gio. Luca Maggiolo states that he has received from Abram Sarfatti the yearly rent for two houses near the Malapaga. Abram undertakes to repair any damage caused by the fire and provide 12 and a half libre *of quality sweets per year.*

Bibliography: Urbani, *Nuovi documenti*, p. 207.

1126

Genoa, 5 March 1701

Source: A.S.G., Archivio Segreto, n. 1391, Jurisdictionalium et ecclesiasticorum ex parte Hebreorum.

Vote by the Collegi *whereby Moisè and Samuel Luzena are granted permission to travel around the Dominion for 3 months without wearing the badge.*

Note: Sometimes a sum in pounds is indicated in the permits. This is probably the amount paid by the Jews to be granted permission to stay and not wear the badge.

1127

Genoa, 18 March–19 April 1701

Source: A.S.G., Archivio Segreto, n. 1391.

Upon request by the Protettori del Banco S. Giorgio, i Collegi *grant Vita Pegna from Leghorn permission to stay in Genoa with his family for 10 years, to improve trade with the East. Vita is granted permission not to wear the badge, like Jacob Levi, spirits dealer.*

Note: See below, Doc. 1129. The same provision is found in *Banco San Giorgio, Cancelliere A. Ronchi, ad annum.*

1128

Genoa, 26 April 1701

Source: A.S.G., Archivio Segreto, n. 1391.

Upon request by the Collegi, *the Doge relieves the Jewish community from the obligation to wear the badge outside the town and the new walls while travelling. When a Jew stays longer than 3 days in one place in the Dominion, he must wear the badge. This is granted following the request by Salomone Padovano from Verona and Angelo Vitali from Alessandria, who reported ill treatment on their journey through the Dominion.*

Note: See Docs. 1115, 1182, 1258 (n.20).

1129

Genoa, 31 May 1701

Source: A.S.G., Archivio Segreto, n. 1391.

The Collegi *grant Vita and Moise Pegna from Leghorn permission to* andare e trafficare per la città senza segno per tre mesi, *in view of their business with the East.*

Note: See above, Doc. 1127.

1130

Genoa, 1 July 1701

Source: A.S.G., Notaio Alessandro Alfonso, filza 11.

Ventura Coen states that he owes Agostino Pietra 600 scudi, *to be returned within 15 days, as settlement of a previous loan for 800* scudi *effected in 1696.*

1131

Genoa, 4–11 August 1701

Source: A.S.G., Archivio Segreto, n. 1391.

Agno Cecilio from Siena, having been granted by the Magistrato della Consegna *permission to stay 4 nights at Aronne Della Tomba's, is seized by the* bargello *and jailed since he was not wearing the badge.*

1132

Genoa, 19 August 1701

Source: A.S.G., Notaio Silvestro Merello, filza 27.

Ventura Coen, being owed 176.18 pounds by Cornelio Vosch, transfers his credit to Michelangelo Romairone for a sacco d'ossa.

1133

Genoa, 23 August 1701

Source: A.S.G., Notaio Silvestro Merello, filza 27.

Jacob Del Mare, as partner of the Jacob and Abram Del Mare company, transfers to Reverend Gio. Enrico Insula a 74 scudo-*credit. In 1703 the same credit is transferred back by the Reverend to Jacob Del Mare.*

1134

Genoa, 1 September 1701

Source: A.S.G., Senato, Atti, n. 2790.

The Senate refers to the Residenti di Palazzo *Simone Levi's request that his dispute with Gio. Maria Bisso be settled, so that he can be given what is owed to him for* pannine *and other goods.*

1135

Genoa, 7 September 1701

Source: A.S.G., Notaio Silvestro Merello, filza 27.

Giorgio Celle, harp teacher, promises Jacob Del Mare, son of the late Abram, to teach his son Salomon how to play and tune the harp.

Promissio, obbligatio et quittatio.
7 settembre 1701.
Nel nome del Signore, sia. Giorgio Celle quondam Giacomo Filippo, maestro d'arpa, maggiore di anni venticinque, conforme cosi con suo giuramento, toccate le Scritture, afferma, spontaneamente etcetera, et in ogni miglior modo etcetera, hà promesso è promette a Jacob Del Mare, quondam Habram ebreo presente et accettante, di insegnare a Salomon Del Mare, figlio del detto Jacob, sonare d'arpa sin a tanto che detto Salomone sappia sonare bene dett'arpa et ogni sorte de suoni, o' sia balli, et accordare dett'arpa, è che resti tenuto et obligato esso Georgio andare ogni giorno, escluso però li giorni festivi è legittimo impedimento, a casa del detto Jacob a dare lettione al detto Salomone, è ciò per il prezzo di scuti dieci argento da lire 7. 12. moneta corrente per scuto per tutto quel tempo che detto Giorgio le insegnerà. A conto de quali esso Georgio confessa haver havuto e ricevuto, si come hora hà è riceve, in denari contanti alla presenza di me notaro et infrascritti testimoni scuti cinque simili, è di essi ne hà quittato e quitta detto Jacob come sopra presente et accettante, e facendo fine, e promettendo, e sotto hippoteca, e rinunciando, etcetera.
E' non osservando quanto sopra resti tenuto et obligato detto Giorgio, conforme cosi promette è si obliga, restituire al detto Jacob, come sopra

presente et accettante, o' sia persona legittima per esso li sudetti scuti cinque argento come sopra ricevuti. Sotto hippoteca etcetera, rinunciando etcetera. E li restanti scuti cinque argento, che sono il resto è compimento delli sudetti scuti dieci, esso Jacob hà promesso è promette quelli sborsare è pagare al detto Giorgio presente et accettante, o' sia a persona legittima per esso, sempre è quando esso Salomone haverà imparato a sonare et ad accordare sudett'arpa, o' sia haverà finito esso Giorgio di insegnarle. Sotto hippoteca etcetera. Rinonciando etcetera. Delle quali cose tutte etcetera. Per me Silvestro Merello notaro etcetera. Fatto è rogato in Genova, cioè nel scrittorio di me notaio posto di dietro la loggia grande de Banchi, l'anno di Nostro Signore mille settecent'uno, correndo l'inditione ottava secondo il corso di Genova, giorno di mercordi, li sette del mese di settembre al doppo pranzo, essendovi presenti Michele Angelo Sartorio, figlio quondam Antonio, è Pietro Antonio Vairo figlio del quondam Pietro Antonio, testimoni a quanto sopra chiamati è pregati.....
On 12 November, 1703 the parties state mutual settlement..

Bibliography: Urbani, *Nuovi documenti*, p. 208.

1136

Genoa, 2–18 January 1702

Source: A.S.G., Archivio Segreto, n. 1391.

The Senate grants Leone Cassuto from Leghorn and the Mose and Efraim Cassuto company a one-year real civil safe-conduct, and a criminal safe-conduct to Leone Cassuto.

1137

Genoa, 11 January 1702

Source: A.S.G., Senato, Atti, n. 2794.

The guild of haberdashers complains that Isach and Samuel Pansier, sons of Raffaele, peddle cloth.

1138

Genoa, 9 February 1702

Source: A.S.G., Archivio Segreto, n. 1391.

The Doge and the Residenti di Palazzo *grant a five-year exemption from wearing a badge to Angelo and Raffaele Uzielli, Jews from Sarzana. For this they pay a* 5-scudo *tax.*

Note: See below, Doc. 1206.

1139

Genoa, 29 March 1702

Source: A.S.G., Archivio Segreto, n. 1391.

The Senate votes to take action against those who harass Jews during Holy Week. The decision is taken following a petition to the Collegi *by Mosè Mementone from Leghorn and Angelo Del Mare, son of Jacob, who had been living in Genoa for over 40 years.*

Note: See below, Doc. 1140.

1140

Genoa, 29 March–11 April 1702

Source: A.S.G., Archivio Segreto, n. 1391.

The Doge and the Governatori *issue a proclamation, to be renewed every year, against those who throw stones at Jews, especially during Holy Week.*

Note: See above, Doc. 1139.

1141

Genoa, 9 May–15 December 1702

Source: A.S.G., Archivio Segreto, n. 1391.

Raffaele Haio from Leghorn asks and is granted permission by the Collegi *to stay in town and in the Dominion for 3 months without wearing the badge. The permission is then extended for another 3 months.*

Note: See below, Doc. 1148.

1142

Genoa, 30 June 1702

Source: A.S.G., Archivio Segreto, n. 1391.

The Senate grants a one-year real, personal and civil safe-conduct to the brothers Jacob, Abram and Moise Luzena.

1143

Genoa, 15 September 1702–18 June 1703

Source: A.S.G., Archivio Segreto, n. 1391.

The Senate grants Natali and Abram Latat, sons of Israel, from Leghorn a one-year civil, real and personal safe-conduct. On 18 June 1703, the Collegi *grant them permission to stay for one month without wearing the badge.*

1144

Genoa, 22 September 1702–25 January 1704

Source: A.S.G., Archivio Segreto, n. 1391.

The Collegi *grant Mosè Mementone and Angelo Del Mare, Jews from*

Leghorn, permission to stay in town for 3 months without wearing the badge. The permit is then extended as follows: on 29 December for 3 months, on 25 March 1703 for 4 months, in June 1703 for 6 months and in January 1704 for 6 months.

1145

Genoa, 5 December 1702–20 April 1703

Source: A.S.G., Archivio Segreto, n. 1391.

The Collegi *grant Sadia Eliaque from Leghorn permission to travel for 3 months without wearing the badge. The permit is then renewed.*

1146

Genoa, 30 March 1703

Source: A.S.G., Notaio Silvestro Merello, filza 29.

Jacob Del Mare gives the notary 5 keys of Giuseppe Maria De Ingo's house in Piazza dell'Olmo, let to Jacob for 118 pounds.

1147

Genoa, 2–3 May 1703

Source: A.S.G., Archivio Segreto, n. 1391.

The Collegi, *with the approval of the* Residenti di Palazzo, *grant Giuseppe Todesco from Ferrara and his servant Giuseppe Germani permission to stay for 3 months without wearing the badge.*

1148

Genoa, 18 June 1703

Source: A.S.G., Archivio Segreto, n. 1391.

The Collegi *grant Raffaele Haio, his son, and the Latat brothers, from Leghorn, permission to stay in town for 3 months without wearing the badge.*

Note: See above, Doc. 1141.

1149

Genoa, 23 June 1703

Source: A.S.G., Archivio Segreto, n. 1391.

The Collegi *grant the Bocara cousins (Aron and Isac) and their servant Prospero permission to stay in town for one month without wearing the badge.*

1150

Genoa, 19 July 1703

Source: A.S.G., Notaio Silvestro Merello, filza 29.

Jacob Del Mare, who is owed 1,270 pounds by patrono *Jacob Germano, transfers his credit to Toma Rovereto. In a previous notary deed Jacob Germano stated that the debt would be settled upon his return from Lisbon to Genoa.*

1151

Genoa, 30 July 1703

Source: A.S.G., Archivio Segreto, n. 1391.

Abram David Piementelli (Pimentel) from Lisbon, a friend of Grassino Sacerdote, and his sons Isac and Jacob are granted permission by the Collegi *to stay in town and in the Dominion for 3 months without wearing the badge.*

1152

Genoa, 6 August 1703

Source: A.S.G., Archivio Segreto, n. 1391.

Jacob Surtad from Leghorn is granted permission for two months by the Collegi *to walk around town without wearing the badge.*

1153

Lisbon, 28 August 1703

Source: A.S.G., Archivio Segreto, n. 2659, Lettere di consoli.

Pietro Francesco Viganego, Genoese consul in Lisbon, ends his letter dated 28 August to the Serenissimi Signori *informing them about the English Navy with the following*: Dominica passata si è pubblicato l'atto della fede per farsi fra giorni quindici, essendo stati in diverse volte presi più di 250 hebrei.

1154

Genoa, 7 September–7 December 1703

Source: A.S.G., Archivio Segreto, n. 1391.

The Collegi *grant Joseph Luzena from Leghorn, a coral dealer, and his* scritturale *Joseph Vais Pegna, permission to stay in town for 3 months without wearing the badge. Upon its expiry, Luzena asks for a one- or two-year extension. He is granted renewal for 3 months for the town and the Dominion.*

1155

Genoa, 5 October 1703

Source: A.S.G., Archivio Segreto, n. 1391.

Jacob Levi and Samuel Luzena, Massari *of the Jewish community, ask the Doge and the* Residenti di Palazzo *permission to bury a Jewish woman even though Paolo Gerolamo Pallavicini, the landlord, is absent. Permission is granted.*

1156

Genoa, 20 November 1703

Source: A.S.G., Archivio Segreto, n. 1391.

The Senate grants Aronne Della Tomba, son of Joseph, a one-year real, civil and personal safe-conduct.

1157

Genoa, 20 November 1703

Source: A.S.G., Archivio Segreto, n. 2752, Negoziazioni e trattati.

The Seigneur of Loucienne, Representative of the King of France, asks the Serenissimi Collegi, *through the Secretary of the Republic of Genoa, to treat Jacob Levi well. He is presented as a* huomo di abilità particolare... non di livrea, ma di fattore, *having served the King of France for many a year. The* Collegi *reply that, Jacob Levi being a contractor of the Republic and a public merchant, cannot fail to fulfil his obligations, but promise that he will not be offended or illtreated.*
In his reply, the Representative of the King explains that he did not mean Jacob Levi to be above the powers of justice, but only wished that he be granted adequate freedom and not undergo unfair treatment.

1703 à 20 novembre.
Il Signor de Loucienne, inviato di Francia, hà esposto al Magnifico

Segretario essere molto tempo, anzi più anni, che impiega in suo servizio e per provigioni di molte cose di sua casa Giacob Levi di nazione ebreo, huomo di habilità particolare, e che maneggia anche molti affari et interessi di premura per il real servizio di Sua Maestà Cristianissima. E che perciò desidera che il Magnifico Segretario ne porti la notizia a' Serenissimi Collegi, con far loro instanza in suo nome, che voglino averlo in considerazione come tale e come huomo di sua famiglia, non già di livrea, mà di fattore, etiamdio per gli affari ordinarii, provigioni e simili per servizio del Re, con accordarli la loro protezione ad effetto che li sia portato quel rispetto ch'è conveniente, non mancando di aver avuto qualche incontro, non ragionevole, che non hà voluto palesare.
Rappresentato quanto sopra dà me Segretario a' Serenissimi Collegi e discorsa la pratica è stato deliberato che dà me Segretario si facci sapere in risposta al detto Signor Inviato che lor Signorie Serenissime inclinano con ogni gusto a' desiderii di Sua Signoria, mà che essendo detto Giacob appaltatore della Camera Eccellentissima et anche mercante publico, e maneggiando ancora altri appalti et interessi per conto di Sua Maestà Cristianissima, è di necessità che contratti vendite e compre e prenda delle obbligazioni. Non stimano i Serenissimi Collegi che intenda l'istesso di sotrahersi dall'amministrazione et effetti che in simili casi viene provisto alla giustizia contro la sua persona e beni, ne godere alcuna immunità, che à salvamento di questo può esser Sua Signoria Illustrissima sicura che si averà il ragionevole riguardo perche la sua persona non sia offesa ne maltrattata, e che facendo ricorso in ogni incontro gli succedesse gli sarà provisto di pronta giustizia conforme si pratica per i sudditi della Republica Serenissima. Ad calculos.

A' dì detto
Essendo dà me Segretario stata data la risposta suddetta al detto Signor Inviato, hà egli risposto che sà benissimo che detto Giacob è appaltatore e mercante publico, e che non intende che abbia per detto conto vantaggio, ne privileggio alcuno, ne che sii fuori della giurisdizione della giustizia, mà che solamente si abbi un conveniente riguardo alla sua persona, perche non gli siino usate superchiarie e possa fare i suoi negozii con la dovuta libertà....

Note: See below, Doc. 1191.

1158

Genoa, 25 November 1703

Source: A.S.G., Notaio Gio. Domenico Bernabò, filza 8.

Finale Sacerdote and Jacob Levi, spirits dealers throughout the Dominion, appoint Vincenzo Ricci attorney ad lites activas.

1159

Genoa, 21 January 1704

Source: A.S.G., Archivio Segreto, n. 1391.

The Collegi *grant Beniamino Ortona from Casale and his servant permission to stay in Genoa for two months without wearing the badge.*

1160

Genoa, 22–25 January 1704

Source: A.S.G., Archivio Segreto, n. 1391.

Abram and Jacob Ferrera from Leghorn ask the Senate for a two-year real and personal safe-conduct, as they wish to move to Genoa from Nice: notwithstanding objections on the part of Cesare Leone and another Jew from Leghorn, the Senate grants the safe-conduct with certain restrictions.

Bibliography: On the Ferrera brothers, see Segre, *Piedmont*, p. 2110.

1161

Genoa, 7 February 1704

Source: A.S.G., Notaio Silvestro Merello, filza 30.

Stefano Dodero and Giuseppe Gattorno owe Jacob Del Mare 200 pounds for some chocolate. The debt is paid through bottomry on items and goods on board a ship. On 17 March Jacob acknowledges settlement.

1162

Genoa, 31 March–3 July 1704

Source: A.S.G., Archivio Segreto, n. 1391.

The Collegi *grant Benedetto Valvasson and Abram Caghib permission to travel without wearing the badge for 3 months. Extension for another month is granted upon expiry.*

1163

Genoa, 17 April 1704

Source: A.S.G., Archivio Segreto, n. 1391.

The Collegi *decide to grant the Ferrera brothers and Abram Fernando, Jews from Leghorn living in Nice, permission to stay in town and in the Dominion for one year.*

1164

Genoa, 22 April 1704

Source: A.S.G., Archivio Segreto, n. 1391.

The Senate grants Isac Carcassone from Nice in Provence a one-year real and personal safe-conduct.

1165

Genoa, 2 May 1704

Source: A.S.G., Archivio Segreto, n. 1391.

The Collegi *grant Jacob Del Mare and his son Angelo permission to stay in town and in the Dominion for one year without wearing the badge.*

1166

Genoa, 2 June 1704

Source: A.S.G., Archivio Segreto, n. 1391.

The Collegi *grant the Latat brothers, merchants from Leghorn, permission to stay in town and in the Dominion without wearing the badge. A one-year extenson is later granted.*

1167

Genoa, 16 June 1704

Source: A.S.G., Archivio Segreto, n. 1391.

The Collegi *grant Daniele Valensin from Venice and Samuel Avitone permission to stay in town and in the Dominion for one year without wearing the badge.*

1168

Genoa, 26 June 1704

Source: A.S.G., Archivio Segreto, n. 1391.

The Collegi *grant Emanuele Finzi and Salomon Del Mare permission to stay in town and in the Dominion for two years without wearing the badge.*

1169

Genoa, 3 July 1704

Source: A.S.G., Notaio Gio. Battista Garibaldo, filza 5.

A two-year lease of a house in Piazza dell'Olmo. Samuele Luzena, son of the late Isac, rents the house from Reverend Antonio Maria Costa, paying 44 silver scudi *a year. On 8 March 1708 Samuel Luzena terminates the contract.*

Later the same day in 1704, according to another deed, Samuel Luzena sublets the first floor of the same house to Giuseppe Zoza (Sosa), a Jew from Holland, for two years starting from 1705. The yearly rent is 22 silver scudi.

1170

Genoa, 15 July–15 October 1704

Source: A.S.G., Archivio Segreto, n. 1391.

Abram Fonseca Della Costa from Nice asks the Collegi *for permission to stay for 5 years with his family, without wearing the badge, and it is granted.*

Note: This is reported in *Archivio Segreto*, n. 1405, as well. There, it is recorded that Abram wanted to move to Genoa in order to *dilatare la macchina del suo negotio*, without any harassment from the Court, as he has never committed any crime. Permission is also granted to his sons Isac and Jacob and his nephews or grandchildren Gabriele, Daniele and Davide.

1171

Genoa, 1 September 1704–22 July 1705

Source: A.S.G., Archivio Segreto, n. 1391.

The Magistrato della Consegna *forwards the following list of Jews living in Genoa, specifying their addresses and place of origin. The families specified here are sometimes different from those recorded elsewhere. The phrase* casa sua *probably means that the Jews were let the house by the owner. It should be noted that most Jews live in the vicinity of the Synagogue, in the Piazza dell'Olmo, Malapaga, and Molo area. The date indicated beside each family group probably accounts for the time they were allowed to stay by the Magistrate.*

In Via della Malapaga, in casa sua : *Abram Sarfatti from Venice, his wife Miriam and his sons Eiachiele and Isaia; 1 September 1704.*

In Piazza dell'Olmo, in casa sua: *Aronne Della Tomba from Leghorn; 11 August 1704.*

In Vico dell'Olivo, in casa sua: *Abram Fonseca La Costa, from Portugal, and his wife Rachele, two little daughters, a servant called Sara, Gabriele and Daniele Fonseca; 27 October 1704.*

In Piazza del'Olmo, in casa sua: *David Lusena from Leghorn and his wife Stella; 24 September 1704. Near the Malapaga walls, at Raffael Pansier's house: Ercole Servi from Rome and his wife Stella; 25 May 1705.*
In San Marco, in casa sua, *live: Jacob Del Mare from Orano and his wife Allegrezza, Angelo and four little children; 19 November 1704.*
In Piazza dell'Olmo, in casa sua: *Giuseppe Sosa, from Holland, his wife Eleonora and his mother-in-law, Filippa; 13 July 1705.*
In Piazza dell'Olmo: *Giuseppe Della Tomba from Leghorn; 9 February 1705.*
At Jacob Del Mare's: Jacob Moreno from Nice; 6 April 1705.
At Salomone Gubbio's: Jacob Gulano from Mantua; 25 May 1705.
In casa sua, *near the Malapaga, in Piazza delle Vele: Mose Incava from Orano with his wife Ricca; 9 February 1705.*
In casa sua, *at the Molo: Emanuele Finzi from Leghorn with his wife Stella and Angelo Finzi; 27 April 1705.*
At Racamin Cabib's: Mosè Farfana and Samuele Farfana, both from Tripoli; 4 May 1705.
Racamin Cabib from Leghorn, in casa sua; *6 April 1705.*
Raffaele Velletri from Rome, at Cabib's house; 6 April 1705.
In casa sua alla Malapaga: *Raffael Pansier from Rome with his wife Sara and his sons Samuele and Isac, as well as three little children; 12 January 1705.*
Salomone Gubbio from Leghorn and his mother Diana, in casa sua *at the Molo; 16 February 1705.*
Salomone Luzena from Leghorn, in casa sua, in Piazza dell'Olmo; *19 January 1705.*
Jacob Pisa and Abramo Arcobi from Leghorn, at Angelo Del Mare's house; 23 July 1705.

1172

Genoa, 2 September 1704

Source: A.S.G., Archivio Segreto, n. 1391.

The Collegi *grant Isach Montefiore, a merchant from Leghorn, permission to stay for 3 months without wearing the badge.*

1173

Genoa, 26 September 1704

Source: A.S.G., Archivio Segreto, n. 1391.

The Collegi, *upon the Chancellor of the* Camera*'s request, order the* Podestà *of Andora (on the western part of Riviera) to free Davide and Salomone Cordoveri, going to San Remo. Arrested because they were travelling without the badge, they are released since they are employees of the spirits dealer, who is free of that obligation, as are his associates.*

1174

Genoa, 27 October 1704–19 April 1706

Source: A.S.G., Archivio Segreto, n. 1391.

An incomplete list of Jews, addresses, place of origin, profession and residence permit. The following are recorded:

1705 26 ottobre: Amedeo Latas , Gratia sua moglie, hebrei di Nizza, per un anno, a palle, si trattiene per negozi, dorme in casa di Salomone Gobio hebreo.
1705 28 settembre : Aronne della Tomba, Gratia, sua moglie, con figlio picolo, Giuseppe della Tomba, hebrei di Livorno, per un anno, casa sua, Piazza dell'Olmo.
1705 7 settembre: Abram Sarfati, Miriam sua moglie, Eiechiele et Iechia, suoi figli, hebrei veneti, per un anno, si trattengono per la fabrica del solimano.
1704 à 27 ottobre: Abram Fonseca La Costa, Daniele La Costa, Rachaela sua moglie e due figli picoli, Sarra sua serva, Gabriele Fonseca, Daniele Fonseca, hebrei di Portogallo, per anni cinque, casa in piazza dell'Olmo.
1706 13 aprile: David Palazzo, hebreo di Livorno, per mesi sei, casa sua, Vico della Celsa.
1706 13 aprile: Donato Vitale, hebreo di Allessandria, per un mese, casa sua, Vico della Celsa.
1705 26 ottobre: David Lusena, Stella sua moglie, hebreo di Livorno, per un anno, casa sua, piazza dell'Olmo.

1706 13 aprile: Ercole Servi, Stera sua moglie, hebrei Romani, per mesi tre, travaglia di sartore con Raffaele Pensiero.
1705 16 novembre: Giacobe Del Mare, Allegrezza sua moglie, Angelo e Salomone suoi figli e tre figli picoli, hebrei di Orano, per un anno, casa sua da S. Marco.
1706 19 aprile: Giacobe Lusena, hebreo di Livorno, per mesi tre, casa di David Lusena, piazza dell'Olmo.
1705 13 luglio: Giuseppe De Sosa, Eleonora sua moglie, Filippa sua socera, hebrei olandesi, per un anno, casa sua, Piazza dell'Olmo.
1706 13 aprile: Moize Incava, Ricca sua moglie, hebrei di Orano, per mesi trè, casa sua, Vico delle Vele.
1706 13 aprile: Moize Vitale, hebreo di Allessandria, per un mese, casa sua, Vico della Celsa.
1705 31 agosto: Moize Farfana, hebreo di Tripoli, per un anno, dorme in casa di Recamino Cabiba hebreo.
1706 19 aprile: Emanuelle et Angelo Finze, hebrei di Livorno, per un anno, casa sua al Molo.
1705 17 agosto: Pelegrino Rapa, Consola sua moglie, Samuelle, Moisè et Isache suoi figli, hebrei di Casale Monferrato, per un anno, casa sua da S. Marco
1706 4 maggio: Raffaele Treves, hebreo di Casale, per un anno, casa sua, Piazza delle Vele.
1706 9 febraro: Samuele Pensiero, Isache Pensiero, Sarra loro madre e due figli picoli, hebrei Romani, per un anno, casa sua dalla Malapaga.
1705 12 ottobre: Recamino Cabiba , hebreo di Livorno, per un anno, casa sua al Molo.
1706 à 13 aprile: Raffaele Veletro, hebreo Romano, per un anno, in casa di Recamino Cabiba hebreo.
1706 13 aprile: Salamone Gobio, Diana sua madre, hebrei di Livorno, per mesi sei, casa sua al Molo.
1706 25 genaro: Samuele Lusena, hebreo di Livorno, per un anno, casa sua, Piazza dell'Olmo.

Note: Solimano [sublimate].

1175

Genoa, 18 November 1704

Source: A.S.G., Archivio Segreto, n. 1391.

Following his petition, the Collegi *grant Mosè Finzi from Leghorn permission to stay in town and in the Dominion for 3 months without wearing the badge.*

1176

Genoa, 29 December 1704

Source: A.S.G., Archivio Segreto, n. 1391.

Benedetto Gallichi and Gabriele Barocci from Venice ask the Collegi *for permission not to wear the badge for 3 months while in town to buy jewels. It is granted.*

1177

Genoa, 10 February 1705

Source: A.S.G., Notaio Silvestro Merello, filza 31.

Upon Jacobo Maria Maltese's request, it is testified that Gabriele Barocci, who is deaf, deals in jewels and pearls. Further testimony records that Maltese is a corallaro.

1178

Genoa, 6 March 1705

Source: Archivio Storico del Comune di Genova, Padri del Comune, Pratiche Pubbliche, n. 248, documento n. 55.

A report by the Magistrato delle fortificazioni *dated 23 March 1786 mentions the Jewish cemetery, located in the ditch of the old walls, near San*

Gerolamo. On 6 March 1705 fu per decreto de Serenissimo Senato affittato dai Padri del Comune alla nazione ebrea. *Said decree has not been found to date.*

Bibliography: Pacifici, *Vita e ordinamento interno della Comunità di Genova*, pp. 35–38.

1179

Genoa, 28 May 1705

Source: A.S.G., Notaio Silvestro Merello, filza 31.

Ventura Coen, son of the late Leone, states that he owes Andrea Gavino 273 pounds, accounting for the price of 2 pieces of baietta bianca. *In 1707 Andrea Gavino is granted distraint.*

1180

Genoa, 24 June–15 August 1705

Source: A.S.G., Archivio Segreto, n. 1405, Jurisdictionalium et ecclesiasticorum ex parte.

The Inquisitor asks Franco Maria Imperiale Lercaro, Protector of the Holy Office, permission to question Anna Pavia from Casale, widow of Jacob Gattinara of Vercelli, who was in Genoa at the time and lived with her brother-in-law, Rabbi Grassino Rapa. The reason behind the request is that Barone Barozzi, from Genoa, had tried to convert and to cheat Anna in Casale on some cloth. She sought refuge in Genoa, at the house of her sister, Consolina Rapa. The Inquisitor needs to talk to her and promises that she will not suffer harassment. The Rabbi replies that Anna is willing to be questioned, provided that it takes place at a later date, since è indisposta e ha avuto cacciata di sangue.

1181

Genoa, 28 June 1705

Source: A.S.G., Notaio Silvestro Merello, filza 31.

Giovanni Geronimo Luxardo and Giovanni Battista Morchio, shoemakers from Chiavari, but living in Genoa, acknowledge they owe David Luzena, son of the late Jacob, 585 pounds, having purchased leather from him. On 4 November 1705 Luzena is granted distraint.

1182

Genoa, 20 July 1705

Source: A.S.G., Archivio Segreto, n. 1391.

The Doge, with the approval of the Collegi, *cancels the exemption from wearing the badge outside the town for the Jewish community as per 26 April 1701. The Jewish community is furthermore informed that the* Giunta di Giurisdizione *has been ordered to build the ghetto.*

Note: The official go-ahead for the building of a new ghetto, however, is never carried out. See Docs. 1115, 1128, 1184.

1183

Sarzana, 27 July 1705–21 February 1707

Source: A.S.G., Archivio Segreto, n. 1405, Jurisdictionalium.

Exchange of letters between the Commissioner of Sarzana and the Protectors of the Holy Office about Maria Antonia Filatera, jailed in Sarzana. She was accused of wounding a woman and abjuring the Christian faith, after having been enticed by a Jew.

1184

Genoa, 11–18 August 1705

Source: A.S.G., Archivio Segreto, n. 1391.

The Giunta di Giurisdizione, *with the Senate's approval, is entrusted with the design of the ghetto.*

Note: See above, Doc. 1182.

1185

Genoa, 1 March–30 December 1706

Source: A.S.G., Archivio Segreto, n. 1391.

Report by the Inquisitori di Stato *to the Senate on Angelo Del Mare, jailed by the* Giunta di Giurisdizione *on the charge of having made his Christian servant Caterina Torre pregnant. Angelo is then released as innocent and the* Rota Criminale, *as deliberated by the Senate, prepares the case for the real offender, a French soldier.*

1186

Genoa, 27 April 1706

Source: A.S.G., Notaio Silvestro Merello, filza 32.

Elianetta, Giovanni Battista Morchio's wife, in the capacity of her husband's attorney, states that Davide Luzena's debt to her husband, amounting to 25 pounds, has been settled.

1187

Genoa, 25 June 1706

Source: A.S.G., Notaio Silvestro Merello, filza 32.

Samuel Pansier, son of the late Raffaele, and Jacob Luzena, son of the late

Isac, testify that Salomon, Jacob del Mare's son, was born in October 1687 in Leghorn. At the time Pansier was in Leghorn and lived where Del Mare was living. Jacob Luzena witnessed the boy's circumcision in Leghorn.

1188

Genoa, 28 August 1706

Source: A.S.G., Notaio Silvestro Merello, filza 32.

Testimonies on poor quality raisins sold in 1704 by Racamino Cabib to Angelo Rovegno, grocer.

1189

Genoa, 13 September 1706

Source: A.S.G., Notaio Silvestro Merello, filza 32.

Before the Pretore, *Jacob Del Mare, son of the late Abramo, emancipates his son Angelo, aged 25. Angelo promises* de solvendis oneribus Serenissime Reipublice et non exercendo piratica.

Note: See below, Doc. 1190.

1190

Genoa, 7 October 1706

Source: A.S.G., Notaio Silvestro Merello, filza 32.

Agostino Cicala, patrono, *acknowledges he owes Angelo Del Mare, having been emancipated a few days before, 206 pounds, for some goods.*
Another document, dated 12 October, records that Andrea Sobrerio owes Angelo Del Mare 245 pounds.

Note: See above, Doc. 1189.

1191

Genoa, 12 November, 23 December 1706

Source: A.S.G., Archivio Segreto, n. 2752, Negoziazioni politiche.

Documents referring to the corn stored in warehouses in Sampierdarena, belonging to the King of France for the French army in Lombardy. Jacob Levi dealt with the purchase and shipment of the grain.

Note: See above, Doc. 1157.

1192

Genoa, 18 February 1707

Source: A.S.G., Notaio Federico Cella, filza 2.

Giovanni De Franchi asks the notary to release Samuel Pansier from the Malapaga jail, having paid bail.

1193

Genoa, 11 June 1707

Source: A.S.G., Notaio Silvestro Merello, filza 33.

From a number of statements before the notary it is inferred that Fortuna Sacerdote lives with her children in Massa, that she has a safe-conduct issued by the Prince, that she is poor, and that her business failed in Genoa too.

1194

Genoa, 26 June 1707

Source: A.S.G., Senato, Miscellanea, n. 1049.

The census shows that 28 Jews live in the parish of SS. Cosma and Damiano. Their names are not indicated.

1195

Genoa, 18 July 1707

Source: A.S.G., Notaio Gio. Battista Garibaldo, filza 6.

Statements by workers, who report they were not able to finish the works at the synagogue site since the Jewish women did not open the door as they were alone in the house and they waited for a long time for Ambram Sarfatti to finish the service. Not being able to work that day and the following Friday and Saturday, they claimed compensation for the work and days lost.

Note: The synagogue was being built opposite the Malapaga walls, near the Molo, in a building let to the Jewish community by Gio. Luca Maggiolo. In 1830 the Jewish community became the owner of the building, and the synagogue functioned until 1935.

1196

Genoa, 24 October 1707

Source: A.S.G., Notaio Alessandro Alfonso, filza 29.

Arbitration agreement between Giovanni Battista Mela and the Massari *of the Jewish community Abram Fonseca Della Costa, son of the late Izaach, and Abram Zarfatti, son of the late Matathia, relevant to the claims arising from the work at the synagogue. The parties agree to refer the matter to the appointed arbitrators: Francesco Canevari and Antonio De Ferrari, both master masons. Should the arbitrators disagree, they may appoint a third arbitrator.*

1. *26 October: The arbitration agreement to the Senate is approved.*

2. *27 October: The arbitrators accept the agreement.*

3. *29 October: As the arbitrators disagree, a third arbitrator is appointed. He is Giovanni Antonio Ricca.*

4. *31 October: statement*:
"...che li sudetti Abraham Zarfatti et Abraham Fonseca la Costa, in

solidum, debbano pagare e sborzare fra' il termine di due giorni prossimi al sudetto Gio. Battista Mela lire duecento moneta di Genova corrente a' conto de li lavori fatti e da farsi dal detto Mela.
Et all'incontro ordinano al detto Gio. Battista Mela debba fare e perfettionare nelli sudetti beni enonciati in detto compromesso la muraglia verso ponente sotto l'arco, secondo quello richiede, e fare la sofitta di canne al tetto, secondo l'arte, nella conformità che diranno essi signori giudici, con sue cornici, e tutto il neccessario, a' segno che sia il tutto perfettionato a' giuditio de medesimi giudici, a' spese di quella delle parti che li medesimi giudici dichiareranno nell'essecutione del presente laudo, risalvandosi nell'essecutione pure del presente laodo di poter laodare e sententiare circa li danni e spese patiti e da patirsi dalle dette parti. Prorogando anche o' sia ristorando al detto Gio. Battista Mela il termine di fare e perfettionare sudetti lavori per un mese prossimo, altrimenti si risalvano essi giudici facoltà di farli fare e perfettionare a' tutti danni spese et interessi del detto Gio. Battista Mela, e così hanno lodato e sententiato in ogni miglior modo.
Presenti a quanto sopra sudetti Gio. Battista Mela e Zarfatti"......

Note: See below, Doc. 1203.

1197

Genoa, 31 October / 14 November 1707

Source: Archivio Storico del Comune di Genova, Padri del Comune, Pratiche pubbliche, n. 232, n. 53.

The Collegi *request the* Magistrato dei Padri del Comune *to find a suitable location for the ghetto. The* Padri del Comune *suggest three sites: the* Colla *between the church of Madre di Dio and Sant'Andrea*; Vico del Fico, *near Sant'Agostino*; Piazza dell'Olmo, *near the Customs House and the free port.*
The Padri del Comune *must examine a number of projects for the ghetto, including many by Master Gio. Antonio Ricca. The* Collegi *further deliberate that the* Magistrato della Consegna *report to the Senate and the* Padri del Comune il numero, e qualità, e luoghi ove qui abitano i medesimi ebrei.

Per il ghetto da formarsi per la nazione ebrea. 1707 a' di ultimo di ottobre.

Il Prestantissimo Magistrato de Padri del Comune consideri e rifera in qual sito potessero gli ebrei cingersi in ghetto, avuto considerazione non solo al numero di quelli che al presente soggiornano in Genova, ma ancora al numero che potesse crescere, et ad effetto di sapere il numero si delibera che il Prestantissimo Magistrato della Consigna rifera al Serenissimo Senato e communichi al detto Prestantissimo Magistrato de Padri del Comune il numero, e qualità, e luoghi ove qui abitano i medesimi ebrei. Per la construttione del ghetto gli Prestantissimi Padri del Comune si faccino mostrare que disegni che stimeranno e da che stimeranno, compreso il Capo Maestro Gio. Antonio Ricca ch'ebbe talvolta a' dire d'aver fatto molti dissegni di ghetto, e riferano al Serenissimo Senato per eundem ad calculos.....

4 novembre 1707.
Letta all'Illustrissimo Signor Francesco Maria Grimaldi, diputato alla cura de stabili, abbia la bontà di riconoscere l'esposto e i siti che potrebbero essere addattati. Per l'effetto sudetto senta tutti quelli che apprenderà dover udire e riffera al Magistrato Prestantissimo tutto ciò avrà ricavato.....
Lista degl'ebrei che presentemente dimorano nella presente città colla proroga della boleta come apparisce dal libro del Prestantissimo Magistrato della Consegna.

Piazza del Olmo al Molo

Abram Lusena, hebreo di Livorno, si trattiene per negotii. Angelo Finse, hebreo di Livorno, si trattiene per negotii.
Aronne della Tomba, Gratia sua moglie, Giuseppe suo figlio, hebrei di Livorno, si trattengono per negotii.
Abram Fonseca La Costa. Daniele La Costa, Rachaela sua moglie, con due figli piccoli, Sarra sua serva. Gabriele Fonseca. Daniele Fonseca, hebrei di Portogallo, si trattengono per negotii.
David Lusena, Stella sua moglie, Giacobe suo figlio, hebrei di Livorno, si trattengono per negotii.
Giuseppe De Sosa, hebreo d'Olanda, si trattiene per negotii, suo scritturale Isache Cardosa Nugnes, hebreo di Livorno.
Giuseppe Della Tomba, hebreo di Livorno, si trattiene per negotii.
Samuelle Lusena, hebreo di Livorno, si trattiene per negotii.
Giuseppe Vais Pegna, hebreo di Livorno, si trattiene per negotii.

Da S. Marco al Molo

Angelo del Mare, Stella sua moglie, Moize et Ester suoi figli, hebrei di Livorno, si trattengono per negotii.
Giacobbe del Mare, Allegrezza sua moglie, Salomone, Arone et Isache suoi figli, hebrei di Orano, si trattengono per negotii.
Pelegrino Rapa, Consola sua moglie, Samuelle, Moize et Isache suoi figli, hebrei di Monferrato, si trattengono per negotii.

Piazza delle Vele al Molo

Jona Clava, hebreo di Casale, si trattiene per negotii, suo servitore Abram Polacco, hebreo di Casale.
Moizè Incava, hebreo d'Orano, si trattiene per negotii, Ricca sua moglie.
Raffaele Treves, hebreo di Casale, si trattiene per negotii.
Salomone Gobio, hebreo di Livorno, si trattiene per negotii. Diana sua madre e dà alloggio agli ebrei che alla giornata vengono.
Samuelle Levi Laozada, hebreo di Livorno, si trattiene per negotii.

Piazza del Molo e Malapaga

Abram Sarfati, Miriam sua moglie, Eiechielle et Eiechia suoi figli, hebrei di Venetia, si trattengono per la fabbrica del solimano.
Samuelle Pensiero, Isache Pensiero, Sarra loro madre, Perla e Stella sue figlie, hebrei di Roma, si trattengono per negotii. Ercole Servi, hebreo di Roma, travaglia di sartore in casa di detto Samuelle, Stera sua moglie.
Manuelle Finse, hebreo di Livorno, si trattiene per negotii.

Vico della Celsa al Molo

Abram Raccà, hebreo di Livorno, si trattiene per negotii.
David Coen Ris, hebreo di Polonia, si trattiene per negotii.
Raffaele Veletro, hebreo di Roma, si trattiene per negotii.
Recamino Cabiba, hebreo di Livorno, si trattiene per negotii.
Salomone Raccà, hebreo di Livorno, si trattiene per negotii.

Da S. Giorgio

Finale Sacerdote, Avigaia sua moglie, Giair, Anazaro, Stella e Regina suoi figli, Salomone Levi suo genero. Servitori: Giacobe Levi, Salomone

Todesco. Ester sua serva, hebrei di Casale, si trattengono per negotii. Giacobe Levi, Anna sua moglie, Giuditta sua suocera. Servitore Gratiadio Salomone. Rachaela sua serva, hebrei di Casale, si trattengono per negotii. Salomone Sacerdote, hebreo di Casale, si trattiene per affari del Re Christianissimo.

1707 a 7 novembre.
Il Prestantissimo Magistrato della Consegna, commissionato dal Serenisssimo Senato in vigor di decreto de 31 scorso a' dover communicare al Prestantissimo Magistrato de Padri del Comune il numero, qualità, e luoghi ove qui habitano gli ebrei, etcetera, hà ordinato in ezecutione di detto decreto si trasmetta detta lista a' detto Illustrissimo Magistrato de Padri del Comune......

Notta della natione ebrea che si ritrova nella città di Genova

Finale Sacerdote con moglie et figli con altri fratelli che vano e vengono. Jacob Levi con sua moglie et socera. Salomone Levi con sua moglie, tutti tre nella casa dell'Illustrissimo Signor Sforza Sauli.
Alessandro della Costa con moglie et figlioli e due nipoti. Giuseppe de Soiza con moglie et socera, ambi nella casa dell'Illustrissimo Signor Bartolomeo Torri.
David Luzena con moglie et figli. Samuel Luzena con madre et moglie. Samuele quondam Jacob Luzena con moglie et figlioli, tutti tre nella casa dell'Illustrissimo Signor Nicolo Costa.
Giuseppe et Aron padre e figlio de Tomba con le loro moglie et un figlio, in un appartamento nella casa del quondam Illustrissimo Giuseppe Giovo. Jacob del Mare moglie et figlioli. Angelo suo figlio con moglie et figlioli. Pellegrino Rappa con moglie et figlioli. Imanouel Finzi con moglie et figlioli et un fratello. Salomone Gubia con moglie. Abram et Salomone fratelli Racah con un servitore, forastieri, tutti nella casa dell'Illustrissimo Signor Gio. Battista Centurione quondam Carlo. Samuel et Jsach fratelli Panzier con madre et due sorelle. Abram Zarfati con moglie et figlioli. Racamim Cabib solo. Ercole de Servi con moglie et un figlio, miserabile. Moise Cava con moglie, miserabile, tutti nella casa del quondam Signor Gio. Luca Maggiolo. Raffael de Velletre, forastiero, in una stanza di detta casa.

Report on the possible sites, indicating the advantages and disadvantages of each of them. The work at the synagogue is also mentioned.

Serenissimi Signori.
In seguito de stimatissimi comandamenti di Vostre Signorie Serenissime imposti al Prestantissimo Magistrato de Padri del Comune con loro decreto de 31 del scaduto mese di ottobre, dopo haver fatto riconoscere e visitare per mezzo di particolar diputazione tutti quei siti creduti più capaci di poter cingere gl'ebrei in ghetto, stima egli sua indispensabile obligazione riferire a' Vostre Signorie Serenissime in tutto come in appresso.
Lasciati a' parte altri siti, o' troppo lontani dall'habitato, come sarebbe quello di Santa Margarita, o' non fatti al caso per altre circostanze, si restringe il detto Prestantissimo Magistrato a' metterne sotto gl'occhi di Vostre Signorie Serenissime tre soli come li più idonei, et a' quali altre volte si è havuta consideratione anche con farne disegnare la pianta per mano del capo d'opera Gio. Antonio Ricca, che nuovamente è stato consultato sopra questa prattica coerentemente a' loro riveriti ordini.
Il primo dunque delli detti tre luoghi, che sopra la chiesa della Madre di Dio si stende col nome di Colla sino alle vicinanze di S.Andrea, oltre la sua vastità e apertura d'aria quando si assegnasse per ghetto, porterebbe il vantaggio di rifabricarsi un quartiere quasi intieramente rovinato dalle bombe. Ma' e la longhezza del tempo indispensabile per rifarvi le case, e la grave spesa necessaria a' rimuovere la gran quantità de gettiti e a' formare una nuova strada, che vi si richiederebbe per il commodo accesso de gli habitanti, rendono per aventura questo posto meno considerabile.
Succede il secondo in vicinanza di S. Agostino, che nel Vicolo detto del Fico, incominciando da una casa del Magnifico Domenico Spinola si estende sino ad altra del Magnifico Gio. Lanfranco Grimaldo. In questo luogo, altre volte habitato da medesimi ebrei, vi sono da 48 case, non solo capaci di comprenderli tutti, ma anche di tenue reddito, il che tornarebbe in loro vantaggio. Vi sono in oltre altre habitationi rovinate, alcune de quali riuscirebbe con poca spesa ridurle in Piazza per maggiore commodità degl'habitatori, et altre in progresso di tempo potrebbero fabricarsi da qualche d'uno de meglio stanti di detta nazione, o' da proprii padroni; il che servirebbe a' migliorare quei contorni.
Resta per ultimo il terzo, situato nella Piazza dell'Olmo, che principiando dalla casa dei Reverendi Padri di S. Teodoro va' a' terminare a' quella del Prestantissimo Magistrato di Misericordia, quasi intieramente rovinata e di cui si potrebbe far Piazza. Per verità questo sito, per essere vicino alla

Doana e Portofranco, riuscirebbe commodo a' detti ebrei, alcuni de quali già vi habitano, e dagl'altri viene considerato con parziale preferenza, come si è ricavato da principali della nazione, interpellati destramente dal Prestantissimo Deputato. In esso vi si contano da 60 case, numero eccedente al bisogno presente, per non esservi in Genova al giorno d'oggi che ventuna famiglia d'ebrei di stanza permanente, mà potrebbe restringersi il recinto a' minor quantità di case, e riservarsi a' dilatarlo, quando questi crescessero di numero.
Si considera in oltre che assegnandosi questo posto a' detta nazione non vi sarebbe luogo di far spesa alcuna, bastando chiudere con pallificate alcune aperture di detta strada, ne vi sarebbe necessaria longhezza di tempo per dare pronta essecuzione a' ciò che venisse deliberato.
Deve per ultimo il Prestantissimo Magistrato portare a' notitia di Vostre Signorie Serenissime che dagl'ebrei si stà attualmente erigendo una sinagoga nella casa del quondam Gio. Luca Maggiolo, vicina al quartiere de soldati della Malapaga, con havere a' tal effetto alzato il tetto della medema. La spesa però è di poca consideratione, come hà riconosciuto il Prestantissimo Deputato che è stato a' visitare il luogo. Quivi desiderarebbero alcuni di essi, mà de meno facultosi, cingere in ghetto le case contigue, mà essendo queste terminate per una parte da magazeni del Prestantissimo Magistrato d'Abbondanza e per l'altra da quelli dell'Ufficio del Sale, resta per conseguenza il sito angusto et incapace di dar ricetto ad altri di detta nazione, che in progresso di tempo venissero a' stabilirsi in questa Dominante. Tutte queste riflessioni fatte per ubbidire a' cenni di Vostre Signorie Serenissime sottopone detto Prestantissimo Magistrato al superiore loro intendimento, rassegnandosi con la dovuta osservanza....

Note: Solimano=sublimate. The site had been damaged by combardments by the French fleet in May 1684. *Gettiti* means stones or ruins.
The same provisions regarding a possible location for the ghtto are to be found in *Archivio Segreto*, n. 1391, document dated 31 October–14 Novenber 1707.

Bibliography: On Salomone Sacerdote, see Segre, *Piedmont*, p. 2217.

1198

Genoa, 13 December 1707

Source: A.S.G., Notaio Gaetano Pino, filza 1.

Statements regarding Angelo Del Mare's business, which includes saffron, silk and slaves.

1199

Genoa, 15 December 1707

Source: A.S.G., Notaio Federico Cella, filza 2.

Statements before the notary relevant to poor quality saffron in a warehouse in testa e credito *of Salomone Gubbia.*

1200

Genoa, 23 December 1707

Source: A.S.G., Notaio Gaetano Pino, filza 1.

Statements provided upon Angelo Del Mare's request, in regard to the sale and barter of damaschetti *with saffron.*

1201

Genoa, 7 January–30 June 1708

Source: A.S.G., Archivio Segreto, n. 1391.

Exchange of letters on the upkeep that Alessandro Gio. Antonio Fonseca Della Costa must pay to his son Isac, converted with the name Gio. Giacomo Imperiale. The Senate, the Doge, the Residenti di Palazzo *and the Cardinal are involved. Isac,* di cervello leggero *often sought refuge in the cloister of the cathedral of San Lorenzo after stealing and selling his father's silverware.*

Note: See below, Docs. 1202, 1586, 1589.

1202

Genoa, 19 February 1708

Source: A.S.G., Notaio Cesare Baldi, filza 44.

Alessandro Fonseca Della Costa undertakes before the notary to pay upkeep to his son, Isac, a convert, as established by the Senate. The father shall pay 500 pounds per year, from 5 January, until 5 January 1713. Upkeep shall be renewed every 5 years. Filippo Prasca guarantees for Alessandro.

Note: See Docs. 1201, 1586, 1589.

1203

Genoa, 23 February 1708

Source: A.S.G., Notaio Silvestro Merello, filza, 34.

Agreement between Giovanni Battista Mela and the Jews regarding the work at the synagogue. The arbitrators decide that the Jews are to pay Mela 151 pounds for the work. Mela untertakes to complete the work and remove the zetto, *that is, the debris. Expenses and fees for the agreement and the arbitrators shall be shared by the parties. A sum, amounting to 103.2 pounds, must be paid to Lazzaro Aquarone, mason.*
The arbitrators are Francesco Canevaro and Antonio De Ferrari, plus Gio. Antonio Ricca.

....
Extractum
Noi imfrascritti essendo stati elletti in virtù del compromesso fato in atti del notaro Alesciandro Amfonso, sotto li 25 ottobre 1707, in riconosciere et estimare li lavori e diferense che vertivano tra' Giovanni Battista Mella et li signori ebrei, cioè Francesco Canevaro per parte di detto Mela e Antonio De Ferrari per parte di detti signori ebrei e Gio. Antonio Ricca, eletto terso, e havendo visitato e riconosciuto li lavori che esso Mela ha fato di più della sua obligatione, havendo considerato e fato la dovuta reflesione al tutto e havuto risguardo ad ogni cosa, siamo venuti in parere che sia il dovuto di bonificare al detto Mela per l'acresimento della volta della sinagoga, oltre il suo oblígho, con il bragatone attorno allo quadro di mezzo, con di più il fornimento delle muraglie veccie di dentro, et haver murato tre porte, e apertene altra con una finestra, et haver posto le due feriate alli ovali con due canalesse alle finestre di tramontana, et haver posto li tiranti di ferro e anelli alla volta sudetta della sinagoga, gesso con la polvere di marmo per il stucadore, et haver alsato il camino sopra il tetto verso la terassa con la spesa di qualche gettiti causati in detti lavori, et

haver scrostato et indalbato per il pittore in la facciata di fuori verso il mare, si siamo acordati tutti tre daccordo che li sudetti lavori si debbano bonifficare per tutto questo e quanto possa pretendere detto signor Mela lire cento cinquanta una moneta corrente, quali li detti signori ebrei saranno obligati pagare a detto Gio. Battista Mela, diciamo lire 151.

Francesco Canevaro
Antonio De Ferrari
Gio. Antonio Ricca.

Si dichiara che il detto signor Mela debba esser obligato a terminare il tutto secondo il suo oblígho e far spaciare gli gettiti tra qui e tutto il presente mese di febraro, e di più si dichiara che le spese del compremeso e spese di salarii de giudici sia alla metta per ogniuno, e del denaro che speta al detto si debba pagare a Lazzaro Aquarone, muratore, la somma di lire cento tre e soldi due, come per conto da noi firmato, e così di mano si firmiamo
Gio. Antonio Ricca
Francesco Canevaro
Antonio De Ferrari.
Signum crucis 1708 die Jovis 23 februarii, in vesperis, in scriptorio meo Silvestri Merelli notarii, sito retro loggia magna Bancorum, Genue, etcetera.
Domini Franciscus Canevarius quondam Bernardi et Antonius de Ferrariis quondam Johannis Baptiste, judices ut supra compromissarii, et dominus Jo. Antonius Richa quondam Jo. Jacobi, ellectus in tertium, constituti coram me notario et testibus infrascriptis, presentant supradictam scripturam, eorum respetive manu firmatam. Qui dixerunt et declaraverunt, ac dicunt et declarant in omnibus et per omnia prout in eadem scriptura legitur et continetur, verba cuius hic pro insertis, reperitis et registratis habeantur et considerantur, prout habere voluerunt et volunt in omnibus prout in ea, et ita, etcetera.
Testes Jo. Baptista Vignola, filius Caroli et Petrus Antonius Vairus quondam alterius vocati, etcetera.
Ita ut Silvester Merellus notarius.

Note: See above, Doc. 1196. The same file by notary *Silvestro Merello* includes two further deeds on the work carried out at the synagogue, namely statements requested by Abram Sarfatti concerning the staircase.

Bibliography: Urbani, *Nuovi documenti*, pp. 207–208.

1204

Genoa, 12 March 1708

Source: A.S.G., Notaio Gaetano Pino, filza 2.

Statements requested by Angelo Del Mare, son of Jacob, on a batch of saffron which, being in blossom as requested by the dyers for its colour, can deteriorate in the space of one year.

1205

Genoa, 8 May 1708

Source: A.S.G., Notaio Cesare Baldi, filza 44.

Gabriel Fonseca, son of the late Abram, a Jew from Lisbon who has been living in Genoa for 5 years, upon request by Alessandro Giovanni Antonio Della Costa, son of the late Emanuele from Lisbon, now living in Genoa, makes a statement before the notary on two bills of exchange, one for 266 8-real pieces, and one for 267 pieces. The bills are dated Genoa, 1 August 1706. Signed by Jacob Luzena in Leghorn and accepted by Joseph Abram Luzena on 10 August 1706, the two bills must be paid to Giovanni Antonio Della Costa.
A statement is also provided by Daniele Della Costa, son of the late Jacob from Lisbon, who has been living in Genoa for 5 years. The sworn statement is tacto calamo, more hebreorum.
A deed dated 18 May records a petition by Alessandro Giovanni Antonio Della Costa to the Pretore Urbano di licentia de suspecto de fuga. *He fears that Luzena might leave Leghorn surreptitiously without paying him.*

Note: In this and other deeds, the Della Costa's are quoted with their convert name. Their actual name is Fonseca.

Bibliography: Zazzu-Urbani, *Ebrei a Genova*, pp. 43–44.

1206

Sarzana, 5 June 1708

Source: A.S.G., Archivio Segreto, n. 1390.

Raffaele and Emanuele Uzielli, Jews from Sarzana, ask the Collegi *for permission to stay there for another 10 years. The* Collegi *grant them a five-year permit. The Jews explain that they have been living and working in Sarzana for 100 years in their drapery business.*

Note: See above, Doc. 1138.

1207

Genoa, 10 July 1708

Source: A.S.G., Archivio Segreto, n. 1391.

The Jewish community petitions the Senate to have the ghetto built in the Molo area, where the synagogue and most Jewish businesses and homes are located. The petition is referred to the Giunta di Giurisdizione.

Serenissimi Signori,

Presentendo la natione ebrea che Vostre Signorie Serenissime per facilitare anche il trafico a' questa Serenissima Dominante siano per stabillire un ghetto in Genova, e che già forsi si sia ideato altro posto, secondo la relatione che si presente fatta dall'Illustrissimo Magistrato dei Padri del Comune, e ritrovandosi buona parte di essi già collocati in varie case del Molo, e riflettendo che l'istesso posto non solo possa esser capace di unirvisi tutti quelli della stessa natione che presentemente si ritrovano in Genova, ma capaci anche d'ampliarsi con altre case che si potrebbe riunire e molto più con i siti che vi sono dirocati, con quali si potrebbe da più parti in ogni tempo ampliare senza minimo incomodo di altre nationi, e che tutto cio si potrebbe praticare con pochissimo e niuna spesa del Pubblico, et egualmente comoda a' detta natione, massime con la loro scuola di presente fabricatasi assai vicina a' detto posto, e che col tempo dilattandosi si potrebbe incorporare nel medemo ghetto, supplicano pertanto Vostre Signorie Serenissime, e riflettendo a' quanto sopra, pigliarvi quegli espedienti che più stimeranno opportuni, facendo loro profondissime riverenze. Di Vostre Signorie Illustrissime. Detti Supplicanti

Note: See below, Doc. 1213.

1208

Genoa, 9 September 1708

Source: A.S.G., Notaio, Gaetano Pino, filza 2.

Emanuele Scarlino, son of the late Benedetto, sells coral to Angelo Del Mare and the parties undertake mutual obligations.

1209

Genoa, 10 September 1708

Source: A.S.G., Notaio Gaetano Pino, filza 2.

Abram Racha, son of the late Massol, appoints Nicolò Maria Basso attorney on his own behalf and on behalf of the Abram and Salomon Racha company.

1210

Genoa, 12 October–15 November 1708

Source: A.S.G., Banco S.Giorgio, Cancelliere Benedetto Muzio, n. 751.

Salomone Levi is granted by Luca Grimaldi, director of the free port, permission to move from the Customs to the free port 2 batches of leather, which he had forgotten to place correctly.

1211

Genoa, 3 November 1708

Source: A.S.G., Notaio Alessandro Alfonso, filza 31.

Domenico Reghezza produces a bill of exchange to the notary. The bill was issued in Alessandria, signed by Salomone, son of Lelio Vitale, and addressed to Salomone Sacerdote.

Note: See below, Doc. 1214.

1212

Genoa, 8 November 1708

Source: A.S.G., Notaio Gaetano Pino, filza 2.

Angelo Del Mare and Abram Alcubi, son of Leone, from Leghorn but in Genoa at the time, settle all their bills and do not take action as per the contract, even that all'uso degli ebrei. *Abram's identity is attested to by Amedeo Lattes, son of Isaia David, and Manuel Scarlino, son of the late Benedetto.*

1213

Genoa, 15 November 1708

Source: A.S.G., Archivio Segreto, n. 1391.

Upon request by the Giunta di Giurisdizione, *the Senate informs the* Padri del Comune *that the Jewish community would agree to the ghetto being built in the Molo area.*

Note: See above, Doc. 1207.

1214

Genoa, 17 November 1708

Source: A.S.G., Notaio Gaetano Pino, filza 2.

Salomone, son of Lelio Vitale, from Alessandria, attorney of Raffaello Blanis, son of Lelio, a Jewish merchant in Florence and partner of the Levi-Gallico-Blanis company, states that Raffaello Blanis is the prior endorser of the late Carlo Radis from Genoa and his legacy, for 199.17.11 8-real pieces. Salomone Vitale acknowledges that he has received from Maria Brigida, Carlo Radis's widow, and Domenico Reghezza, her son-in-law, 760 pounds, in Genoese currency. Salomone Vitale, in his capacity as Blanis's attorney, accepts the sum as final settlement of the previous debt and any further sum that Raffaello Blanis might claim of the late Carlo Radis. The deed is drawn up at the Sacerdote brothers' house, near the church of San Giorgio.

Note: See above, Doc. 1211.

1215

Genoa, 27 November 1708

Source: A.S.G., Notaio Gaetano Pino, filza 2.

Salomone Sacerdote, son of the late Joseph Azariel, for himself and on behalf of the Sacerdote brothers, promises the Musso brothers a payment.

Bibliography: On the Sacerdote brothers, see Simonsohn, *Milan*, Doc. 4702.

1216

Genoa, 12 December 1708

Source: A.S.G., Notaio Alessandro Alfonso, filza 31.

Alessandro Giovanni Della Costa, son of the late Emanuele, transfers a 688-pound loan to Giovanni Luca and Giovanni Bernardo Giara. That amount was owed to him by Giovanni Maria Gambarini, for the purchase of cloth.

1217

Genoa, 19 February–5 March 1709

Source: A.S.G., Archivio Segreto, n. 1390a.

The Collegi, *with the approval of the* Residenti di Palazzo, *grant Jacobo Tedesco exemption from wearing the badge for 3 months.*

1218

Genoa, 7 March 1709–26 December 1710

Source: A.S.G., Archivio Segreto, n. 1390a.

Authorized by the Residenti di Palazzo, i Collegi *grant Abram and Salomon Racah exemption from wearing the badge for another year. The two brothers had been living and working in Genoa for 3 years, doing business with their brothers in Leghorn and Alexandria. Exemption is also granted to David Lopez and Isac Racah, their employees.*

1219

Genoa, 23–24 April 1709

Source: A.S.G., Archivio Segreto, n. 1390a.

With the approval of the Residenti di Palazzo, i Collegi *grant Lazzaro Grassini, a merchant who has been living in La Spezia for 25 years, permission to trade throughout the Dominion without wearing the badge for two years.*

Note: See below, Doc. 1270.

1220

Genoa, 7 May 1709

Source: A.S.G., Notaio Gaetano Pino, filza 3.

Finale Sacerdote, son of the late Joseph Azariel, for himself and on behalf of the Sacerdote brothers company, appoints Antonio Maria Centurione attorney in the event of disputes.

1221

Genoa, 13 May 1709

Source: A.S.G., Notaio Silvestro Merello, filza 35.

Finale Sacerdote appoints Pietro Paolo Varese his attorney to collect as much money as possible from the debtors of the former spirits business. On 17 May, Varese transfers his power of attorney to Agostino Spinola, son of the late Gio. Antonio.
In a later deed, dated 23 July, Finale and Salomone Sacerdote, uti complementarii *of the* Finale, Salomone, Raffaele, Marco, Bonaiuto, Mosè, fratelli Sacerdote *company, appoint Agostino Spinola irrevocable attorney to collect as much money as possible from the debtors.*

1222

Genoa, 27 May 1709

Source: A.S.G., Notaio Gaetano Pino, filza 3.

Giovanni Maria Bisso owes Jacob Levi, son of the late Salvatore, 435 pounds and cannot pay him back. Thus on 24 November the Rota Civile *grants Levi an order of distraint.*

1223

Genoa, 7 June 1709

Source: A.S.G., Archivio Segreto, n. 1390a.

As approved by the Residenti di Palazzo, i Collegi *grant Daniele Valencin from Venice exemption from wearing the badge for 4 months.*

1224

Genoa, 8/20 June 1709

Source: A.S.G., Magistraro dei Conservatori del mare, n. 137.

Legal action regarding the failed payment of freight contains the fact that Aron Uzielli owns 1/4 of a load of grain laden at Zante to be shipped to Cadiz.

1225

Genoa, 4 July 1709

Source: A.S.G., Notaio Gaetano Pino, filza 4.

At Jacob Levi's house, the notary draws up a deed whereby Bernardo Tigallo from Rapallo, states that he owes Jacob Levi 2,200 pounds, for purchased goods, to be paid back in 6 instalments. On 22 November 1710, the Uditori della Rota Civile *grant Levi distraint of goods for the remaining 1,809.18 pounds.*

1226

Genoa, 9 August 1709

Source: A.S.G., Notaio Gaetano Pino, filza 4.

Statements relevant to the settlements of bills between Giovanni Stefano Maggio and Vitale. Maggio states that Vitale owes him 600 pounds for meals at his inn, but Vitale states that he has given him shirts for a value of 400 pounds.

1227

Genoa, 13 August 1709

Source: A.S.G., Senato, Atti, n. 2859.

Juda Crispino (Crespin) from Leghorn requests settlement of a dispute between himself and Agostino Spinola.

Note: See below, Doc. 1230.

1228

Genoa, 19 August 1709

Source: A.S.G., Archivio Segreto, n. 1391.

Following an anonymous biglietto di calice *lamenting the lack of a ghetto, the* Giunta di Giurisdizione e la Giunta del Traffico *are requested to report to the Senate.*

1229

Genoa, 30 August 1709

Source: A.S.G., Notaio Giuseppe Pompeo Ratto, filza 1.

Vincenzo Gaetano Costa, on behalf of his company and himself, gives Juda Crispino from Leghorn 760 pounds, to be deducted from the 1,360 pounds he owes him. He further undertakes to pay the remaining 600 pounds by bill of exchange at the following fiera di apparizione, *in 1710. He fulfilled his obligation.*

1230

Genoa, 1 October 1709

Source: A.S.G., Notaio Gio. Domenico Bernabò, filza 8.

Compromise agreement between Agostino Spinola and Juda Crispino, a Jew from Leghorn, on a 2,250-pound insurance policy effected by Agostino Spinola as requested by Crispino regarding the ship Caval Marino *under Captain Arnaud on the journey from Leghorn to Smyrna in 1693. The ship was seized by the French and the cargo damaged.*

Note: See above, Doc. 1227.

1231

Genoa, 7 November 1709

Source: A.S.G., Archivio Segreto, n. 1390a.

The Marquis of Monteleone asks the Secretary of the Senate to exempt Judah Crispino from the obligation to wear the badge for another 6 months.

Bibliography: On the Marquis of Monteleone, see Segre, *Piedmont*, p. 2175.

1232

Genoa, 7 November 1709

Source: A.S.G., Notaio Gaetano Pino, filza 4.

Angelo Del Mare appoints Aron Molco, a Jew from Algiers, his attorney. He is entrusted with the collection of payment for items sent by Angelo to Aron Hanau from Algiers to the order of Gabriel Arias of Leghorn. These are 2 cases of crockery, a vase of moscio *and 41* once *of golden thread on silk.*

1233

Leghorn, 12 November 1709

Source: A.S.G., Arti, n. 187.

Castelli of Leghorn sends two letters, the first dated 6 November, to Agostino Spinola to inform him that, through Gabriel Medina from Leghorn and his correspondent, he is trying to adescare la benevolenza del Primo Ministro in Constantinople. *For this purpose 600* pezze *were sent over, as per De Mari's instructions.*

Note: At that time the Republic of Genoa was trying to restore diplomatic and commercial relationships with Constantinople.

1234

Genoa, 1 January 1710

Source: A.S.G., Archivio Segreto, n. 1391.

As approved by the Protectors of the Jewish community, the Collegi *grant Jacob Lusena and his family exemption from wearing the badge. In his request, Jacob explains that he is 80 years old and has been living in Genoa for 52 years, and his son-in-law David, aged 46, was born in Genoa. Jacob Lusena's family consists of Abram, his son, Davide de Luzena, his son-in-law, and Samuelle Levi Luisada.*

1235

Genoa, 1 March 1710

Source: A.S.G., Notaio Gaetano Pino, filza 5.

Giuseppe Benedetto Rapa, son of the late Emanuele, on behalf of Angelo Levi Soncino from Leghorn, asks for a statement by Antonio Prete. He reports to the notary rumours on the shortage of grain heard at San Torpete, where he was on board his tartana *in September 1708.*

1236

Genoa, 27 March–21 May 1710

Source: A.S.G., Archivio Segreto, n. 1391.

Following reports that Jews were accused of illegally keeping female Christian servants, the Senate decides to inform the Inquisitori di Stato e la Giunta di Giurisdizione. *The* Giunta di Giurisdizione, *having heard the* Inquisitori di Stato, *for whom greater powers had been asked, orders the Senate to undertake suitable measures, but nothing is decided.*

1237

Genoa, 28 March 1710

Source: A.S.G., Notaio Gaetano Pino, filza 5.

Giuseppe Benedetto Rapa states, on behalf of Samuel Pansier, that Giovanni Griffè, a merchant from Marseilles, ate and drank in Samuele's house for a period of time starting 8 March 1708.

1238

Genoa, 29 March 1710

Source: A.S.G., Notaio Gaetano Pino, filza 5.

Abram Sarfatti, son of the late Mattatia, David Lusena, son of the late Jacob and Aron Della Tomba, son of Joseph, state that Isac Pansier, who is in the Malapaga jail, was born in Genoa in a house near the Malapaga on 12 December 1687, son of Sara and Raffael Pansier, and was circumcised 8 days later.

1239

Genoa, 31 March, 6 May, 28 May, 21 July 1710

Source: A.S.G., Archivio Segreto, n. 1391.

The Giunta del Traffico *presents to the* Collegi *the new Charter for the Jewish community. The* Giunta *explains that nothing can improve the business with the East better than the acceptance of the Jewish community in Genoa. Together with the* Giunta di Giurisdizione, *it therefore drew up new Charter, taking some parts from those in force in 1658 and 1674, considering those from Leghorn, the present conditions and the free port laws. The* Giunta *explains that the Charter has been approved by the Theologists The* Giunte *think it would be advisable to leave the building of the ghetto for a while, [even though it is provided for in the Charter], in view of the fact that the Jews in Genoa are few and rather poor. Rich Jews should be solicited to come to the town by publicizing the new Charter. A suitable location for the ghetto will then be decided, according to the number and nature of the population. Having examined the documentation, the* Collegi *prove the new Charter, except for the penalty for offenders and the criminal authority of the Protectors of the Jewish community.*
On 28 May, the Greater Council delegates to the Collegi *the authority to impose a penalty on offenders. The* Collegi *ask the* Giunta di Giurisdizione *to consider the penalty to be imposed on infringers.*

Serenissimi Signori,
Apprendendo l'Eccellentissima Gionta del trafico che niente più possa conferire sollievo del commercio, quanto l'introdurre, anzi ripigliare quello di Levante per gli accidenti ben noti prima interrotto e poi affatto perduto, hà appreso altresì che per conseguire l'intento non possa praticarsi mezzo più efficace e proprio che quello di stabilire la natione ebrea nella presente città, poiche non potendosi fare capitale alcuno de negotianti nationali, quali applicati a coltivare què pochi negotii che già sono introdotti, sono resi simili ad intraprenderne de nuovi per l'incertezza del profitto e per le tante disgratie a quali soggiaciono per le contingenze de tempi. E dall'incontro, essendo la sudetta natione già introdotta nelle Piazze del Levante, si può sperare che per mezzo delle loro molte corrispondenze si venga insensibilmente ad espandere il commercio anche a nationali, e con questo stabilire intieramente il traffico frà questa e quelle piazze. Applicando perciò a maturare questo disegno, qual'anco è coerente

all'ultima legge del regolamento di questo portofranco, in cui si disse di far godere agli ebrei del medesimo portofranco con prescrivergli quelle direttioni e fargli quelle maggiori facilità che sono compatibili col buon culto divino e col vivere civile et umano come havessero Vostre Signorie Serenissime stimato meglio, gli sopravennero i comandamenti di Vostre Signorie Serenissime che gl'imponevano il doversi intendere con l'Illustrissima et Eccellentissima Gionta di Giurisdittione, nanti la quale si esaminavano li privileggi altre volte conceduti da Vostre Signorie Serenissime a detta natione, in vigor di comissione precedente fattale sopra qualche raccordo e biglietto del Minor Consiglio, con incombenza speciale di riferire con quale regolamento et in che luogo possano stabilirsi gli ebrei nella presente città. Onde, amenduna delle prefate Eccellentissime Gionte commissionate avendo pienamente esaminata la pratica, hanno stimato per ora dover portare in primo luogo alla censura di Vostre Signorie Serenissime li capitoli da leggersi, molti de quali sono gl'istessi co' quali nell'anno 1658 e 1674 fu ricevuta et ammessa la detta natione in questa città, et altri sono stati formati secondo la congiontura de tempi et assai uniformi con quelli co' quali vive nello Stato del Granduca. E quantonque entrambe le Eccellentissime Gionte stimassero assai sicuro il caminare sul piede delle dette antiche concessioni del 1658 e 1674 e di quelle di Toscana, o sia Livorno, che pure in alcuna parte si riferiscono a privileggi che gode la natione ebrea in Ancona, Roma, Bologna e Ferrara, ad ogni modo per mezzo di particulari diputationi hanno ancora fatto esaminare da Reverendi Teologi le difficultà tutte che nell'uno e l'altro foro si potrebbero incontrare sopra alcuni de medesimi capitoli, e doppo matura discussione, hanno convenuto potersi loro accordare detti Capitoli.

Hanno poi appreso le prefate Eccellentissime Gionte che convenga per'ora soprasedere dal determinare il luogo del ghetto, poiche è parso loro difficile il poter prendere le misure più accertate nel tempo presente in cui sono poco numerosi gli ebrei abitanti in Genova, e la maggior parte poveri e che vivono giornalmente col solo capitale della loro industria. Ed all'incontro essendosi dimostrati dis[ponibili i] più facoltosi, non solamente sottoporsi a detti Capitoli et alle leggi del ghetto come sopra e contribuire il possibile perche le intentioni di Vostre Signorie Serenissime sortiscano il deliberato effetto, ma ancora avendo fatto sperare che, publicati alle stampe li presenui Capitoli e seminati per le Piazze di negotio anco più lontane, siano per trasportarsi quì molte famiglie facultose et abbondanti di corrispondenze per piantarvi casa, pare espediente il vedere che effetto farà l'invito, per così dire, di sudetti capitoli a fine di determinare il luogo, secondo che esiggerà il numero e la qualità delle persone.........

Note: See below, Docs. 1241, 1250, 1254, 1258. According to *manuscript 73 of the Biblioteca dell'Archivio di Stato*, the provision whereby criminal authority is given to the Protectors of the Jewish nation is dated 31 March 1710 and was approved on 28 May.

1240

Genoa, 14 April 1710

Source: A.S.G., Archivio Segreto, n. 1185, Jurisdictionalium.

The people from Canneto *(an area in Genoa) complain that Alessandro Centurione has rented some houses to Jews, in the street along which the* Corpus Domini *procession is held.*
The Giunta di Giurisdizione *does not undertake any measures and even remarks*: mentre si studia di invitare la nazione ebrea a venire a Genova con capitolazioni vantaggiose, l'amareggiare gli ebrei che vi sono, con impedirle il prendersi una casa di loro soddisfattione nel mentre che si sta a stabilire il loro ghetto, non potrà servire ad altro che a divertirli di qui, quando si cerca di accrescerne il numero.

1241

Genoa, 26 May 1710

Source: A.S.G., Archivio Segreto, n. 1391.

The Collegi, *upon a* ricordo *by the Lesser Council, decide to inform the* Giunta di Giurisdizione *about the need to build a ghetto. The* Giunta, *however, does not agree. They deem the Jews too few for a ghetto and would rather invite more Jews to come.*

Note: See above, Doc. 1239.

1242

Genoa, 11 June 1710

Source: A.S.G., Archivio Segreto, n. 1391.

The Inquisitor informs Giovanni Battista Cattaneo che la natione ebrea va commettendo qualche eccesso che abbisogna di riparo. *Following Cattaneo's request, the* Collegi *ask the* Inquisitori di Stato *to collect information on such* eccessi *and ask the* Giunta di Giurisdizione *to take suitable measures.*

1243

Genoa, 26 June 1710

Source: A.S.G., Notaio Federico Cella, filza 3.

Guglielmo Marchioro, son of Abramo, a shopkeeper in town, tenant of the fifth flat in Gian Battista Centurione's house, near Piazza delle Vele, sublets the flat to Emanuel Tosignan, son of the late Angelo. The yearly rent is 100 pounds.

Note: See below, Doc. 1244.

1244

Genoa, 27 June 1710

Source: A.S.G., Notaio Federico Cella, filza 3.

Emanuel Tosignan, son of the late Angelo, living in Genoa, states that he owes Guglielmo Marchioro, son of Abramo, living in Genoa, 170 pounds, in settlement for furniture and utensils sold and delivered to Emanuele by Guglielmo. Later, Bella Rosa, daughter of the late Vitale Sacerdote and wife of Emanuele Tosignan, aware of her husband's debt, as a guarantee to Guglielmo, renounces any rights, shares and mortgages pertaining to Emanuele with reference to said furniture, including dowry or others. Bella Rosa has been advised to do so by her neighbours Aron Della Tomba, son of Giuseppe, and David Luzena, son of the late Jacob. The deed is drawn up at Emanuele Tosignan's house.

In a later deed, dated 29 October 1710, Guglielmo Marchioro states that he has received from Emanuele Tosignan 170 pounds, in settlement for furniture and utensils, in addition to 100 pounds yearly rent for the sublet flat. Guglielmo states that the debt is cleared and settled.

Note: See above, Doc. 1243.

1245

Genoa, 4 July 1710

Source: A.S.G., Notaio Gaetano Pino, filza 6.

Four deeds are drawn up for the insurance provided by Salomon Sacerdote, son of the late Joseph Azariel, for a pinco, *a three-masted merchant vessel chartered by Giovanni De Molin from Captain Arpe from Levante to transport people from Ajaccio to Porto Longone.*

Note: See below, Doc. 1249.

1246

Genoa, 29 July 1710

Source: A.S.G., Archivio Segreto, n. 1391.

Upon the Collegi's *request, the Senate declares litigations between Jews and Christians to be suspended on Saturdays and on Jewish festivals.*

1247

Genoa, 1 August 1710

Source: A.S.G., Senato, Diversorum Collegi, n. 189.

The Collegi *refer to the* Giunta del Traffico *a request by Raffaele Vita Aboaf, a gem merchant. He asked permission to wear in town a sword and other weapons not forbidden in the Dominion.*

1248

Genoa, 22 August 1710

Source: A.S.G., Notaio Gaetano Pino, filza 6.

Jacob Levi, son of the late Salvatore, appoints Gian Domenico Guggini from L'Aquila his attorney to collect money and other items from Giovanni Battista Arimondo, from Cervo.

1249

Genoa, 25 August 1710

Source: A.S.G., Notaio Gaetano Pino, filza 6.

Salomone Sacerdote pays Captain Arpe for the charter regarding the transportation of people on the route Porto Longone-Leghorn-Genoa, since those who embarked at Ajaccio were not allowed to disembark at Porto Longone.

Note: See above, Doc. 1245.

1250

Genoa, 26 August–26 November 1710

Source: A.S.G., Archivio Segreto, n. 1391.

The Giunta di Giurisdizione, *as ordered by the* Collegi, *being given authority to make criminal laws by the Greater Council on 28 May, decides on the penalty to be imposed on criminals and against Charter offenders, as well as the competence of the Protectors of the Jewish community, with some restrictions. The* Collegi *approve the* Giunta's *report. At a later session, on 26 November, it is decided that the new Charter shall be in force for 20 years from 1 January 1711. Furthermore, Federico De Franchi and Domenico Maria De Mari, elected Protectors of the Jewish community, are approved.*

Si rifera a Serenissimi Collegi per parte dell'Illustrissima et Eccellentissima Gionta di Giursdizione commissionata a considerare e riferire quali pene possano da loro Signorie Serenissime, in vigor della facoltà datalene dal Gran Consiglio per deliberatione de 28 maggio 1710, imponersi alli trasgressori delli Capitoli stabiliti per la Natione ebera (sic), avere la medesima Eccellentissima Gionta esaminati sudetti Capitoli. E quanto al settimo di essi che proibisce a chiunqui il battezzare fanciulli ebrei, stimare che loro Signorie Serenissime potessero esprimere la pena, rispetto agli uomini, d'uno sino in trè anni di galea, o di quatro sino in sei anni di rilegatione nell'isola di Corsica, ad arbitrio degli Eccellentissimi Protettori, secondo la qualità della persona. E rispetto alle donne, della frusta, o di uno sino in due anni di carcere ad arbitrio come sopra, avuto riguardo alla qualità della persona. Quanto poi agli altri, stimare che potessero stabilire generalmente che li delinquenti e trasgressori di detti Capitoli, tanto Christiani, come ebrei, siano castigati e puniti dalli Eccellentissimi Protettori, oltre le pene statutarie, anche in qualunque altra pena, si pecuniaria che temporale, a' loro arbitrio, secondo la qualità e circostanze del delitto e delinquenti, esclusa però la pena di morte e di galea in vita, riservandosi questa a loro Signorie Serenissime, concedendo però ai prefati Eccellentissimi Protettori l'opportuna facoltà di formare li processi ne casi di delitti, per quali si dovesse punire il reo, o rei, in alcuna di dette pene di morte o galea perpetua. E tanto nelli sudetti, quanto per qualunque altro caso, procedano manu regia et more militari, con facoltà di abbreviare qualonque termine, compreso quello delle diffese, e ciò valendosi della facultà a loro Signorie Serenissime conferita secondo la detta deliberazione del Gran Consiglio de 28 maggio passato, alla quale, etcetera, rimettersi però.

Note: See Docs. 1239, 1254, 1258.

1251

Genoa, 23 September 1710

Source: A.S.G., Senato, Diversorum Collegi, n. 189.

The Collegi *grant Juda Crispino and his son Joseph permission not to wear the badge.*

1252

Genoa, 2 October 1710

Source: A.S.G., Notaio Gaetano Pino, filza 6.

Salomone Raffaele Seppilli states that he received from Simon Pietro Oneto 2,000.10 pounds through Giovanni Battista Roccatagliata for 1600 staie veneziane *of grain loaded by Roccatagliata at the port of Naples and shipped to Genoa on behalf of Seppilli.*

1253

Genoa, 20 October 1710

Source: A.S.G., Notaio Gaetano Pino, filza 6.

Amedeo Lattes, son of Isaia, appoints Angelo Finzi his attorney to collect money owed to him in Chiavari.

1254

Genoa, 27 October 1710

Source: A.S.G., Archivio Segreto, n. 1391.

The Collegi *approve amendments to the Charter proposed by the Jewish community to the* Giunta di Giurisdizione. *The approved amendments refer to work entrusted by Jews to Christians and carried out outside the ghetto, statements by baptized Jews and the exemption from the obligation to wear the badge before the age of 14 years. The Jews are furthermore granted permission to print their rules and constitutions, provided a copy is submitted before publication*.*

Udito nelli Serenissimi Collegi quanto è stato riferto per parte dell'Illustrissima et Eccellentissima Gionta di Giurisdizione commissionata, cioè desiderare la Natione ebrea che al quarto dei capitoli stabiliti per detta natione circa l'esercitio dell'arti, si aggionga la facultà di poter dare da lavorare a christiani fuori del ghetto.

Che al settimo capitolo, dove resta proibito alli ebrei battezzati far testimonianza in cause di detti ebrei, si aggionga la clausola "intanto che la testimonianza che facessero sia nulla ipso iure".
Che nel vigesimo capitolo che parla del segno che doveranno portare li ebrei, escluse le donne, si escludano oltre le donne anco li ragazzi sino all'età almeno di anni quatordeci.
E finalmente che sia permesso all'istessi ebrei di far stampare detti loro capitoli ove parerà a medesimi*.
Con soggiongere che alla prefata Eccellentissima Gionta non è occorsa cosa in contrario.
Discorsa la pratica.
E' stato deliberato che alli detti capitoli si faccino le aggionte sopra richieste e permesso alli ebrei il farli stampare dove vorranno, con obbligo però di presentarne copia nella Cancelleria di loro Signorie Serenissime, prima che se ne facci la publicazione, la quale non debba farsi se non osservati li ordini che vi sono in materia di publicazione di scritture stampate fuori del Dominio........

* See undated Doc. 1265.

Note: See Docs. 1239, 1250, 1258.

1255

Genoa, 3 November 1710–27 August 1715

Source: A.S.G., Archivio Segreto, n. 1391.

Exchange of letters regarding litigation over money owed by Jacob Levi, son of the late Salvatore, to Raffaele Uri Treves, son of the late Graziadio, from Turin, living in Casale. Not trusting the Rabbinic court, Levi asks the Senate to hear the case. He is sentenced by the judge to pay his debt. The Protectors, as agreed by the parties, refer the action to the competent court, the Rabbinic court of Mantua, since Jacob Levi refused to pay.

Note: On Raffaele Uri Treves, see Segre, *Piedmont*, p. 2250

1256

Genoa, 10 November 1710

Source: A.S.G., Notaio Gaetano Pino, filza 6.

Jacob Levi receives 1,083.6.8 pounds from Gaetano Tasso for a pinco tartana, *a three-masted merchant vessel fully equipped and provided with sails, masts, rigging, cannons, anchors and so forth.*

1257

Genoa, 17 November 1710

Source: A.S.G., Notaio Gaetano Pino, filza 6.

Jacob Levi, son of the late Salvatore, appoints his nephews Salvatore, Abraam and Leone, sons of Giuseppe Levi, from Nizza, to collect money from his debtors in Monferrato.

1258

Genoa, 26 November 1710

Source: A.S.G., Archivio Segreto, n. 1390a.

Promulgation of the Charter issued by the Doge and the Collegi *for the Jewish community. It consists of 31 clauses regulating the life of the Jews in Genoa. So far no printed copy has come to light, unlike the 1658 and 1752 editions. The Charter grants the Jews a number of improvements, but establishes the ghetto and badge obligations. The obligation to attend sermons is, however, abolished. Baptism for children under age without their parents' consent is regulated. The Rabbinic laws are accepted as far as litigation between Jews is concerned. Freedom of worship is established, provided that rites are performed in a public place and not in a private oratory. Butchers are required to give the Jews the requested amount of meat, treated according to their requirements, at no surcharge.*
The Charter states that any decree ordering the Jews to leave Genoa must be approved by 3/4 majority in the Collegi *and the Lesser Council and with 6*

years prior notice. In such an event, the Jewish community must be assisted in every way to wind up their businesses; any disturbance or harassment shall be forbidden and suitable travel arrangements provided for them, without any surcharge, both by sea and by land.

Capitoli stabiliti dal Serenissimo Doge, Illustrissimi et Eccellentissimi Governatori e Procuratori della Serenissima Repubblica di Genova per la Nazione ebrea.

1. Primo si concede alla nazione ebrea amplo salvacondotto per le loro persone e beni, con facoltà di poter andare, venire, negoziare e trafficare in tutto il dominio senza che possino ricevere molestia o' disturbo alcuno, come anche per qualsivoglia delitti comessi fuori del dominio. Per quali delitti non potranno essere inquiriti, processati, o' in alcun'altra maniera molestati da qualsivoglia tribunale, ne contro essi si potrà formare o' esercitare alcuna inquisizione, ossia denonzia o' causa, ancorche per lo passato siano o' fussero vissuti fuori del Serenissimo Dominio in abito come cristiani, o' avutone il nome. S'intendano però da questo salvacondotto esclusi i delitti di lesa Maestà contro la Serenissima Repubblica, sua dignità e libertà, siccome restano ancora esclusi tutti i debiti di obbligazioni contratte con li sudditi della Serenissima Repubblica, per quali possano essere convenuti e molestati, siccome ancor essi potranno convenire e molestare i sudditi per tutti quei debiti et obbligazioni che avessero con detta nazione in qualonque parte del mondo. Quale facoltà di convenire et essere convenuti possa essercitarsi solo da quelli ebrei che saranno abitanti in questa città e scritti come tali nel registro da tenersi appresso il Prestantissimo Magistrato della Consigna.
2. Secondo in ordine a' detto salvacondotto se le concedera sempre qualsivoglia passaporto che le sarà necessario, e non averà impedimento la Serenissima Repubblica di passare co' Prencipi quelli ufficii che stimerà convenienti quando le loro robbe, mercanzie o' persone fossero trattenute o' molestate, come fa' a' favore delli abitanti o' sudditi.
3. Sarà concesso un luogo particolare dove potranno tenere il loro ghetto e Sinagoga et ivi potranno usare liberamente li loro riti e cerimonie senza che possano essere impediti o' molestati da alcuno. Nel qual ghetto doveranno abitare tutti li ebrei, e dovrà esser serrato con le sue bartelle ogni notte alle due ore, per aprirlo alla mattina, nell'ora che sogliono aprirsi le porte della città, da portinaro ebreo specialmente deputato da elleggersi dalla Nazione e da approvarsi da Serenissimi Collegi, quale non aprirà ad alcun ebreo per uscire dopo che sarà chiusa la porta come sopra, se non averà licenza in scritto da uno de Massari della Nazione, con tener

nota di chi uscirà e dell'ora nella qual sarà uscito e ritornato, et al mattino seguente portar detta nota al Sottocancelliere che servirà gli Eccellentissimi Protettori. Non doveranno però li Massari dar licenza ad alcuno di uscire se non con caosa a' loro giudizio, altrimente seguendo qualche disordine saranno tenuti alla pena o' pene arbitrarie all'Illustrissimi et Eccellentissimi Protettori, siccome parimente saranno ancora tenuti per tutte le trasgressioni che facesse il portinaro sudetto da eleggersi et approvarsi come sopra. Il detto ghetto dovrà esser recinto et unito e chiuso in modo che non possano uscire quando la porta sarà chiusa, ne contrattare in detto tempo con Cristiani, al qual fine secondo la situazione si apriranno o' si chiuderanno opportunamente le finestre verso le pubbliche strade a' giudizio degli Eccellentissimi Protettori. E se si trovasse di notte alcun ebreo fuori di ghetto senza licenza debba essere trattenuto e punito in pena pecuniaria o' altra arbitraria all'Illustrissimi et Eccellentissimi Protettori.

4. Potranno nel ghetto, nelle loro case e botteghe vendere tanto a' Cristiani che alli ebrei e a' chi si sia altro ogni sorte di mercanzie tanto nuove che usate, sì a' l'ingrosso come a' minuto et al taglio, con facoltà di andare per la città con ogni sorte di mercanzia di vendere come sopra, con che però in città le portino coperte e nel dominio possano portarle anche scoperte. Non sia però loro lecito vendere, ne comprar armi, delle quali ne meno potranno far negozio o' contrattazione di sorte alcuna, etiamdio che non intrassero nella città, mà si spedissero fuori del dominio. Ne meno potranno comprare cosa alcuna, se non da persona o' persone loro conosciute, con dichiarazione che quando si trovasse che fosse stata comprata robba rubbata abbia il padrone di quella il regresso contro l'ebreo compratore contro qualunque Cristiano. Inoltre sia permesso l'essercizio dell'arti nel ghetto e botteghe dentro di esso agli ebrei abitanti nel medemo, con obbligo però ad ogn'uno di osservare gli ordini e constituzioni dell'arte che esserciterà in quanto all'attuale essercizio della medema nello stesso modo che devono osservarsi dalli artisti nazionali sotto qualonque pena arbitraria agl'Eccellentissimi Protettori, con espressa dichiarazione però che non possano godere delle rendite, proventi e beni delle medesime arti, non intendendosi loro permettere altro che il nudo e puro essercizio, e per ragione di detto essercizio delle dette arti possano dare da lavorare a Cristiani fuori del ghetto.

5. Non si potrà far catturare nella loro sinagoga senza licenza del Serenissimo Senato siccome ne anche potrà alcun ministro di giustizia entrare nel detto ghetto, se non per le caose criminali. Non potranno però li ministri di giustizia entrar in ghetto per far ricerca di robba rubbata, se

non con licenza de medesimi Eccellentissimi Protettori, qual licenza però si doverà prendere rispetto alle cause civili, esclusi sempre i mezzi quali per esseguire qualsivoglia citazione possano entrarvi a' loro arbitrio.
6. Potranno comprare o' prendere a' piggione in questa piggione (sic) in questa città e fuori un campo per sepellire i loro morti, proibendo ad ogn'uno, sotto ogni grave pena arbitraria al Serenissimo Senato, molestarli, impedirli, o' darle fastidio nelle loro fonzioni.
7. Si proibisce a' tutti i Cristiani, cioè alli huomini sotto pena d'uno in trè anni di galea o' di quattro sino in sei anni di rilegazione nell'isola di Corsica, ad arbitrio dell'Eccellentissimi Protettori, secondo la qualità della pena, e rispetto alle donne sotto la pena della frustra' e di uno sino in due anni di carcere, ad arbitrio come sopra, avuto riguardo alla qualità della persona, il battezare o' levare alcuno delle famiglie d'essi ebrei per farli battezare e far cristiani sinche non abbiano l'uso di ragione a' giudicio dell'Illustrissimi et Eccellentissimi Protettori e prevenendo sudetto tempo. E che volontariamente volesse qualche d'uno di essi ebrei farsi cristiano, in tal caso nel luogo dove saranno per fare la quarantena del catechismo, potranno essere sovvenuti e visitati da loro padri e madri et altri parenti di primo grado, senza impedimento alcuno purche sia con licenza dell'Ilustrissimi et Eccellentissimi Protettori, da darsi detta licenza senza dilazione, et alla presenza di qualche Cristiano da ellegersi o' sia deputarsi dall'istessi Illustrissimi et Eccellentissimi Protettori. E quando qualche figlio o' figlia si facesse cristiano o' cristiana, non sarà tenuto il padre darle legitima o' porzione alcuna in sua vita, mà solo l'alimento necessario al sudetto figlio o' figlia battezata. A quali ebrei battezati sarà proibito far testimonianza in caose contro detti ebrei, e la testimonianza che facessero sia nulla ipso iure.
8. Le loro caose e liti civili, se saranno fra' ebreo et ebreo, si doveranno conoscere e decidere da Massari e Rabbini secondo l'usi della loro Nazione, e quelli che averanno con Christiani, siano aotori o' rei, si conosceranno da Magistrati ordinari della città, concedendo però a' quelli ebrei che qui abiteranno privileggio di poter godere il beneficio de Statuti senza che siano aggravati da altre cauzioni o' sigortà. E le dette caose nelli giorni di Sabbato et altri da loro festeggiati saranno e s'intenderanno sospese, cosi avendo decretato il Serenissimo Senato.
9. Per i loro negozi averanno sino al numero di sei Censali della loro Nazione, da nominarsi da detti Massari e con li più voti della loro Congrega et approvati dall'Illustrissimo Magistrato de Padri del Comune, alla disposizione de quali circa negozii seguiti fra' essi ebrei si starà pienamente. Quando però averanno da trattare qualche negozio co' Christiani,

doveranno far sottoscrivere li contraenti nel libro solito, quale però non sia scritto in lingua ebrea, o' pure in detti negozii fra' ebrei e Cristiani dovera intervenire un Censaro cristiano per trattarli e conchiuderli, servate sempre le regole della Piazza.

10. Doveranno li Massari ad'ogni istanza che le venga fatta da qualsivoglia Cristiano per qualche robba che gli fosse stata rubbata proccurare in ogni miglior forma etiam per via di grida di chiarire se sia stata comprata da alcun ebreo, e trovandosi esser stata rubbata da qualche ebreo, si debba osservare quanto sopra si dispone nel capitolo 4°, cioè abbia il padrone di quella il regresso contro l'ebreo come contro qualunque Cristiano.

11. Che essendo preso qualche vascello de Turchi dalle navi o' vascelli o' da qualsivoglia altro bastimento della Republica Serenissima dove fusse robba di ebrei destinata ne porti della Republica Serenissima, e ciò si giustificasse, debba essere restituita a' detti ebrei padroni della medema. E se in essi fusse preso qualche ebreo abitante ne Paesi de Turchi, debba esser liberato con pagar solo per ogn'uno di essi pezze cinquanta a' quel bastimento che lo predasse. E' li schiavi turchi che averanno o' compreranno detti ebrei non potranno esser fatti liberi solo da detti ebrei loro padroni e non da alcun altro sotto qualsivoglia pretesto etiam per causa di cambiar religione, et in tal caso dovrà essere l'ebreo sodisfatto del prezzo che haverà sborzato nella compera di detti schiavi.

12. Quando alcun d'essi ebrei fallisse o' andasse in rovina debba osservarsi circa le loro robbe e merci, come anche rispetto a' corrispondenze loro, lettere di cambio et altro, le leggi e Statuti della Serenissima Republica et in loro difetto le leggi communi.

13. Per li crediti dotali e stradotali delle loro donne haveranno l'ippotece e privileggi sono concessi alle donne. Quali privileggi però et ipoteche servano solamente alle donne abitanti in questa città, con pagarsi però le gabelle solite pagarsi da Christiani in quei casi che detti Christiani sono soliti a' pagarle per detti crediti. E per schivare le difficultà che possano nascere in questa pratica si doverà in Cancelleria del Serenissimo Senato tenere un libro da un Sottocancelliere, nel qual libro di mano dello stesso Sottocancelliere doveranno scriversi tutte le doti e stradoti delle donne di quelle che già dimorano, o' di quelli altri che di mano in mano verranno a' dimorare in questa città. E quando si faranno matrimoni delli abitanti doveranno far fare in detto libro la nota della dote e stradote della sposa, altrimenti non se ne tenga conto come se non avessero dote o' stradote, e questo senza aggravio di spese ne obbligo della gabella delle righe minute, ma' col solo e semplice onerario al detto Sottocancelliere per detta nota che dovrà essere di ***(1).

14. Potranno elleggersi li loro Massari secondo il solito et un Segretario ebreo, agli atti del quale si darà fede a' tutti li Ministri della Republica Serenissima. E potranno ancora detti Massari, col consenso però della loro Congrega et approvazione dell'Eccellentissimi loro Protettori, scacciare dal loro ghetto e da questa città quelle persone ebree che saranno scandalose o' malviventi, salva però alli Serenissimi Collegi e Serenissimo Senato la facoltà di mandar via dal loro stato quello o' quelli di loro che non stimassero ben fatto che vi abitassero, e salva qualunque facoltà a' loro competente.
15. Averanno privilegio tutti li ebrei di portar fuori del recinto delle nuove mura per viaggio ogni sorte d'armi, escluse le proibite.
16. Doveranno li macellari della città e Dominio vendere a' sudetti ebrei e loro famiglie la quantità di carne necessaria al loro uso, quando ne saranno richiesti, con lasciarle scannare e visitare gli animali secondo i loro riti, mediante il pagamento del prezzo solito vendersi a' cristiani.
17. Saranno obbligati detti Massari far scrivere nella cancellaria del Prestantissimo Magistrato della Consigna tutte le famiglie delli ebrei abitanti in Genova e tutte le persone di dette famiglie. E quando alcuna di esse persone morisse o' si partisse da questa città debbano detti Massari darne nota in detta cancellaria, ne abbiano altro obbligo di prendere bolletta alcuna, ne pagare altra mercede. E circa li forestieri che verranno per negozio o' per passaggio e per non abitare qui, di quelli ancora doveranno i detti Massari dar nota in detta Cancellaria come sopra.
18. Quando morisse alcun ebreo ab intestato senza prole e senza successione doveranno li Massari fra' giorni quattro da quello della morte darne notizia all'Eccellentissimi Protettori per mezzo d'uno de cancellieri dell'Eccellentissima Camera che doverà far nota. Dovrà succedere ne suoi beni per due terze parti la Camera Eccellentissima e per l'altra terza parte l'università degli ebrei abitanti in Genova, per applicarsi però detta terza parte a' poveri ebrei della detta università, secondo la distribuzione che ne doveranno fare gl'Eccelentissimi loro Protettori pro tempore, quali ancora haveranno facolta di punire in pena loro arbitraria li Massari quando fra' li sudetti giorni quattro non portassero la notizia della morte come sopra.
19. Dandosi il caso che qualche famiglia o' casa d'essi ebrei fosse in qualsiasi tempo o' per qualsivoglia caosa graziata dal Serenissimo Senato d'aver privilegio di poter abitare fuori del detto ghetto, non potrà alcuno di detti privileggiati tener oratorio o' sia scuola nelle case fuori del detto ghetto, ma' tutti doveranno andare a' fare le loro orazioni, riti e cerimonie nella casa, anzi scola che sarà nel ghetto, dove anderanno tutti gli altri ebrei. E saranno ancora obbligati concorrere in tutte le spese che converrà

fare alla nazione per il detto ghetto, sussidio de ministri e serventi, mantenimento de poveri abitanti e passeggieri, et ogni altra spesa che potessero in ogni ora e tempo capitare, e vivere sotto le costituzioni e regole formate dalla detta Nazione, come se abitassero nel proprio ghetto. Nel quale però doveranno tenere una casa o' appartamento in affitto, e per loro conto proprio e scopo poterla o' poterlo subaffittare che paghi congrua piggione, a giudicio dell'Eccellentissimi Protettori possano però farle abitare da loro agenti o' parenti, et in tal caso che alcuno dimandi di essere privileggiato si debba sentire la Nazione per mezzo de suoi diputati.

20. Ogni e qualunque ebreo tanto abitante nella presente città quanto forastiere, escluse le donne et i ragazzi sino all'età d'anni quattordici, debba portare per segno distintivo da Cristiani un bindello di color giallo, largo tre dita circa e longo un palmo, cucito in petto sopra una parte della marzina o' giuppone che sia visibile, a' risalva però delli Massari pro tempore e Rabbini, quali saranno immuni dall'obbligo di portare detto segno come lo sono in paesi d'altri Prencipi forastieri, e rispetto a' viandanti siano esenti dall'obbligo di qualunque segno, alla forma del decreto circa li ebrei viandanti delli Serenissimi Collegi, fatto l'anno 1701 a 26 aprile, che si conferma (2).

21. Sia in facoltà et arbitrio de Serenissimi Collegi di poter graziare e dispensare a' qualonque persona o' famiglia d'ebrei dall'obbligo di portar alcun segno per il tempo che a' loro piacerà et anche perpetuamente, et anco dall'obbligo di poter abitare nel ghetto, conche però chi fosse graziato di non abitare in ghetto debba tenervi una casa in affitto nel medesimo e con le riserve espresse nel capitolo 19. Per la qual grazia e privilegio doverà ciasched'un privileggiato pagare solamente alle cancellarie lire cinque moneta corrente quando venga concessa per tempo determinato, purche non ecceda un triennio. E quando sia concesso per più tempo di trè anni, o' indefinitamente et ad beneplacitum, doverà ciasched'una persona privilegiata pagare lire venti detta moneta. E se il sudetto privileggio si concedesse a' qualche famiglia per tempo curto, e che però non sia più di anni trè, e le persone di detta famiglia non eccedano il numero di sei, si doveranno pagare lire quaranta. Se però si concedesse indefinitamente et ad beneplacitum a' qualonque famiglia doveranno pagarsi lire cinquanta per una volta solamente, senza verun riguardo alla quantità o' sia numero nelle persone. Nel caso però che come sopra venisse richiesto il privilegio per qualche persona si doveranno nella supplica esprimere li nomi tutti delle persone di detta famiglia, altrimente per li non nominati non s'intenderà conceduto il detto privileggio, et oltre la detta tariffa non

saranno tenuti li ebrei pagare ne contribuire altro a' qualonque titolo, sotto qualsivoglia colore o' pretesto, a' caosa di detto privileggio.
22. Per li debitori d'offerte, tasse o' altre spese che convengano farsi per il mantenimento della loro scuola, e serventi, e sussidio de poveri, averanno autorità li Massari di obbligare i debitori renitenti a dover pagare. E per questi debiti potranno mandare, con precedente però licenza in scritto dell'Eccellentissimi Protettori, nelle case delli medesimi debitori renitenti li birri a' levarle i pegni, come anche averanno autorità li detti Massari uniti alla loro Congrega di tassare ogn'uno a' misura delle sue forze.
23. Contravenendo alcuno di essi ebrei alle regole prescrittele in questi privilegi sarà castigato il solo delinquente, ne per questo si potranno rompere i detti privilegi all'altri ebrei innocenti, e ne meno al delinquente, doppo però che averanno pagata la pena del loro delitto.
24. Doveranno gl'Illustrissimi et Eccellentisimi Protettori non solo farle osservare detti privilegi, ma' anche non lasciarli molestare, maltrattare, o' in altra maniera offendere, ne in fatti ne in parole da alcuno, e perciò averanno autorità di provvederle di quella giustizia che stimeranno meglio, anche col pronto e securo castigo de delinquenti o' di chi facesse qualche ingiuria o' strappazzi.
25. Dureranno questi privilegi venti anni da cominciare il primo Genaro del prossimo venturo anno 1711, e s'intenderanno prorrogati di venti in venti anni quando non sia fatta a' Massari, d'ordine de Serenissimi Collegi, intimazione contraria in scritto. Ne possano durante detto tempo, sia delli primi anni venti, sia delle prorroghe, essere licenziati o' mandati via dalla presente città se non con deliberazione de Serenissimi Collegi e del Minor Consiglio con precedente trasmisione allo stesso, nelle quali trasmissione e deliberazione respettivamnete debbano intervenire almeno trè quarte parti de voti favorevoli. Et in caso di detta intimazione averanno tempo sei anni dal giorno di detta intimazione a' doversi partire per restringere li loro effetti, venderli, o' in altra forma disponerne a' loro beneplacito. E doverà esserle data ogni sorte d'aiuto perche possano riscuotere le loro robbe et azenda, crediti, et ogni altra cosa, ne saranno da alcuno sturbati e molestati ne loro viaggi, anzi se le farà provedere di ciò che sarà necessario perche possano farli con ogni comodità e senza agravio, ne alterazione alcuna nel prezzo de noli, sì per mare che per terra, et anche le saranno somministrate le sue guardie, se così occoresse, et il tutto a' loro spese.
26. In caso che alcun ebreo volesse partire dalla presente città et abitare in qualche luogo di Riviera nel dominio, doverà prendere licenza in scritto dall'Eccellentissimi Protettori, in arbitrio de quali sarà limitare il tempo

della dimora in qualonque luogo, avuta considerazione al luogo dove saranno per andare et alla causa della partenza. Non però potrano dispensarsi da portare il segno, come sopra, quale doveranno li ebrei sudetti portare anche fuori della presente città e per tutto il Dominio, eccetto quelli che fossero privilegiati, come sopra, e sempre riservato il decreto sudetto del 1701 rispetto a' viandanti, con facoltà a' detti Eccellentissimi Protettori di castigare li detti contravenienti nella pena o' pene a' loro arbitrarie.

27. Restino assegnati et elletti ora per sempre e sino a' che dureranno i presenti Capitoli per Protettori della detta Nazione due Eccellentissimi Perpetui, da elleggersi da Serenissimi Collegi a' suppliche della Nazione, con facoltà a' detti Serenissimi Collegi di dare alla detta Nazione, quando giudicassero opportuni, altri Protettori in quel numero e sotto quelli modi e forme che meglio stimassero convenire et essere più commodo e vantaggioso per la sudetta Nazione.

28. Niuno Cristiano ardisca trattenersi di notte tempo nel ghetto dopo che sarà chiuso, come sopra, senza licenza degli Eccellentissimi Protettori, sotto qualonque pena arbitraria a' medesimi, tanto contro quei Christiani che vi fossero trattenuti, quanto contro gli ebrei che l'avessero accettati. E siano tenuti li Massari di dare li Christiani sudetti in mano della giustizia, e non potendo ciò esseguire, a' giudicio degli Eccellentissimi Protettori, doveranno darne notizia la mattina immediatamente seguente a' medemi, sotto pena, come sopra, arbitraria all'istessi Eccellentissimi Protettori.

29. Non possa costringersi alcun ebreo ne alcuna persona di detta nazione, sia in generale sia in particolare, di andare in alcun tempo alle prediche de Cristiani o' pubbliche o' private, ne meno possano obbligarsi ad alcuna delle cerimonie e riti che in materia di religione si praticano da Cristiani.

30. Doveranno gl'ebrei formar li capitoli per il loro buon governo, e per assicurarne l'osservanza si comproveranno da Serenissimi Collegi quali ordineranno che possano li Massari farli esseguire, salva però sempre l'autorità dell'Eccellentissimi Protettori pro tempore anche per l'osservanza del contenuto nelli presenti Capitoli.

31. Li delinquenti e trasgressori delli presenti capitoli tanto cristiani che ebrei saranno castigati e puniti dalli detti Illustrissimi et Eccellentissimi Protettori. Cioè quelli battezeranno fanciulli ebrei nelle pene contenute nel 7° delli Capitoli stessi, e li altri, oltre le pene statutarie, anche in qualunque altre pene, si pecuniarie che temporali, a' loro arbitrio, secondo la qualità e circostanze del delitto e delinquenti, esclusa però la pena di morte e di galea in vita, quale resta riservata a' Serenissimi Collegi. Restano o pure a' predetti Eccellentissimi Protettori l'opportuna facoltà

di formare i processi ne casi dei delitti per quali si dovesse punire il reo o' rei in alcuna di dette pene di morte, o' di galea perpetua. E tanto nelli sudetti come per qualonque altro caso procederanno manu regia et more militari, et averanno ancora la facoltà di abbreviare qualonque termine, compreso quello delle diffese, e ciò in vigore di deliberazione de Serenissimi Collegi de 26 agosto 1710 (3), fatta in forza della facoltà statane conferta a' loro Signorie Serenissime per deliberazione del Gran Consiglio del 28 maggio detto anno 1710 (4).
Datum nel Real Palazzo di Genova 26 novembre 1710.

*** (1) a blank is left; (2), (3), (4) see Docs. 1128, 1250, 1239.

Note: See above, Docs. 1239, 1250, 1254.

1259

Genoa, 27 November 1710

Source: A.S.G., Notaio Gaetano Pino, filza 6.

Lorenzo Sperero and Giovanni Maria Paranca state that they have received from Jacob Levi a 50-pound bottomry, for items and freight to be loaded on board a pinco *from Genoa to Tripoli on the Barbary coast and then back to Genoa, amounting to 22% for the risks involved.*

Note: See below, Doc. 1296.

1260

Genoa, 10 December 1710

Source: A.S.G., Notaio Gaetano Pino, filza 6.

In the house of the Sacerdoti brothers, Giovanni Maria Bisso states that he owes Levi and Sacerdote money as per a lost document, which was later found.

1261

Genoa, 11 December 1710

Source: A.S.G., Archivio Segreto, n. 1391.

The Collegi *read a note by the Lesser Council regarding the building of a ghetto, and decide to inform the* Giunta di Giurisdizione.

1262

Genoa, 26 December 1710

Source: A.S.G., Senato, Diversorum Collegi, n. 189.

The Collegi *grant Abram and David Valerii permission to travel freely in and out of town for 3 months without wearing the badge.*

1263

Genoa, 30 December 1710

Source: A.S.G., Senato, Diversorum Collegi, n. 189.

The Collegi *decide to release Simone from Algiers, jailed for not wearing the badge. Simone is poor, supported by the community, and does not know the language. The Protector of the Jewish community, Domenico Maria De Mari, intervenes.*

1264

Genoa, 30 December 1710-31 January 1718

Source: A.S.G., Archivio Segreto, n. 1391.

The Collegi, *following Jacob Levi's petition, grant him and his family exemption from wearing the badge, with the approval of the Protectors of the Jewish community.*

Note: The date 1718 is probably wrong since the names of the Protectors in charge that year do not correspond.

1265

Genoa, ca. 1710

Source: A.S.G., Archivio Segreto, n. 1391.

A copy of the internal set of rules of the Jewish community, approved at various times, proposed and decided upon by Abram Sarfatti and Salomon Levi, elected for this purpose by the Massari. *This was drawn up following the privilege granted by the Republic of Genoa to the Jewish community on 27 October 1710, whereby a constitution could be published. The rules refer to the voting for the* Massari *election and relevant powers, civil jurisdiction, individual behaviour of community members, participation in acts of mercy, school expenses, meat tax, powers of the* Congrega minore, *community staff, and so forth.*

Desiderando la nostra Nazione fruire della grazia de privileggi concessigli dalla Serenissima Republica, uno dei quali è di formare regole e constituzioni per il modo di vivere con buona moralità e volendo incontrare in vera ubidienza, perciò si sono congregati li Massari Salomone Gubbia, Joseph Tomba, Finale Sacerdote, Jacob Levi, Salomone Sacerdote, Abram Fonseca, Abram Zarfati, Salomone Levi, Angelo Del Mare, Salomone Racah, Samuel Panzier, Emanuel Finzi, e fecero ellettione con la pluralità de voti nelle persone di Abram Zarfati e Salomon Levi per regolatori e proponitori delle constituzioni, essendo state approvate in più tempi le seguenti.
Proposero li detti Zarfati e Levi che tutte le constituzioni che si faranno in ogni tempo, si per stabilire le presenti constituzioni che per ogni altra occasione, un voto di più al si resterà la propositione approvata, e parimente un voto di più al no, resterà disaprovata. Et in caso che li voti fossero pari o' che non avessero voti sufficienti, si possa ripassare la stessa proposizione sino alle tre volte a' voti, dovendo ogn'uno ponere secretamente la sua palla nella balottiera.

Proposero che non si possa unire la Congrega per formare constituzioni, ne altre propositioni, quando non vi siino almeno tre quarti delli congreganti abilitati. E tutto quello che potessero operare in ogni tempo in minor numero delli tre quarti si dichiara ora per all'ora nullo e di niun valore, salvo però in caso di importanza o' absenza dalla città con la distanza almeno di dodeci miglia. Et in tal caso quello sarà fatto e stabilito dalli tre quarti di quelli si troveranno in città sarà fermo.

Ogni anno quindici giorni inanzi del primo del nostro anno li Massari che saranno in officio doveranno proponere due altri Massari, quali saranno approvati dalla Congrega, dovendo esser personaggi della medema, li quali non potranno ricusare d'esercitare la loro carica per qualsiasi pretesto, come anco per qualsiasi altro officio che fosse dalla Congrega appoggiato. Etiam a' quelli che non sono della Congrega non lo potranno ricusare sotto pena di lire cinquanta per ciascheduna volta che rifiuterà, e questo da applicarsi alla cassetta de nostri poveri. E detti Massari serviranno l'anno susseguente, e il primo nominato servirà li primi sei mesi con li oblighi et autorità seguenti, cioè di dispensare le cerimonie nella lettura della Sacra Scrittura, e dispensare l'orazioni ne giorni festivi, e far vendere all'incanto tutte le cerimonie che si praticano secondo li nostri riti, e questo in ogni Sabato per la settimana, e nelli giorni festivi ogni giorno.

Proposero anche che seguendo fra' nostri Nazionali qualche contrasto nella nostra scuola, si di fatti che di parole, averanno autorità li Massari pro tempore di scacciarli dalla detta scuola, e da quella tener interdette quelle persone che saranno intervenute in detta questione sinche habbino dato quelle sodisfattioni che le saranno ordinate da detti Massari. Sarà anche loro cura che niuno si facci lecito di comparire avanti l'Eccellentissimi nostri Signori Protettori, o' avanti qualsisia tribunale, a' nome della Nazione, dovendo tutto passare per mezzo de Massari, o' di chi sarà all'occasione deputato dalla Congrega. E chi transgredirà in tutto l'esposto in detta parte caderà nella pena di lire cinquanta moneta corrente, d'aplicarsi mettà alla Camera Eccellentissima e l'altra mettà alla casetta delli nostri poveri. E se il contrafaciente sarà della Congrega, oltre la sudetta pena, sarà anco scacciato dalla detta Congrega per anni cinque, senza potersi unire con la medema a' dare il suo voto.

Sarà cura di detti Massari d'invigilare sopra le persone nostre nazionali tanto habitanti che forastieri se vivono con buona moralità. E conoscendo qualche persona scandalosa e malvivente potranno senza autorità della Congrega ricorrere da chi si deve per farle dare l'esilio. Come anco doveranno li detti Massari far promulgare una scomunica secondo li nostri riti contro quelli ardissero comprare robba rubbata o' sospetta. E dandosi il caso che qualched'uno comprasse robba da qualche persona a lui non cognita e quello gli desse sigortà di persona conosciuta al compratore, doverà non di meno portare alli Massari nota della robba comprata, et il nome e cognome del venditore e sigortà, dovendosi invigilare con somma attentione, acciò non riescano scandali.

Detti Massari pro tempore doveranno provedere il pagamento della piggione della scuola, cera, oglio, et altro che farà di bisogno per la medema, come anche il pagamento delli servienti secondo le paghe loro saranno accordate, sominìstrare l'elemosine a' nostri poveri passaggieri, a' quali si darà alloggio et alimento, e nella loro partenza agiutarli per le spese del viaggio, a' cognizione di detti Massari, secondo la qualità delle persone. E li poveri che sono quà di residenza socorerli e pagare la piggione delle loro case, il tutto sempre a' giudizio di detti Massari. Haveranno anco obligo d'esigere tutte le offerte che vengono fatte in ogni tempo e tutto quello si ricaverà dalle vendite delle cerimonie praticate dalli nostri riti, dovendo ogni giorno, mattina e sera, nel tempo delle nostre orazioni girare con la bussola per cogliere elemosine, e medemamente ogni venerdi e le vigilie delle nostre feste si doverà mandare detta bussola per le case. Sarà anco cura di detti Massari scuoder tutto quello che pervenirà per qualsiasi caosa o' per qualsiasi constituzione si formerà in appresso; e del tutto se ne terrà conto esatto si del scosso che del speso, per formarne ogn'anno bilancio.

Si doverà in principio d'ogni anno deputare persona che serva di scuoditore delle offerte che ognuno farà alla nostra Confraternita della Misericordia, come anco doverà fare il giro con la bussola per cogliere l'elemosine due giorni della settimana. Et in occasione de sposalizii e circoncisione quel denaro doverà essere dispensato in pagare la piggione del nostro cimiterio e sovenire li poveri infermi di medico e speziali e di tutto quello le farà di bisogno, come anco per le spese per interrare li poveri morti.

Si doverà parimente proponer, come sopra, persona che serva di scoditore per li nostri poveri di Terra Santa, con esigere tutte le offerte si faranno per li medemi, e girare con la bussola ne giorni e tempi sudetti, con di più nelle tre Pasque che habbiamo ogn'anno, fare in ogn'una d'esse una offerta generale per detti poveri, qual denaro non potrà esser dispensato in altro uso. E sarà loro cura, come anco della Congrega, farlo pervenire a' detti poveri di Terra Santa.

Proposero parimente essendo necessario di trovar il modo di poter pagare li servienti dell'università, mantener l'oglio e cera per la scuola, piggione della medema, piggione delle case de poveri, socorso alli medemi, aloggio e limosine de poveri passaggieri. E non essendo bastante quello che si ricava dalla detta casetta e dalle dette offerte per far tutte queste spese, concorrendovi egualmente tutti quelli che godono della detta scuola e delli detti servienti, perciò tutti li capi di casa e capi di famiglia, ancorche abitassero in casa d'altri concorrenti et anco figlio di concorrente, quando sarà separato dalla raccolta del padre, tanto quelli della Congrega, come quelli che non sono della Congrega, doveranno pagare soldi quaranta al mese per cadauno di sudetti, e questi a' mano del scoditore che sarà deputato, e quelli che non sono della Congrega, non ostante non potranno pretendere d'intervenire nella detta Congrega senza precedente permissione della medema.

Più proposero, e perche non ostante le sudette gravi spese quotidiane che deve fare la Nazione nascono anche spesse volte occasioni di riscattare schiavi nazionali, spesa che veramente non può soportare questo poco numero di Nazione che qui si ritrova, perciò per coadiuvare alla detta spesa e con l'esempio che praticano in'altri paesi li nostri nazionali, tutti li forastieri che veniranno in questa città con mercanzie per vendere o' che comprano mercanzie, doveranno pagare a' mano delli Massari pro tempore un quarto per cento sopra la somma del denaro che ricaveranno dalle mercanzie che averanno venduto. E similmente un quarto per cento sopra la somma del denaro che averanno impiegato in compre di mercanzie e mandando mercanzie in questa città per venderle, come anco ordine di far compre a' corrispondenti, sarà obligato quello ne averà la commissione pagare il quarto per cento, come sopra, per darne debito al committente.

Più proposero che tutti li habitanti in questa città, come anco li forastieri che veniranno si per abitare che per passaggio o' diporto, doverà, niuno escluso, pagare denari otto per ogni libra di vitella che comprerà, denari sei per ogni libra di bove, denari quattro per ogni libra di castrato, capra et agnello. Et a' tal effetto resta ad ogn'uno proibito andare a' prendere carne di niuna sorte senza essere accompagnato dal nostro deputato, o' da chi il medesimo manderà per riconoscere il suo segno. Et anco chi sarà deputato a' scuoder, quello si deve pagare come sopra, e parimente si doverà pagare soldo uno per ogni gallo d'Indo et occa che scanerà il deputato, e denari otto per ogni gallina, cappone et anedra, denari quattro per ogni colomba o' polastro, denari due per ogni capo d'altra polleria più minuta, dovendosi perciò servirsi dal nostro deputato e non da altri.

Più proposero che li Massari pro tempore averanno facoltà di liberare in tutto o' in parte dall'obbligo delli soldi quaranta, che deve pagare ogni capo di casa, quello o' quelle persone che veramente conosceranno di non essere in stato di poterli pagare. E quelli che non pagheranno, si per impotenza che per qualsisia altro accidente, non potranno entrare più

nella Congrega a' dare il loro voto. E quando tra' li Massari non si potessero accordare per fare detta liberazione e sollievo si uniranno con li Massari che servirono antecedenti a' loro, e quello che delibereranno li più essi di loro sarà osservato.
Più proposero, perche richiede il buon governo e politica della Nazione di vigilare che siino pontualmente osservate le presenti constituzioni e regole e che niuno ardisca di violarle, come anco riparare ad ogni disordine che potesse nascere, et accioche si viva con buona moralità e che in niun tempo escano scandali dalla nazione, perciò al numero delli congreganti si sciegliëranno sei persone da nominarle una per volta e da restar eletto con la pluralità de voti. Quali persone essendo congregate insieme averanno titolo di Congrega minore, la quale averà autorità di castigare chi non volesse vivere moralmente e chi pretendesse di non voler osservare le constituzioni e regole. E generalmente averà la cognizione di tutto quello possa accadere in ogni tempo per fare che ogn'uno stii nel suo limite, secondo l'autorità concessa nel capitolo 14 delli privileggi, et operare per il buon servitio della Nazione in tutto e per tutto come meglio le parrà, senza obligo di dare decisione, raggione, ne conto di tutto quello averà operato a' niuno della Nazione. E tutto quello sarà dalla detta Congrega minore terminato et ordinato sarà legge inviolabile non pregiudicando le presenti constituzioni stabilite nella Congrega, dichiarandosi che detta Congrega minore resta formata per anni cinque, da principiare il giorno della pubblicazione di questa proposizione, e da terminare nel medemo giorno in fine di detto quinquennio. Proposero parimente che per le liti civili che potessero nascere tra noi nazionali, li quali sono tenuti a' stare alla giudicatura de nostri riti come dalli privileggi, quando la differenza non ecceda la somma di lire ducento sarà giudicata dalli Massari e Rabino pro tempore. E quando la differenza sarà maggiore di lire ducento e sino qual si sia somma intervenirà nella giudicatura la Congrega minore, escludendo li parenti delle parti sino al grado di cugino e come dispongono li riti, salvo che le parti si contentassero che v'intervenissero anch'essi ancorche parenti. Et in tal caso doveranno le dette parti farne dichiarazione in scritto, accioche non nascano difficoltà doppo la giudicatura, quale doverà esser da tutti osservata senza poter far altro ricorso da qualsiasi tribunale. Potranno bensi far ricorso per far osservare quello sarà stato ordinato dalla detta Congrega minore, Massari e Rabino.
Che tutti quelli della Congrega che saranno dimandati e che non veniranno caderanno in pena di lire cinque moneta corrente cadauna volta d'applicarsi la mettà all'Eccellentissima Camera e l'altra mettà alla casetta delli nostri poveri, intendendo però esclusi l'impotenti a' cognizione de Massari pro

tempore. E per quelli che maliziosamente non veniranno per dieci volte di continuo cadano in pena di lire duecento, oltre le lire cinquanta moneta come sopra, per le dieci volte che averanno ammesso e resteranno esclusi dalla Congrega per anni tre.
Proposero parimente di dover sempre tenere uno o più Rabini, un Cantore delle orazioni, un Cancelliere, un Mandatario et uno che acudisca alli macelli per scanare e visitare li animali secondo li nostri riti, come anco per le pollarie, procurando che siino più virtuosi che si potrà. Li quali averanno incombenza d'osservare quello le sarà ordinato dalli Massari pro tempore, specialmente per insegnare et educare li figli piccoli e grandi, con li salarii che le saranno accordati dalla Congrega.
Si doverà nominare a' tenore del begnignissimo privileggio li Censali che doveranno essere approvati con li voti dalla Congrega. Li quali doveranno esercitare con tutta realtà e fedeltà, che in difetto haveranno autorità li Massari di sospenderli dal loro esercitio. Et a tal effetto doveranno prestare il giuramento secondo li nostri riti a' mano del nostro Rabino e Cancelliere, come anche dare sigortà a' piacimento delli Massari di operare rettamente e di soccombere ad ogni pregiudizio che potesse avere la Nazione per loro difetto.

Note: For chronological reasons, the year in question might be 1710. On 27 October 1710 the *Collegi* granted the Jewish community permission to print their own regulations, provided that a copy is presented to them. See Doc. 1254.

1266

Genoa, 5 January–15 April 1711

Source: A.S.G., Archivio Segreto, n. 1391.

As approved by the Protectors of the Jewish community, the Collegi *grant the Sacerdote family exemption from wearing the badge, as requested by Raffaele. The Sacerdote family includes servants as well. The following are granted the exemption: Raffaele Sacerdote, David Sacerdote, Jair Sacerdote, Lazzaro Sacerdote, Joshua Aron Sacerdote, Isac Sacerdote, Sansone Bachi, Moise Vich, Isac Rapa, Tobia Mantovano, Salomone Todesco, Graziadio Levi, Salomone Mondovì.*

1267

Genoa, 5 January–15 April 1711

Source: A.S.G., Archivio Segreto, n. 1391.

The Collegi, *with the approval of the Protectors of the Jewish community, grant the Fonseca Della Costa family exemption from wearing the badge, as requested by Abram, who has been living in Genoa since 1704. This provision applies to Abram, his son Jacob, his son-in-law Gabriele, and his grandchildren or nephews Daniel, David Moris and Samuele Rapa.*

1268

Genoa, 7–20 January 1711

Source: A.S.G., Archivio Segreto, n. 1391.

With the Protectors's approval, the Collegi *grant Moisè Israel Anrichs and Salomon Raffael Sippilli exemption from wearing the badge for 6 months.*

1269

Genoa, 13 January 1711

Source: A.S.G., Archivio Segreto, n. 1391.

The Collegi *grant Samuel Levi Laoseda permission not to wear the badge for one year, provided the Protectors approve.*

1270

Genoa, 14–29 January 1711

Source: A.S.G., Archivio Segreto, n. 1391.

The Collegi, *with the Protectors's approval, grant Lazzaro Grassini permission not to wear the badge.*

Note: See above, Doc. 1219.

1271

Genoa, 19 January 1711

Source: A.S.G., Archivio Segreto, n. 1391.

The Giunta di Giursdizione e la Giunta del Traffico *are informed by the* Collegi *that a note in the* calice *of the Lesser Council expressed regret at the absence of a ghetto.*

1272

Genoa, 21 January 1711

Source: A.S.G., Archivio Segreto, n. 1391.

The Collegi, *with the Protectors' approval, grant Rachamin Cabib permission not to wear the badge for two years.*

1273

Genoa, 10 February 1711

Source: A.S.G., Notaio Silvestro Merello, filza 37.

Salomone Levi, son of the late Desiderio, sells some cloth, stored in the free port, to Francesco Maria Zino. The latter promises to sell Levi silk and gold gloves for men and women. Payment conditions are established.

1274

Genoa, 10 February 1711

Source: A.S.G., Notaio Gaetano Pino, filza 7.

Giacomo Casanova, scribe on board the Nostra Signora del Rosario, *states that he has received from Salomone Sacerdote 64 8-real pieces, as demurrage in Messina for the ship chartered by Giovanni De Molin and insured by Salomone Sacerdote.*

Note: The same notary file includes a number of deeds involving Salomone Sacerdote, ship underwriter, and demurrage in regard to the following: Porto Longone, Porto Ercole, Porto Ferraio, Piombino, Messina, Milazzo.

1275

Genoa, 11 February 1711

Source: A.S.G., Notaio Gaetano Pino, filza 7.

Giacomo Rossi states that he has received 435 pounds from Finale Sacerdote, on behalf of Giovanni Maria Bisso, jailed at Malapaga, as requested by Jacob Levi, who will be paid the sum in 15 days. On 9 March Jacob Levi states that the debt has been settled.

1276

Genoa, 13 April–13 May 1711

Source: A.S.G., Archivio Segreto, n. 1391.

The Collegi, *as approved by the Protectors, grant Judah Crispino permission to stay in town for one year without wearing the badge.*

1277

Genoa, 17 April 1711

Source: A.S.G., Archivio Segreto, n. 1391.

Ricordo *by the Lesser Council, read to the* Collegi *and forwarded to the* Giunta di Giurisdizione e alla Giunta del Traffico *in order for the case for the Jews to be completed.*

1278

Genoa, 5 May 1711

Source: A.S.G., Notaio Giovanni Battista Boccardo, filza 30.

Lorenzo Reale states that he has received from Abram and Salomon Racah a case containing 13 Neapolitan silk pieces to be sold to the Racahs' advantage at the best possible price during a future voyage from Genoa to Lisbon. Should the silk not be completely sold, Lorenzo Reale shall give whatever is unsold to Domingo Costa Miranda, in Lisboa, who shall pay expenses and commission to Lorenzo Reale.
On 27 June 1712 Salomone Racah, Abram's attorney, is given full payment for the goods received by Lorenzo Reale.

1279

Genoa, 8 May 1711

Source: A.S.G., Notaio Giovanni Battista Boccardo, filza 30.

A document regarding a transaction between Pietro Rubat from Turin and Geronimo Germano, records payment to Sabbati, son of Samuel Levi, from Leghorn of 164.18.3 8-real pieces.

1280

Genoa, 28 May 1711

Source: A.S.G., Notaio Gaetano Pino, filza 7.

Guglielmo Ponte, from Provence, states that he has received from the Sacerdote brothers, sons of the late Joseph Azariel, 184 pounds in French currency, including bottomry, for any risks incurred by his pinco *on the voyage from Genoa to Marseilles.*

1281

Genoa, 29 May 1711

Source: A.S.G., Notaio Gaetano Pino, filza 7.

Upon his son's request, Abram Luzena states that David Luzena, son of the late Jacob, has been living in Genoa for many years.

1282

Genoa, 18 June 1711

Source: A.S.G., Notaio Federico Cella, filza 4.

Antonio De Bernardis, owing Salomone Sacerdote, son of the late Joseph Azariel, 2,000 pounds, transfers a credit for the same amount to him.

1283

Genoa, 22 June 1711

Source: A.S.G., Notaio Giovanni Battista Boccardo, filza 30.

Francesco Pagano, patrono *from Lerici, states that he has received from Gabriel Fonseca Della Costa, son of the late Emanuel, 200 pounds, to be invested in a felucca to be built on the beach at Lerici. A number of payments are later recorded. On 29 November 1713 Gabriel states that Abram Valerii is owed money by Francesco Pagano.*

1284

Genoa, 26 June 1711

Source: A.S.G., Notaio Federico Cella, filza

Caterina Della Torre, widow of Pietro Giovanni, attorney for her son, Reverend Bernardo, asks the Pretore Urbano *to make an inventory of all the items in her house, let to Samuel Luzena. He owes 60 pounds in rent. On 15 July 1711 the inventory is removed for safekeeping. The items are given to Alessandro Della Costa, son of the late Emanuele.*

1285

Genoa, 6–10 July 1711

Source: A.S.G., Archivio Segreto, n. 1391.

The Collegi, *having read the report by the* Giunta di Giurisdizione e dalla Giunta del Traffico, *decide that the Jewish community will be contained in the ghetto by the end of August. The ghetto is in the Molo area, in the vicinity of the salt warehouses. Moving operations shall be supervised by Gio. Antonio Giustiniani. He is required to order the* Massari *to produce to the Senate a list of all the Jewish families within the set date. In the meantime, the Jews must agree upon the distribution of accomodation and reconstruction expenses. The* Giunte *deem it* assai difficile che nel termine da prescriversi, possa condursi il tutto alla sua piena esecuzione.

Note: See below, Doc. 1294.

1286

Genoa, 15 July 1711

Source: A.S.G., Archivio Segreto, n. 1391.

The Protectors of the Jewish community grant Samuel Rapa, Isach Pansier and Aron Della Tomba permission to trade in Savona and the Western part of the coast without wearing the badge. Samuel Rapa is granted exemption since he is a relative of Abram Fonseca Della Costa, who has already been exempted by the Collegi.

1287

Genoa, 22–29 July 1711

Source: A.S.G., Archivio Segreto, n. 1391.

The Protectors of the Jewish community order the arrest of persons who had beaten some Jews. They are later released on bail, but requested to comply with conditions and obligations.

1288

Genoa, 22 July–6 August 1711

Source: A.S.G., Archivio Segreto, n. 1391.

The Collegi, *with the approval of the Protectors of the Jewish community, grant Samuel Fernando Diaz and Angelo Del Mare exemption from wearing the badge.*

1289

Genoa, 23 July 1711

Source: A.S.G., Notaio Silvestro Merello, filza 37.

Ambrosio Gallo undertakes not to harass, personally or through third parties, Samuel Luzena, son of the late Izach, who owes him money. On 14 March 1712 Gaetano Pino, notary, draws up a deed on the same matter, which will be later renewed until 21 March 1713.

1290

Genoa, 30 July 1711

Source: A.S.G., Notaio Gaetano Pino, filza 8.

Antonio De Bernardi, agent of the patrono *Giuseppe Casanova, states that he has received from Salomone Sacerdote 2,000 silver* scudi, *for the charter of a boat seized by the enemy and chartered by the Marquis of Monteleone, Isidoro Casaro, Envoy of the King of Spain.*

Note: See below, Doc. 1293.

1291

Genoa, 31 July 1711

Source: A.S.G., Notaio Gaetano Pino, filza 8.

Battista Cambiaso states that he owes the Levi-Gallico-Blanis company, from Florence, 328 pounds. This debt was undertaken with others as per the bill of exchange.

1292

Genoa, 3 August 1711

Source: A.S.G., Archivio Segreto, n. 1391.

The Protectors of the Jewish community order the arrest of Agostino Riccio, who insulted some Jews. Riccio is then released on bail, subject to obligations and conditions. Giovanni Battista Ghiglione, his main debtor, guarantees for him.

1293

Genoa, 7 August 1711

Source: A.S.G., Notaio Gaetano Pino, filza 8.

Antonio De Bernardi, agent of Benedettina, daughter of the late Gaspare Ravera and wife as well as attorney of Giuseppe Rezza, states that he has received 2,000 silver scudi *from Salomone Sacerdote, son of the late Giuseppe*

[Azariel], for the boat serving the galleys of the Duke of Tursi and seized by the enemy. A settlement is provided.

Note: See above, Doc. 1290.

1294

Genoa, 11-31 August 1711

Source: A.S.G., Archivio Segreto, n. 1391.

The Jewish community petitions the Collegi *to have the ghetto built in Piazza dell'Olmo, rather than in the Molo area. The petition, with the reasons behind it included, is referred by the* Collegi alla Giunta del Traffico e alla Giunta di Giurisdizione *for examination. Giacomo De Franchi, Nicolò Cattaneo and Giacomo Maria Franzone object.*

1. *Petition to the* Collegi *by the Jewish community*:

Serenissimi Signori,
La Natione ebrea humilmente rappresenta a' Vostre Signorie Serenissimi si come con l'occasione che si congregò la detta natione per ubbidire e per dar compimento all'ordine che da Vostre Signorie Serenissimi gli fu intimato dall'Illustrissimi et Eccellentissimi Deputati della medema natione, aggiuntovi per direttore l'Illustrissimo Signor Gio. Antonio Giustiniano, considerando fra essa quello che conveniva fare per la pronta essecutione di formare il ghetto e esaminando bene la sittuatione del detto ghetto, incontrorono molti difficoltà nel sito del Molo, che qui in gionti si descrivono, stimando meglio, si per convenienza del Publico che per la sua medema, come anche per potter prontamente dar luogo anche alle famiglie che si aspettano (che ne sarebbero parte gia qui gionte, se non fosse l'impedimento de' corsari), d'applicare più tosto al sito della Piazza del Olmo per i riflessi che Vostre Signorie Serenissimi si degneranno vedere ingionti a' questi humilissimi preci. In oltre l'esser quel sito più pronto da pottersi ponere in clavatura, che per ciò ossequiosamente supplica a' Vostre Signorie Serenissimi d'ordinare al detto Illustrissimo Signor Gio. Antonio Giustiniano acciò che riconosca il detto sito per li mottivi li quali la detta natione lo richiede, e quando sia conosciuto esser detti riflessi sostanziali, indilatamente senza perdimento di tempo, si preffettera il

ghetto, a' tenore de' sovrani commandi de Vostre Signorie Serenissimi, che tanto sperando dalla loro innata clemenza, le fa' profondissima riverenza.....

2) Mottivi per li quali la Natione ebrea desidera più tosto la Piazza del Olmo per il sito del loro ghetto che quello del Molo:

Primo. Non essendovi numero sufficciente d'occupare il sito dissegnato al Molo non si può formare un ghetto serrato solo doppo la venuta de molte altre famiglie, quello che si può far prontamente al Olmo.
2. Anche che vi fosse numero bastante per occupare tutte le case vi resta dentro li magazzini da grano dell'Illustrissima famiglia Lomelina e' buona parte de magazzini dell'Illustrissimo Signor Gio. Batta Centurione e altri. Li quali non si può per niun modo darli l'ingresso fuori del ghetto, si che vi restano sempre nel ghetto cristiani mischie con la Natione, e tanto più per essere camali e gente vile dalli quali la Natione non ne' può ricevere che mali diportamenti.
3. La quale spesa che ci vuole per muragliare et serare li siti per formare il ghetto et altre spese che convien fare accioche tutte le case habbiano le porte dentro del ghetto, et il poco numero della natione che di presente si ritrova non può soggiogarsi a' tanta spesa. Ancorche, quando parerebbe di giusto che li patroni delle case, assicurati delle loro piggioni perpetue, doverebbero lor fare la spesa, e al sito del Olmo non fa' bisogno d'altra spesa che di rastelare da due parti, quali è pronta la Natione di fare.
4. Nel sito del Olmo non vi è niuna finestra sospeta da doversi chiudere, e in quello del Molo vi ne sono molti che chiudendoli restano le case ingodibile.
5. Non desiderando la Natione altro che non portare scandalo e di tenersi lontana dalle Chiese e' luoghi sacri per che non gli siano inventati da maligni ingiuste querele, quel che molto temono di incontrare al sito del Molo, che la porta principale del ghetto viene ad incontrarsi in faccia della Chiesa di S. Marco, dove al Olmo si è fuori di questo pericolo e esser discosto da Chiese, da luoghi sacri e da palazzi de signori che non può render a' niuno ancorche minimo soggetto.
6. Ne' giorni solleni che pasino le processioni, come che gli sarà vietato di pasare nella solita strada per causa del ghetto, temme molto la Natione di qualche insulto del popolo. Per questa causa havendo di già sobbodorato molte minaccie sopra questo e abenche la giustitia del Trono Serenissimo può provedere, nondimeno un impito insulto non si può riparare, e molto spiacerebbe alla Natione che per causa loro s'impegnasse il Trono

Serenissimo contro il suo popolo con rigorosi castighi, accioche non ne scaturisce maggior disordine.
7. Come che al Molo la maggior parte de gl'abbitanti sono marinari, fanno grande renitenza a' partirsi da quel quartiere, aducendo esser di necessità d'ivi dimorare per essere pronti a' soccorere li bastimenti in occasione di pericolo e concepiscono odio contro la Natione, quello che non è al Olmo che non vi da sloggiare solo che tre famiglie circa.
8. Il sito dissegnato al Molo resta dominato da molti finestri e' terazze di fuori del ghetto dalli quali le pono usare molti strapazzi, come pure provono continuamente di presente, e al Olmo resta disagregato da ogn'altra casa e libero d'ogni soggetto. Molti altri riflessioni vi sarebbero che si tralasciano per diminuire il tedio a Vostre Signorie Serenissimi, che però per riparare a' tutti gl'incontri che pottessero avvenire la Natione si contenta di dimorare più tosto al Olmo più rinchiusi e in case meno comode che di stare al Molo, dove pottrebbero accomodarsi meglio per schivare quanto possono ogn'accidente.

Note: Camali [porters]. See above, Doc. 1285.

1295

Genoa, 17 August 1711–7 September 1714

Source: A.S.G., Archivio Segreto, n. 1390a.

*A copy of rules in the Jewish community's statute covering a number of years and including the votes suggested by the*Massari. *They refer to the voting system, the* Congrega *meeting, the* Massari *election and competence, acts of mercy, payment collection, the recording of rules, teaching, the selection of two persons from the congregation for* Hatan Torah e Hatan Bereshit, *the penalty for the disrespectful, the prohibition to appear in court or before the Protectors on behalf of the Jewish community, or any member thereof and the* Massari'*s supervision of the behaviour of people.*

a 17 agosto 1711:
Parte passata circa il modo di restar le proposizioni che in avenire si faranno nella Congrega:
Proposero che tutte constituzioni che si farà in ogni tempo, si per stabilire le presenti constituzioni, che per ogni altra causa, un voto di più del si farà restar la parte, e parimente un voto di più nel nò, resta nulla la

proposizione. E venendo il caso che li voti fossero pari si possa ripassare la stessa proposizione sotto voti per tre volte. Come anche quelle proposizioni che non restassero si possino similmente farle ripassare sotto voti per tre volte, ma non di più, dovendo ogni uno ponere la sua balla nella ballottiera secretamente.
Ballottata la parte è restata con voti otto si e tre nò.

Parte passata circa l'unirsi in avvenire la Congrega:
Più proposero che non si possa unire la Congrega per formare constituzione, ne altra proposizione, quando non vi sia almeno tre quarti delli congregati abilitati. E tutto quello che potessero operare in ogni tempo in minor numero delli tre quarti si dichiara sin d'ora nulla e di niun valore, salvo però in caso di impotenza o absenza dalla città lontana almeno dodeci miglia, che in tal caso quello che faranno si stabiliranno li tre quarti di quelli che si troveranno in città sarà fermo e stabilito, quando sarà la parte proposta ballottata e restata alla forma qui sopra scritta.
Ballottata la parte è restata con voti nove si e due nò.

Parte passata per l'elezione de Massari:
Più proposero che ogni anno delli quindici del mese di Ilul e per tutto li venticinque del medesimo dovessero li Signori Massari che saranno in governo proponere altri due Massari, che siano però della Congrega, per un altro anno che serviranno sei mesi sudetto, li quali haveranno la facoltà di far chiamare alla lettura del Sefer Torà e dispenzare le orazioni delli giorni Noraim e la sonatura del Zofar a chi meglio le parerà.
Ballottata la parte è restata con voti otto si e tre nò.

Come debbano essercitar la loro carrica li Massari:
Più proposero che li Massari che saranno eletti esserciteranno la loro carrica nella forma seguente, cioè il primo che sarà stato nominato et eletto essercitera dal primo del mese di Tisri fino al mese Nissan, et il secondo dal primo del mese Nissan a' tutto Ilul fine di quell'anno.
Ballottata la parte è restata con voti otto si e tre nò.

a 20 agosto 1711:
Li Massari devono haver cura di pagare il piggione della scuola e servienti ed ogni altro che occorresse:
Più proposero che li Signori Massari che risciederanno in ogni tempo averanno la cura di provedere per il pagamento della piggione della scuola e di tutto quello che farà bisogno per la medema et al pagamento delli

servienti secondo le paghe che li saranno accordati, come anche somministrassero l'elemosina a' nostri poveri che saranno di passaggio, a' quali se li darà l'alloggio per un giorno e non di più. E quando si incontrasse in tempi cattivi o' qualche altro accidente si regoleranno li Signori Massari secondo la loro prudenza con poter dare ad ogni povero il vitto di tre pasti in raggione di soldi sei e denari otto per cadaun pasto, e nel partire soldi vinti per buon andata. Et essendo detto povero Rabino o' persona di distinzione, li Signori Massari li potranno dare come meglio parerà. Et alli poveri che sono qui di residenza potranno darle qualche soccorso provisionale, ma non fissarle elemosina cotidiana senza il consenso della Congrega. E per la spesa dell'oglio, cera, et altre cose fanno di bisogno tutto resta rimesso al loro giudizio.
Ballottata la parte è restata con voti undeci si et uno no.

Li Massari devono haver cura di essigere tutto quello sara da essigere sotto qualsisia titolo:
Più proposero che Massari che saranno pro tempore sarà a loro la cura di essigere tutte le missvot e nedavot e tutto quello vi sarà da esiggere sotto qualsisia titolo, con tenere conto esatto dell'entrata et uscita per aggiustare li conti con li Massari loro successori.
Ballottata la parte è restata con tutti li voti dodeci si.

a 8 settembre 1711:
Come devono registrarsi le constituzioni fatte e da farsi in avenire:
Proposero che tutte le constituzioni fatte e da farsi devono essere registrate sopra un libro che a' tale effetto si formerà, e saranno scritte dal nostro Cancelliere da nominarsi in scrittura italiana accioche sia intelligibile a' tutti e che niuno possa pretendere ignoranza. Et in caso che si dovessero essibire le dette constituzioni in qualsisia tribunale dal nostro Cancelliere saranno tradotte le parole che saranno in lingua ebrea in lingua volgare.
Ballottata la parte è restata con tutti li voti si.

Parte passata per tenere il Rabino ed altri capaci per l'orazione ed insegnare a' figlioli:
Più proposero di dover sempre tenere un Rabino et un Sohet et Bodechi et Hazan più virtuosi che si potra e capace di celebrare le orazioni, il quale o' quali averanno l'incombenza che li saranno appoggiate dalli Signori Massari pro tempore, e specialmente per insegnare alli figlioli piccoli e grandi, e come meglio stimerà il H.H. con li salari che si convenirà.
Ballottata la parte è restata con tutti li voti si.

a 4 ottobre 1712:
Parte passata per imbussolare tutti li congreganti ed estraerne due alla sorte, il primo de quali debba sovenir per Hatan Torà et il secondo per Hatan Beresit:
Proposero d'imbussolare tutti li congreganti da estraersene due alla sorte li quali dovranno servire, il primo che sarà estratto per Hatan Torà, et il secondo estratto per Hatan Beressit, escludendo dal detto bussolo quelli due che hanno servito l'anno scorso potendo pero imbussolarli quando loro lo richiedessero e seguitare ogni anno la detta regola.
Ballottata la parte è restata con voti sei si e cinque nò.

a 3 novembre 1712:
Autorità delli Massari pro tempore in castigare quelli che con poco rispetto ardisser aver contrasto in scuola:
Più proposero che seguendo qualche contrasto nella scuola, si di fatti come di parole, averanno autorità li Signori Massari pro tempore di scacciare dalla scuola o' da quella tenere interdette quelle persone che saranno intervenuti in detta questione, sinche abbino dato quelle sodisfazioni che li sarà ordinato da Signori Massari. E per le liti civili si doverà osservare il capitolo 8° de Privileggi.
Ballottatta la parte è restata con tutti li voti nove si.

Proibizione à qualsisia persona della Nazione di comparire à nome del H.H. avanti qualsisia tribunale o' Eccellentissimi Protettori:
Più proposero che non sia lecito a' qualsisia persona di comparire avanti gli Eccellentissimi Protettori o' avanti qualsisia Tribunale a' nome del H.H., dovendo tutto passare per mezzo delli Massari o' di chi sarà all'occasione deputato dalla Congrega. E chi contrafara et averà ardire di fare simile comparsa senza mandato della Congrega caderà nella pena di lire cinquanta cadauna volta, da distribuirsi la mettà all'Eccellentissima Camera, e l'altra mettà alla cassetta dell'elemosina de nostri poveri. E se il contrafaciente sarà uno di quelli della Congrega, oltre la pena sudetta delle lire cinquanta, sarà anche scacciato dalla detta Congrega per anni cinque, senza poter venire in detto tempo a' dare il suo voto, ne a' poter dare la sua palla per niun altro.
Ballottata la parte è restata con tutti li voti nove si.

a 7 settembre 1714:
Sopra intendenza che devono havere li Massari sopra qualsisia della Nazione accio si viva con buona moralità:

Più doveranno li Massari vigilare sopra le persone nostre nazionali, tanto abitanti in questa città che forastieri, se vivono con buona moralità, e conoscendo qualche persona scandalosa e malvivente potranno senza autorità dell'H.H. raccorre da chi si deve per farle dare l'esilio.

1296

Genoa, 19 August 1711

Source: A.S.G., Notaio Gaetano Pino, filza 8.

Payment of debts for a voyage by the pinco *S. Giovanni Battista between Gaetano Tasso, Giovanni Maria Paranca and Jacob Levi.*

Note: See above, Doc. 1259.

1297

Genoa, 25 August 1711

Source: A.S.G., Notaio Gaetano Pino, filza 8.

Copy of an apodisia onerationis *regarding a load of grain from Naples of Romania to be delivered to Salomon Raffael Seppilli in Genoa.*

1298

Genoa, 14 September 1711

Source: A.S.G., Notaio Gaetano Pino, filza 8.

Salomon Sacerdote pays 800 8-real pieces, for the pinco Nostra Signora di Loreto, *seized by the enemy while serving the galleys of the Duke of Tursi.*

1299

Genoa, 22 October 1711

Source: A.S.G., Notaio Gaetano Pino, filza 8.

Payment of rent to Giovanni Battista Centurione by David Luzena, Samuel Luzena and Salomon Tedeschi.

1300

Genoa, 30 October 1711

Source: A.S.G., Notaio Gaetano Pino, filza 8.

Jacob Levi, son of the late Salvatore, appoints his nephew Salomone Levi, son of the late Desiderio, his attorney, to sell, transfer or exchange the investments that Jacob Levi has on his casa della città di Parigi. *Furthermore Levi gives Salomon authority to convert his simple contracts with Raffaele Cori Treves, son of the late Graziadio, from Casale, into deeds under seal. On 4 November Jacob Levi extends Salomon's powers and appoints Salvatore Jarach, son of the late Enoch, from Casale, his attorney. On 9 November he revokes these powers.*

Note: The *casa della città di Parigi or hotel della ville di Parigi* is a French forced loan, whose yield in the eighteenth century was the most important item of public debt. Felloni, *Investimenti finanziari genovesi*, pp. 235–237. See below, Docs. 1301, 1302.

Bibliography: On Salvatore Jarach, see Segre, *Piedmont*, p. 2134.

1301

Genoa, 30 October 1711

Source: A.S.G., Notaio Gaetano Pino, filza 8.

Jacob Levi, owing Raffaele Cori Treves, son of the late Graziadio, from Casale, some capital items on the hotel della ville di Parigi *sold to him, decides to mortgage the two houses he owns in Nizza to Raffaele. Levi*

appoints Cori Treves his attorney for the houses, but on 22 November he revokes both the appointment and the mortgage.
In a later deed, dated 1 June 1712, Jacob Levi appoints Salvatore Levi, son of the late Giuseppe from Nizza, his attorney for a house with garden situated in Nizza in the vicinity of his property.

Note, See Docs. 1300, 1302.

1302

Genoa, 20 November 1711

Source: A.S.G., Notaio Gaetano Pino, filza 8.

Jacob Levi ratifies to his nephews Salvatore, Abram, Leone and Salomon, sons of the Giuseppe Levi, a permanent lease and sale of the houses he owns in Nizza, for the improvement and expenses they incurred for the houses. A condition of the agreement is that Raffaele Cori Treves, whom Jacob Levi appointed his attorney, is given his due. The agreement is subject to the approval of His Royal Highness of Savoy. As the appointment to Cori Treves was revoked, a renewal was agreed to by Levi and his nephew.

Note: See above, Docs. 1300, 1301.

1303

Genoa, 23 November 1711

Source: Notaio Gaetano Pino, filza 8.

Gaetano Tasso owes Jacob Levi 800 pounds, 720 of which account for 8 carati *due to Levi on the* pinco S. Giovanni Battista *and given to Tasso. Tasso undertakes to pay the remaining sum by the end of February, but on 14 July 1712 the* Uditori della Rota Civile *allow Levi an attachment for 800 pounds.*

1304

Genoa, 24 November 1711

Source: A.S.G., Notaio Gaetano Pino, filza 8.

Emanuele Bachi, son of the late Donato, a Jew from Turin living in Genoa, appoints his wife Serena Bachi, daughter of the late Jona de Jona from Casale, his attorney to sell, transfer and exchange to anybody and for any price the jus casachà (hazakah) *Emanuele has on the houses and shops of Count Cumiana in Turin, in the* contrada *near the ghetto.*

Bibliography: On Jona de Jona, see Segre, *Piedmont*, p. 2137.

1305

Genoa, ca. 1711

Source: A.S.G., Archivio Segreto, n. 1391.

A list of families living in the Molo and other areas: Abram Raccà, Pellegrino Rappa, Salomone Gubbia, Jacob Del Mare, Angelo Del Mare, David Luzena, Emanuele Finzi, Giuseppe Tomba, Sacerdote brothers, Jacob Levi, Abram Fonseca, Salomone Levi, Abram Sarfatti, Samuel Pansier, Racamin Cabib, Emanuele Scarlino, Samuel Luzena, Ercole Servi, Emanuele Bachi.

Note: This could be the list of families requested by the *Collegi* on 6 July 1711, as per Doc. 1285.

1306

Genoa, 17 January 1712

Source: A.S.G., Archivio Segreto, n. 476, Salutationum et Cerimoniarum.

The Collegi *ask the* Giunta di Giurisdizione *how the* magister cerimoniarum *should deal with Mosè Barzilai, Ambassador of the King of Morocco, who requested to see the Doge. The ambassador negotiates the exchange of a number of Genoese prisoners in Morocco for three marble pillars and one marble basin for a fountain.*

Bibliography: Brizzolari, *Gli ebrei*, pp. 180–181.

1307

Genoa, 19 January 1712

Source: A.S.G., Notaio Gaetano Pino, filza 9.

The patrono *Agostino Barbetta, from Lerici, states that 2 Venetian mirrors with mirror inlaid frames delivered to Genoa belong to Emanuele Scarlino, son of the late Benedetto.*

1308

Genoa, 3 February 1712

Source: A.S.G., Notaio Gaetano Pino, filza 9.

Statements requested by Emanuele Scarlino, son of the late Benedetto, and Aron Della Tomba, son of Joseph. Four years previously they had leased a felucca, whose patrono *was Agostino Barbetta, sailing for Marseilles with a load of coffee,* rossetto di Spagna, *chocolate, coral and mirrors. The cargo was to be delivered in Marseilles to David's widow and children, but during the voyage Nice-Antibes-St.Tropez the vessel was intercepted by a Spanish vessel flying the French flag, which seized all the goods and money belonging to the Jews. It was discovered later that in Marseilles the day before many ships had arrived from the East with cargoes of coffee.*

1309

Genoa, 17 March 1712

Source: A.S.G., Notaio di Genova Giovanni Battista Passano, filza 244.

The will of Abraam Sarfatti (Zarfat[t]i Sarfat[t]i). A sum is left for candles to be lit at the synagogue on Saturdays. The heirs are his sons Jechiel, husband of Allegrezza Pansier and Jechial, a convert. His daughter-in-law is given 500 pieces as dowry, since her husband owed her dowry. His clothes, his bed and a sum of money are left to his cousin Salomone Sarfatti, who looked after him. Among the debtors who need to be paid, the heirs of the late Mattatia Sarfatti from Venice are mentioned. Witnesses to the will are also some Jews: Pellegrino Rapa, Anselmo and Giuseppe Della Tomba, sons of Elia.

Nel nome di Nostro Signor Iddio sia. Non essendo in questo mondo cosa più certa della morte, nè più incerta dell'hora di quella, ciò considerando Abraam Zarfatti quondam Matatia ebreo, sano di mente, senso, loquella, vista, udito et intelletto, et in sua buona, sana e perfetta memoria essistendo, ancorché sii a letto gravato da malattia corporea, desiderando perciò far testamento per non morire ab intestato, per questo suo dunque noncupativo testamento che senza scritti o altra solennità si dice, ha disposto di sè e dei suoi beni in tutto come in appresso.

Primieramente ordina che subito seguita la sua morte siino prontamente pagate a direttori, o sia a quelli che hanno cura della Sinagoga ebrea, pezzi dodeci da otto reali per doversi quelli impiegare sino alla totale estinzione della compra di sei candele, da accendersi ogni sabato dinanzi la detta Sinagoga, secondo il solito che soleva praticarsi in sua vita.

Item lascia che subito seguita la sua morte siino consegnati a Salomone Zarfatti, suo cugino, tutti i vestiti di dosso di detto testatore, e di più il letto con tutti li suoi agreghi dove presentemente giace malato esso testatore, e di più che le siino pagate conforme lascia a detto Salomone lire cinquanta moneta corrente, e ciò in controsegno della buona servitù ha fatto ad esso testatore nella presente sua malattia e che spera debba farle per l'avenire.

Dichiara restar debitore del signor Finale Sacerdote e suoi fratelli di lire ducenti cinquanta.

Item dichiara esser venuta in sua casa la signora Allegrezza, figlia del quondam Raffaele Painsier, sua nuora, et in tempo si collocò in matrimonio con suo figlio Jachiel portò in sua casa pezzi cinquecento da otto reali, de

quali detto suo figlio se ne è fatto debitore per instrumento ebraico, e di più s'obbligò darle la contradote, secondo il stile ebraico, et in tutto come da detta scrittura. Perciò detto testatore si constituisce a favore di detta sua nuora debitore di detti pezzi 500 e di detta contradote, e vuole che sii pagata de denari d'esso testatore.
In oltre dichiara esser debitore delli heredi del quondam Mattatia Zarfatti di Venezia di lire quattrocentonovanta, quali denari vuole siano depositati in mano di Salomon Sacerdote per dover le medeme far pervenire a mani di detti heredi come meglio stimerà, con riportarne da essi la devuta quittanza. Item dichiara esser debitore del signor Pietro Francesco Miccone, droghiere, di lire 1030.
Item d'esser debitore del signor Giovanni Noli, droghiere, di lire sessanta. Item dichiara esser debitore di Tommaso Dodero di lire cinquanta, qualli debiti vuole siino pagati dai suoi heredi de denari della sua heredità.
Dichiara fra gli altri d'haver un figlio di nome Jachiel, buon ebreo. Del restante poi di tutti i suoi beni mobili e immobili, raggioni, azioni, nomi de debitori et ogn'altra cosa, che al detto testatore spetti et in l'avvenire spettar le possa, ha instituito e instituisce suoi heredi universali e di sua propria bocca ha nominato e nomina Jechiel Zarfati, ebreo, e Jechial Giuseppe, fatto cristiano, suoi figli legitimi e naturali, soli e per il tutto, ognuno di loro per sua metà et ugual porzione. Per me Gio. Batta Passano notaro.
Fatto in Genova, nella camera cubiculare della casa di solita habitatione del detto Abramo Zarfatti testatore, posta nella vicinanza della Malapaga, l'anno dalla Nascita di Nostro Signore 1712, diecisette del mese di marzo, correndo l'indizione quarta all'uso di Genova, giorno di giovedì...

Note: See below, Docs. 1374, 1397.

1310

Genoa, 7 April 1712

Source: A.S.G., Notaio Federico Cella, filza 5.

At the request of Giovanni Valvassori from Lugo, Isac Manasse Pinto, son of the late Angelo, states that in September 1708 he witnessed Raffael Vita Baoab stand surety for the Valvassori brothers in connection with a lot of sugar and pepper. They were insured with a policy by Ciattoni and partners in Venice. The deed records Menachem Ginesi from Lugo.

1311

Genoa, 15 April 1712

Source: A.S.G., Notaio Gaetano Pino, filza 9.

Giovanni Antonio Quadro owes Raffaele Sacerdoti and his brothers, represented by Antonio De Bernardi, 200 pounds and undertakes to pay it back within 8 days. Should he fail to do so, Quadro will be subject to an interest rate not exceeding 5%.

1312

Genoa, 4 May 1712

Source: A.S.G., Archivio Segreto, n. 1187, Jurisdictionalium.

Note in the calice *against the Jews living with Christians instead of being secluded in the ghetto.*

1313

Genoa, 19 May 1712

Source: A.S.G., Notaio Gaetano Pino, filza 9.

Agreement between Sabato, son of Samuele Levi from Leghorn, represented by Salomone Sacerdote, son of the late Joseph Azariel, and his insurers in regard to a cargo carried by the vessel Il mercante di Venezia *from Leghorn to Alessandretta and back. The vessel was looted by the ship of a French captain.*

1314

Genoa, 23 May 1712

Source: A.S.G., Notaio Silvestro Merello, filza 38.

Salomon Del Mare, son of the late Jacob, undertakes to give Ambrosio Gallo 40 dozen pairs of leather gloves for 280 pounds.

1315

Genoa, 25 May 1712

Source: A.S.G., Notaio Gaetano Pino, filza 9.

Alessandro Gio. Antonio Della Costa, son of the late Emanuele, states that he has received from the Sacerdote brothers 32,000 pounds. Later he sells the Sacerdote brothers 35 cases of white sugar and 58 rolls of tobacco from Brazil.

1316

Genoa, 6 June 1712

Source: A.S.G., Notaio Gaetano Pino, filza 9.

Giovanni Berensone states that he owes Salomone and Abramo Raccà, sons of the late Massol, 52.8.13 pounds, for 3 bales of spun cotton.

1317

Genoa, 9 June 1712

Source: A.S.G., Notaio Gaetano Pino, filza 9.

The Marquis Filiberto of Luzerna, son of the late Count Ruggero Rorengo, states that he owes the Sacerdote brothers 400 gold Louis

Note: See below, Doc. 1420.

1318

Genoa, 21 June 1712

Source: A.S.G., Notaio Gaetano Pino, filza 9.

Abram Mendes Osuna, son of the late Mosè, and Emanuele Mendoza, son of the late Emanuele, witnessed by Aron Del Mare, son of Jacob, and Salomon

Gubbia, son of the late Lazzaro, in their capacity as partners in the company of Gabriel de Vittoria and Mendoza, appoint Jacob Levi, son of the late Salvatore, their attorney with reference to the goods Jacob will receive from their office in Tunis, managed by Giuseppe Mendes Osuna.

1319

Genoa, 18 July 1712

Source: A.S.G., Notaio Gaetano Pino, filza 10.

Pompeo Lorenzo Miti from Bologna states that he owes the Sacerdote brothers 117 filippi. *He received the sum from Salomone Sacerdote who ordered him to deliver it to Gio. Angelo Bellone in Bologna.*

1320

Genoa, 20 July 1712

Source: A.S.G., Notaio Gaetano Pino, filza 10.

Alberto Palazzo and Carlo Gazzo receive from Jacob Levi, son of the late Salvatore, gloves and sweets, to be carried at his own risk and expense on board a ship travelling from Genoa to Spain and Lisbon.

1321

enoa, 30 July 1712

Source: A.S.G., Notaio Gaetano Pino, filza 10.

Payment by bill of exchange between Simone Pansier and the Reverend Arcangelo Matia.

1322

Genoa, 5 August 1712

Source: A.S.G., Notaio Gaetano Pino, filza 10.

Finale Sacerdote, son of the late Joseph Azariel, appoints Constat from Marseilles and his son his attorneys for the sale of the share in a ship owned by the Sacerdote brothers.

1323

Genoa, 25 August 1712

Source: A.S.G., Notaio Gaetano Pino, filza 10.

Domenico Rampa from Novi, living in Genoa, received from Finale Sacerdote, son of the late Joseph Azariel, 500 pounds as bottomry on freight and goods on board a ship travelling from Genoa to Spain and Lisbon and back.

1324

Genoa, 1 September 1712

Source: A.S.G., Notaio Gaetano Pino, filza 10.

Jacob Levi, son of the late Salvatore, appoints his nephews Salvatore, Abram, and Leone, sons of the late Giuseppe Levi, from Nizza, his attorneys for the sale of one of his houses. In a later document dated 23 November Jacob Levi ratifies the sale of the house by his nephews.

1325

Genoa, 12 September 1712

Source: A.S.G., Notaio Gaetano Pino, filza 10.

Andrea Cevasco lets a warehouse located near the Malapaga walls to Abram Sarfatti, son of the late Mattatia.

1326

Genoa, 12 October 1712

Source: A.S.G., Notaio Gaetano Pino, filza

Salomone Gubbia, son of the late Lazzaro, owes 353.18.8 pounds to the Sacerdote brothers. On 3 November 1716 the Uditori della Rota Civile *grant Salomone Sacerdote attachment and imprisonment for Salomon Gubbia, who failed to pay back his debt. On 11 November 1716 Gubbia settles with Sacerdote.*

1327

Genoa, 7 November 1712

Source: A.S.G., Archivio Segreto, n. 1391.

Copy of the Congregags *vote obliging all Jews in Genoa and foreigners residing in Genoa for over 20 days to pay 40* soldi *a month for school and assistance requirements.*

Note: Year and month are reported according to the Jewish style.

1328

Genoa, 7 November 1712–30 April 1725

Source: A.S.G., Archivio Segreto, n. 1391.

Copy of judgements issued by the Congrega *in actions between Jews.*

1329

Genoa, 15 November 1712

Source: A.S.G., Notaio Gaetano Pino, filza 10.

Bartolomeo Oliva undertakes to purchase from Abram Luzena, son of Jacob, approximately 1,500 pounds of coral, which Abram shall have delivered from Leghorn within two months, for 6.10 pounds per pound. Freightage and 1% commission to the broker in Leghorn shall be at Oliva's expense.
On 26 November 1712 the parties agree to cancel the agreement.

1330

Genoa, 5 December 1712

Source: Notaio Gaetano Pino, filza 10.

Salomone Sacerdote replaces his attorney in Madrid with Francesco Mattienza.

1331

Genoa, 5 January 1713

Source: A.S.G., Notaio Gio. Francesco Solari, filza 50.

Upon Moisè Levi Morelli's request, Andrea Repetto makes a statement on a tannery (affeitaria) *at Campo belonging to Domenico Spinola.*

1332

Genoa, 9 January 1713

Source: A.S.G., Notaio Gaetano Pino, filza 11.

Andrea Repetto signs an agreement with Salomone Levi, son of the late Desiderio, with reference to his tannery located in Albaro.

1333

Genoa, 10 February 1713

Source: A.S.G., Notaio Gaetano Pino, filza 11.

Salomone Sacerdote, son of the late Joseph Azariel, appoints Claudio Aloipium de Surmont his attorney in Amsterdam, to collect money, goods and so forth from Carlo Francesco Barbom or others.

1334

Genoa, 22 February 1713

Source: A.S.G., Notaio Gaetano Pino, filza 11.

Jacob Levi, son of the late Salvatore, appoints Salvatore and Abram Jarach, sons of the late Enoch, from Casale Monferrato, his attorneys to represent him in any legal actions, disputes and so forth in Casale, in the Monferrato area and in the State of Milan.

Note: On Abram Jarach, see Segre, *Piedmont*, p. 2134.

1335

Genoa, 22 February 1713

Source: A.S.G., Notaio Gaetano Pino, filza 11.

Jacob Levi, son of the late Salvatore, son-in-law of Giuditta Cabiglio, whose daughter Anna De Hellaique he has married, undertakes a number of obligations to his mother-in-law, quoting a contract dated 6 September 1694. He undertakes to give her the sum of 5,000 pounds (reduced by 50%), on which he obtains interest as Giuditta wished. He promises to respect her and keep her at his house until her death, as if she were his mother, providing her with clothes, furniture, doctors and surgeons, when necessary. Giuditta, daughter of the late Sansone, has the approval of her grandchildren: Angelo, son of the late Jacob Del Mare, and Salomone Gubbia, son of the late Lazzaro, who swear according to the Jewish tradition, "touching the pen". Giuditta and Jacob Levi swear in the same way.

On 19 February 1715, following Giuditta's death, the notary states that Allegrezza, her daughter, widow of Jacob Del Mare and universal heir, has received from Jacob Levi, her brother-in-law 1,172.2 pounds, corresponding to what Jacob had had from the deceased mother-in-law. Allegrezza Del Mare gives a receipt to her brother-in-law before her sons Angelo and Isac. Afterwards Angelo, Isac and Aron Del Mare, sons of the late Jacob, state that they have received from Jacob Levi 200 pounds, corresponding to the bequest made for them by the deceased Giuditta, and sign a receipt. The whole deed is drawn up at Jacob Levi's house, near the church of San Giorgio.

1336

Genoa, 8 March 1713

Source: A.S.G., Notaio Gaetano Pino, filza 11.

Angelo Del Mare, son of the late Jacob, upon Salomone Gubbia's request, makes a statement about an accident that happened to a French pinco *looted by Moroccan pirates during its return voyage from Malaga to Marseilles. Aron Racah gives testimony as well.*

1337

Genoa, 17 March 1713

Source: A.S.G., Notaio Gaetano Pino, filza 11.

Rocco Cabona makes a statement on a cargo of sandalwood sold by Racamin Cabib to the Salvi brothers of Turin.

1338

Genoa, 25 April 1713

Source: A.S.G., Notaio Gaetano Pino, filza 11.

Gio. Giacomo Bottino, small animal butcher, sells to Salomone Levi, son of the late Desiderio, the skin of all the small animals he will butcher until

Carnival 1714. A further deed dated 2 May records Salomone's purchase of the same kind of skin from Andrea Torre, butcher.

1339

Genoa, 9 May 1713

Source: A.S.G., Notaio Gaetano Pino, filza 12.

Salomone Levi, son of the late Desiderio, sells Giovanni Battista Ansaldo 6 blonde wigs.

1340

Genoa, 17–19 May 1713

Source: A.S.G., Archivio Segreto, n. 1391.

As ordered by the Protectors of the Jewish community, the Deputy-Secretary of the Senate reports on his visit to the Convent of San Nicola di Carbonara, where Salomone Del Mare has taken refuge, after having resolved to convert to Christianity. The Protectors allow his brother, Isac Del Mare, and the Massari, *Salomone Levi and Abram Fonseca Della Costa, to go and see him, provided that they speak Italian and are in the presence of the Father Prior.*

1341

Genoa, 26 May 1713

Source: A.S.G., Notaio Gaetano Pino, filza 12.

Finale, Raffaele, Bonaiuto and Salomone Sacerdote, sons of the late Joseph Azariel, appoint their brother Moisè their attorney to go to Turin and negotiate with His Royal Highness of Savoy or his ministers, on rents, sales, levies and taxes in His Royal Highness' territories.

1342

Genoa, 2 June 1713

Source: A.S.G., Notaio Gaetano Pino, filza 12.

Salomone Levi, son of the late Desiderio, ratifies the deeds drawn up in his name by Moisè Levi Morelli before the Pretore *of Alassio against Giovanni Battista Calvi and Giuseppe Costa and appoints Giuseppe Multedo from Alassio his attorney.*

1343

Genoa, 12 June 1713

Source: A.S.G., Notaio Gaetano Pino, filza 12.

Giovanni Battista Marasso, patrono *from Levanto, lets his vessel to Isac Manasse Pinto to go to Cesenatico and load 2800* cantari *of sulphur. Payment took place on 5 December 1715.*

1344

Genoa, 20 June 1713

Source: A.S.G., Notaio Gaetano Pino, filza 12.

Gaspare Fagnani from Casale Monferrato states that Raffaele Sacerdote insured, for approximately 3 years, navigation and management of vessels on the river Po for the troops of the King of France, by Giovanni Fravanino from Pavia.

1345

Genoa, 27 June 1713

Source: A.S.G., Archivio Segreto, n. 1391.

List of Jews in debt to the community indicating the amounts due. The list was forwarded by the Massari *to the Protectors of the Jewish community so that they could order the* bargello *to have them pay within 8 days. The money is needed for school expenses, assistants, and for the poor.*

Fratelli Pansier L. 300; Fratelli Del Mare L. 15; Joseph Della Tomba L. 80; Manuel Finzi L. 78; Manuel Scarlino L. 9; Cabib L. 18; Angelo Del Mare L. 28; Moisè Isachque Enriquez L. 15; Manuel Latis L. 12; Abram Luzena L. 18; Giuda Crispino L. 36; Isach Pinto L. 9; Isach Alvares L. 14; Benedetto Gallico L. 10; Moisè Morello L. 18; Lazzaro Uzielli L. 10; Josef Benedetto Reggio L. 12; Samuel Fernandes L. 12; Moisè Vitta Sacerdote L. 12; Manuel Isachis L. 10.

1346

Genoa, 30 June 1713

Source: A.S.G., Notaio Gaetano Pino, filza 12.

Upon Joseph Della Tomba's request, Salvatore Bisio states that Della Tomba and his son Aron lived for approximately 6 years in the same house, first near the church of S.S. Cosma and Damiano, and then in the vicinity of the church of San Marco.

1347

Genoa, 11 July 1713

Source: A.S.G., Notaio Gaetano Pino, filza 12.

Donna *Maria Francesca de Velasco, marquise of Monteleone, appoints the Sacerdote brothers her attorney, to collect money from the* casa o hotel della ville di Parigi.

1348

Genoa, 27 July 1713

Source: A.S.G., Notaio Gaetano Pino, filza 12.

Salomone Sacerdote, son of the late Joseph Azariel, on behalf of his brothers, and Benedetto Lazzaro Gallichi, son of Volumnio, draw up an agreement whereby gems are exchanged for mirrors. Gallichi receives from Salomone rubies for 680 pounds, a necklace of pearls for 560 pounds and 40 silver scudi *for a total of 1,544 pounds. Sacerdote receives from Gallichi a mirror* di otto quarti veneziani *for 1,600 pounds, a large crystal lamp for 700 pounds and a smaller chandelier.*

Note: See below, Doc. 1349.

1349

Genoa, 1 August 1713

Source: Notaio Silvestro Merello, filza 39.

Agreement for the construction and decoration of a mirror with frame, ornaments and gilt wood inlay between Benedetto Lazzaro Gallichi, son of Volumnio, a Jew living in Venice, and Bartolomeo Streccone from Genova, a woodcarver. The mirror should be sold in Genoa or in Lisbon or elsewhere and must be stored at the Sacerdote brothers' house in Genoa.

Note: See above, Doc. 1348.

1350

Genoa, 7 August 1713

Source: A.S.G., Notaio Gaetano Pino, filza 12.

Salomone Sacerdote, son of the late Joseph Azariel, and Antonio De Vintigni agree that a quantity of items (handkerchiefs, gloves, etc.) be loaded on board the vessel of the English captain Trillet and shipped to Spain.

1351

Genoa, 7 August 1713

Source: Notaio Gaetano Pino, filza 12.

Gio. Paolo Massa owes Jair Sacerdote, son of Finale, 144.16 pounds, corresponding to the price of 2 wigs and a set of pistols.

1352

Genoa, 18 August 1713

Source: A.S.G., Notaio Gaetano Pino, filza 12.

Fra *Ascanio Galeazzo Trotti of Mombasilio, Knight of Rhodes, son of the Marquis Carlo Francesco, in Genoa at the time, owes Moisè Sacerdote, son of the late Joseph Azariel, 150 gold doubloons of Spain to be paid back in 8 days, otherwise he will become a debtor in arrears.*
By a later deed dated 24 December 1714, Mosè Sacerdote appoints Martino Calcina, from Turin, his attorney, with authority to take legal actions as well as to collect from Fra *Ascanio Trotti and his brother, the Marquis Francesco Luigi Trotti of Mombasilio, 150 gold doubloons.*

1353

Genoa, 23 August 1713

Source: A.S.G., Notaio Gaetano Pino, filza 12.

Salomone Sacerdote, on behalf of his brothers and with the approval of Gabriele Arias from Leghorn, ordered Gabriele de Medina from Leghorn to collect or redeem on his behalf a number of items of worship, including a Bible, presently at Gabriele Arias's and send them to Genoa. The agreed price is 770 8-real pieces. Salomone refers to Angelo Del Mare for the payment and to Jacob Moreno and Aron Orton from Turin, experts, to establish a price. The notary deed includes two letters sent from Leghorn by Gabriele Arias to Angelo Del Mare and Salomone Sacerdote.

Declaratio et alia.
Nel nome del Signore.
Essendo vero che il signor Salamon Sacerdoti, a nome della sua raggione delli Rafaele e fratelli Sacerdoti, di consenso del signor Gabriel Arias di Livorno, abbi dato ordine al signor Gabriele de Medina, pure di Livorno, di riscuottere o' sia dispegnare colà et inviarle qua a Genova, conforme è seguito, le infrascritte robbe, cioè:
Un paro di massi d'argento con campanelle e pietrerie false, una Biblia sacra coli suoi bastoni coperti d'argento, un pontarolo con uno corallo et una smeralda, una fascia ricamata d'oro, con uno manto di veluto cremesile ricamato con oro e perle per adorno della detta Biblia sacra, due sacchetti di veluto cremesile ricamati con oro, un'apparato per l'Arca in cui si ripone le detta Biblia di cinque tele di veluto cremesile ricamato con oro, con sua coperta per il banco simile, un tapeto di veluto ricamato con oro e un mantino da coprire la Biblia doppo che si legge.
Ad effetto di riconoscerle esso signor Salamone, et essendo di sua sodisfazione farne la compra et agiustarsi del prezzo d'esse per mezzo del signor Angelo Del Mare, et essendo vero che il detto signor Salamon Sacerdoti in detto nome, per far riscuotere o sia dispegnare le dette robbe come sopra, habbi fatto pagare nella detta città la somma, et avendo fatto riconoscere per mezzo de periti, cioè di Jacob Moreno et Aron Orton, ambi di Turino, le robbe medesime siano state da suddetti periti estimate in la valuta o' sia some fra' tutte di pezzi settecento settanta da otto reali, e che per essa siasi detto Salamon risoluto d'accettarne la compra. Quia die che, constituiti alla presenza di me notaro e testimoni infrascritti, il detto signor Salamon Sacerdoti al detto social nome da una parte et il detto signor Angelo Del Mare, il quale ha' la opportuna facoltà a' quanto in appresso dal detto signor Gabriel Arias proprietario delle robbe già dette, come per sua lettera data in Livorno il dì 9 del corrente mese d'agosto che dice detto Del Mare di avere appresso di sè e di doverla presentare ad effetto di confermarsi nel presente instrumento, constandone altresì da altra lettera del medesimo signor Arias, data come da sopra diretta al detto signor Salamon Sacerdoti e la quale esso presenta per conservarsi in tutto come sopra dall'altra, di loro spontanea volontà et in ogni miglior modo confessano e dichiarono in primo luogo tutte le sudette cose esser vere e successivamente convengono, accordano e stabiliscono come debba detto signor Salamone in detto nome accettare la compra delle dette robbe e le medesime, che già come si è detto, tiene appresso di sè ritenersele conforme l'accetta e se le ritiene in tutta sua sodisfazione per la valuta o' sia somma in tutto di pezzi ottocento da otto reali, i quali dedotti e compensati per la

concorrente quantità con la detta somma da lui stata spesa per la riscossione o' sia dispegno d'esse robbe come s'è detto sopra, resta esso signor Salamone pur anco creditore del detto signor Gabriele Arias per detto conto di pezzi ***, de quali dovrà intendersene col medesimo, eccetera.
E così dicono et dichiarano, convengono e stabiliscono non solo nel sudetto, ma etiam in ogn'altro miglior modo. Promettendo di conformità osservare ed aver sempre rato, grato, valido e fermo e non contravenire.......
Me Gaetano Pino notaro. Fatto in Genova in Banchi nel scagno di me notaro l'anno della Natività del Signore 1713, correndo l'indizione seconda al costume di Genova, mercordì ventitrè d'agosto, al doppo pranzo, sendovi presenti per testimoni li signori Gio. Battista Hechendorf del signor Gaspare e Bernardo Bacigalupo del fu notaro Gio. Girolamo alle presenti cose chiamati.

On 28 August the letters are presented, one addressed to Angelo Del Mare and written by Gabriel Arias in Spanish, the other addressed to Salomon Sacerdote and written by Gabriel Arias in Italian. Both letters are dated 9 August.

*** A blank is left.

Bibliography: On Jacob Moreno, see Segre, *Piedmont*, p. 2176.

1354

Genoa, 23 August 1713

Source: A.S.G., Archivio Segreto, n. 108, Confinium.

The Camera *informs the* Collegi *that Valerio, a Jew, and Supriani, who work at the post office in Nice, did not comply with the agreement signed the previous month with the Director General of the post office in Genoa. According to said agreement, all letters and* pieghi *arriving to the Nice office are to be delivered directly without removing the seal. Valerio withheld some letters from Spain and opened them, causing a very serious delay, because he did not deal with the French Post Office directors.*

1355

Genoa, 1 September 1713

Source: A.S.G., Notaio Gaetano Pino, filza 13.

Giacomo Bargone receives from Angelo Del Mare, son of the late Jacob, 276 pounds, the balance due for 3 rolls of tobacco from Brazil. The sum is accepted by Bargone as bottomry for goods laden on a vessel travelling from Genoa to Maiorca and back to Genoa.

1356

Genoa, 11 September 1713

Source: A.S.G., Notaio Gaetano Pino, filza 13.

Gottardo Fasce states that he has received from Salomone Tedeschi, son of Giuseppe, on behalf of Finale Sacerdote, son of the late Joseph Azariel, and himself, 100 pounds to be paid back within two months in cash or with 4 mezzarole *of wine. On 2 January 1714 Fasce returns the sum.*

1357

Genoa, 25 September 1713

Source: A.S.G., Notaio Gaetano Pino, filza 13.

Antonio Francesco Ellerpech, living in Leghorn, states that he has received from the Sacerdote brothers 25,000 pounds as bottomry on goods laden on a French vessel travelling from Genoa to Lisbon and back to Genoa.

1358

Genoa, 14 October 1713

Source: A.S.G., Notaio Gaetano Pino, filza 13.

Bill of exchange issued in Amsterdam to the order of Salomon Levi del Banco in Genoa.

1359

Genoa, 17 October 1713

Source: A.S.G., Notaio Silvestro Merello, filza 39.

Isach Pinto, son of the late Angelo, declares he owes Tommaso Carlo De Marini 1,006 pounds.

1360

Genoa, 25 October 1713

Source: A.S.G., Notaio Silvestro Merello, filza 39.

Moisè Vita Sacerdote, son of the late Isach Salomon, from Casale Monferrato owes his brother-in-law Finale Sacerdote 4,000 pounds, to be paid back with interest not exceeding 5% per annum. Moisè mortgages to Finale's benefit two capitals - one in tornesi *(i.e. French currency) and one regarding the* casa della ville di Parigi.

1361

Genoa, 15 November 1713

Source: A.S.G., Notaio Gaetano Pino, filza 13.

Paolo Francesco Riccio states that he has received from Lazzaro and his brothers, sons of Finale Sacerdote, 4,000 pounds in cash as bottomry for money and freight on the voyage whose route is Genoa-Morea-Arcipelago-Genoa.

1362

Genoa, 20 November 1713

Source: A.S.G., Notaio Gaetano Pino, filza 13.

At the request of Lazzaro Sacerdote, son of Finale, Isac Pansier, son of the late Raffaele, states that he has received from him a case of coral to be sold. The coral, weighing one cantaro e 54 rotoli, *was sold to Abram Luzena for 10* soldi *per pound. Payment was effected to Simon Rapa.*

1363

Genoa, 22 November 1713

Source: A.S.G., Notaio Gaetano Pino, filza 13.

Samuel Pansier, son of the late Raffaele, owes Salomon Gubbia, son of the late Lazzaro, 1,670.16 pounds for goods received, to be paid back within two months.

1364

Genoa, 24 November 1713

Source: A.S.G., Notaio Gaetano Pino, filza 13.

The French captain Simone Alignan charters his pinco *to the Sacerdote brothers for a voyage to Barbary.*

1365

Genoa, 28 November 1713

Source: A.S.G., Notaio Gaetano Pino, filza 13.

Gabriel Polido, son of the late Salomon, who is owed 250 pounds by the Jewish community, appoints the Massari *Jacob Levi and Salomone Sacerdote his attorneys.*

1366

Genoa, 29 November 1713

Source: A.S.G., Notaio Gaetano Pino, filza 13.

Mosè Sacerdote, son of the late Joseph Azariel, on behalf of his brothers and himself, appoints Salvatore Aronne Sacerdote, son of Finale, his attorney to collect money owed to them in the State of Milan by Jacobo Antonio Robiglio and partners. A later deed dated 14 December records the inclusion of Francesco Castello from Milan by Salomone Sacerdote for the same purpose.

1367

Genoa, 6 December 1713

Source: A.S.G., Notaio Gaetano Pino, filza 13.

Emanuele Bachi, son of the late Donato Mosè, appoints Lorenzo Brichetti, from Turin, his attorney, to represent him in a legal action against the Royal Tax Office of Turin.

1368

Genoa, 22 December 1713

Source: A.S.G., Notaio Gaetano Pino, filza 13.

Jair Sacerdote, son of Finale, on behalf of his brothers, appoints Samuel Levi del Banco from Venice his attorney against Gio. Antonio Mazzoleni, from Venice, in any actions undertaken by the Sacerdote brothers. A later deed dated 30 December records the same procedure by Salomone Sacerdote for the action against Gio. Antonio Mazzoleni.

1369

Genoa, 2 January 1714

Source: A.S.G., Notaio Gaetano Pino, filza 14.

Aronne Della Tomba, son of Joseph, and Emanuele Latis, son of Isaia David, owe Salomone Gubbia, son of the late Lazzaro, 12,000 pounds, for purchased goods. On 28 November 1714 the Uditori della Rota Civile *grant Gubbia an attachment of Tomba and Latis's property.*

1370

Genoa, 15 January 1714

Source: A.S.G., Notaio Gaetano Pino, filza 14.

Annamaria, daughter of Francesco Antonio Alemagna, states that she has received from Lazzaro Sacerdote, son of Finale, 4,280 pounds in biglietti di cartolari del Banco S. Giorgio.

1371

Genoa, 15 January 1714

Source: A.S.G., Notaio Gaetano Pino, filza 14.

Salomone Tedeschi, son of Giuseppe, is owed 632 pounds by Antonio Pisani from Naples for a number of items including an English clock.

1372

Genoa, 26 January 1714

Source: A.S.G., Notaio Gaetano Pino, filza 14.

Jacob Levi, son of the late Salvatore, sublets to Abram Billet Jidrach a flat near the church of San Giorgio for two years. The annual rent is 700 pounds.

The flat belongs to Sforza Francesco Sauli, and on 10 October 1715 Billet gives notice of termination of tenancy.

1373

Genoa, 30 January 1714

Source: A.S.G., Notaio Gaetano Pino, filza 14.

Angelo Raffaele Minerbi, son of the late Jacob, appoints his brother Samuele Minerbi his attorney in Ferrara to collect money owed to him.

1374

Genoa, 1 February 1714

Source: A.S.G., Notaio Gaetano Pino, filza 14.

Giuseppe Negroni, converted Jew, son of Abram Sarfatti and brother of the late Jechiel Sarfatti, appoints the Reverend Abbot Paolo Contarini his attorney in Venice to provide for Jacob and Vita Sarfatti, children of his deceased brother, since their mother, Allegra, married again and her husband is a Jew and cannot bring them up according to the jus comune.

Note: See Docs. 1309, 1397.

1375

Genoa, 8 February 1714

Source: A.S.G., Notaio Gaetano Pino, filza 14 .

Giuditta Cabiglio, daughter of the late Sansone and widow of Angelo Elaique, appoints Gabriel Di Medina her attorney to collect her property in Leghorn from Visino and Cordovera. Jacob Levi, son of the late Salvatore, her son-in-law, and Salomone Gubbia, son of the late Lazzaro, her grandson, are witnesses.

1376

Genoa, 9 March 1714

Source: A.S.G., Notaio Gaetano Pino, filza 14.

Mosè Sacerdote, son of the late Joseph Azariel, appoints Anselmo Levi del Banco, living in Venice, his attorney to collect money.

1377

Genoa, 9 March 1714

Source: A.S.G., Notaio Gaetano Pino, filza 14.

General Don Domenico Arborea Gattinara, from Sartirana Lomellina, before Mosè Sacerdote, states that he owes the Sacerdote brothers 19,500 pounds of Milan.

1378

Genoa, 12 March 1714

Source: A.S.G., Notaio Domenico Federici, filza 1.

Simeone Conte from Nice gives Jacob Levi a note issued by Giacomo Baretta amounting to 4,725.12 pounds in tornesi. *Levi accepts it as payment for 21 rolls of tobacco sold to Baretta and amounting to 3,798.12 pounds. Jacob Levi states before the notary that he has received only 3,874 pounds of the total amount of 4,725.12 pounds and asks that the remainder be paid in cash or by the delivery of 5 rolls of tobacco to Ventimiglia and Oneglia.*

1379

Genoa, 20 March 1714

Source: A.S.G., Notaio Gaetano Pino, filza 14.

Salomone Gubbia, son of the late Lazzaro, replaces Michelangelo Cavanna, as the attorney for Emanuele Lattes, who lives Novi. In a later deed dated 20

March, the notary draws up another power of attorney for Salomone Gubbia who, in his capacity as attorney in Marseilles for Samuel Enriques from Algiers, appoints Jacob Levi his deputy attorney.

1380

Genoa, 29 March 1714

Source: A.S.G., Notaio Gaetano Pino, filza 14.

Arbitration agreement between Jacob Levi, son of the late Salvatore, and patrono *Domenico De Carli from San Remo following a dispute over the ownership of goods. Domenico De Carli's attorney is Giovanni Battista Palmarino, a clerk from San Remo. He appoints Angelo Besagno arbitrator; Levi, representing the owners of the goods laden on board De Carli's vessel for the journey from Marseilles to Algiers, appoints Gio. Agostino Zignago arbitrator. The owners of the goods, represented by Jacob Levi, are Michele Nunes Pereira from Marseilles, Samuel Enriques from Algiers, and Lambert and his sons from Marseilles.*

1381

Genoa, 4 April 1714

Source: A.S.G., Notaio Gaetano Pino, fiza 14.

Upon Nicolò Mongiardino's request, Alessandro Gio. Antonio Della Costa, son of the late Emanuele, aged approximately 55, states that he delivered to his clerk a letter which had been opened by mistake.

1382

Genoa, 18 April 1714

Source: A.S.G., Notaio Gaetano Pino, filza 14.

Abram Raccà, son of the late Massod, sublets to Angelo Del Mare, son of the late Jacob, a flat in the vicinity of the church of San Marco, owned by Giovanni Battista Centurione, for 3 years at a rent of 150 pounds.

1383

Genoa, 18 April 1714

Source: A.S.G., Notaio Gaetano Pino, filza 14.

Giuseppe Benedetto Rapa, son of the late Emanuele, appoints Angelo Finzi, son of the late Graziadei, his attorney to collect money owed to him in Chiavari.

1384

Genoa, 20 April 1714

Source: A.S.G., Notaio Gaetano Pino, filza 14.

Giovanni Battista Torre owes Angelo Del Mare, son of the late Jacob, 883.4 pounds for purchased saffron. On 30 April Angelo states that payment is to be effected to Lazzaro Sacerdote, son of Finale. On 14 June attachment is carried out.

1385

Genoa, 30 April 1714

Source: A.S.G., Notaio Gaetano Pino, filza 14.

Abram Racah, son of the late Massot, partner of the Racah brothers, appoints Raffaele Sacerdote his attorney to collect bills of exchange at the Easter fair to be held at Santa Margherita in Belgium.

1386

Genoa, 8 May 1714

Source: A.S.G., Notaio Gaetano Pino, filza 15.

Captain Domenico Francesco Gimenez from Milan states that he is to pay 250 gold Spanish doubloons to Salomone Sacerdote, son of the late Joseph Azariel, by the end of December.

1387

Genoa, 19 June 1714

Source: A.S.G., Notaio Gaetano Pino, filza 15.

11*Upon Angelo Del Mare's request, Domenico Storace and David Barocci, son of Gabriele, state that they went to the customs office with Angelo to identify 14 bunches of* pennacci *shipped from Leghorn to Angelo Del Mare, son of the late Jacob, by Jacob Bassano.*

Bibliography: On Jacob Bassan, see Toaff, *Livorno e Pisa*, p. 282.

1388

Genoa, 13 July 1714

Source: A.S.G., Notaio Gaetano Pino, filza 15.

Pietro Francesco Rizzo states that he received from Raffaele and the Sacerdote brothers 3,805 pounds as bottomry.

1389

Genoa, 20 July 1714

Source: A.S.G., Notaio Silvestro Merello , filza 40.

As requested by Salomon Levi, son of the late Desiderio, Lazzaro Repetti and others state that 400 Sardinian skins were loaded on board Captain Simone Cappati's corallina *(a boat for coral collecting) in Alassio and unloaded at the Genoa customs office.*

1390

Genoa, 31 July 1714

Source: A.S.G., Notaio Gaetano Pino, filza 15.

Domenico De Carli owes Salomone Gubbia, son of the late Lazzaro, attorney of Samuel Enriques from Algiers, 600 pounds for a case of trinkets and a two-piece copper still, loaded in Marseilles by Isac, son of Aron Israel, from Leghorn and shipped to Algiers.

1391

Genoa, 8 August 1714

Source: A.S.G., Notaio Gaetano Pino, filza 15.

Salomon Sacerdote, son of the late Joseph Azariel, owner of 8 carati *of the vessel* la Provvidenza *together with his brothers, appoints Stefano Gubert, the ship's captain, his attorney to sell his* carati.

1392

Genoa, 8 August 1714

Source: A.S.G., Notaio Gaetano Pino, filza 15.

Salomone Sacerdote, son of the late Joseph Azariel, owner of 8 carati *of the vessel* Nostra Signora del Carmine e S. Antonio di Padova *together with his brothers, appoints Lorenzo and Francesco Reysson from Lisbon his attorneys to sell them.*

1393

Genoa, 21 August 1714

Source: A.S.G., Notaio Gaetano Pino, filza 15.

Angelo Del Mare, son of the late Jacob, partner in the Del Mare-Gubbia company, dealing with the company Joseph Alvarez and sons from Leghorn and with Isac Alvarez, son of Joseph, states that he has settled all accounts with both companies according to the modaah. *The same statement is made by Salomone Gubbia and Isac Alvarez.*

1394

Genoa, 22 August 1714

Source: A.S.G., Notaio Gaetano Pino, filza 15.

Salomon Gubbia, son of the late Lazzaro, Izachia Garda, son of the late Abram Leone, Emanuele Sema, son of the late Abram, and Isac Alvarez, son of Joseph, appoint Grazzino Rapa and Angelo Minerbi arbitrators in the event of disputes, in order to avoid litigation.

1395

Genoa, 23 August 1714

Source: A.S.G., Notaio Gaetano Pino, filza 15.

Giovanni Battista Storace states that he owes Isac Alvarez, son of Joseph, 577.5. pounds for a bale of ostrich feathers ordered in Leghorn. Payment must be effected within 8 days; on 14 December the parties settle the debt with Storace delivering berets to Alvarez.

1396

Genoa, 23 August 1714

Source: A.S.G., Notaio Gaetano Pino, filza 15.

Abram Levi, son of Lazzaro, witnessed by Lazzaro Vitali, son of Alessandro, states that he has received from Salomone Tedeschi, son of Giuseppe, 56 pounds for a chestnut-colored horse.

1397

Genoa, 25 August 1714

Source: A.S.G., Notaio Gaetano Pino, filza 15.

As requested by Benedetto Sarfatti, son of the late Matatia, Giovanni Francesco Bottino and Antonio Zolesio state before the notary that Abram Sarfatti had two sons, Jechiel and Giuseppe, who became Christian. Jechiel married Allegra [Pansier] and had two sons, Gionata and Giacobbe Sarfatti, born in Genoa. Testimony can be provided because both Bottino and Zolesio knew and frequented the home for many years.

Note: See Docs. 1309, 1374, 1398.

1398

Genoa, 27 August 1714

Source: A.S.G., Notaio Gaetano Pino, filza 15.

Upon Domenico Negroni's request, Jacob Letitia states before the notary that Raffael Pansier and Sara, his wife, had five children: two sons (Samuel and Isac) and three daughters Simca, Perla and Stella. One of their daughters [Allegra] married Jechiel, son of Abram Sarfatti, while the other two are unmarried.

Note: See above, Doc. 1397.

1399

Genoa, 7 September 1714

Source: A.S.G., Notaio Gaetano Pino, filza 16.

Captain Giuseppe Maria Bagnara of Sestri Ponente states that the vessel Sant'Antonio da Padova, *of which he was master, belongs to Alessandro Gio. Antonio Della Costa, son of the late Emanuele, complete with all her equipment.*

1400

Genoa, 7 September 1714

Source: A.S.G., Notaio Gaetano Pino, filza 16.

Antonio Geirola, patrono, *states that he has received 3 rolls of tobacco from Brazil from Alessandro Gio. Antonio Della Costa, son of the late Emanuele, as bottomry for goods laden on board the vessel sailing to Civitavecchia.*

1401

Genoa, 13 September 1714

Source: A.S.G., Notaio Gaetano Pino, filza 16.

Jacob Levi, son of the late Salvatore, appoints Grazzino Bachi, son of Donato, from Turin, his attorney to collect 1,350 pounds from Gio. Giacomo Lamberti.

Bibliography: On Grazzino Bachi, see Segre, *Piedmont*, p. 3138.

1402

Genoa, 14 September 1714

Source: A.S.G., Notaio Gaetano Pino, filza 16.

Before the Uditori della Rota Civile *the notary states that Francesco Maria De Simone owes Abramo and Salomone Racah a sum amounting to 146* scudi e 12 *gold* soldi, *as per the relevant bill of exchange issued in Naples.*

1403

Genoa, 14 September 1714

Source: A.S.G., Notaio Gaetano Pino, filza 16.

Francesco Costa, patrono di un lembo *(a kind of vessel), appoints Simone*

De Marini his attorney to collect money owed to him by Josef Coen Beninfante, a Jew from Ancona.

1404

Genoa, 5 October 1714

Source: A.S.G., Notaio Gaetano Pino, filza 16.

Finale Sacerdote, son of the late Joseph Azariel, appoints his son Jair his attorney to collect money and goods from Giovanni De Molin, a Frenchman from Provence living in Nice.

1405

Genoa, 10 October 1714

Source: A.S.G., Notaio Gaetano Pino, filza 16.

Aron Della Tomba, aged 21, authorized by his father Giuseppe, son of the late Elia, states that he owes Recamino Cabib, son of the late Said, 1,230 pounds, as per two bills of exchange to the order of Alessandro Gio. Antonio Della Costa and Abram Raccà.

1406

Genoa, 27 October 1714

Source: A.S.G., Notaio Gaetano Pino, filza 16.

Alessandro Gio. Antonio Della Costa, son of the late Emanuele, appoints his nephew Gabriele Fonseca Della Costa to alienate the vessel Rosa galera *complete with all her equipment, owned by Alessandro and under the command of French captain Simone Maestre.*

Note: See below, Doc. 1447.

1407

Genoa, 29 October 1714

Source: A.S.G., Notaio Gaetano Pino, filza 16.

Gabriele Polido, son of the late Salomone, states to the French captain Simone Alignan that he has received in Malta goods in bulk including leather. Such goods were loaded in Tripoli, in Barbary, by Beniamino Jerosi to be delivered to Antonio Sepillo in Messina.

1408

Genoa, 7 November 1714

Source: A.S.G., Notaio Gaetano Pino, filza 16.

Pietro Nico, a Frenchman, states that the sale of a pinco *named* Nostra Signora della Fortuna *carried out by Salomone Sacerdote, son of the late Joseph Azariel, for 1,400 pounds was fictitious and simulated. Thus the vessel still belongs to Sacerdote.*
The patrono *of the vessel, Giovanni Battista Nico, son of Pietro, promises Salomone Sacerdote to take proper care of the vessel's equipment.*

1409

Genoa, 11 November 1714

Source: A.S.G., Notaio Gaetano Pino, filza 16.

Jacob Levi, on behalf of all the owners of the vessel Nostra Signora del Carmine e S. Giuseppe, *appoints Domenico De Carli and his son Giacomo* patrono del pinco, *which is at San Remo. Domenico's father, Carlo De Carli, owns the other half of the vessel.*

Note: See below, Doc. 1412.

1410

Genoa, 12 November 1714

Source: A.S.G., Notaio Gaetano Pino, filza 16.

Gabriele Polido, son of the late Salomone, states that he has received from Lazzaro Sacerdote, son of Finale, 1,300 pounds, which he accepted as bottomry for goods laden on board a ship sailing from Genoa to Antibes and Trapani and then back to Genoa. On 3 December 1715 Lazzaro Sacerdote is paid.

1411

Genoa, 14 November 1714

Source: A.S.G., Notaio Gaetano Pino, filza 16.

Abram Jarach, son of the late Enoch, on behalf of the Salvatore and Abram Jarach company from Casale Monferrato and himself, issues three bills of exchange for Carlo Spinola, son of the late Stefano, to the order of Jacob Levi, who accepts them. Some cargo is used as guarantee.

1412

Genoa, 14 November 1714

Source: A.S.G., Notaio Gaetano Pino, filza 16.

The patroni *Domenico and Giacomo De Carli charter the vessel* Nostra Signora del Carmine e S. Giuseppe *to Mosè Alfarin, son of Benedetto, not yet of age, before Jacob Levi, who authorizes it and guarantees for Mosè for the voyage Genoa-Naples-Genoa. A further deed dated 14 November records Jacob Levi's bottomry agreement for 250 pounds with Domenico and Giacomo De Carli for goods laden on board the vessel. In a third deed, also dated 14 November, Jacob Levi agrees to bottomry for 500 pounds between Domenico Rizzo and Domenico De Carli for goods laden on board the* Nostra Signora del Carmine e S. Giuseppe.

Note: See above, Doc. 1409.

1413

Genoa, 19 November 1714

Source: A.S.G., Notaio Gaetano Pino, filza 16.

Before Salomone Sacerdote Gabriele Polido states that he owes the Sacerdote brothers 2,283.9.11 pounds, required for the bottomry of the vessel La Fortuna, *of which he is in charge. A further deed dated 19 November records the payment to Gabriele Polido of 3,008.10 pounds for the bottomry of the* pinco *of the French* patrono Giovanni Battista Nico. *Money is accepted as bottomry for the voyage Genoa-Naples-Genoa.*

1414

Genoa, 26 November 1714

Source: A.S.G., Notaio Gaetano Pino, filza 16.

Upon Ignazio Bartolomeo Costa's request, Giovanni Stefano Celle states that Isac Alvarez owes Costa 472.12 pounds for the gioco del Seminario. *Lazzaro Uzielli promises he will pay on Alvarez's behalf.*

Note: The *Seminario* was the urn in which the names of 120 patricians were placed for a drawing to select the major magistrates. Since this created great expectations and many people used to bet on the results, in Genoa the phrase *giuocare al seminario* became a synonym for playing the lotto. Calvini, *Glossario*, p. 342.

1415

Genoa, 21 December 1714

Source: A.S.G., Notaio Gaetano Pino, filza 16.

Domenico Maria Massone states that he owes Salomone Levi, son of the late Desiderio, 900 pounds, for the shipping of carpets and brocatelle to be loaded on board Nostra Signora delle Grazie e la Fortuna *travelling from Genoa to Spain and Lisbon and back to Genoa. In 1717 Salmone Levi gives Giuseppe Cambiaggio what Massone owes him.*

1416

Genoa, 22 December 1714

Source: A.S.G., Notaio Gaetano Pino, filza 16.

Francesco Stuk, Antonio Francesco Ellerpech's attorney for a bill of exchange issued in Leghorn, orders Genesio Puiggerver to pay Raffaele and the Sacerdote brothers whatever he owes them in goods, capital and exchange.

1417

Genoa, 2 January 1715

Source: Notaio Gaetano Pino, filza 17.

Domenico Maria Massone states that he received from Jacob Levi, son of the late Salvatore, goods amounting to 24,480.30 pounds, including 2,030 pounds in bills of exchange. Part was paid as bottomry for goods laden on board a vessel travelling the Genoa-Spain-Lisbon-Genoa route. On 1 April 1717 Jacob Levi transfers money and cargo to Pietro Cambiaggio. In 1720 part of the credit is transferred to Abram and Salvatore Jarach, sons of the late Enoch.

1418

Genoa, 2 January 1715

Source: A.S.G., Notaio Gaetano Pino, filza 17.

Pietro Maria Massone appoints Salomon Gubbia, son of the late Lazzaro, his attorney to collect goods from Pietro Paolo Colareta.

1419

Genoa, 3 January 1715

Source: A.S.G., Notaio Gaetano Pino, filza 17.

Carlo Emanuele Porta lets to Emanuele Moreno, son of the late Aron, a flat in the vicinity of the Malapaga for 90 pounds a year. Witnessed by Salomone Tedeschi, son of Josef, and Salomone Sacerdote, son of the late Joseph Azariel.

1420

Genoa, 4 January 1715

Source: A.S.G., Notaio Gaetano Pino, filza 17.

Salomone Sacerdote, son of the late Joseph Azariel, appoints Gio. Martino Calcina from Turin his attorney to collect 400 Louis d'or from the Marquis Don Emanuele Filiberto di Luzerna.

Note: See above, Doc. 1317.

1421

Genoa, 10 January 1715

Source: A.S.G., Notaio Gaetano Pino, filza 17.

Lazzaro Uziel states that he owes Salomone Tedeschi 231 pounds for a payment to Mosè Levi Morelli effected by Tedeschi on his behalf.

1422

Genoa, 22 January 1715

Source: A.S.G., Notaio Gaetano Pino, filza 17.

Giovanni Pogget appoints Andrea Borselli from Savona his attorney to collect from Aron Della Tomba, Emanuele Latis and Salomone Gubbia whatever they owe him.

1423

Genoa, 26 January 1715

Source: A.S.G., Notaio Gaetano Pino, filza 17.

Abram and Jacob Raccà, sons of the late Massot, appoint Giuseppe Riccio, lawyer, their attorney in the legal action against Leone Racah and sons.

1424

Genoa, 6 February 1715

Source: A.S.G., Notaio Giovanni Battista Boccardo, filza 38.

Statements by Giuseppe Maria Marcenaro relating to a bill of exchange issued in Leghorn on 30 January by Michele Fano to Jacob Levi as payment, but not accepted by the latter.

1425

Genoa, 17 March–26 June 1715

Source: A.S.G., Archivio Segreto, n. 1391.

The Collegi, *as approved by the Protectors of the Jewish community, grant the Jarach merchant family permission not to wear the badge for 3 years. The family consists of Salvatore and Abram Jarach, merchants; Simone Jarach, nephew or grandchild; Salvatore Levi, servant.*

1426

Genoa, 21 March 1715

Source: A.S.G., Notaio Giovanni Battista Boccardo, filza 38.

Jacob Bassano, a Jew from Leghorn, and Francesco Maria Gora of Genoa sign a general agreement. Bassano appoints Giovanni Battista Carminati his representative.

1427

Genoa, 21 March 1715

Source: A.S.G., Notaio Gaetano Pino, filza 17.

Samuel Luzena, son of the late Isach, sublets a flat with a wine cellar located in Piazza dell'Olmo to Raffaele Enriquez, son of the late Isac, for 125 pounds per year.

1428

Genoa, 26 March 1715

Source: A.S.G., Archivio Segreto, n. 1190, Jurisdictionalium.

The Parish priest of the church of Nostra Signora delle Grazie *asks Giovanna Centurione to allow Anna, a married 14-year-old Jewess living near the Malapaga, to surreptitiously leave her house, having been converted to Christianity by a servant. Giovanna Centurione asks the Senate, which defers the matter to the* Giunta di Giurisdizione *for an urgent decision.*

1429

Genoa, 27 March 1715

Source: A.S.G., Notaio Gaetano Pino, filza 17.

Agostino Ghirardi owes patrono *Antonio Geirola 460 pounds for goods to be shipped to Lisbon as ordered by Alessandro Gio. Antonio Della Costa.*

1430

Genoa, 12 April 1715

Source: A.S.G., Notaio Gaetano Pino, filza 17.

The English captain Tommaso Tol charters the Maria Speranza *to Mosè Baruch Caravaglio for the company* Michele di Diego Nunes Caravaglio di

Venezia *on the voyage Genoa-Alexandria-Venice. Charter conditions and anchorage at Alexandria are specified.*
In a further deed dated 12 April Mosè Baruch Caravaglio promises to relieve Nicolò Maria Castro, who undertook obligations with captain Tol in relation to the charter on his behalf, and to pay whatever necessary.

1431

Genoa, 15 April 1715

Source: A.S.G., Notaio Gaetano Pino, filza 17.

As requested by Salomon Levi, son of the late Desiderio, Giovanni Di Agnino states that the fur-covered skins from Sardinia do not suffer damage if stored in a dry place.

1432

Genoa, 15 April 1715

Source: A.S.G., Notaio Gaetano Pino, filza 17.

Giuseppe Crispino, son of the late Raffaele, appoints his brother Judah his attorney in order for him to use his wife Ester's dowry for some payments.

Bibliography: On Josef and Ester Crispino (Crespin), see Toaff, *Livorno e Pisa*, p. 221, n. 55.

1433

Genoa, 15 April 1715

Source: A.S.G., Notaio Gaetano Pino, filza 17.

Jacob Levi, son of the late Salvatore, appoints Gabriele Medina from Leghorn his attorney to purchase from Giuseppe Gerbault or others an equipped vessel.

1434

Genoa, 17 April 1715

Source: A.S.G., Notaio Gaetano Pino, filza 17.

Carlo Brunetti, Captain of the San Raniero o lo Mercante d'Africa, *states before Salomone Sacerdote that he has received from the Sacerdote brothers and Raffaele* pezzi 1,904 e un quarto *to buy food and pay the mortgages on the vessel. The sum is accepted as bottomry for the equipment of the vessel during the voyage Genoa-Antibes-Tunis. Capital and bottomry are to be paid to Simone Levi Soncino in Tunis.*

1435

Genoa, 25 April–10 May 1715

Source: A.S.G., Archivio Segreto, n. 1391.

Luigi Pisani, a former Jew from Jerusalem and Rabbi, asks the Collegi *for permission to preach to the Jews in Genoa in order to convert some of them. The Protectors of the Jewish community tell the Senate that the Jews cannot be forced to listen to preachers as per article 29 of the Charter. The suggestion may be referred to the Rabbi and the* Massari *but it may take time for their reply.*

Serenissimi Signori, compare inanzi questo Serenissimo Trono Luiggi Pisani, per sua disgrazia non solamente di nascita hebreo gierosolomitano, ma anco gia fu' Rabino e' predicatore de medemi tanto in Smirne come in Alleppo, ma' finalmente per pura misericordia di Dio illuminato, già sono anni 20 in circa, rissolse ad abracciare la Santa Fede Cattolica Apostolica Romana con rissolutione di procurar sempre l'essaltatione della medema et estirpatione di quella per la quale per il corso di anni 28 ciecamente è vissuto. Et in fatti con l'aiuto di Dio li è riuscito nel corso di detti anni 20 in circa convertirne molti in diversi luoghi d'Ittalia e' particolarmente nella città di Roma, dove sempre con permissione, ordine et applauso di Sua Santità si è essercitato in detto ministero per anni dodici continui, come consta da autentiche giustificationi che porta seco, già ben viste et a' pieno ben riconosciute da questo Eminentissimo Signor Cardinal Fiesco, Arcivescovo di Genova, per parte del quale è stato minutamente examinato sudetto oratore da persona qualificata e' proportionata a' tal ministero. E' non havendo detto Eminentissimo Signore doppo le sopradette diligenze difficultà alcuna di permettere che l'oratore si esserciti in questo ministero per qualche volta, supplica perciò riverentemente Vostre Signorie Serenissime a volersi degnare di ordinare a detti hebrei che debbano riunirsi in qualche Chiesa o' luogo particolare, come più piacerà a' Vostre Signorie Serenissime, che così seguendo spera col divino et onnipotente aiuto di riportarne gloriosa vittoria con ridurne più d'uno humiliato alla Santa Fede, come gratie a' Dio e' col favor divino li è sempre prosperamente riuscito in diversi luoghi d'Ittalia dove ha' essercitato tal ministero e' particolarmente in detta città di Roma. Con che sperando nella somma benignità di Vostre Signorie Serenissime restarne gratiato e' consolato le fa' humilissima e profondissima riverenza........

1436

Genoa, 27 April 1715

Source: A.S.G., Notaio Gaetano Pino, filza 17.

Giovanni Battista Alizieri appoints Andrea Moretti and Bartolomeo Tordoli, from Leghorn, his attorneys to collect from Lazzaro Uzielli 170 pezzi *and whatever is owed by him as per the relevant bill of exchange.*

1437

Genoa, 29 April 1715

Source: A.S.G., Notaio Giovanni Battista Boccardo, filza 38.

Stefano Chiavari states that he owes Alessandro Gio. Antonio Della Costa, son of the late Emanuele, 976.16 pounds, for goods he purchased. Stefano Chiavari undertakes to pay his debt in 4 years. On 10 June 1717 the Uditori della Rota Civile *grant Jacob Della Costa, son and attorney of Alessandro, authority to jail Stefano on account of a debt of 488.8 pounds.*

1438

Genoa, 29 April 1715

Source: A.S.G., Notaio Gaetano Pino, filza 17.

As requested by Lazzaro Sacerdote, son of Finale, Carlo Tagliavacche and Gio. Andrea Oliva make a statemenet on the quality of a fardo *of saffron from Leghorn, loaded by Jacob Bassano and delivered to Giovanni Rolla in Genoa.*

1439

Genoa, 30 April 1715

Source: A.S.G., Notaio Gaetano Pino, filza 17.

On behalf of his brothers, Salomone Sacerdote, son of the late Joseph Azariel, appoints Santini and Signoret, from London, his attorneys to collect 683 pieces from Stefano Cabibel of London.

1440

Genoa, 14 May 1715

Source: A.S.G., Notaio Gaetano Pino, filza 18.

Carlo De Carli, patrono, *having granted Angelo Risso a 500-pound bottomry loan insured by Jacob Levi, son of the late Salvatore, asks Levi to pay Risso to balance the accounts for the voyage of the* pinco, *whose* patrono *is Domenico Carli, his son.*

1441

Genoa, 16 May 1715

Source: A.S.G., Notaio Domenico Federici, filza 2.

Samuel Luzena, son of the late Isac, states that he owes Caterina, Pietro Giovanni Torre's widow, 424 pounds.

1442

Genoa, 23 May 1715

Source: A.S.G., Notaio Gaetano Pino, filza 18.

As requested by Giuseppe Benedetto Rapa, son of the late Emanuele, Giuseppe Maria Chiappe appears as witness in the legal proceedings between Rapa and Emanuele Lattes before the Consoli della Ragione. *Lattes's brother-in-law, Salomone Gubbia, also intervenes.*

1443

Genoa, 31 May 1715

Source: A.S.G., Notaio Gaetano Pino, filza 18.

Sebastiano Bassi, from Bologna, and Angelo Raffaele Minerbi, son of the late Jacob, state that Minerbi owes Bassi 720 pounds in Genoese currency.

1444

Genoa, 5 June 1715

Source: A.S.G., Notaio Gaetano Pino, filza 18.

Giovanni Battista Alizieri appoints Domenico Alizieri his attorney in Marseilles, to collect from Davide Monte Barocci and Giuseppe Giglino 107 8-real pieces for Lazzaro Uzielli in bills of exchange to be paid by Isac, son of Joseph Alvarez, from Leghorn.

1445

Genoa, 9 July 1715

Source: A.S.G., Notaio P. Francesco Bacigalupo, filza 2.

Francesco Bruna and Cesare Dosso state that they owe Abram Racha, son of the late Massol, 2,000 pounds in Genoese currency. This accounts for the balance of the original debt amounting to 4,272 pounds for 534 silk socks in different colours. Rachà orders his debtors to pay the sum to Cipriano Pratolongo or to Gregorio Cipollina, on his behalf.

1446

Genoa, 22 July 1715

Source: A.S.G., Notaio Gaetano Pino, filza 18.

Judah Crispino, son of the late Raffaele, on behalf of Emanuele Crispino from Leghorn and for himself, appoints Gaetano Melante from Naples his attorney to collect others goods and property from Nicolò Positano.

1447

Genoa, 24 July 1715

Source: A.S.G., Notaio Gaetano Pino, filza 18.

Alessandro Gio. Antonio Della Costa, son of the late Emanuele, states that he has received from the French captain Simone Maistre the vessel Galera Rosa, *docked at Genoa, complete with all her equipment, and relieves him of all liabilities.*

Note: See above, Doc. 1406.

1448

Genoa, 1 August 1715

Source: A.S.G., Notaio Gaetano Pino, filza 18.

Agreement between Emanuele Mendosa, owing Stefano Suchette 5,963 francs, and Angelo Del Mare, for 50% of the sum.

1449

Genoa, 9 August 1715

Source: A.S.G., Notaio Gaetano Pino, filza 18.

At the request of Lazzaro and the Sacerdote brothers, Geronimo Borgo, pubblico pesatore e assaggiatore della Zecca, *states that he weighed 32 bars* notate in marchi 557 *on the scales of the Mint of Genoa, and found them to be 404 pounds and 11 ounces and, after melting, 403 pounds and 2 ounces.*

1450

Genoa, 30 August 1715

Source: A.S.G., Notaio Gaetano Pino, filza 18.

Raffaele Sacerdote, son of the late Joseph Azariel, appoints Mosè Vita Sacerdote his attorney to collect from Aron Paceco (Pacheco)'s widow and Conio and Levi in London a quantity of coral, miscellaneous items and money, all the joint property of the Sacerdote brothers and Aron Pacheco.

Bibliography: For further information on Pacheco, see Yogev, *Diamonds and Coral*, pp. 109, 290, 301.

1451

Genoa, 30 August 1715

Source: A.S.G., Notaio Giovanni Battista Boccardo, filza 38.

Abram Luzena, son of Jacob, states that he received from Francesco Maria De Simoni 1,625 pounds as per the bill of exchange issued in Leghorn on 2 August, which was protested.

1452

Genoa, 3 September 1715

Source: A.S.G., Notaio Gaetano Pino, filza 19.

Upon Joseph Benedetto Rapa's request, Lazzaro Fontanarossa, patrono, *states that he loaded on board the* S. Nicolò di Bari e S. Fermo *10 bales of* ciaretti *(cloth) in Naples and unloaded them in Porto Venere at the* Casa di S. Giorgio *office as per Rapa's instructions.*
A further deed dated 6 September records Bartolomeo Migliorata's statement, requested by Giuseppe Benedetto Rapa. Migliorata states that the ciaretti, *made in Naples, are manufactured in different sizes.*

1453

Genoa, 9 September 1715

Source: A.S.G., Notaio Gaetano Pino, filza 19.

Salomone Sacerdote states that he received from Giuseppe Maria Baffico, through Antonio Truffa, 4 rolls of muslin and locally made cloth. He further states that he received from Truffa 17.16 pounds, for items and money transferred by Baffico to Sacerdote.
On 13 October Giuseppe Baffico transfers to the Sacerdote brothers a 110-pound credit from Nicolò Bagliano.

1454

Genoa, 17 September 1715–10 November 1717

Source: A.S.G., Archivio Segreto, n. 1391.

Exchange of letters relating to the claim by Salomone Gubbia that the Jewish community should pay him for money advanced for relief works when he was Massaro. *The Protectors are entrusted with the matter by the Senate, but their judgement is refused by the Jewish community. The judgement is amended on the advice of a number of lawyers. The Protectors decide that part of the debt be paid to Gubbia by the Jewish community and part as decided by the Rabbinic court.*

1455

Genoa, 17 September 1715

Source: A.S.G., Notaio Gaetano Pino, filza 19.

Alessandro Gio. Antonio Della Costa, son of the late Emanuele, states that he received from Don Pedro Peres Moreno 1,050 pounds as bottomry on goods laden on board the La Speranza *with the English captain Hamm in command, travelling from Genoa to Barbary and back to Genoa.*
On 21 April 1716 Jacob Della Costa, son of Alessandro, deposits 48 golden coins from Portugal with the notary, to give to Don Pedro Peres Moreno in consequence of the damage suffered by the vessel.
On 17 June 1716 all payments are settled between the parties. Don Pedro Peres Moreno is represented by Giovanni Battista Fabiano.

Note: See below, Doc. 1457.

1456

Genoa, 17 September 1715

Source: A.S.G., Notaio Gaetano Pino, filza 19.

The notary states before the Uditori della Rota Civile *that Giuseppe Maria Castagnola protested 12 bills of exchange issued in Milan to the order of Salomon Levi del Banco and transferred by him to Castagnola, who did not accept them as he did not have a payment order.*

1457

Genoa, 19 September 1715

Source: A.S.G., Notaio Gaetano Pino, filza 19.

Giorgio Hensau, English consul in Genoa, states that of the charter partnership between Guglielmo Hamm, captain of the La Speranza, *and himself, 3/4 of the cargo and vessel belong to Alessandro Gio. Antonio Della Costa, son of the late Emanuele, represented by his son Jacob.*

Furthermore, the master states that he has received a bottomry loan from Don Pedro Peres Moreno amounting to 300 8-real pieces, 200 of which are given to Alessandro for the vessel and her cargo on the same conditions as agreed upon by the master with Peres.

Note: See above, Doc. 1455. In a deed dated 26 September 1715 by Notary *G.B. Boccardo*, Alessandro Gio. Antonio Della Costa records the charter of the vessel under captain Guglielmo Hamm.

1458

Genoa, 20 September 1715

Source: A.S.G., Notaio Gaetano Pino, filza 19.

Francesco Maria Rossi, on behalf of Antonio Frugoni, produces a number of bills of exchange issued in Leghorn and signed by Jacob Joseph Sachi to the order of Salvatore and Lazzaro Recanati, which were not accepted by Rossi as no payment order was provided.

1459

Genoa, 25 September 1715

Source: A.S.G., Notaio Gaetano Pino, filza 19.

Raffaele Sacerdote, son of the late Joseph Azariel, and Angelo Raffaele Minerbi, son of the late Jacob, guarantee the identity of Donna *Laura Cermelli, born in Alessandria but living in Genoa.*

1460

Genoa, 26 September 1715

Source: A.S.G., Notaio Gaetano Pino, filza 19.

The French master of the vessel Nostra Signora del Carmine e S. Giovanni Battista *appoints Raffaele Sacerdote and his brothers his attorneys to collect money from the* cartolari della Casa di S. Giorgio.

1461

Genoa, 16 October 1715

Source: A.S.G., Notaio Gaetano Pino, filza 19.

Francesco Maria Pittaluga and Lazzaro Sanguineti state they have received from Isac Manasse Pinto, son of the late Angelo, 13 assorted wigs to be loaded on board the vessel of the English master Giuseppe Strongway travelling from Genoa to Lisbon and sold or bartered at Isac's risk.

1462

Genoa, 17 October 1715

Source: A.S.G., Notaio P. Francesco Bacigalupo, filza 2.

A deed drawn up in Marseilles on 13 September 1715 records that Michele Nunez Pereira appointed bankers Raffaele Sacerdote and his brothers his attorneys to collect from Gabriel Vittoria and his other debtors in Genoa all the money he is owed. The deed is approved by the Genoese Consul in Marseilles, Giacomo Schinchino, and signed by French notaries and translated from French by notary Bacigalupo.

1463

Genoa, 31 October 1715

Source: A.S.G., Notaio Gaetano Pino, filza 19.

Bartolomeo Teglia owes Angelo Del Mare, son of the late Jacob, 190 pounds for a quantity of vanilla he purchased. On 16 January 1716 payment is effected.

1464

Genoa, 5 November 1715

Source: A.S.G., Notaio Giovanni Battista Boccardo, filza 37.

Emanuele Semma, son of the late Abramo, makes statements relating to 4 cases of indigo blue from Guatemala shipped to Mantua to be delivered to Abram and David Fortis in Verona.

Bibliography: Zazzu-Urbani, *Ebrei a Genova*, p. 44.

1465

Genoa, 6 November 1715

Source: A.S.G., Notaio Gaetano Pino, filza 19.

Jacob Levi and Salomon Levi, appointed arbitrators by Salvatore and Abram Jarach and by Abram Mondovì, issue their judgement on silk and organzine from Piedmont, which Mondovì and his son were supposed to deliver to Jarach.

1466

Genoa, 7 November 1715

Source: A.S.G., Notaio Gaetano Pino, filza 19.

Guglielmo Blackburn, the English master of the Principe Eugenio, *represented by Giorgio Ensau, charters the vessel, complete with all equipment, to Mosè Baruch Caravaglio, son of Jacob, for cargo to be transported from Vado, near Savona, to Tunis, Biserta, Porto Farina, Susa, Monestera and Sfax. On 8 November Isac Pansier undertakes to provide the capital required for bottomry. In a further deed dated 10 November, Isac Pansier, son of the late Raffaele, states that he received goods to be loaded on board the vessel by Salomone Levi, son of the late Desiderio.*

1467

Genoa, 21 November 1715

Source: A.S.G., Archivio Segreto, n. 1391.

Copy of the rules of the Congrega *which direct that disrespect to the school and schoolmates is subject to fines to be paid to the* Eccellentissima Camera *and the Jewish alms in equal parts.*
Copy of the regulation.

Giovedi 21 novembre 1715. Volendo con la maggior atenzione riparare per quanto si possa al grave abuso del poco rispetto et riverenza che pur troppo si pratica nella nostra scuola, percio, inherendo ad una parte già tempo passata sopra questo proposito, hora si rinuova con advertire che chi si sia che ardirà di haver liti nella detta scuola o alzare la voce con parole ingiuriose al compagno caderà nella pena di lire 25 per ognivolta che contrafarà, d'aplicarle mettà all'Eccellentissima Camera et l'altra metà alla casseta delle elemosine de nostri poveri, oltre l'esser interdeto dalla detta scuola a beneplacito delli Massari. E concedendole di nuovo l'ingresso nella medema dovrà usare quelle cerimonie che li saranno detati dalli Massari. Et chi ardisce di alzare la mano per percuotere al compagno caderà nella pena di lire 50, d'aplicarli come sopra, oltre l'essere interdeto e tutto come sopra.

1468

Genoa, 21 November 1715

Source: A.S.G., Notaio Gaetano Pino, filza 19.

Dispute between Manuel Mendosa, son of the late Emanuel, and Abram Mendes Ozuna, also called Gabriel di Vittoria, son of the late Moise, whose identity is vouched for by Pellegrino Rapa, son of late Marco Anselmo and Abram Barzilai, son of the late Jacob.

1469

Genoa, 22 November 1715

Source: A.S.G., Notaio Gaetano Pino, filza 19.

Angelo Rafaele Minerbi, son of the late Jacob, appoints David, son of Abram Vita Fano from Mantua, his attorney to collect money and goods from Israel Levi, called Monferrino.

1470

Genoa, 26 November 1715

Source: A.S.G., Notaio Gaetano Pino, filza 19.

Sebastiano Merello admits that in the agreement for the sale of a vessel signed by himself and by Luigi Alignan, a Frenchman, the goods subject to bottomry are also in the name of Alessandro Gio. Antonio Della Costa, who has been informed of the sale. Merello admits at a later date that no money was paid to captain Alignan and that the sale was simulated so that the vessel could set sail.

1471

Genoa, 11 December 1715

Source: A.S.G., Notaio Gaetano Pino, filza 19.

Giovanni Antonio Merello and Alessandro Della Costa, son of the late Emanuele, agree on the ownership of the goods, effects and money pertaining to the vessel Galera rosa e Nostra Signora delle Grazie e S. Antonio da Padova. *They agree that a third belongs to Giovanni A. Merello, a third to Alessandro Della Costa and a third to Simone Conte from Nice. Should Conte fail to pay, his third is to be divided between Merello and Della Costa. The vessel will travel the route Genoa-Sardinia-Calabria-Naples-Genoa and the Rivieras.*

1472

Genoa, 7 January 1716

Source: A.S.G., Notaio Gaetano Pino, filza 20.

Jacob Levi, son of the late Salvatore, states that he has received 21,200 pounds from Giuseppe Auber, French Consul in Genoa, as surety and mortgage for expenses incurred whilst serving the King of France.

1473

Genoa, 7 January 1716

Source: A.S.G., Notaio Gaetano Pino, filza 20.

Emanuel Mendosa, son of the late Emanuel, renounces, assigns and transfers to his wife Giuditta, daughter of Jacob Moreno, his shares and mortages in regard to the pinco *named* il Venturiere. *The deed protects his wife's dowry, consisting of 900 pieces and 200* scudi, *as per the dowry contract. The document, drawn up in Nice in 1689 and translated from Hebrew into the vernacular by the head of the Jewish community in Genoa, Rabbi Pellegrino Rapa, is not included.*

1474

Genoa, 7 January 1716

Source: A.S.G., Notaio Gaetano Pino, filza 20.

Jair Sacerdote takes part in an agreement, being the attorney for Michele Nunes Pereira from Marseilles. Nunes Pereira is owed 9,677.99 francs by Gabriel De Vittoria, and Gabriel Mendosa for 56 rolls of tobacco from Brazil. The sum cannot be paid back because of some unfortunate incident.

1475

Genoa, 25 January 1716

Source: A.S.G., Notaio Gaetano Pino, fiza 20.

Agapito Centurione produces for the notary a bill of exchange issued in Leghorn in the name of Sabato, son of Samuel Levi, and Mosè Joseph Coen.

1476

Genoa, 27 January 1716

Source: A.S.G., Notaio Gaetano Pino, filza 20.

Francesco Maria Moro, patrono, *charters the vessel* Nostra Signora di Misericordia e il Venturiere *to Alessandro Gio. Antonio Della Costa, son of the late Emanuel, represented by Gabriel Fonseca Della Costa, son of the late Emanuele. The* patrono *undertakes to sail to Savona and thence to Nice, Marseilles, La Goulette, Tunis and deliver the cargo to* Signor Dottore Gabriele de Mendosa.

Note: See below, Doc. 1507.

1477

Genoa, 29 January 1716

Source: A.S.G., Notaio Gaetano Pino, filza 20.

Before his attorney Pietro Antonio Bairo, Amadeo Grozan, son of the late Gabriele, states that he owes Raffaele Sacerdote and his brothers 1,086.4.8 pounds as per the bills of exchange which Grozan gave the Sacerdote brothers.

1478

Genoa, 10 February 1716

Source: A.S.G., Notaio Gaetano Pino, filza 20.

Alessandro Gio. Antonio Della Costa appoints Mosè Farfara, who lives in Tunis, his attorney to collect money and goods from Simone Levi Soncino from Tunis.

1479

Genoa, 13–17 February 1716

Source: A.S.G., Archivio Segreto, n. 1391.

The Protectors of the Jewish community must report to the Senate on measures to be taken to arrest the people responsible for the quarrel in the synagogue between Samuel Faro from Leghorn, under the protection of the Emperor and Emanuel Moreno from Leghorn, both Jewish.

1480

Genoa, 15 February 1716

Source: A.S.G., Notaio Gaetano Pino, filza 20.

Before the Uditori della Rota Civile, *Emanuel Finzi gives Giuseppe De Augusti 130 8-real pieces, as per the bill of exchange issued in Leghorn, in which Jacob Segni and Emanuele Alessandro Gallico are mentioned.*

1481

Genoa, 28 February 1716

Source: A.S.G., Archivio Segreto, n. 1391.

The Protectors of the Jewish community order that Abram Luria, son of the late Aron, be jailed. Luria, temporarily in Genoa, had been given some help because of his poverty but, unhappy with the alms, had begun insulting people.

1482

Genoa, 3 March 1716

Source: A.S.G., Notaio Gaetano Pino, filza 20.

Salvatore and Abram Jarach, sons of the late Enoch, from Casale Monferrato but living in Genoa, undertake to pay their creditors in Geneva 27% of their own credits, guaranteed by Jacob Levi. The creditors are represented by Giovanni Fontanes and Claudio Simone De Lillac. In a further deed dated 3 March, Salvatore and Abram Jarach undertake to pay and give Giovanni Fontanes and Claudio Simone De Lillac, in addition to the 27% as above, 7,000 francs worth of silk. Fontanes and Simone De Lillac accept on behalf of their clients. In a further deed dated 23 March, Salvatore and Abram Jarach state that their wives, Ricca Anna and Rosa, renounce what they are entitled to.

1483

Genoa, 11 March 1716

Source: A.S.G., Notaio P. Francesco Bacigalupo, filza 3.

Giuseppe Pienovi, having been entrusted by Emanuele Finze with the task of collecting 500 pounds from Gaetano Bado, states that he has received 175 pounds in settlement, having already been given 325 by Bado.

1484

Genoa, 11 March 1716

Source: A.S.G., Notaio Gaetano Pino, filza 16.

Isac Del Mare, son of the late Jacob, states that he has received from Lazzaro Sacerdote, son of Finale, 3 filze *of 102 coral pieces* netti, *72 ounces each, worth 6 real each, as well as 7 pounds worth of coral for 10 pieces per pound. Isac Del Mare undertakes to load the coral on board the English master Enrico Forest's vessel travelling from Genoa to Gibraltar and sell the coral there at the best profit. The proceeds are to be shared between himself and Sacerdote.*

1485

Genoa, 12 March 1716

Source: A.S.G., Notaio Gaetano Pino, filza 20.

Giuseppe Benedetto Rapa, son of the late Emanuele, and Simon Rapa, son of Grazzino, form a company with Lazzaro Sacerdote's approval. Among other conditions, it is agreed that cargo is to be delivered to Chiavari, where Giuseppe Benedetto Rapa lives.

1486

Genoa, 16 March 1716

Source: A.S.G., Notaio Gaetano Pino, filza 20.

Ludovico Beretta, on behalf of Nicolò Canevari, lets a house with a garden and piazza, *near the church of San Bartolomeo degli Armeni, above the Aqueduct, to Salomone Sacerdote, son of the late Joseph Azariel, for 3 years. The rent is 200 pounds per year. On 7 March 1719 Sara, Salomone Sacerdote's wife and attorney, states that the husband does not want to live there any longer. One of the witnesses is Salomone Tedeschi.*

Note: Salomone Sacerdote's house is the only one, so far, which is situated far from the area where the other Jews live, near Piazza dell'Olmo and the free port warehouses.

1487

Genoa, 17 March 1716

Source: A.S.G., Notaio Gaetano Pino, filza 20.

Salomone Gubbia, son of the late Lazzaro, appoints Agostino De Scalzi from Chiavari his attorney to collect money and property.

1488

Genoa, 30 March 1716

Source: A.S.G., Archivio Segreto, n. 1391.

A note found in the calice *of the Lesser Council is read before the* Collegi. *It emphasizes that neither the obligation to wear the badge nor the ghetto are being imposed on the Jews. The* Giunta di Giurisdizione e la Giunta del Traffico *are requested to take action.*

1489

Genoa, 3 April 1716

Source: A.S.G., Notaio Gaetano Pino, filza 20.

Salvatore and Abram, sons of the late Enoch Jarach, from Casale, who live in Genoa, appoint Giuseppe Arcari, a lawyer from Mantua, their attorney, to deal with any legal matters, actions and litigations.

1490

Genoa, 6 April 1716

Source: A.S.G., Notaio Gaetano Pino, filza 20.

Antonio Forbin, master of the vessel Gran S. Antonio, *undertakes to return the sum of 1,500* scudi *advanced by Salomone Sacerdote, son of the late Joseph Azariel, for the vessel before the end of April.*

1491

Genoa, 15 April 1716

Source: A.S.G., Notaio Gaetano Pino, filza 20.

Upon Simone Rapa's request Giuseppe Mazzoletti, goldsmith, states that he has bought from him an ornate silver hilt-guard, 11 ounces in weight, for 4.4 pounds per ounce.

1492

Genoa, 20 April 1716

Source: A.S.G., Notaio Gaetano Pino, filza 20.

As requested by Giuseppe Benedetto Rapa, son of the late Emanuele, Francesco Puccio, patrono, *states that Rapa, allowed to embark in Lerici by Stefano Rufo, was ordered to disembark in Bocca di Magra, instead of in Leghorn.*

1493

Genoa, 21 April 1716

Source: A.S.G., Notaio Gaetano Pino, filza 20.

Angelo and Isac Del Mare, sons of the late Jacob, state they owe Abbot Giovanni Tommaso and Abbot Giuseppe Centurione, represented by Reverend Michele Olivari, 1,094.8 pounds, for 12 balloni *of writing paper.*

1494

Genoa, 22 April 1716

Source: A.S.G., Notaio Gaetano Pino, filza 20.

Upon Pedro Moreno's request, Leone Tedesco, son of Giuseppe, makes a statement on the damage sustained by the vessel la Speranza, *under the command of her English master Guglielmo Hamm sailing to Porto Vecchio, following the bad weather encountered sailing from Genoa to Barcellona and back.*

1495

Genoa, 29 April 1716

Source: A.S.G., Notaio Gaetano Pino, filza 20.

Giuseppe Venier and Domenico Tiscornia promise to deliver to Salomone Levi, son of the late Desiderio, 542 pairs of silk ladies stockings, at 5 pounds per pair. Salomone undertakes to pay a total of 2,710 pounds and to give Venier and Tiscornia the items and goods as per the relevant invoice.

1496

Genoa, 30 April 1716

Source: A.S.G., Notaio Gaetano Pino, filza 20.

Raffaele Sacerdote and his brothers, owing Abram Levi del Banco and his business in Venice 105,390.6.11 pounds in regard to four bills of exchange for 244. 5.7 pounds and other bonds give Abram a number of items, including 4 carati *from a vessel of theirs.*

1497

Genoa, 4 May 1716

Source: A.S.G., Notaio Gaetano Pino, filza 21.

Lazzaro Sacerdote, son of Finale, appoints Salomone Racah, from Leghorn, his attorney to reach an agreement with Abram and Isac Del Rios in regard to money and property.

1498

Genoa, 4 May 1716

Source: A.S.G., Notaio Gaetano Pino, filza 21.

Abram Racah, son of the late Massot, revokes a power of attorney given to Raffaele Sacerdote and his brothers and appoints Nicola Maria Castro his attorney to collect money owed to him at the Easter Fair or at the fair at Santa Margherita of Brabante (Belgium).

1499

Milan, 6 May-Genoa, 18 October 1716

Source: A.S.G., Archivio Segreto, n. 2309, Lettere di ministri.

Carlo Francesco Pedemonte, agent in Milan for the Republic of Genoa, writes to the Signoria, *as requested by the Piero Visconti,* Gran Cancelliere di Milano. *The latter would like the Genoese agent to support a petition to the Genoese government from Giacomo Agnese, from Milan. In his petition, Agnese explains how he fears that granting a general safe-conduct to the Sacerdote brothers' creditors might have a negative effect on him. The Sacerdote brothers owe him 90,000 pounds for the purchase of foreign drapes. He asks to be exempted from the safe-conduct, having not yet received his due, as partly established by two bills of exchange issued in Genoa. In a further letter the* Giunta dei Confini, *being informed, explains that the Sacerdote brothers were granted a general free port benefit and not a personal safe-conduct. The parties, following diplomatic negotiations, agree on a solution. Count Molinari, the Emperor's representative in Genoa, asks Agnese not to harass the Sacerdote brothers. He agrees for the sum of 46,163 pounds to be paid to him partly in August (23,081.17.6 pounds) and partly (1,944.7.5 pounds) at the* fiera di apparizione *of 1717, charging 4% interest for the delay.*

1500

Genoa, 13 May 1716

Source: A.S.G., Notaio Gaetano Pino, filza 21.

Salomone Sacerdote, son of the late Joseph Azariel, on behalf of Raffaele Sacerdote and his brothers, states that he has received from Ignazio Pallavicino, son of the late Felice, the sum of 705.13 pounds, which was owed to him. He further states that he has received from Ignazio Pallavicino an order for Abbot Don Pietro Pallavicino, his attorney, to give the Sacerdote brothers all the money he will collect in Palermo from Gio. Gerolamo Pesce.

1501

Genoa, 22 May 1716

Source: A.S.G., Notaio Gaetano Pino, filza 21.

Salomone Sacerdote, son of the late Joseph Azriel, appoints Anselmo Levi del Banco from Venice his attorney. He is given the authority to sell, alienate, pledge and mortgage to anybody any capital deposited at the Mint of Venice by the Sacerdote brothers.

1502

Genoa, 26 May 1716

Source: A.S.G., Notaio Gaetano Pino, filza 21.

Salomone Tedeschi, son of Giuseppe, sells Salvatore Jarach, son of the late Enoch, an enamelled metal clock decorated with figures for 12 French gold Louis.

1503

Genoa, 26 May 1716

Source: A.S.G., Notaio Gaetano Pino, filza 21.

Arbitration agreement in regard to the charter of a polacca, *between the English master Guglielmo Hamm and Jacob Della Costa, attorney of his father Alessandro Gio. Antonio. The proceedings start on 29 April with a deed drawn up by the same notary.*

1504

Genoa, 9 June 1716

Source: A.S.G., Notaio Gaetano Pino, filza 21.

As requested by Salomone Sacerdote, who acts on behalf of his brothers, Carlo Dall'Acqua states that Don Bartolomeo Spongali from Alessandria asked one of the Sacerdote brothers in Genoa for a letter of credentials and money for Don Bernardo Spongali in Madrid. The money was to be paid back by Don Bartolomeo in Alessandria. In a further deed dated 26 August Giovanni De Molin states that 6 years previous in the Sacerdote's scagno, *he saw one of the Spongati (or Spongali) brothers, from Alessandria, ask Salomone for some letters of credit. These should be given to one of them, who was on his way to Madrid, but the relevant amount was to be paid by the other brother.*

Note: *Scagno* is a Genoese term for business premises, or office.

1505

Genoa, 15 June 1716

Source: A.S.G., Notaio Gaetano Pino, filza 21.

Abram Luzena, son of Jacob, appoints Juda Supino his attorney to collect, in London, a case of raw coral loaded in Leghorn by Jacob Ergas, son of Raffaele, and delivered to Simone Francia in London.

1506

Genoa, 22 June 1716

Source: A.S.G., Notaio Gaetano Pino, filza 21.

Gaspare Pedemonte states that he owes Alessandro Gio. Antonio Della Costa, son of the late Emanuele, and his son Jacob on his behalf, 414.6 pounds, the price of a case of sugar.

1507

Genoa, 25 June 1716

Source: A.S.G., Notaio Gaetano Pino, filza 21.

Alessandro Gio. Antonio Della Costa, son of the late Emanuele, appoints Mosè Farfara his attorney to represent him in Tunis and other places in connection with his property on board the pinco *of master Francesco Moro,* Nostra Signora di Misericordia e il Venturiere.

Note: See above, Doc. 1476.

1508

Genoa, 30 June 1716

Source: A.S.G., Notaio Gaetano Pino, filza 21.

As requested by Angelo Del Mare, son of the late Jacob, Lazzaro Sacerdote, son of Finale, states that Del Mare asked him to transport some cargo as a favour when dealing with the charter of a pinco *to Tunis on behalf of Alessandro Gio. Antonio Della Costa and Emanuele Mendosa, specifying that Della Costa was not to be involved in the matter.*

Note: See below, Doc. 1512.

1509

Genoa, 1 July 1716

Source: A.S.G., Notaio Gaetano Pino, filza 21.

Jacob Levi, son of the late Salvatore, sublets to Abram Pillet and Filippo De Salles the top flat in the building he has rented from Sforza Francesco Sauli, near the church of San Giorgio. The term is for two years and the yearly rent is 700 pounds .

1510

Genoa, 1 July 1716

Source: A.S.G., Notaio Gaetano Pino, filza 21.

Francesco Burlando states that he received from Mosè Baruc Carvalio, son of Jacob, 1,500 pounds, accepted as bottomry on cargo to be loaded on board the vessel S. Giuseppe *of the French master Joseph Baron, travelling from Genoa to various destinations.*

1511

Genoa, 3 July 1716

Source: A.S.G., Notaio Gaetano Pino, filza 21.

Finale Sacerdote, on behalf of Raffaele Sacerdote and his brothers, appoints Saul Consiglio from Verona his attorney to collect from Salomone Raffaele Jona, son of the late Joshua, 2,261 pounds and 1/2, which he owed the Sacerdote brothers.

1512

Genoa, 3 July 1716

Source: A.S.G., Notaio Gaetano Pino, filza 21.

Before the Uditori della Rota Civile *Angelo Del Mare asks that Salvatore Jarach, son of the late Enoch, be interrogated. He states that he warned Alessandro Gio. Antonio Della Costa not to interfere with Emanuele Mendosa in regard to a cargo sent to Tunis on board a vessel chartered to Della Costa. From Salomone Tedeschi's statement it is evinced that* l'ebreo Alessandro Gio. Antonio Della Costa è l'istesso che è Abram Fonseca, che è il suo nome nella nazione ebrea.

Note: See above, Doc. 1508.

1513

Genoa, 10 July 1716

Source: A.S.G., Notaio Gaetano Pino, filza 21.

Beniamino Barbaud states that he has received from Mosè Baruch Carvaglio, son of Jacob, 2,500 pounds, accepted as bottomry on cargo on board the vessel Fenice *travelling from Genoa to Barbary and back to Genoa, with the English master Giovanni Hone. His son Abram Vita Carvaglio is present as attorney.*

1514

Genoa, 20 July 1716

Source: A.S.G., Notaio Gaetano Pino, filza 21.

Diamante, daughter of the late Ventura Landi (perhaps Laudi) and her husband Benedetto Sarfatti, son of the late Mattatia, make out a receipt to Emanuele, Mosè and Ruben, brothers of Diamante, for any claims of dowry on the part of the couple, enonciata nella carta dotale fra essi fatta all'uso ebraico. *On the identity of husband and wife, testimony is provided by Judah Crispino, son of the late Raffaele, and Recamino Cabib, son of the late Said; among the witnesses, Israel Cabib is also mentioned.*

1515

Genoa, 31 July 1716

Source: A.S.G., Notaio Gaetano Pino, filza 21.

Emanuele Bachi, son of the late Donato Moisè, appoints Giuseppe Collona, Abram Mondovì and sons his attorneys to settle disputes with Lazzaro Ovazza.

1516

Genoa, 31 July 1716

Source: A.S.G., Notaio Gaetano Pino, filza 21.

Don Antonio Cattalani de Moncada appoints Salomone Tedeschi his attorney to collect from Agostino Rebella whatever he claims.

1517

Genoa, 31 July 1716

Source: A.S.G., Notaio Gaetano Pino, filza 21.

Judah Crispino appoints his son Abram his attorney to accept the privilege granted by His Royal Highness (perhaps the Grand Duke of Tuscany) whereby he is allowed to pay 154 pieces instead of 154 scudi *emphyteutic fee, to undertake on his behalf to build on top of the house in question a floor worth 700 pieces, and in general to do anything suitable and required.*

1518

Genoa, 31 July 1716

Source: A.S.G., Notaio Gaetano Pino, filza 21.

Salomone Sacerdote, son of the late Joseph Azariel, appoints Gio. Antonio and Nicola De Marini from Naples his attorneys to collect from Madama *Carlina Bassano of Naples money and property as he claims.*

1519

Genoa, 3 August 1716

Source: A.S.G., Notaio Gaetano Pino, filza 21.

Elia Giuseppe Goll, whose identity is certified by Abram Levi del Banco and Salomon Tedeschi, appoints Salomone Levi del Banco, who lives in Venice, his attorney to collect from the bank of the Venetian Republic and from Adriano Van Westenappel 400 ducats, as per a bill of exchange issued in Amsterdam.

1520

Genoa, 14 August 1716

Source: A.S.G., Notaio Gaetano Pino, filza 21.

Giuseppe D'Aubert undertakes and mortgages to Jacob Levi, son of the late Salvatore, una cartolina di franchi 5,000 sopra la casa della città di Parigi *for a total of 2,216.13.4 pounds, owed to Levi, who is also appointed D'Aubert's attorney.*

1521

Genoa, 31 August 1716

Source: A.S.G., Notaio Gaetano Pino, filza 21.

Salomone Sacerdote, son of the late Joseph Azariel, states that he has received from Pietro Lagomarsino 100 pounds which, added to the 100 pounds paid by Lagomarsino to Angelo Raffaele Minerbi, total 200. This is accepted by Salomone in payment of the 300 pounds which Lagomarsino owes Felice Coen from Ferrara. On 2 March 1717 payment is settled.

1522

Genoa, 26 October 1716

Source: A.S.G., Notaio Domenico Federici, filza 3.

Giovanni Giordano, a witness interrogated at Abramo Mendez Ozona's request, states that Emanuele Mendoza, in Genoa, owns the pinco *called* il Venturiere. *The vessel sailed to Tunis with sundry cargo and was detained there because of debts, but escaped and sailed back to Genoa, where it was sold for 800 pieces. The vessel's* patrono *is Francesco De Moro, from Voltri. The same is testified by Antonio Gautier, from France, and Michele Oderio, a caulker in Voltri.*

Note: See below, Doc. 1523.

1523

Genoa, 27 October 1716

Source: A.S.G., Notaio Domenico Federici, filza 3.

At Abram Mendes Ozuna's request, Mosè De Emanuel, son of the late Abram, testifies in regard to the vessel il Venturiere. *He states that Emanuele Mendoza tried to sell the* pinco *to the Frenchman, who then bought it.*

Note: See above, Doc. 1522.

1524

Genoa, 19 December 1716

Source: A.S.G., Archivio Segreto, n. 1391.

The Protectors of the Jewish community, following a petition by Samuel and Joseph Del Meida, order the Commissioner of San Remo to stop harassing Jews for debts contracted with foreigners outside the Dominion, as per the Charter granted to the Jewish community in 1710.

1525

Genoa, 15 March 1717

Source: A.S.G., Notaio P. Francesco Bacigalupo, filza 5.

Deed drawn up in French, in which the notary certifies that Jair and Finale Sacerdote live in Genoa.

1526

Genoa, 15 March 1717

Source: A.S.G., Notaio P. Francesco Bacigalupo, filza 5.

Testimony is given before the notary that Salomon Sacerdote, son of the late

Joseph Azariel, his wife Sara Levi del Banco and his daughter Ricca Sacerdote, live in Genoa. The deed is in French.

1527

Genoa, 15 March 1717

Source: A.S.G., Notaio P. Francesco Bacigalupo, filza 5.

Finale Sacerdote, son of the late Joseph Azariel, appoints his brother Moisè Sacerdote, who lives in Paris, his attorney, to collect arrears relating to 336 pounds worth of tornesi, *for his son Jair. The deed is in French.*

Bibliography: On Moisè Sacerdote, see Ferorelli, *Gli ebrei nell'Italia meridionale*, p. 248.

1528

Genoa, 15 March 1717

Source: A.S.G., Notaio P. Francesco Bacigalupo, filza 5.

A power of attorney in French, in which Salomone Sacerdote, son of the late Joseph Azariel, entrusts his brother Mosè Sacerdote, who lives in Paris, with the task of collecting the income from a 616 pounds life annuity. The income is for Salomone, his wife Sara Levi del Banco and his daughter Ricca.

1529

Genoa, 17 March 1717

Source: A.S.G., Archivio Segreto, n. 1391.

A note in the calice *of the Lesser Council complains that the Jews do not wear the badge and have no ghetto. The* Giunta di Giurisdizione *is requested to take suitable action.*

1530

Genoa, 12 May-20 July 1717

Source: A.S.G., Senato, Atti, n. 2955.

Arbitration agreement before the Senate, signed by the notary Gaetano Pino, relating to the litigation between Sabato, son of Samuele Levi from Leghorn, and Giuseppe Maria Bado, from Genoa before the Padri del Comune.

1531

Genoa, 17 May 1717

Source: A.S.G., Notaio Domenico Federici, filza 2.

Caterina, widow of Pietro Giovanni Torre, lets to Samuel Luzena, son of the late Isac, a flat in Piazza dell'Olmo, at 300 pounds yearly rent, to be renewed every year.

1532

Genoa, 25 June 1717

Source: A.S.G., Archivio Segreto, n. 1391.

The Protectors of the Jewish community, as ordered by the Senate, must make inquiries on the Del Mare family, reported in an unsigned letter to have been threatening and segregating Giuditta, their daughter, who wants to become a Christian.

1533

Genoa, 23 July–6 August 1717

Source: A.S.G., Archivio Segreto, n. 1391.

A note found in the Lesser Council calice *is read to the* Collegi *and then sent to the Protectors of the Jewish community in order for them to punish the Jews who do not wear the badge and to take action for the ghetto to be built.*

1534

Genoa, 26 August 1717

Source: A.S.G., Senato, Atti, n. 2955.

Abram Luzena asks the Senate to insert in his real and personal safe-conduct additional 6 months.

1535

Genoa, 30 August 1717

Source: A.S.G., Archivio Segreto, n. 1391.

Vote by the Collegi *permitting Francesco Invrea, Protector of the Jewish community, to exempt Judah Crispino from the obligation to wear the badge, following his petition.*

Note: See above, Doc. 1536.

1536

Genoa, 30 August–10 September 1717

Source: A.S.G., Archivio Segreto, n. 1391.

Francesco Invrea, Protector of the Jewish community, delegated by the Collegi, *grants Isac Pinto, who has been living in Genova for 7 years, exemption from wearing the badge for 4 years. Other Jews are also granted the exemption, which is not, however, extended to their families and servants. In addition to Isac Pinto, the Jews exempted from wearing the badge are as follows: Jacob Levi, Salomon Levi, Abram Levi, Isac Levi, Emanuele Finzi, Judah Crispino, Racamin Cabib, Beniamino Racah, Abram Racah, Jacob*

Della Costa, Daniele Della Costa, Emanuele Della Costa, Giuseppe Della Costa, Isac Della Costa, Davide Della Costa, Salomone Della Costa.

Note: The same deed reports a further two lists, with the same names. The first list specifies the persons granted the privilege:
Sacerdote brothers with Angelo Raffaele Minerbi *scritturale*; Sansone Bachi *sottoscritturale*; Isac Sacerdote Rappa, free port assistant; Salomone Vitta, servant; Israel Ortona, servant; Giuseppe Picchiotti, servant; Jacob Polido, servant; Samuel Luzena; Angelo Del Mare; Alessandro Della Costa; Abram Levi del Banco and Isac Levi del Banco from Venice and their servant Gabriel Polido.
The second list specifies the Jews who qualify to be granted exemption:
Jacob Levi, Salomone Levi, Abram Levi, Isac Levi, Emanuele Finzi, Judah Crispino, Racamin Cabib, Beniamino Racah, Abram Racah and Isac Pinto. See Docs. 1535, 1542, 1545.

1537

Genoa, 28 September 1717

Source: A.S.G., Archivio Segreto, n. 1192, Jurisdictionalium.

The Giunta di Giurisdizione *orders that Caterina Brignardelli, who surreptitiously baptized the daughter of the Jews Raffaele and Stella Recchi with the name Maria, be released from jail where she had been taken following the Senate's order. Caterina had baptized the 20-month-old girl in the Jews' kitchen, where she worked as a servant, because the girl was ill. Caterina then did it again, but the girl died. On 8 October Caterina leaves the jail.*

1538

Genoa, 18 November 1717–15 February 1719

Source: A.S.G., Archivio Segreto, n. 1391.

The Massari, *invoking the privilege of juridical autonomy, ask the* Collegi *to revoke a verdict by the* Rota Civile *in the case of the Sacerdote brothers versus Salomone Gubbia.*

1539

Genoa, 3 January 1718

Source: A.S.G., Notaio P. Francesco Bacigalupo, filza 7.

Nicolò Pallavicino and Abram Levi del Banco appoint Giacomo Schinchino, the Genoese Consul in Marseilles, their attorney to collect money, charter fees and others from the French captain Giacomo Degoti. In Venice he loaded 100 sheets of glass from the company of Salomon Levi del Banco, to be delivered in Genoa to Nicolò Pallavicino. In Leghorn, however, the captain sold 20 sheets of glass without Pallavicino's authorization, and never continued the journey.

1540

Genoa, 14 January 1718

Source: A.S.G., Notaio P. Francesco Bacigalupo, filza 7.

Giuseppe D'Aubert, the French Consul in Genoa, confirms to Giacob de Levi the proceeds from the sales he carried out of the 5,000-franc capital, with the accrued interest.

Note: See below, Docs. 1541, 1547.

1541

Genoa, 14 January 1718

Source: A.S.G., Notaio P. Francesco Bacigalupo, filza 7.

The French Consul in Genoa, Giuseppe D'Aubert, sells to Jacob Levi 200 pounds profits on the 5,000-pound capital relating to French taxes and duties. The deed was drawn up in French.

Note: See Docs. 1540, 1547.

1542

Genoa, 21 January 1718

Source: A.S.G., Senato, Diversorum Collegi, n. 202.

The Jewish community asks the Collegi *to include among the Jews granted exemption from wearing the badge the families and agents of the free port merchants. They also ask for the exemption to be granted by the Protectors with the* Collegi's *approval and not just for 4 years, thus favouring foreign merchants. The* Collegi, *having examined the petition, suggest that the Doge defer the matter to the Deputies of the Jewish community, in order for them to take suitable action in regard to families and terms. The suggestion, however, obtains* per binas vices nil actum.
A list is enclosed with the petition, indicating the following:
Abram Racah, who has already been granted the privilege, asks for its extension to his brother Salomon Racah and his agent Gabriel Raba.
Emanuele Della Costa, who has already been granted the privilege for his children and grandchildren, asks that it be extended to Isac De Pas and his brother Sabato De Pas, agents, and to Isac Rapa, free port assistant.
Racamin Cabib asks for the privilege to be granted to his grandchildren Israel, Giuseppe and Benedetto.
Beniamino Racah asks for the privilege to be granted to his brother Gabriel Racah.
Raffaele Sacerdote and his brothers ask for the privilege to be granted to their servants Angelo Minerbi and Sansone Bachi, to Isac Sacerdote Rapa, free port assistant, and to their servants Israel Ortona and Giuseppe Picchiotti.

Note: See Docs. 1536, 1545.

1543

Genoa, 31 January–12 February 1718

Source: A.S.G., Archivio Segreto, n. 1391.

The Protectors of the Jewish community, upon the Collegi's *request, grant the brothers Emanuele and Samuele Sema from Venice exemption from wearing the badge, following their petition, in which they explain they moved to Genoa* per aggiustar conti.

1544

Genoa, 4 February 1718

Source: A.S.G., Senato, Diversorum Collegi, n. 202.

Gabriel Polito asks the Collegi *to grant him exemption from wearing the badge for 3 years. His petition, however, results in* nil actum.

1545

Genoa, 21 February 1718

Source: A.S.G., Archivio Segreto, n. 1391.

The Collegi *ask the Protectors of the Jewish community to grant the Sacerdote brothers' request to have their employees exempted from wearing the badge. Permission to do so had already been granted in 1711 (Doc. 1266). The employees in question are Angelo Raffaele Minerbi,* scritturale; *Sansone Bachi; Isac Rapa, free port assistant; Israel Ortona, Giuseppe Picciotto and Salomone Tedesco, servants.*

Note: See above, Docs. 1536, 1542.

1546

Genoa, 21 February 1718

Source: A.S.G., Archivio Segreto, n. 1391.

The Collegi *ask the Protectors of the Jewish community to take suitable action in view of the petition presented by Emanuele Cracovia,* suddito di Sua Maestà Cesarea, *now living in Genoa. Cracovia asks to be granted exemption from wearing the badge together with his nephews Mosè, son of the late Lazzaro and Salomon Cracovia. He furthermore asks not to be harassed during his stay. The Cracovias will then leave for Venice.*

1547

Genoa, 22 February 1718

Source: A.S.G., Notaio P. Francesco Bacigalupo, filza 7.

Statement in which Giacob de Levi is authorized to sell a 5,000-franc capital and interests in connection with la casa della città di Parigi *since the French Consul in Genoa, Giuseppe D'Aubert, will not settle the above capital and interest within the agreed 3 years.*

Note: See above, Docs. 1540, 1541.

1548

Genoa, 22 March 1718

Source: A.S.G., Notaio Domenico Federici, filza 3.

As requested by Lazzaro Montal, son of the late Abram, a Jew from Smyrna, Jacob, also called Giovanni, son of Alessandro Della Costa, states that Montal left with them 3 cases with his own seal, containing gold, silver, beautiful linen and fine clothes. They were supposed to keep them in the house until his return from the Algiers coast and were allowed to take from them some books and other items. The cases were never returned to Montal since between him and the Della Costa family there were qualche differenza
On 24 March Giacomo Casella states that, having gone to Alessandro Gio. Antonio Della Costa's warehouse to deliver some letters from Tunis, he met Lazzaro Montal there. He wanted his 3 cases, but Della Costa replied that matters were to be settled between them first. The same is stated by Giovanni Battista De Michelis on 25 March. He was at the free port. In a further deed dated 25 March Lazzaro Montal states before the notary that he wants to have an aggiustamento con i Della Costa.

1549

Genoa, 7 April–1 July 1718

Source: A.S.G., Senato, Miscellanea, n. 1143.

Angelo Antonio Manfredi and Pietro Antonio Manfredi owe Salomone Levi 4,149.4 pounds on failed payments from 1712 to 1718.

1550

Genoa, 10 May 1718

Source: A.S.G., Archiivio Segreto, n. 1391.

The Collegi, *having read a note in the* calice *requesting the setting up of a ghetto and the obligation for Jews to wear the badge, inform the Protectors of the Jewish community that they must report on the measures to be undertaken and profits brought about by the Jewish community to the* Casa di S. Giorgio

1551

Genoa, 20 May 1718

Source: A.S.G., Archivio Segreto, n. 1391.

Note in the Lesser Council calice *against the Jewish community, accused of treachery and of walking about without the badge, and against Crispino (possibly Juda Crispino) who pretends to be an Abbot from Florence. The note is read to the* Collegi *and sent to the Protectors of the Jewish community in order for them to take suitable action.*

1552

Genoa, 9 June–4 July 1718

Source: A.S.G., Archivio Segreto, n. 1391.

Upon the Collegi's *request, the Protectors of the Jewish community release*

from jail Angelo De Benedetti from Leghorn on bail. He was arrested by the bargello *as ordered by the* Residenti di Palazzo, *having been found in* luogo inonesto.

1553

Tunis, 9 September–Genoa 22 December 1718

Source: A.S.G., Archivio Segreto, n. 1391.

Letter from Tunis, sent by Gioacchino Dell'Amatrice, a Capuchin, to the Giunta di Giurisdizione, *suggesting that they inquire about Joseph Mendes Ozuna, who arrived in Tunis by sea with a pregnant woman from Genoa and apparently is trying to convert her to Judaism.*

1554

Genoa, 27 January–3 February 1719

Source: A.S.G., Archivio Segreto, n. 1391.

Note found in the Lesser Council calice, *read to the* Collegi *and sent to the Protectors of the Jewish community in order for them to take suitable action against those Jews who do not wear the badge and do not live in the ghetto.*

1555

Genoa, 4–13 April 1719

Source: A.S.G., Archivio Segreto, n. 1391.

Memorandum by the Lesser Council, read to the Collegi *and sent to the Protectors of the Jewish community in order for them to establish a ghetto and oblige the Jews to wear the badge.*

1556

Genoa, 19 April 1719

Source: A.S.G., Notaio Francesco Maria Viale, filza 6.

Bill of exchange, according to which Abram Luzena, son of Jacob, owes Angelo Rocco 66.7 pounds and 8-reals.

1557

Genoa, 18 May 1719

Source: A.S.G., Notaio Giuseppe Pompeo Ratto, filza 2.

Jacob Levi, son of the late Salvatore, appoints Giuseppe Maria Ageno his attorney to deal with any legal actions taken or to be taken against Aronne Coen.

1558

Genoa, 9 June 1719

Source: A.S.G., Notaio P. Francesco Bacigalupo, filza 9.

A deed in French, in which Jacob Levi, son of the late Salvatore, appoints Marc'Antonio Verzura, living in Paris, his attorney for a 5,000-franc deal.

1559

Genoa, 25 August 1719

Source: A.S.G., Notaio Domenico Federici, filza 4.

Alessandro Della Costa, son of the late Emanuele, states that a sailor named Emanuele Barbagianni forced him to make a statement in notary Gaetano Pino's house, since he was illiterate.

1560

Genoa, 7 September 1719

Source: A.S.G., Notaio Domenico Federici, filza 4.

Giacomo Pittaluga, master of the vessel Nostra Signora del Carmine, *promises Alessandro Della Costa and his son Jacob, who chartered the vessel, to leave for Leghorn with the ship dry and well-equipped and hence to sail, after the 10 days required to load the cargo shipped by the Della Costas' agents, to Tunis and other places in the kingdom for one month. The captain will provide food and pay for the sailors and others at his own expense.*

1561

Genoa, 18 November 1719

Source: A.S.G., Notaio Domenico Federici, filza 4.

At Angelo Del Mare's request, Stefano Gamba and his wife Anna state that 5 or 6 years previously he bought from Del Mare 2 pieces of crimson damask at 43 soldi *per palm, for a total of 2,311 pounds. This amount included a small sum for Giovanni Maria Guagnino.*

1562

Genoa, 19 November 1719

Source: A.S.G., Notaio Domenico Federici, filza 4.

Angelo Del Mare and Salomone Gubbia, having been questioned, swear on the Holy Bible edita in idiomate ebraico *before the judges in regard to disputes arising from a company formed in 1713. Jacob Levi, Abram Racah, Lazzaro Sacerdote, Jair Sacerdote, Isachia Garda from Verona and Barzilai are mentioned. In a further deed dated 9 December the appointed arbitrators deliver a judgement to change part of the arbitrators' award.*

Note: The document dated 19 November is in poor condition because of the iron-based ink.
Bibliography: Zazzu-Urbani, *Ebrei a Genova*, p. 44.

1563

Genoa, 22 November 1719

Source: A.S.G., Notaio Domenico Federici, filza 4.

Abram Mendes Osena, son of the late Moises, and Aron Del Mare, son of the late Jacob, state that they owe Angelo Del Mare, son of the late Jacob, 4,109.14 pounds for sundries, to be paid within 4 months.

1564

Genoa, 22 November 1719

Source: A.S.G., Notaio Domenico Federici, filza 4.

Abram Mendoza Osena and Araone Del Mare draw up in writing a cooperation agreement already settled orally. The company's office will be at Tunis, where they both are going to move. The agreement will be valid for 6 years and everything will be shared equally.

1565

Genoa, 20 February 1720

Source: A.S.G., Notaio Domenico Federici, filza 5.

Agostino Giordano states that he owes Angelo Del Mare 900 pounds relating to the purchase of vanilla, to be paid back in two weeks. On 21 June, however, the Uditori della Rota Civile *grant Del Mare an attachment for 408.8 pounds. On 28 June Angelo Del Mare states that he has received from Agostino Giordano 900 pounds in a number of instalments.*

1566

Genoa, 22–24 February 1720

Source: A.S.G., Archivio Segreto, n. 1391.

Notes found in the calice *of the Great and Lesser Councils and read before the* Collegi, *reporting on the letting of a flat in Canneto, owned by the Centurione, to the Levi family. The* Giunta del Traffico e la Giunta di Giurisdizione *are notified in order for a ghetto to be built.*

Note: Canneto is a street in Genoa.

1567

Genoa, 21 June 1720

Source: A.S.G., Notaio Domenico Federici, filza 4.

Angelo Del Mare appoints his brother Aron Del Mare, living in Tunis, his attorney to collect from anybody, particularly his brother-in-law, Abram Mendes Ossona, from Tunis, money, goods and property owed to Angelo for Abram. Aron Del Mare will give receipts both to Abram and to others and will appear in court as if Angelo were in Tunis.

1568

Genoa, 28 June 1720

Source: A.S.G., Senato, Diversorum Collegi, n. 205.

The Collegi *examine Abram Roses' petition. He asks permission to move to Genoa and work as a* seatiere *in the house where he will live until a ghetto is built. Then he will move there.*

Supplica di Abram Rosez
Serenissimi Signori.
Abram Rosez, anche a' nome della sua ragion cantante sotto nome di Rosez e' Minesez, doppo aver longamente e con somma riputazione esercitata fuori di questo Serenissimo Dominio la professione di seatiere desidera stabilirsi ed esercitarla ora qui', il che spera di fare con totale sodisfazione di Vostre Signorie Serenissime. Ma' per che non vi è sin'ora quel ghetto entro del quale possa la di lui nazione ebrea abitare et esercitare i suoi mestieri, a' termine di quei privilleggi de quali è stata da Vostre Signorie Serenissime gratiata, per cio supplica egli le medesime degnarsi di

dichiarare a' caotella che sia lecito a detto Abram di esercitare detta professione nella casa di sua abitazione sino allo stabilimento del ghetto sudetto. Il che, come conforme a detti privilleggi, è come che tende ad introdurre una nuova fabrica d'ogni sorte di seta o' sia di stoffe d'ogni qualità forastiere in questo Serenissimo Dominio con notabili vantaggi, e' tendendo anche a' chiamare da altre parti varii artisti e' professori. Spera ottenere dalla superior providenza di Vostre Signorie Serenissime et alle medeme umilmente s'inchina Di Vostre Signorie Serenissime, Detto Supplicante.

Letta a Serenissimi Collegi etcetera.
Si trasmetta all'Illustrissimi et Eccellentissimi Deputati alla natione ebrea perche riconosciuto il suplicato, e riconosciuti i privileggi concessi alla detta natione ebrea, e sentito chi si fosse opposto, e particolarmente il Sindico della loggia della seta, rifferano col loro sentimento.......

1569

Genoa, 28 June 1720

Source: A.S.G., Notaio G. Onorato Boasi, filza 1.

Guglielmo Boscier states that the money he will receive from Giuseppe Benedetto Rapa, who owes his partner Gio. Giacomo Naville 1,257.16 pounds, the balance of a larger sum, will be given to Jair Sacerdote, who gave the money in the first place.

1570

Genoa, 30 June 1720

Source: A.S.G., Notaio Domenico Federici, filza 4.

Benedetto Sarfatti, son of the late Mattatia, living in Genoa, states that he owes Alessandro Della Costa, son of the late Emanuele, or his son Jacob in his absence, 2,769.14 pounds, to be paid within 4 years in equal instalments.

1571

Genoa, 5–15 July 1720

Source: A.S.G., Archivio Segreto, n. 1391.

Notes in the calice *and anonymous denunciations against the Jews who live freely and without a ghetto and opposing the* Consoli *of the Guild of the Silk who granted the Jews permission to practice the art.*

Note: The latter is probably to be related to Abram Roses' petition, see Doc. 1568

1572

Genoa, 19 August 1720

Source: A.S.G., Notaio P. Francesco Bacigalupo, filza 12.

Power of attorney signed by Jacob Levi, son of the late Salvatore, to Giovanni Battista Verzura, living in Paris. The deed is in French. The same is reported in a later deed dated 16 December. The power of attorney to G.B.Verzura is confirmed on 7 January 1721 with a new deed, while further documents dated 10 March and 8 April 1721 record it to Nicola Verzura, living in Paris.

Bibliography: With reference to G. B. Verzura, see Felloni, *Investimenti finanziari genovesi*, p. 94.

1573

Genoa, 27 August 1720

Source: A.S.G., Archivio Segreto, n. 1391.

Anonymous letter read to the Collegi *against the Jews living in Genoa and accused of being the cause of all kinds of evil. The letter is sent to the Protectors of the Jewish community in order for them to take action.*

1574

Genoa, 11 October 1720

Source: A.S.G., Archivio Segreto, n. 1391.

An anonymous letter containing generic accusations against the Jews is read to the Senate.

1575

Genoa, 13–14 November 1720

Source: A.S.G., Archivio Segreto, n. 1391.

Ricordo *of the Lesser Council for the building of a ghetto, since the Jews walk about the city without wearing a badge. This is read to the* Collegi *and forwarded to the Protectors of the Jewish community.*

1576

Genoa, 10–11 December 1720

Source: A.S.G., Archivio Segreto, n. 1391.

Note from the calice *against the Jews, read to the* Collegi. *The Protectors of the Jewish community, to whom the note is transmitted, are requested to take suitable action.*

1577

Genoa, 22 January 1721

Source: A.S.G., Archivio Segreto, n. 1391.

The Protectors of the Jewish community report to the Collegi *on the situation of the Jews in Genoa, following the accusations as per the Lesser Council*

calice *notes and memoranda. These refer mainly to the failure to wear the badge and the absence of the ghetto, to the illegal practice of the profession of* censaro *and to the habit of employing Christian servants.*
The Protectors emphasize that the number of censari *complies with that specified in the Charter and promise to inquire on the practice of the profession with the* Padri del Comune. *They note that the badge is worn by those who have not been granted exemption, although under the cloak. They further specify that Christian servants are allowed to work for Jews, since no norms against this are provided in the Charter. The faults of the Jews, according to the* Magistrato degli Inquisitori di Stato, *are not as serious as the crimes for which the Jews are blamed. The Protectors emphasize that the Jewish community, although amounting to barely 100 people, mainly poor, is beneficial to the public revenue. They imply that the Jews cannot be blamed for not living in the ghetto since there is no ghetto and the building thereof would be too costly in view of the small number of inhabitants. Having examined the report, the Doge orders the* Massari *to ensure that the Jews comply with the badge obligation and wear it in a way in which it can easily be seen. He further requests the Protectors to find out how many* censari *there are and report on how correctly they behave, acquiring information from the* Padri del Comune. *The Doge orders the Protectors to check whether a ghetto could be made with existing houses, thus saving the money necessary to build one anew.*

Relazione dei Protettori della nazione ebrea ai Collegi:
Serenissimi Signori,
Gl'Illustrissimi et Eccellentissimi Francesco Invrea e Domenico Maria de Mari, Protettori della nazione ebrea, in adempimento delle loro commessioni anno trovato che li disordini rappresentati a' Vostre Signorie Serenissime per il sogiorno degl'Ebrei in questa città e rilevati con più biglietti de loro calici, come pure dal Minor Consiglio con più raccordi et in voce ed in scritto, si riducono principalmente a' che alcuni di essi, mancando di mezzi per mantenersi, esercitano l'ufficio di mediatore o' sia censaro, dalle leggi e statuti considerato assai delicato e geloso, e perciò non permesso se non a' persone di buona fama, e cittadini o' per origine o' per abitazione decennale con tutta la famiglia, a' giudicio e d'arbitrio de prestantissimi Padri del Comune.
Inoltre non solamente conversare, ma' ancora abitare gl'Ebrei sparsi per la città e confusi fra' Christiani con quali convivono, mantenendo ancora nelle proprie case donne christiane a' titolo di serve e sotto colore di

allattare infanti, dal che ne sieguono non pochi inconvenienti e disordini in offesa di Dio.

Che non si distinguono nella presente città dalli Christiani gl'Ebrei perche questi passeggiano senza alcun segno visibile, si di giorno come di notte, contro la disposizione de Capitoli a' loro accordati. E finalmente che non essendo gl'Ebrei ristretti in ghetto, come pure fu' divisato e stabilito negl'accennati Capitoli, ed in conseguenza vivendo in case particolari dove sogliono passare le processioni del Venerabile o' altre si veggono con grandissimo scandalo porre da loro in ischerno tali fonzioni sacre con parole e fatti esecrandi.

Commandate loro Eccellenze di riconoscere li Capitoli accordati alla sudetta Nazione e di prendere cognizione se la medema porti vantaggio agli introiti publici, e parimente di informarsi circa il modo con cui vivono gl'Ebrei in questa città per riferire le providenze che potessero darsi in riparo degl'inconvenienti, e singolarmente per constringerli a' portare un segno distintivo e visibile, come quello che si pratticava anticamente, et in qual sito si potesse formare un recinto o' sia ghetto dove debbano abitare alla forma de medemi Capitoli, anno appreso loro Eccellenze di far presente in primo luogo a' Vostre Signorie Serenissime la disposizione de privileggi in quella parte che riflette nelle sudette loro commessioni.

Anno riconosciuto dunque che l'anno 1710, 31 marzo (See, Doc. 1239), apprendendosi che lo stabilimento della Nazione ebrea in questa città potesse molto conferire al solievo del commercio et ad introdurre quello di Levante, furono conceduti alla medema alcuni privileggi con deliberazione del Minor Consiglio, duraturi per anni venti, da' cominciare il primo gennaio 1711, con la proroga d'altri anni 20, e cosi successivamente ogniqualvolta non fosse intimata in iscritto a' Massari la partenza della Nazione, nel qual caso avessero gl'Ebrei il tempo d'altri anni sei, da cominciare immediatamente doppo l'intimazione, per ristringere li loro beni, disporre de medesimi et esigere da' loro debitori. Con che però nel tempo degl'anni venti, o' primi o' prorogati che fossero come sopra, non si possono mandar via se non con deliberazione di Vostre Signorie Serenisime e del Minor Consiglio, nella quale debbono concorrere almeno trè quarti parti de voti favorevoli, quali parimente debbano intervenire nella deliberazione di Vostre Signorie Serenissime per farne al Minor Consiglio la proposizione, et in tutto come più diffusamente si esprime nel Capitolo 25 de mentovati privileggi.

Anno similmente osservato loro Eccellenze che nel 9* de medemi Capitoli è stato accordato alla Nazione di avere li suoi Censari sino al numero di sei, nominandi dalli Massari e da' approvarsi dal Prestantissimo Magistrato de

Padri del Comune, per mezzo de quali si debbano trattare li loro negozii. Con che in quelli che si facessero fra' Christiani et Ebrei siano tenuti a' far sottoscrivere li contraenti al loro solito libro, che però non sia scritto in lingua ebrea, o' pure in detti trattati debba intervenire un Censaro christiano, osservate sempre in tutti li casi le regole della Piazza.
Nel 3°* Capitolo si legge stabilito che sarà agl'Ebrei conceduto un luogo particolare dove potranno tenere il loro ghetto e sinagoga, nel quale dovranno essere di nottetempo rinchiusi, sotto certi modi e forme e con imposizione di pena a' trasgressori, riserbata la facoltà a' Vostre Signorie Serenissime di dispenzare sotto le condizioni a' loro ben viste qualche persona o' famiglia.
Rispetto al segno dispone il Capitolo 20* che, ad esclusione delle donne e ragazzi sino all'età d'anni 14, ciasched'uno debba portare per segno distintivo da Christiani un bindello di color giallo, largo trè deta circa e longo un palmo, cuccito in petto sopra una parte della marsina o' giubbone, quale segno sia visibile. Oltre le donne e ragazzi come sopra furono esentati li Massari pro tempore e Rabini, a d'essempio di ciò che si acostuma in Paesi d'altri Prencipi, e parimente si esentorono gl'Ebrei che fossero di passaggio per questa città, alla forma di un decreto da Vostre Signorie Serenissime fatto a' 26 aprile 1701 (See Doc. 1128) che fu' confermato.
Premessa la cognizione delli sudetti Capitoli, sono passate Loro Eccellenze all'altra parte delle loro commessioni che riguarda il modo di vivere degl'Ebrei nella presente città e gl'inconvenienti de quali sopra, tanto a' riguardo del segno, quanto nel resto contenuto in detti racordi, ed' anno trovato che da Vostre Signorie Serenissime sono stati dispensati gratiatamente alcuni d'essi dall'obbligo di portare il segno come sopra prescritto. Essere però una tale grazia limitata a' pochi più facoltosi per liberarli dagl'insulti ed ingiurie assai frequenti della plebe. A riguardo degl'altri non dispensati portarsi da loro il segno distintivo sopra una parte del giubbone, ma' essendo questo assai limitato, sì nella larghezza come nella longhezza, facilmente restar nascosto, massime con qualche artificio, come col beneficio del mantello o' in altro modo.
Rispetto al tenere al loro serviggio donne christiane anno loro Eccellenze trovato non essere ciò loro proibito, anzi essere conceduto da' privilegi, ma' dalle informazioni che a' loro Eccellenze anno date li Massari e Rabini della Nazione, si è trovato essere poche di numero le donne Christiane che servono agl'Ebrei et essere questi in necessità di tenerne al loro serviggio, perche poche della loro nazione vogliono servire. Per altro non impedirsi dagl'Ebrei, anzi darsi ad' esse serventi Christiane tutto il commodo e la

piena libertà d'udire ogni giorno la Santa Messa e fare le loro divozioni, et anche lasciarle in istato di osservare religiosamente la Quaresima e li giorni di venerdi e sabato.

Generalmente poi rispetto al modo di vivere, dalle informazioni prese per mezzo del Cancelliere dell'Illustre Magistrato de Inquisitori di Stato, loro Eccellenze anno trovato sussistere qualche disordine, ma' non di quella qualità e peso che è stata esagerata e rilevata a' Vostre Signorie.

Finalmente a' riguardo dell'utile che alli publici introiti apportano gli ebrei, anno loro Eccellenze riconosciuto che il loro numero ascende a' cento circa, la maggior parte de quali sono poveri e che vivono giornalmente col solo capitale di loro industria, non mancando però esservi alcune case facoltose, seben queste sono poche. Ad ogni modo, per quanto scarso sia il numero degli Ebrei, dalle informazioni che loro Eccellenze anno prese da' Ministri dall'Illustrissima Casa di S. Giorgio si trova non essere di poco rilievo il beneficio che questi pochi recano alli publici introiti.

Sul piede di queste notizie, considerata in ogni sua parte la disposizione de sopra refferiti privileggi accordati alla Nazione, ben vedono Vostre Signorie Serenissime quanto sia difficile il poter variare li medemi, non solamente per essere stati come sopra approvati da Vostre Signorie Serenissime e dal Minor Consiglio, ma' ancora per durare tuttavia li primi venti anni, quali vanno a' finire col 1731, ne potersi scacciare questa Nazione se non col numero de voti e con la precedente intimazione de quali sopra, doppo la quale aver devono ancora il respiro d'altri sei anni.

Non potendosi a' loro giustamente imputare l'inosservanza della condizione di abitare in ghetto, poiche non è stato questo fin'ora construtto, né la costruzione del medemo resta a' carrico della Nazione, mentre el sopracitato capitolo 3°* si dice che "sarà concesso un luogo particolare dove potranno tenere il loro ghetto", onde fino a' che non sia loro fatta la detta concessione non pare che siano in obligo di abitare in luogo alcuno determinato e ristretto, quantonque per altro da' tutta l'università e particolarmente da' più facoltosi sia sommamente desiderato.

Posto dunque che senza giusta causa non si possono alterare li Capitoli accordati ed in supposto che non si determinasse lo scacciare questa Nazione, egl'è certo che l'unico e il più sicuro espediente per far cessare il pericolo de disordini sia la costruzione del ghetto, come nelle sudette concessioni è stato prudentemente prevenuto da Vostre Signorie Serenissime; che però loro Eccellenze, prese le opportune informazioni e sentiti alcuni di questi archittetti, non anno trovato sito nè più adattato, ne più commodo, né di minor spesa che quello in vicinanza del Muolo, dove con facilità si puonno unire alcune case capaci per l'abitazione ristretta di tutta la Nazione colla spesa di 46mila in 50mila, secondo il calcolo che ne anno fatto formare dall'archittetto Gio. Antonio Ricca. Alla quale (quando fosse deliberata), essendo affatto impossibilitata la Nazione, converrebbe che provedesse l'Eccellentissima Camera con esigere la piggione corrispondente alla spesa dagl'Ebrei con le dovute obligazioni e caotele.

Se questo pensiere incontrasse la benigna approvazione di Vostre Signorie Serenissime, affinche nel mentre che si starà esseguendo non s'inoltri maggiormente l'abuso del segno e si riparino al posibile li disordini contingibili, sottopongono loro Eccellenze al superiore discernimento di Vostre Signorie Serenissime se stimassero far ingiongere a' Massari che pongano in avertenza gli Ebrei, non dispensati dall'obligo del segno, di portarlo della larghezza longhezza e colore prescritti e scoperto, in modo che sia facilmente visibile, con intimare à trasgressori le pene imposte da Capitoli. E rispetto a' quelli che esercitano l'ufficio di censaro stimarebbero loro Eccellenze doversi prendere informazione dal Prestantissimo Magistrato de Padri del Comune se sono stati da lui approvati, se eccedono il numero di sei e se nell'esercizio osservano le regole prescritte dalli Capitoli, oltre le generali della Piazza.

Con questi provedimenti e particolarmente col ghetto apprendono loro Eccellenze che si potrà vivere con sicurezza, che non sieguano disordini e che si potrà con quiete godere de vantaggi che porta la dimora in questa città di una Nazione quale vive di commercio ed abbonda di corrispondenze colle Piazze forastiere. Nel caso però che Vostre Signorie Serenissime apprendessero doversi scacciare, altro non resterebbe che farne la proposizione al Minor Consiglio, alla forma delli Capitoli, non lasciando loro Eccellenze di riflettere che li disordini et inconvenienti non possono essere più contingibili quanto che nel caso che gli Ebrei continuassero nello stato presente.

Rimettere però etcetera.

* See Doc. 1258.

1578

Genoa, 15 February 1721

Source: A.S.G., Notaio Domenico Federici, filza 4.

Gio. Antonio Della Costa presents to Samuel Pansier a bill of exchange issued in Leghorn on 16 October 1720 to Genoa, signed by Nataniel Levi Soncino. Pansier will neither accept it nor pay it.

1579

Genoa, 6 March 1721

Source: A.S.G., Notaio Domenico Federici, filza 4.

Abram Racah, son of the late Massod, on behalf of Samuel Farfara from Leghorn, for whom he is attorney, and himself, states that he has received from Giuseppe Pezzino, acting on behalf of Pietro Ambrosio Macari from Alassio, patrono, *639.15 pounds and issues a receipt to this effect.*

1580

Genoa, 18 March–30 April 1721

Source: A.S.G., Archivio Segreto, n. 1391.

The Protectors of the Jewish community notify the Collegi *that the project to adapt an area at the Malapaga into a ghetto is not feasible. The Doge delegates the Protectors to undertake all the necessary measures to build a ghetto as* opus publicum *and to report on the expense.*

Note: See below, Doc. 1609.

1581

Genoa, 27 March 1721

Source: A.S.G., Archivio Segreto, n. 1197, Jurisdictionalium.

An anonymous letter, presented to the Protectors of the Jewish community, against the Jews who spread the plague as had been preached by Bernardino da Feltre, who do not wear the badge, and who commit evil.

1582

Genoa, 7 May 1721

Source: A.S.G., Notaio Domenico Federici, filza 7.

The notary certifies the licentia de suspecto *granted by the* Pretore *of Genoa to Bartolomeo Marchelli, attorney of Salomone Levi, son of the late Desiderio, against Pietro Maria Calvi, who still owes him 219.11 gold* scudi, *from a previous debt amounting to 1,376.12 pounds .*

1583

Genoa, 6 June–1 July 1721

Source: A.S.G., Archivio Segreto, n. 1391.

Memorandum of the Lesser Council and a note found in the calice *of the Great Council, accusing the Jews of walking around without the badge and of causing evil, considered to be God's punishment.*

1584

Genoa, 9 July 1721

Source: A.S.G., Notaio Domenico Federici, filza 4.

Angelo Del Mare sums up, in a document under the seal of a public officer, his agreement with Antonio Vela and Giovanni Battista Bianchi as regards the sharing of goods, whose attachment Del Mare requested from the Rota Civile *on his own behalf and as the attorney for Abram David Del Rio from Leghorn. The goods were loaded by* patrono *Gio. Stefano Manara from Savona on his* gondola *at Leghorn, on trust of Antonio Vela in accordance with a bill of charge in the names of Angelo Del Mare and G. Battista Bianchi.*

1585

Genoa, 11–19 August 1721

Source: A.S.G., Archivio Segreto, n. 117, Confinium.

The Collegi *order the Protectors of the Jewish community to release Salomon Fiz, who was jailed as requested by the Court of Turin. He was accused of purchasing silverware which had been stolen from a church in Turin and of fleeing from Moncalvo to Genoa. The investigations ascertain that he had nothing to do with the purchase and that he left for Genoa to work for Jair Sacerdote as his servant.*

1586

Genoa, 7 October 1721

Source: A.S.G., Notaio Giuseppe Pompeo Ratto, filza 2.

Filippo Prasca appeals to the Senate on behalf of Isac Della Costa (who converted in 1708 with the name of Gio. Giacomo Imperiale) for the maintenance that his father Alessandro Della Costa (that is Abram Fonseca) must pay the son. Gio. Giacomo being badly off, his father is to pay him 6,000 pounds in different ways, plus 966 pounds which Stefano Chiavari owes Della Costa for some cargo. The son undertakes not to harass his aged father any more.

Note: See Docs. 1201, 1202, 1589.

1587

Genoa, 16 January 1722

Source: A.S.G., Archivio Segreto, n. 1197, Jurisdictionalium.

The Magistrato Riscatto Schiavi *requests Mosè Enriquez to auction off his furniture. Enriquez has been living in a house for 3 years without paying the rent, and has been away from the Dominion for two years. Salomone Gubbia and Abram Racah are also quoted.*

1588

Alassio, 27 January 1722

Source: A.S.G., Archivio Segreto, n. 1198, Jurisdictionalium.

Giuseppe Franco, who walked around Alassio without wearing the badge, is released on bail because he appealed to the decree allowing members of the Jewish community not to wear the badge for 3 days whenever travelling in the Dominion.

1589

Genoa, 18 March 1722

Source: A.S.G., Archivio Segreto, n. 1391.

Alessandro Della Costa's petition to the Collegi, *read to the Senate and forwarded to the Protectors of the Jewish community. Della Costa asks them to find his converted son, Gio. Giacomo Imperiale, of whom he has had no news.*

Note: See Docs. 1201, 1202, 1586.

1590

Genoa, 25 July 1722

Source: A.S.G., Archivio Segreto, n. 1391.

Rosez and Mineses ask the Collegi *to take action in regard to their house, let by Giovanni Battista Piatti. The house does not correspond to the requirements and the rent is very high. The Senate, having read the petition, defers the matter to the Protectors of the Jewish community.*

1591

Genoa, 23 December 1722–Sarzana, 30 April 1723

Source: A.S.G., Archivio Segreto, n. 1391.

The Protectors of the Jewish community forward to the rabbinical court, which is competent in the matter, the petition to the Senate presented by Raffaele Uzielli's minor heirs. Having found an agreement between the parties, all the books, inventories and registers presented to the Senate and the Jewish community are returned to the Uzielli family.

1592

Genoa, 26 January 1723

Source: A.S.G., Notaio Gaetano Pino, filza 41.

As requested by Salomone Tedeschi, son of the late Giuseppe, Pietro Francesco Bianchi makes a number of statements on Giacomo Colonna's business.

1593

Genoa, 22 February 1723

Source: A.S.G., Notaio Gaetano Pino, filza 41.

Salomone Tedesco, son of the late Giuseppe, states that in the Jewish year

5466, on the 13th of the month of Tevet, corresponding to 30 December 1705, Abram, son of Manuel Demora, and Rachel, daughter of Raffaello De Medina, were married in Leghorn. He states that a dowry was recorded amounting to 8,000 reals in cash and 2,000 reals in jewels, gold, silver and linen. Two days before the wedding the dowry was delivered to Manuel Demora, who locked the money in his safe and kept the linen at home.

1723, 22 februarii. Attestatio.
Nel nome del Signore. Il Signor Salamon Tedesco quondam Giuseppe, ebreo dimorante nella presente città di Genova, constituito alla presenza di me notaio e testimoni infrascritti, con suo giuramento, toccata la penna all'uso degli ebrei, dichiara et accetta in tutto come in appresso.
Che nell'anno della creatione del mondo 5466 secondo il computo ebraico, e nel mese delli ebrei chiamato Tebet, e nel di tredeci del detto mese che corisponde al di 30 di dicembre 1705, seguì in Livorno il matrimonio tra' il Signor Abram, figlio del Signor Manuel Demora, negotiante ebreo di detta città, e la Signora Rachel, figlia del Signor Rafaello de Medina, parimente negotiante ebreo di detta città di Livorno, e il detto matrimonio si celebrò in casa del detto Signor Rafaello de Medina. Et alla celebrazione di detto matrimonio assistè et intervenne il detto Signor Manuel Demora, e nella di lui presenza si fece la fonzione e si celebrò la scritta matrimoniale. Ed essendo stato stabilito detto matrimonio con dote di pezze diecimilla da' otto reali, cioè pezze ottomilla in contanti, e pezze duemilla in gioie, ori, argenti e robbe di coredo e uso di detta signora sposa, li detti pezzi ottomilla di contanti, si come le dette robbe di corredo, due giorni in circa avanti la celebrazione del matrimonio furono mandati dal detto Signor Medina al detto Signor Manuel Demora e furono portati da' varii facchini, tanto li detti contanti quanto le robbe, a' casa di detto Signor Manuel e vi furono accompagnate dal Signor Daniel Marques de Medina, figlio del Signor David Medina, cugino di detta signora sposa. Il quale da' parte del padre di detta signora sposa consegnò al detto Signor Manuel Demora il detto denaro e le dette robbe; quale Signor Manuel ricevè detto denaro, che fu' trovato essere pezze ottomilla da' otto reali, lo pose nella sua cassa da' denaro contante nella quale teneva il suo danaro contante e della quale cassa esso Signor Manuel teneva la chiave, e similmente il coredo e robbe ricevé detto Signor Manuel e restò in casa del detto Signor Manuel. E tutto ciò attesta per essere a' sua piena notizia e perche in quel tempo stava al servitio di detto Signor Manuel, e perciò fu presente alle cose sudette, e per essere cosi la verità, etcetera. Delle quali cose etcetera.....

1594

Genoa, 9 April 1723

Source: A.S.G., Archivio Segreto, n. 1391.

Jacob Rosa petitions the Senate to obtain justice, for in the course of a voyage from Susa in Barbary to Leghorn, the master of the vessel stole some goods from him. His petition is transmitted to the Protectors of the Jewish community.

1595

Genoa, 10 July 1723

Source: A.S.G., Archivio Segreto, n. 1199, Jurisdictionalium.

The Giunta di Giurisdizione *takes action, notifying the Senate, following a report on the music and dancing which are going to take place at the wedding feast of Abram Roses's daughter*, dopo pranzo, alle ore 21 quando Gesù spirò, *to which Catholics are also invited. The* Giunta *orders that neither dancing nor music are to be performed on Friday and Saturday at the wedding, and that Roses must be notified.*

Con scandalo della città nelle nozze della figlia di Abram Roses, ebreo, da celebrarsi dopo pranzo alle ore 21, quando Gesù spirò, sono preparati molti suonatori con palco per ballare con invito di nobiltà. Non pare proprio di permettere in questo giorno tanta licenziosità e proibire li suoni, balli e accesso a' cattolici alla casa di detto ebreo.

1596

Genoa, 15–17 September 1723

Source: A.S.G., Archivio Segreto, n. 1391.

Note found in the calice *of the Senate and transmitted by the* Collegi *to the Protectors of the Jewish community in order for them to take action against the Jews who do not wear the badge and* hanno continuo commercio con donne cristiane.

1597

Genoa, 10 October 1723

Source: A.S.G., Notaio Domenico Federici, filza 5.

Salomon Fiz, son of Jacob, states that he owes Angelo Del Mare, son of the late Jacob, 34 pounds. On 10 December 1725 Del Mare is granted an attachment by the Uditori della Rota Civile.

1598

Genoa, 2 December 1723

Source: A.S.G., Notaio Domenico Federici, filza 5.

Salomon Gubbia, son of the late Lazzaro, who is owed 950 pounds by Samuel Rapa, son of Pellegrino, as per Isach Bachi's and Jair Sacerdote's judgement, transfers the credit to Angelo Del Mare.

1599

Genoa, 13 December 1723–21 January 1724

Source: A.S.G., Archivio Segreto, n. 1391.

A quarrel between Israel Cabib and one of Abram Racah's servants, who took Cabib's seat in the synagogue, or school. Cabib refuses to comply with the verdict of the rabbinical court, whereby he must deposit two torchie *and is forbidden to enter the synagogue with his uncle. Having lost, Cabib appeals to the Protectors of the Jewish community, who confirm the deposit but order that the Cabibs be readmitted to the synagogue, provided they behave.*
In the statements given to the Court, the following Jews are named: Israel Cabib, Samuel Luzena, Massaro, *Abram Racah,* Massaro, *Racamin Cabib, David Mineses, Angelo Del Mare, Isac De Paz, Abram Rosa, David, son of the late Gabriele Barocci, Salomon Levi, Jacob Levi, Pellegrino Rapa, Secretary-Rabbi, Emanuel Angeli, Grassino Rapa, Secretary, Abram Luzena, Finale Sacerdote, Giuseppe Benedetto Rapa, Samuel Rapa, Lazzaro Latis, Manuel, son of Angelo Malach, Joseph, son of Aron Della Tomba,*

Abram Fonseca, Jacob Rosa, David Rosa, Emanuele Della Costa, Salomone Gubbia, Abram Alvarez, Lrovendia Tedesco and Alessandro Della Costa.

1600

Genoa, 23 January 1724

Source: A.S.G., Notaio Domenico Fedrici, filza 7.

Jacob Levi's will, drawn up at his house near the Cattaneo family's bridge. Levi states that he owes money, which is to be paid with the revenue he has in Paris, in the meizon della villa. *The usufructuary heir is his wife Ester, daughter of Angelo Del Mare, and his children Salvador Salon, Joseph Menachen, Enoch and Bonina. The inheritance is to be divided into 5 shares should the baby Ester is expecting be male. His father-in-law, Angelo Del Mare, is appointed executor, and one year later Ester's counsellor. He is to be her attorney, with irrevocable, and ample authority.*

1724, 23 januarii. Testamentum.
Nel nome del Signore Iddio sia. Il Signor Jacob Levi, del quondam Salvatore, sano, per la di Dio grazia, di mente, senso, loquella, udito et intelletto, et in sua sana e perfetta memoria, ancorche giacente in letto aggravato da infermità corporale, sapendo non esservi cosa più certa della morte, ne più incerta dell'hora di quella, che però per non morire ab intestato, desiderando voler fare il suo nuncupativo testamento, che si dice senza scritti, ha' perciò disposto prima di morire di tutti li suoi beni mobili, immobili, giuri, raggioni et attioni che presentemente ha' contro qualsisia suo debitore e che ad'esso spettano et in l'avvenire possano spettarle et appartenerle per qualonque raggione, occasione e caosa, tanto in forza di publiche e private scritture, e in tutto come in appresso.
Sapendo esso signor testatore di havere in sua testa e credito in Pariggi, regno di Francia, cioè nella Meizon della villa, et in ricetta generali varii effetti, qualche parte de quali sono hippotecati a' favore del quondam Signor Gio. Battista Cambiaggio, per la somma di quali ne consta dalli libri di scrittura di esso signor testatore, e parte ancora a' favore dell'Illustrissimo Signor Francesco Maria Serra del quondam Signor Geronimo, e finalmente qualche altri pure hippotecati a' favore del Signor Giuseppe Pedemonte e Giacomo Ottavio Rossi, e come si dice da esso

signor testatore constare da publiche scritture a' quali s'habbia la dovuta relazione.
Sapendo altresì di essere creditore in detta città di Pariggi di lire duemilla circa, vitalitio fatto a' vita naturale durante del Magnifico Gio. Carlo Pinceti del quondam Signor Gio. Bartolomeo, come da publiche scritture o' sia cartoline che si conservano appresso del detto signor testatore.
Che però di tutti li sopradetti effetti o' siano crediti di sopra designati, come di qualonque altri, tanto mobili che immobili, ori, argenti, raggioni et attioni, nomi de debitori, con anche di qualonque altra cosa, niuna esclusa, ad'esso signor testatore spettante et appartenente e che in qualonque altro modo e maniera possa spettarle, appartenerle in l'avvenire, niuna affatto esclusa, ha instituito et instituisce sua herede usufruttuaria e di sua propria bocca ha' nominato e nomina la Signora Ester, sua cara consorte. Et heredi propietarii per quarta et uguale portione ha' parimente instituito et instituisce e di sua propria bocca ha' nominato e nomina Salvador Salon, Joseph-Menochen, Enoch e Bonina, tutti quattro suoi figli legitimi e naturali, et ogn'un di loro per quarta et ugual portione, con la condizione però che premorendo qualcheduno di essi suoi figli, succedano li altri o' altro che vi restassero per uguale portione in parte e per il tutto.
Suo essecutor testamentario ha' parimente di sua bocca nominato e nomina e vuole che sia il Signor Angelo Del Mare, suo suocero, e così padre di detta Signora Ester sua sposa, constituendolo a' tal fine et effetto suo procuratore ad votum e con tutta quella facoltà, potestà et bailia per l'amministratione delli beni di detta sua heredità che più desidererà vuoler havere, da estendersi il detto voto da me notaro ad'instanza del detto Signor Angelo Del Mare suo procuratore unico, più volte e tante volte, quante dichiarerà haverne di bisogno.
Promettendo esso signor testatore di havere per rato, valido e fermo tutto ciò che esso suo essecutore testamentario o procuratore agirà e farà per la presente sua eredità. Dichiara finalmente che le doti di detta Signora Ester, sua moglie, ascendono alla somma di pezzi duemilla da otto reali, essendo così stata da esso testatore addotata, et in evento che desiderasse rimaritarsi o' non continuare alla custodia de suoi figlioli (il che non crede) vuole che le sia pagata sopra sudetta sua eredità senza dilazione alcuna, e questa è la sua ultima volontà, etcetera. Cassando e rivocando, etcetera. Delle quali cose, etcetera.....

Poco dopo in detto luogo:
Nel nome del Signore Iddio sia. Il sopradetto Jacob Levi, aggiongendo al

sopradetto suo testamento, dispone altresì vuole et ordina in tutto come in appresso cioè che quando la nobile Ester, sua consorte, quale presentemente si ritrova gravida, quandoche il parto che farà fosse maschio intende e vuole che anche questo succeda e sia herede per quinta et eguale portione della sua herdità in tutto come nel sopradetto testamento si contiene, incaricandone di questa sua ultima volontà, perche sia omninamente eseguita doppo sua morte, il detto Signor Angelo Del Mare, suo procuratore ad votum et esecutor testamentario, e che confermando nel rimanente il sopradetto suo testamento....
On 23 January 1724 Jacob Levi adds a codicil to the will requesting his father-in-law Angelo Del Mare to support and advise his wife Ester, his usufructuary heir. To this purpose Jacob appoints Angelo Del Mare his attorney with irrevocable powers and ample authority ad votum. *No provisions refer to the expected child.*

Note: See below, Doc. 1645.

1601

Genoa, 27–31 January 1724

Source: A.S.G., Archivio Segreto n. 1391.

The Protectors of the Jewish community, as suggested by the Massari, *ask the* bargello *to arrest Giacomo Lanaro, Stefano Dondero and Giuseppe Ricci, who stir up people against the Jews by showing a list of Jews condemned in Lisbon by the Holy Office. They are later released by order of the Protectors themselves.*

1602

Genoa, 10 February 1724

Source: A.S.G., Archivio Segreto, n. 1391.

The Protectors of the Jewish community receive from the Collegi *an anonymous note asking for action to be taken on the ghetto, to avoid trouble.*

1603

Genoa, 11–20 March 1724

Source: A.S.G., Archivio Segreto, n. 1391.

Note found in the Great Council calice *and read to the* Collegi, *asking for the ghetto to be built as already deliberated. The note is communicated to the Protectors of the Jewish community.*

1604

Genoa, 14 March–15 April 1724

Source: A.S.G., Archivio Segreto, n. 1391.

Memorandum of the Lesser Council, read to the Collegi *and transmitted to the Protectors of the Jewish community, asking for action to be taken against the Jews who do not wear the badge and even negotiate marriages with Christians. A further memorandum of 12-17 July protests that the Jews have too much freedom.*

1605

Genoa, 1 June 1724

Source: A.S.G., Archivio Segreto, n. 1391.

Salomone Mocata petitions the Protectors of the Jewish community to support him. He was forced to leave his flat to Samuel Luzena.

1606

Genoa, 14 July 1724

Source: A.S.G., Archivio Segreto, n. 1391.

The Protectors of the Jewish community order the bargello *to arrest David*

Lopez, presently guilty of default. Having been evicted from Abram Luzena's house, he did not comply with the order.

Note: See below, Doc. 1608.

1607

Genoa, 16 July 1724

Source: A.S.G., Notaio Domenico Federici, filza 7.

At Angelo Del Mare's house the notary draws up a power of attorney for Jacob Levi, son of the late Salvatore, appointing Nicola Maria Pigati, causidico *(counsel for the defence) his attorney for litigations, actions and so forth.*

1608

Genoa, 24 July–8 August 1724

Source: A.S.G., Archivio Segreto, n. 1391.

The Protectors of the Jewish community release David Lopez from jail. He offended Alessandro and Jacob Della Costa, for whom Salomone Mocata and Abram Racca stand as guarantors.

Note: See above, Doc. 1606.

1609

Genoa, 24 July–11 August 1724

Source: A.S.G., Archivio Segreto, n. 1391.

Report by the Protectors of the Jewish community to the Collegi *on the problems of setting up a ghetto at the Malapaga. The obligation to wear the badge can, however, be enjoined right away. The Doge requests a cost estimate for a ghetto and the enforcement of the badge obligation, including exemptions. The* Massari *are notified. The Protectors had asked for the enforcement of the obligation to wear the badge to be delayed, but their request is not granted.*

Note: See above, Doc. 1580.

1610

Genoa, 2 August–18 September 1724

Source: A.S.G., Archivio Segreto, n. 1391.

A note found in the Lesser Council calice, *read to the* Collegi *and communicated to the Protectors of the Jewish community, protests against the Jews staying in the city and asks for suitable action to be taken.*

1611

Genoa, 24 August 1724

Source: A.S.G., Notaio Domenico Federici, filza 5.

Statement made at the request of Angelo Del Mare on behalf of Salomone Levi from Leghorn, who had embarked on the felucca of Giovanni Battista Biaggino from Lerici, at Leghorn, and then was jailed in Lerici during unloading operations, because he was not wearing the badge. The bargello *and the warden of the* Casa di S. Giorgio *asked Biaggino for four 8-real pieces for his release. He refused to pay, however, stating that a Jew is allowed to go around for 3 days without the badge.*

Note: See below, Doc. 1612.

1612

Genoa, 26 August 1724

Source: A.S.G., Senato, Diversorum Collegi, n. 209.

Angelo Del Mare petitions the Collegi *to release Salomone Levi from*

Leghorn, who was jailed in Lerici as he was not wearing the badge. The Collegi *order the Protectors of the Jewish community to release Salomone Levi without fining him.*

Note: See above, Doc. 1611.

1613

Genoa, 11–25 September 1724

Source: A.S.G., Archivio Segreto, n. 1391.

Memorandum of the Lesser Council, read to the Collegi *and communicated to the Protectors of the Jewish community, to make sure that Jews wear the badge and make further provisions, if necessary.*

1614

Genoa, 18 September 1724

Source: A.S.G., Archivio Segreto, n. 1391.

Election of the new Massari. *David Meneses and Salomone Levi replace Abram Racah and Samuel Luzena.*

1615

Genoa, ca. 1724

Source: A.S.G., Archivio Segreto, n. 1391.

The Massari *ask the* Collegi *for exemption from wearing the badge.*

Note: This is to be related to the Doge's decision on the obligation to wear the badge, Doc. 1609.

1616

Genoa, 2–3 January 1725

Source: A.S.G., Notaio Marco Antonio Lavaggi, filza 7.

Bills of exchange issued in Venice and Naples and mentioning Abram Levi del Banco.

1617

Genoa, 3 January 1725

Source: A.S.G., Notaio Marco Antonio Lavaggi, filza 7.

Abram Levi del Banco renounces the sum owed to him by Giovanni Molin, in view of a previous award. The sum accounts for the expenses of providing the troops of the Marquis of Villermosa with uniforms, incurred by Levi and supported by the Sacerdote brothers. In a further deed dated 11 January Abram Levi del Banco, also involved in the uniforms of the Marquis of Villermosa's army, comes to an agreement with the other people involved, Sacerdote and Molin, to whom he owes money.

1618

Genoa, 5–12 January 1725

Source: A.S.G., Archivio Segreto, n. 1391.

Memorandum of the Lesser Council explaining that the ghetto was never built because of the lack of money. The Protectors of the Jewish community are requested to collect the money required and report to the Collegi.

1619

Genoa, 23 January 1725

Source: A.S.G., Archivio Segreto, n. 1391.

A note found in the calice *of the Senate and communicated to the Protectors of the Jewish community, for them to take action against the Jews who are not supposed to do business in Catholic countries.*

1620

Genoa, 14 February 1725

Source: A.S.G., Archivio Segreto, n. 1391.

The Protectors of the Jewish community, considering the 1710 Charter and the problems connected with the building of a ghetto, suggest to the Collegi *two solutions for the Jews. The first is to expel the Jews upon their Charter expiry [1731], since it is impossible to build a ghetto right away. The second is to extend the residence permit for a further 20 years, to provide time for collecting the necessary funds and building a ghetto.*
After voting, the Collegi *ask the* Casa di San Giorgio *for its opinion on the advantages and disadvantages of keeping the Jews in Genoa, and decide to discuss the matter with the Lesser Council.*

Note: See below, Doc. 1627.

1621

Genoa, 26 February 1725

Source: A.S.G., Archivio Segreto, n. 1391.

Paolo Medici, a converted Jew and preacher at the cathedral of San Lorenzo, petitions the Collegi *to order the Jews to go to church on Saturdays during Lent and listen to his sermons. The Senate informs the Protectors of the Jewish community.*

Bibliography: Parente, *Il confronto ideologico*, pp. 365–367; Toaff, *Livorno e Pisa*, pp. 380–381.

1622

Genoa, 8 March 1725

Source: A.S.G., Notaio P. Francesco Bacigalupo, filza 21.

A deed drawn up in French in which Angelo, son of the late Jacob Del Mare, appoints Nicola Bonaventura Verzura his attorney in Paris to collect his revenue.

Note: See below, Doc. 1623.

Bibliography: Nicola Bonaventura Verzura was one of the attorneys chosen by the Genoese in Paris, where he finally settled. Felloni, *Investimenti finanziari genovesi*, pp. 89, 94–96, 99.

1623

Genoa, 14 March 1725

Source: A.S.G., Notaio P. Francesco Bacigalupo, filza 21.

Jacob Levi appoints Nicola Bonaventura Verzura his attorney in Paris to transfer to Angelo del Mare, son of the late Giacomo, all the revenue and insurance he states that he has received from Del Mare in order to pagare tutti i debiti che vi potessero essere sopra le rendite contenute nei contratti e quitanze del Tesoro Reale.

Note: See above, Doc. 1622.

1624

Genoa, 20 March 1725

Source: A.S.G., Notaio P. Francesco Bacigalupo, filza 21.

Angelo Del Mare, on behalf of Jacob Levi, who is absent, pays and settles with Salomone Gubbia for his position as clerk carried out for Levi and for six bills of exchange issued by Gubbia in 1713 for Isac and Jacob Di Segni from Leghorn, which Levi accepted.

1625

Genoa, 20 March 1725

Source: A.S.G., Notaio P. Francesco Bacigalupo, filza 21.

In order to finalize a settlement of the accounts of the Gubbia-Del Mare company, the parties decide that the company bills, which have been kept by the late Michele Lunes Perrera from Marseilles or his heirs since 1713-1714, belong in full to Angelo Del Mare, along with a bill of exchange that Gubbia issued to Del Mare, later transferred to Jair Sacerdote.

1626

Genoa, 22–23 March 1725

Source: A.S.G., Archivio Segreto, n. 1391.

Statement before the Protectors of the Jewish community in regard to a quarrel between Salmone Mocata and David Fonseca Della Costa, which took place in a shop.

Note: See below, Doc. 1630.

1627

Genoa, 16 April 1725

Source: A.S.G., Archivio Segreto, n. 1391.

The Protettori di San Giorgio, *upon the* Collegi*'s request, report that the Jewish community is poor and has brought little profit to the* Casa di San Giorgio, *except for 3 companies.*

Serenissimi Signori,
Sull'interpellazione fatta all'Illustrissimi Signori Protettori di S. Giorgio dall'Illustrissimi et Eccellentissimi Deputati Camerali al patrocinio e buon regolamento della nazione ebrea commorante in questa città qual utile possa apportare col suo commercio a' pubblici introiti

dell'Illustrissime Compere, sono venuti in sentimento di riferire a' Vostre Signorie Serenissime che sudetta nazione è assai povera. E che perciò, a riserva di tre case che nell'anno 1724, giusta il calcolo fatto, hanno dato di beneficio nelle spedizioni lire quindicimilla numerato all'incirca, provenienti dall'esito di gran quantità di zuccheri, tabacchi e di qualche porzione di droghe e panine, le restanti hanno dato sì poco che non merita la pena di ragguagliarlo distintamente. Qualche profitto può ancora derivare alle gabelle d'uso e consumo a caosa del vitto e vestito, e molto più quello che si ricava da' nostri panni di seta che sono astretti gl'ebrei a' comprar dagli artisti e che spediscono fuori in sconto de zuccheri e tabacchi avuti da' corrispondenti. Sovente, o' per pagare le comissioni o per compire le tratte, fanno dell'ipoteche in portofranco di generi considerabili a' favore de nostri negozianti che loro anticipano il danaro. Questo è quanto gl'Illustrissimi Signori Protettori hanno stimato opportuno d'esporre a superiori riflessi di Vostre Signorie Serenissime in questa pratica...

Note: See above, Doc. 1620. The same report is to be found in the files of *Cancelliere di S. Giorgio, Carlo Remondini*, n. 816.

1628

Genoa, 17 April 1725

Source: A.S.G., Archivio Segreto, n. 1391.

Memorandum of the Lesser Council, read to the Collegi *and communicated to the Protectors of the Jewish community, for the ghetto to be built and the necessary funds to be collected.*

1629

Genoa, 30 April 1725–20 March 1726

Source: A.S.G., Archivio Segreto, n. 1391.

Documents relating to the dispute between Mineses, Rosa and partners, and David Lopes Arias, who owed them money. Mineses and partners oppose the judgement by two judges of the Congrega. *The Protectors of the Jewish community intervene and call on other judges. The Genoese Consul in Leghorn, Bartolomeo Domenico Gavi, notifies that an expulsion order has been issued to David Lopes, who is presently in Leghorn.*

Note: See below, Docs. 1641, 1643.

1630

Genoa, 7 May–24 October 1725

Source: A.S.G., Archivio Segreto, n. 1391.

The Protectors of the Jewish community send a copy of the statements given before the Senate in the Mocata-Della Costa case to Alessandro Della Costa, in order for him to prepare his defence.

Note: See above, Doc. 1626.

1631

Genoa, 15–25 May 1725

Source: A.S.G., Notaio P. Francesco Bacigalupo, filza 21.

The notary draws up four deeds relating to Angelo Del Mare and David Lopez Arias who, on Saturday night, in the inn in the vicinity of Acquasola, ate an omelette with artichokes fried in lard in a pan which was not abbrugiata. *Upon the* Massari*'s request, Salomone Meneses, David Fonseca Della Costa, Isac Rapa, David Meneses and others testify as well.*
On 25 May Salomon Levi, one of the Massari, *states that testimony against Angelo Del Mare and David Lopez, having been examined by the* Massaro *David Meneses, is null because it was given without his knowledge and at a time when David Meneses had not yet acquired* cognizione sopra tutti gli affari della nazione.

Note: The same statements are recorded in *Archivio Segreto*, n. 1391
Bibliography: Zazzu-Urbani, *Ebrei a Genova*, pp. 44–45.

1632

Genoa, 1 June 1725

Source: A.S.G., Notaio Marco Antonio Levaggi, filza 7.

Alessandro Pallavicini, son of Michele Camillo, attorney of Raffaele Blanes, manager of the Moisè and Lelio Blanes company in Florence, appoints Salomone Gubbia, son of the late Lazzaro, in his place to ensure that Carlo De Franceschi performs his obligations towards Raffaele Blanes.

1633

Pisa, 26 June 1725

Source: A.S.G., Archivio Segreto, n. 1391.

Raphael Meldola, head of the Jewish community in Pisa, certifies the custom of putting in writing arguments and documents in disputes between Jews.

1634

Genoa, 30 June 1725

Source: A.S.G., Notaio P. Francesco Bacigalupo, filza 21.

Desiderio De Barberis produces to the notary a bill of exchange for protest, since none of the payees respected its terms. The bill is dated 2 May 1725, was issued in Leghorn in the name of Josef Della Tomba, son of Aron, upon Emanuele Levi Soncino's order and signed by Abram, son of Daniele Lombroso.

1635

Leghorn, 3–4 July 1725

Source: A.S.G., Archivio Segreto, n. 1391.

Statements made by Rabbis and Magistrates of the Jewish community of

Leghorn on the custom of putting in writing arguments and documents in cases between Jews.

1636

Genoa, 16 July–25 August 1725

Source: A.S.G., Archvio Segreto, n. 1391.

Mosè Mocata and Salomone Mocata send a petition to the Collegi *to obtain full payment from Giovanni Magherini, who still owes part of 1,304 pounds. He undertakes to settle within 6 months.*

1637

Genoa, 3 September 1725

Source: A.S.G., Archivio Segreto, n. 1391.

Abram Fonseca and Abram Rosa are elected Massari *by the Jewish community.*

1638

Genoa, 1 October 1725

Source: A.S.G., Archivio Segreto, n. 1391.

Note found in the calice, *read to the* Collegi *and communicated to the Protectors of the Jewish community requesting them to oblige the Jews to wear the badge.*

1639

Genoa, 6 October 1725

Source: A.S.G., Notaio P. Francesco Bacigalupo, filza 21.

Desiderio and Giuseppe De Barberis complain about a bill of exchange to the order of Agostino Sartorio to pay 1,044 pounds to Paolo Granier in Tabarca. The payment order was then transferred to Isac Levi Soncino from Leghorn with Emanuele Levi Soncino's receipt, but Agostino Sartorio, cashier of the Lomellini in Tabarca, refuses to pay, having been authorized to pay only the person indicated in the bill.

1640

Genoa, 8 October 1725

Source: A.S.G., Archivio Segreto, n. 1391.

The Protectors of the Jewish community are in favour of the petition presented by Jacobe Saxia, who has been living in Ventimiglia for 8 years, in which he asks to be granted relief from the obligation to wear the badge for himself and for his brother, Emanuele Saxia.

1641

Genoa, 9 October 1725–8 July 1730

Source: A.S.G., Archivio Segreto, n. 1390a.

Documents relating to the expulsion from Genoa of David Lopez Arias, requested by the Massari*and confirmed by the Senate. The expulsion order is notified to the Genoese Consul in Leghorn, where Lopez is at the time. He later tried to go back to Genoa to justify himself, but he was caught without the badge. Having heard the* Massari *and his own defense, the Senate eventually grants him a residence permit whilst waiting for the Protectors' return.*

Note: See Docs. 1629, 1643.

1642

Genoa, 29 October 1725

Source: A.S.G., Notaio Pier Agostino Solari, filza 3.

Abram Racah, being Abram Alvares's attorney, issues a receipt to David Lopez Arias, son of the late Isach, for 376 pounds accounting for a sum lent by Alvares to Lopez.

Note: See below, Doc. 1644.

1643

Genoa, 29 October 1725

Source: A.S.G., Notaio Pier Agostino Solari, filza 3.

David Lopez Arias, son of the late Isach, gives up his claims presented first to the Congrega *and then to the Protectors of the Jewish community against Rosa, Meneses and Fonseca, and issues a receipt to each of them.*

Note: See above, Docs. 1629, 1641.

1644

Genoa, 29 October 1725

Source: A.S.G., Notaio Pier Agostino Solari, filza 3.

David Lopez Arias, son of the late Isach, undertakes to pay back to Abram Racah, son of the late Massod, part of his debt, amounting to 376 pounds, within 3 months. After 3 years without being paid, Racah requests nothing more from Lopez.

Note: See above, Doc. 1642.

1645

Genoa, 8 December 1725

Source: A.S.G., Notaio Domenico Federici, filza 7.

An inventory of the personal property of the late Jacob Levi, son of the late Salvatore, is drawn up before the notary, as requested by his father-in-law, Angelo Del Mare, Levi's attorney and executor. The items contained in the twelve rooms in Levi's house are listed, including the kitchen, cellar and Angelo Del Mare's studio. The inventory includes mirrors, paintings, walnut furniture, jewels, linen, clothes, a ceremonial sword, a timbrel, candles, coffers, iron, copper and brass kitchen utensils, carpets, 3 Holy Bibles, wigs, and gloves. From the inventory it transpires that Jacob Levi had a villa *in Sampierdarena, but it is not clear whether he owned it or rented it. On 27 December, at Angelo Del Mare's house, two consultants swear and declare before the notary that the value of the listed items is 9,414. 8 pounds.*

Note: See above, Doc. 1600.

1646

Genoa, undated

Source: A.S.G., Archivio Segreto 1391.

1. *A list of Jewish families in Genoa. The document is undated, but the quotation of Rabbi Pellegrino Rapa and Jacob Levi, still alive, might justify its collocation between the years 1724–1725.*

Note delle famiglie d'ebrei di presente in Genova: Alessandro Della Costa, suo figlio e moglie, nora, due nepote, un servitore, una serva, mercante. Piazza dell'Olmo.
Jacob Levj, sua moglie, 4 figliuoli, un servo, una serva, mercante. Nella Piazza dell'Olmo.
Abram Racah, sua moglie, due figliuoli, un servo, una serva, mercante. Nella Piazza dell'Olmo.
Salomon Levj, sua moglie, quattro figliuoli, una serva, mercante. Nella Piazza dell'Olmo.
Emanouel Della Costa, sua moglie, quattro figliuoli, trè nepoti, sua socera, due serve, mercante. Nella Piazza dell'Olmo.

Angelo Del Mare, sua moglie, un figlio, un servo. Nella Piazza dell'Olmo.
Racamino Cabib, sua moglie, un nepote, Emanuele Cracovia. Nella Piazza dell'Olmo.
Pelegrino Rappa, Rabbino, tre figliuoli. Nella Piazza dell'Olmo.
Abram Luzena, sua zia, suo cugino. Nella Piazza dell'Olmo.
David Lopes Arias, Salomon Pesa, industria. Nella Piazza dell'Olmo.
Samuel Luzena, sua moglie, industria. Nella Piazza dell'Olmo.
Salomon Mocata, sua moglie, mercante. Nella Piazza dell'Olmo.
Joseph Tomba, sua moglie, due figliuoli, industria. Nella Piazza dell'Olmo.
Moise Coen, una serva, forestiere. Nella Piazza dell'Olmo.
Salomon Gubbia, sua moglie, una forestiera alloggia in sua casa. Nella Piazza dell'Olmo.
Simha Lattat. Nella Piazza Olmo.
David Baroccia, sua moglie, cinque figliuoli. Nella Piazza dell Molo, industria.
Samuel Pensiere, sua madre, due sorelle, Joseph Rappa, industria. Nella casa dell'oratorio.
Gratia Latas, due figliuoli, Jeudà Crespino, Abram Chimchi. Nella casa dell'oratorio.
Salom Fiz, sua moglie, industria. Nella casa dell'oratorio.
Raffael Speseghino, sua moglie, figliuolo, industria. Nella casa dell'oratorio.
Ercole De Servj, sua moglie, un figlio. Nella casa dell'oratorio, povero.
Ester Cava, povera. Nella casa dell'oratorio.
Ester Tusignana, povera. Nella casa dell'oratorio.
Salomon Tedesco, Emanouel Bachi, industria. In Canetto.
Jair Sacerdote, un servitore, mercante. Nella Piazza de Signori Giustiniani.
Abram Rosa, sua moglie, diece figlioli, cinque *[sic]*, serva; David Menezes, un figlio; Abram Alvares, sua madre, suo figlio; mercanti nell Vicolo dell Gialsumino.

2. *There follows another list, again undated, but most likely drawn up at a later date*:

Ebrej abitanti in Genova:

Piazza del Olmo: Abram Fonseca, sua moglie, Jacob Fonseca suo figlio, sua moglie, tre figliuoli, una serva. Persone 8.
Abram Racah, sua moglie, tre figli, un servitore, una schiava turca. Persone 7.

Gabriele Fonseca, sua moglie, una figlia. Persone 3.
Emanoelle da Costa, sua moglie, quattro figliuoli, sua socera, un nipote. Persone 8.
Angelo del Mare, sua moglie, Moise suo figlio, sua moglie, due figlioli. Persone 6.
Samuel Tedesco, sua moglie, cinque figli. Persone 7.
Salomon Tedesco, sua moglie, tre figli, Emanoelle Bachi. Persone 6.
Giuseppe della Tomba, sua moglie e madre. Persone 3.
48.

Vicolo della Casana

Abram Rosa, sua moglie, 6 figlioli, tre servitori, una serva; David Menezes, Moise Alvres, sua moglie, una figlia, tre servitori, una serva; Abram Alvres, sua moglie, sua madre, tre figlioli, tre servitori, e una serva. Persone 29.

Da Signori Giustiniani

Lazzaro Sacerdote, sua moglie, un figlio, due servitori. Persone 5.
Somma addietro 82.

Dalla Malapaga

David Monte Baroccia, sua moglie, un figlio, quattro figlie, una nipote. Persone 8.
Samuel Pansier, due sorelle, suo cognato, due nipoti. Persone 6.
Samuel Rappa, un fratello. Persone 2.
Salomon Gubbia, sua moglie. Persone 2.
Emanouelle D'Angeli, sua moglie, due figlioli. Persone 4.
Raffael Speseghino, sua moglie e cinque figliuoli. Persone 7.
[Total] 111

1647

Genoa, 13 March 1726

Source: A.S.G., Archivio Segreto, n. 1391.

The Protectors of the Jewish community, following the Massari*'s petitions,* *decide that the* bargelli *must not harass the Jews wearing the badge but that they should arrest those not wearing it.*

1648

Genoa, 13 March 1726

Source: A.S.G., Archivio Segreto, n. 1391.

The Massari *ask the Protectors of the Jewish community to expel Salomone and Giuditta Mocata* persone inquiete e provocatorie *from Genoa. The request is granted and the Mocatas must leave the city within 8 days, as ordered by the Senate.*

1649

Genoa, 13 March 1726

Source: A.S.G., Archivio Segreto, n. 1391.

Upon the Massari'*s request, the Protectors of the Jewish community deliberate that insolvent Jews must pay their due within 8 days from the warning. They furthermore decide that Abram Cracovia must report to the* Massari *on his father's activity. Emanuele Cracovia is treasurer of the Jewish community.*

1650

Genoa, 13 March 1726

Source: A.S.G., Archivio Segreto, n. 1391.

List of decrees for the bargelli *relating to Jews who do not wear the badge, to Emanuele Cracovia, to the debtors of the Jewish community and to Salomone Mocata.*

1651

Genoa, 13 March–13 April 1726

Source: A.S.G., Archivio Segreto, n. 1391.

The Protectors of the Jewish community, as requested by the Collegi *and the Great Council, establish the fines for those who harass the Jews.*

1652

Genoa, 16 March 1726

Source: A.S.G., Archivio Segreto n. 1391.

Mosè Cracovia promises before the Protectors of the Jewish community to pay what his late father Emanuele Cracovia owes plus expenses.

1653

Genoa, 13 May–10 October 1726

Source: A.S.G., Archivio Segreto, n. 1391.

Testimony for Jacob Levi's inheritance. The Senate, with the approval of the Protectors of the Jewish community, grant authorization for l'adizione dell'eredità.

1654

Genoa, 6 September 1726

Source: A.S.G., Notaio P. Francesco Bacigalupo, filza 21.

Francesco Antonio Verzura complains about failed payment of two bills of exchange issued in Paris by Abram Lucena. Neither the issuer, nor the endorsees turned up.

1655

Genoa, December 1726–8 January 1727

Source: A.S.G., Archivio Segreto, n. 1390a.

Memorandum of the Lesser Council read to the Collegi, *whereby the Protectors of the Jewish community are requested to take action on the obligation to wear the badge.*

1656

Genoa, 21 January 1727–17 March 1728

Source: A.S.G., Archivio Segreto, n. 1390a.

Complaints and threats by the people of the Canneto area and the administrators of the Giustiniani legacy. Maria Cattaneo Doria let one of her houses, located in Via dei Giustiniani, to Lazzaro Sacerdote and Abram Vita Cracovia.

1657

Genoa, 24 March 1727

Source: A.S.G., Notaio P. Francesco Bacigalupo, filza 25.

Angelo Del Mare, son of the late Giacomo, states that he has received from Franco Ottavio Verzura 470.18.4 pounds, accounting for the rendite di Parigi, *collected by Nicolò Verzura for the second semester 1726.*

1658

Genoa, 27 April 1727

Source: A.S.G., Notaio P. Francesco Bacigalupo, filza 25.

Salomone Levi, son of the late Desiderio, appoints Angelo Del Mare his attorney to collect a bale of silk stored at the warehouse in Lerici.

1659

Genoa, 21 May–25 August 1727

Source: A.S.G., Archivio Segreto, n. 1390a.

The Gomez brothers ask the Collegi *to be granted a personal and real safe-conduct, regardless of the opposition by some Armenian merchants in Leghorn, to whom they owe money. The Senate asks the Protectors of the Jewish community to examine the petition, which is then granted.*

Note: See below, Docs. 1661, 1664, 1665.

1660

Genoa, 10 June–9 July 1727

Source: A.S.G., Archivio Segreto, n. 1390a.

Memorandum of the Lesser Council read to the Collegi, *whereby the Protectors of the Jewish community are requested to make sure that the Jews comply with the obligation to wear the badge.*

1661

Genoa, 5 July 1727–27 February 1728

Source: A.S.G., Archivio Segreto 1391.

Benedetto Nazar, from Armenia, asks the Residenti di Palazzo *to grant him an attachment on some cargo, presently stored in the free port of Genoa. He had sold it to the Gomez brothers in Leghorn, who paid him only part of his due. He further petitions that the safe-conduct the Gomez brothers asked for be denied them. The cargo under attachment as ordered by the* Pretore urbano *is then returned to the Gomez brothers following the decision by the Protectors of the Jewish community.*

Note: See Docs. 1659, 1664, 1665, 1666.

1662

Genoa, 18 February 1728–10 June 1732

Source: A.S.G., Archivio Segreto, n. 1391.

Documents recording a list of items reverted to Jews in Genoa from 1728 to 1732. From the list it transpires that the following persons were doing business in Genoa at the time: Abram Racah, Alessandro Della Costa, David Della Costa, Rosa, Mineses, Angelo Del Mare, Moisè Mementone, Gabriele Fonseca Della Costa, Emanuele Giuseppe Della Costa, Samuel Pansier, Isac Rapa, Alvares Miranda, Lazzaro Sacerdote, Abram Vita Cracovia, Isac Sacerdote Rapa, Moisè Rosa, Isac Bachi, Abram Luzena and Mosè Coen.

1663

Genoa, 27 February 1728

Source: A.S.G., Notaio P. Francesco Bacigalupo, filza 27.

Statements made at the request of Salomone Moccata, son of the late Jacob, in regard to the bartering of brocades and tobacco.

1664

Genoa, 4 March 1728

Source: A.S.G., Notaio Cesare Baldi, filza 97.

The notary draws up a petition for a licentia de suspecto de fuga *presented to the* Pretore urbano *by Benedetto Nazar, from Armenia against Samuele and Gabriele Gomez Leonel. Benedetto fears they will fail to pay what they still owe him for 4 bales of fine Smyrna cotton, which he sold them in Leghorn in 1727 for 443.7 pounds. The* Pretore della Rota Criminale *grants the* licentia iurata *against the Gomez brothers.*

Note: See Docs. 1659, 1661, 1665, 1666.

1665

Genoa, 4 March 1728

Source: A.S.G., Notaio Cesare Baldi, filza 97.

At the request of Benedetto Nazar from Armenia, Guglielmo M. Vappo states that Gabriele and Samuele Gomez Lionel, Jews from Leghorn, went bankrupt and were granted safe-conduct from debts by the Senate. In a later document Giovanni Agostino De Ferrari states that the Gomez brothers owe Benedetto Nazar 443.7. pounds, have neither money nor property, and would like to go back to Leghorn.

Note: See Docs. 1659, 1661, 1664, 1666.

1666

Genoa, 6 March 1728

Source: A.S.G., Notaio Cesare Baldi, filza 97.

The notary draws up Benedetto Nazar's order under which Samuel Gomez Lionel can be released from the Malapaga jail, provided his case is not prejudiced.

Note: See above, Docs. 1661, 1664, 1665.

1667

Genoa, 4 May 1728

Source: A.S.G., Archivio Segreto, n. 1391.

The Collegi *decide that the ghetto is a problem which falls within the competence of the Protectors of the Jewish community.*

1668

Genoa, 5 September 1728

Source: A.S.G., Archivio Segreto, n. 1390a.

Emanuele Della Costa, David Meneses and Jacob Fonseca are Massari *of the Jewish community. Their mandate is for 3 years.*

1669

Genoa, 13–27 September 1728

Source: A.S.G., Archivio Segreto, n. 1391.

Memorandum of the Lesser Council, read to the Collegi *and transmitted to the Protectors of the Jewish community for them to oblige the Jews to wear the badge in such a way that it is visible and to build the ghetto. Should the Protectors fail to enforce the obligation to wear the badge, another Court might be referred to.*

1670

Genoa, 9–24 November 1728

Source: A.S.G., Archivio Segreto, n. 1391.

Memorandum of the Lesser Council, read to the Collegi *and transmitted to the Protectors of the Jewish community in order for them to oblige the Jews to wear the badge, to have a ghetto built, and to make the Jews pay rent for it. The memorandum emphasizes that extraordinary funds were collected for the fortress in Gavi and for the lazaretto at La Spezia, so the same could be done for the ghetto.*

1671

Genoa, 7 December 1728

Source: A.S.G., Notaio Giuseppe Onorato Boasi, filza 2.

Moisè Montel, son of the late Isac, transfers to Angelo Del Mare, son of the late Giacobbe, all his credits, claims and demands against Moisè Mementone, son of the late Isacco. In a later deed dated 11 April 1729 Angelo Del Mare transfers again to Moisé Montel all his credits, claims and demands against Moisè Mementone.

Note: See below, Doc. 1674. In the document of 7 December 1728 *modaah* is renounced.

1672

Genoa, 25 February 1729

Source: A.S.G., Archivio Segreto, n. 1013, Portofranco.

Promulgation of a new general free port whereby the privilege is granted to the Jewish community as well con obbligo però à detti Ebrei di vivere con quel regolamento e ghetto che sarà loro prescritto da Serenissimi Collegi, coerentemente alla forma delle altre volte.

1673

Genoa, 6 April 1729

Source: A.S.G., Archivio Segreto, n. 1391.

Memorandum of the Lesser Council, read to the Collegi *and transmitted to the Protectors of the Jewish community in order for them to report on the ghetto, for which a project has already been drawn up. On 17 May, 9 June, and 25 October, another three memoranda are transmitted to the Protectors requesting that they deliberate on the obligation to wear the badge and on the ghetto.*

1674

Genoa, 12 April 1729

Source: A.S.G., Notaio Giuseppe Onorato Boasi, filza 3.

Moisè Montel, son of the late Isach, states that he owes Angelo Del Mare, son of the late Jacob, 110 pounds in Genoese currency.

Note: See above, Doc. 1671.

1675

Genoa, 31 May 1729–15 February 1730

Source: A.S.G., Archivio Segreto, n. 1391.

The Protectors of the Jewish community report to the Collegi *that the expenses for the ghetto are too high, since the Jewish community is poor, and it is better to make the community leave. The Protectors' report is approved by the* Collegi *and presented to the Lesser Council, which defers the matter to the Protectors.*

1676

Genoa, 15 June 1729

Source: A.S.G., Archivio Segreto, n. 1391.

Note found in the calice, *read to the* Collegi *and sent to the Protectors of the Jewish community requesting them to implement the provisions on the Jews as decided by the Lesser Council.*

1677

Genoa, 22 July 1729

Source: A.S.G., Notaio Giuseppe Onorato Boasi, filza 4.

Agostino Maggiolo lets to Isaia De Servi, son of the late Ercole, a room in Vico della Celsa for 3 years. The yearly rent is 36 pounds, to be paid in monthly instalments. A room owned by Maggiolo and Giovanni De Franchi is also let for 3 years, at 48 pounds a year. Isaia swears tacto calamo. *On 9 May 1730 Isaia wants to terminate the agreement because of the damp and notifies the* Uditori della Rota Civile. *On 12 February 1732 the lease is terminated.*

Note: See below, Doc. 1692.

1678

Genoa, 2 September 1729

Source: A.S.G., Archivio Segreto, n. 1391.

Memorandum of the Lesser Council written in August and read to the Collegi, *who suggest that the Lesser Council be responsible for rebuilding the ghetto.*

1679

Genoa, 14–20 September 1729

Source: A.S.G., Archivio Segreto, n. 1390a.

The Protectors of the Jewish community order that new procedures for the election of the Massari *be adopted in order to avoid disputes in the* Congrega. *Lazzaro Sacerdote and Mosè Alvarez are elected* Massari *for one year.*

1680

Genoa, 13 October 1729

Source: A.S.G., Notaio Giuseppe Onorato Boasi, filza 4.

Upon Angelo Del Mare's request, Giovanni Battista Compiano states that in Soziglia he heard Moisè Del Mare, son of Angelo, talk with Filippo Maria Tiscornia about 30 rolls of Indian cloth.

Note: *Soziglia* is a street in Genoa.

1681

Genoa, 10 November 1729

Source: A.S.G., Notaio Giuseppe Onorato Boasi, filza 4.

Angelo Del Mare, son of the late Giacomo, reports to the Conservatori del Mare *Giovanni Battista Biaggini. In Leghorn, he moved a load of saffron, that was to be delivered to Del Mare, from his felucca, which was overloaded, to that of Simone Biaggini. The load has not been delivered yet. The parties agree to defer the matter to the* Uditori della Rota Civile. *The saffron shall be sold in Genoa through a public agent.*

1682

Genoa, 15 November 1729

Source: A.S.G., Notaio Giuseppe Onorato Boasi, filza 4.

David Mineses, son of the late Abram, partner in the Rosa and Mineses company, appoints Francesco Filiberti his attorney.

1683

Genoa, 28 November 1729

Source: A.S.G., Notaio Giuseppe Onorato Boasi, filza 4.

Angelo Del Mare, being Giacobbe Levi's guarantor and guardian of his son-in-law's four children, who are not yet of age, sells to the Reverend Nicolò Bianchi some land with a vineyard, trees, barns and a stable near San Nicolò di Rapallo. The land was given to Levi by Nicolò's father, Captain Ambrogio, following the non-payment of 660 pounds. The amount paid also includes rent unpaid to Levi by Stefano Basso, and 24 mezzarole *of wine.*

1684

Genoa, 28 November 1729

Source: Banco S. Giorgio, Cancelliere Francesco Colombo, n. 896.

The President of the free port must report to the Protettori delle Compere di S. Giorgio *on Abram Racah's petition. He asks for a discount on 500 blankets from Algiers, to be delivered to charitable institutions in town. The blankets cost 4 pounds each, but custom duties would amount to 7 pounds per item*

1685

Genoa, 1 December 1729

Source: A.S.G., Notaio Giuseppe Onorato Boasi, filza 4.

Statements relevant to the purchase of 2 fardi *of saffron from Angelo Del Mare by Giannettino Perasso through the agent Bertorello.*

1686

Genoa, 7 December 1729

Source: A.S.G., Archivio Segreto, n. 1391.

The Protectors of the Jewish community, in compliance with the decision of the Collegi, *suggest that a ghetto be built in Piazza dell'Olmo and propose the obligation to wear the badge. The Lesser Council approves. The Protectors present a report by the architect Giovanni Battista Sanguineti and a project for the transformation of the square, complete with an estimate of expenses, a list of the Jews, their addresses, and the rents paid to their current landlords. The following Jews live in Genoa with their families*:

Angelo Del Mare, Mosè Mementone, Alessandro Della Costa, Abram Racah, Gabriele Fonseca Della Costa, Abram Luzena, son of David, Mosè Coen, Abram Cracovia, Isac Bachi, Lazzaro Sacerdote, Emanuele Della Costa, Salomone Gubbia, Josef Tomba, Salomone Tedeschi, Emanuele Bachi, Abram Rosa, David Menesch, Mosè Alvarez, Abram Alvarez,

David Barocci, Salomone Fiz, Samuel Rapa, Vitta Lattes, Samuel Pansier, Giuseppe Benedetto Rapa, Isac Coen, Raffaele Spizzichino and Israel Servi.

Note: See below, Doc. 1719.

1687

Genoa, 13 January 1730

Source: A.S.G., Archivio Segreto, n. 1391.

Memorandum of the Lesser Council, read to the Collegi *and transmitted to the Protectors of the Jewish community, relating to the immediate building of a ghetto, as deliberated by the Lesser Council, and the badge obligation. The same memorandum comes up again on 10 February, 23 May, 10 July.*

1688

Genoa, 31 January 1730

Source: A.S.G., Notaio P. Francesco Bacigalupo, filza 31.

A notary's statement in which David Mineses and Abram Rosa are declared to be the attorneys of Giovanni Dilima Vianna, merchant in Lisbon. They insure cargo being carried between Lisbon-Bahia-Rio di Ginero (Rio de Janeiro). The deed is drawn up by a Portuguese notary. A further deed, dated 7 February, records that Rosa and Mineses, who swore tacto calamo, *according to the Jewish custom, have in the insurance policy only* il nudo e puro nome.

1689

Genoa, 11 March 1730

Source: A.S.G., Notaio P. Francesco Bacigalupo, filza 31.

Desiderio De Barberis, socio complementario *of the Desiderio and Giuseppe De Barberis company, appoints Filippo Guglielmo Fluigens, from Leghorn, his attorney to collect from Davide and Bozerian 600 8-real pieces, as per the bill of exchange issued in Venice in the name of Davide and Bozerian and signed by Abram Levi del Banco.*

1690

Lyons-Genoa, 17 March–19 July 1730

Source: A.S.G., Senato, Diversorum Collegi, n. 217.

Exchange of documents between Genoa and Lyons relevant to a quantity of gold provided by merchants and bankers in Lyons for Abram Levi del Banco, who went bankrupt. They appoint Francesco Richeri their agent in Genoa, to collect the gold sent to Abram Levi del Banco from the masters of two ships travelling from Cadiz to Genoa.

1691

Genoa, 24–27 March 1730

Source: A.S.G., Archivio Segreto, n. 1390a .

The Protectors of the Jewish community order the release of David Barocci, jailed because he was not wearing the badge.

1692

Genoa, 8 May 1730

Source: A.S.G., Notaio Giuseppe Onorato Boasi, filza 5.

Un faber murarius *testify that the room presently occupied by Isaia De Servi, in Vico della Celsa near the Molo, is unhealthy, as the walls are soaked with damp. The other room, which is located below ground level, is very poorly lit.*

Note: See above, Doc. 1677.

1693

Genoa, 8–24 May 1730

Source: A.S.G., Archivio Segreto, n. 1390a.

Petition by Emanuele Della Costa to the Collegi, *requesting payment for a batch of tobacco by Giuseppe Cervetto. The latter asks the Senate to be included in the case of those who did not receive tobacco. He is granted his request.*

1694

Genoa, 11–12 May 1730

Source: A.S.G., Archivio Segreto, n. 1390a.

Statement before the Secretary of the Senate, relating to Simone Rapa, arrested because he was not wearing the badge in such a way that it was easily visible.

1695

Genoa, 17–19 May 1730

Source: A.S.G., Archivio Segreto, n. 1390a.

Petition by Lazzaro Sacerdote and Abram Vita Cracovia to the Collegi. *They ask for and obtain through the Protectors of the Jewish community a substitute for Giacomo Bettone in the legal proceedings they have with him, since he is ill.*

1696

Genoa, 25 May 1730

Source: A.S.G., Notaio Giuseppe Onorato Boasi, filza 5.

Salomon Tedesco, Emanuele Bachi, and Salomon Pansier make statements on David Lopez Arias from Leghorn in the legal proceedings between the latter and Abram Roses and David Mineses, as well as in the dispute with

Alessandro Della Costa. The statements refer to Lopez's behaviour nelle orationi e fontioni che si fanno nella scuola *and Rabbi Cracovia's intervention.*

Bibliography: Zazzu-Urbani, *Ebrei a Genova*, p. 45.

1697

Genoa, 27 June 1730

Source: A.S.G., Notaio Giuseppe Onorato Boasi, filza 5.

Statements by Giovanni Maria Gallesio and Giacomo Cambiaso on Davide Barocci and his brother-in-law Gabriele Uzielli, arrested by the guards as they were walking in town at midnight. They confirm that the Jews were wearing the yellow badge in a clearly visible way. This is all the more logical because of the lights and the bonfires lit throughout the town for the feast of St. John the Baptist.

1698

Genoa, 11 July 1730

Source: A.S.G., Banco S. Giorgio, Cancelliere Francesco M. Colombo, n. 898.

Petition by Angelo Del Mare to the President of the free port. He asks to be exempted from payment for 3 bales of Salonika cloth from Leghorn, to be taken into the town and subject to full payment.

1699

Genoa, 3 August 1730

Source: A.S.G., Residenti di Palazzo, filza 94.

The Collegi *transmit to the* Residenti di Palazzo *Jacob Attias' petition. He asks to be paid 2,000 pounds for leather sold to Nicolò Borassino from Sestri*

Levante, who failed to give him his due and surreptitiously transferred the leather elsewhere.

Note: For further details, see *Archivio Segreto*, n. 1212, Doc. 13.

1700

Genoa, 22 September 1730

Source: A.S.G., Residenti di Palazzo, filza 94.

The Senate asks the Residenti di Palazzo *to approve a petition by Lazzaro Sacerdote and Abram Vita Cracovia, asking for Giovanni Battista Malagamba to be their guarantor for 5,000 pounds.*

1701

Genoa, 25 September–15 October 1730

Source: A.S.G., Archivio Segreto, n. 1390a.

Abram Rosa and David Meneses ask the Collegi *for exemption from having to wear the badge for their families and employees. Subject to the approval of the Protectors of the Jewish community and payment of a tax, a three-year exemption is granted to: Isac Rosa, Jacob Rosa, David Rosa, Salomone Rosa, Mosè Rosa, Gabriel Rosa, Giuseppe Rosa, Samuel Rosa, Abram Alvarez, Moisè Alvarez, Salomone Meneses, David Meneses, Abram Rodriguez and Isac Rapa.*

1702

Genoa, 3 October 1730

Source: A.S.G., Notaio P. Francesco Bacigalupo, filza 33.

Protest by Desiderio De Barberis on a bill of exchange issued in his name in

London on 18 June 1730, signed by Abram Jacob Franco and endorsed to Mosè Jacob Fermi from Ancona, who failed to turn up.

Bibliography: On Abram Franco, see Yogev, *Diamonds and Coral*, passim.

1703

Genoa, 13 December 1730

Source: A.S.G., Archivio Segreto, n. 1390a.

The Collegi *transmit to the Protectors of the Jewish community a copy of the instructions sent from Rome to the Inquisitor of Genoa in order to* fermare alcuni abusi degli ebrei. *The Protectors must discuss them with the Protectors of the Holy Office and perhaps consult the Father Theologians and then report on them. The instructions record that in Genoa in 1718 Giovanni Battista Cattaneo and Francesco Invrea, Protectors of the Jewish community, refused the Inquisitor Bassi secular authority to jail a judaizer. The reason behind the refusal was the free port privilege, extended to the Jews from Leghorn. The Inquisitor argued that the apostate could not have such a privilege, but the Protectors replied that authority would be granted if a certificate of Baptism were shown. Furthermore, Secretary Ventura explained that secular authority could not be granted as higher orders from above and a certificate of Baptism were required. The Inquisitor added that he had the certificate of Baptism in the Holy Office and presented a letter from the Inquisitor of Pisa, whereby the Grand Duke ordered that, notwithstanding the free port, some judaizers from Spain and Portugal be jailed in Leghorn. The report also refers to the previous Charter, listing the abuses of freedom of which the Jews in Genoa were accused. These must be stopped as they were against the laws of the Holy Canon and the Apostolic Constitution. First of all, the Inquisitor asks for the authority that the government did not grant him against 14 Judaizers, then complains that the Jews have Christian servants, can move about freely during Holy Week, do not wear the badge, have no ghetto, and that Christians are allowed to enter the synagogue, especially during holidays. Papal bulls, Lateran Council regulations, decrees and canons, with relevant recommendations, are cited against each abuse.*

Bibliography: Giacchero, *Economia*, p. 108.

1704

Genoa, 1730

Source: A.S.G., Archivio Segreto, n. 1390a.

The senior Jews who have been living in Genoa for a long time ask the Protectors of the Jewish community to take action against the dangerous innovations and abuse which are becoming widespread in the community as new Jews arrive. The latter are related to one another and manage to be elected to office and take over the most important positions, preventing anyone else from having the chance to hold an important post.

Illustrissimi et Eccellentissimi Signori.
Le innovazioni da' qualche tempo in'appresso introdotte nella Nazione Ebrea hanno prodotti molti abusi et in conseguenza pessimi effetti, laonde gli ebrei più anziani, o' per nascita o' per abitazione in questa Serenissima Dominante, anche li più antichi di Congrega, hanno stimato loro debito di rappresentarle a Vostre Eccellenze affinche, come Protettori della loro nazione, possino prendere quei provedimenti quali stimeranno più accertati per togliere li detti disordini e per andar al riparo di quei maggiori che son imminenti.
Il primo abuso si è che nei tempi andati in detta nazione aveva la sua Congrega che consisteva di 7 sino a 12 soggetti, quando più e quando meno, disgionti quasi tutti di parentella l'uno dall'altro, e si viveva in detti tempi con somma unione perche ogn'uno godeva di quei onori e preminenze soliti praticarsi a' tenore de ritti proprii della stessa. Ma' essendosi augumentata detta Congrega sino al numero di 13 e diminuita di soggietti spassionati, attese le ammissioni fatte d'altri nuovi, di questi ve ne sono 8 tutti parenti strettissimi, li quali avendo l'affirmativa e negativa delle proposizioni in loro potere ordinano, comandano e dispongono in tutto e per tutto come loro agrada. E con le suddette aderenze si usurpano il governo perpetuo contro li riti della detta Nazione e la litterale disposizione del jus comune, "libro 2 cod. de muneribus et honor non continuandi lib. 10', del beneficio del quale godono anche gli ebrei senz'alcuna differenza tra' essi e li Cristiani, "iurid. decis. 133 n° 3. Lachot decis. 269, n° 3. 35. 45. part. 4 tom. 2 recent". Etcetera.
Detti otto soggetti sono: Emmanuele Della Costa, Gabriel Fonseca Della Costa, Abram Racch, Jacob figlio d'Alessandro Della Costa, tutti quattro cugnati per esser mariti di quattro sorelle, figlie di un fratello di Abraam Rosa e di detto Emmanuele Della Costa.

Abraam Rosa, fratello di detto Emmanuele e zio di detti Gabriel Fonseca, Abram Racch e Jacob Della Costa.

David Meneses è cugnato, cugino e compagno di negozio et anche commensale di detto Rosa e cugino di detto Emmanuele della Costa. Abraam Alvares è genero di detto Rosa e nipote di detto Meneses e d'Emmanuele Della Costa, è parimente cugino germano di suddetti primi quattro. Moise Alvares è genero di detto Rosa e cugnato di detto Abraam Alvares e perciò ha' la stessa parentella con tutti li suddetti nominati.

Il secondo abuso consiste in che l'elezione tanto de Massari, come de Scuoditori in qualche tempo per il passato si facceva secondo la consuetudine di tutte le Sinagoghe, tanto di Livorno quanto di altri paesi, quall'è di formare un bussolo dentro del quale si ponevano in tanti bollettini li nomi di tutti li soggietti capaci, et in ogn'anno si estraevano due di quelli a' sorte, sino a' che fossero estratti tutti, et in tal guisa ciascheduno godeva di quell'onor e vantaggio che apporta tal carrica. Simile usanza la detta Congrega l'ha' abolita per poter detti otto parenti perpetuare nel governo, commando et amministrazione, ciò che da' Vostre Eccellenze, ne dal Serenissimo Governo deve permettersi, anche per ragion de pregiudicii, quali puonno risultare da' tale regolamente al publico come avisa l'"Avendano de exeguendis mandatis Regum Hispaniarum, parte prima, cap. 19 sotto il numero 23. 55....", e doppo il Boario nella decisione 2, n. 5, averte il Pascalio, de viribus patrie potestatis, parte 4, capitolo 10, n. 1, versetto nihilominus, che molto si deve invigillare nelle elezioni di tal sorta per evittare le collusioni, affinche le carriche invece di conferirle canonicamente, non si faccino diventare ereditarie, pure con le seguenti parole "et in huiusmodi electionibus valde invigillandum est circa colusiones evictandas, ne potius per successionem, quam ex canonica institutione deferri videantur".

E benche dett'ebrei più antichi nella Congrega e più anziani o' per nascita o' per abitazione siano cittadini, Card. de Luc. de legitim., disc. 14 n. 7, e perciò come tali potrebbero sperare dall'incorrotta rettitudine di Vostre Eccellenze d'esser preferiti agl'Ebrei moderni, venuti ad abitare in questa Serenissima Dominante da' pochi anni in qua', giusta il sentimento di tutti i dottori, come più volte ha' deciso la Sacra Rota di Roma, decisione 237, parte 7...., e per essere stati da più anni esclusi da' detti parenti dall'onore di Massaro dovessero essere elletti presentemente come dispone il testo nella "li honori", paragrafo "de honoribus....". A d'ogni modo per render sempre persuase le Eccellenze Vostre che il loro riccorso non ha' per base la propria ambizione, ma la giustizia distributiva, non supplicano

d'ottenere tale provedimento e ne men perpetuare in detti Congrega, ma' bensì l'estirpazione di tanti abusi a' beneficio comune di tutti.
Il terzo de quali è che in detta Sinagoga si pratica a dispensarsi certe carriche onorififche che vengono distribuite dal Massaro pro tempore regolarmente a' ciascheduno secondo il grado de soggietti. Et essendo essi parenti uno o' due sempre in possesso di detta carrica di Massari usano detti onori con loro parenti e parziali, e gl'altri più antichi e meritevoli li scacciano et assentano da' detti onori, quali son soliti a' farsi anche con gli Ebrei forastieri, non per cortesia, ma' per obligo positivo de loro ritti. Essendo capitati diversi da' Livorno si fa' lecito il Massaro non usarli detta formalità, ne farne conto alcuno, a' fine di lasciare sempre il luogo a detti suoi parenti e parziali, rimanendo detti forastieri affrontati e disgustatissimi con danno anche della medema Sinagoga, alla quale in simili fonzioni fanno offerta di denari. E publicandosi in Livorno un contegno così improprio et irregolare non è credibile che alcune famiglie ricche, che disponessero trasportar in questa città le loro famiglie et azende, vogliano esporsi a' ricevere gli affronti et ingiurie da' detti ebrei collegati assieme non solo nell'amministrazione e governo di detta Sinagoga, ma' anco nel maneggio di tutti li negozii e traffichi, con sommo pregiudicio anche di questa Serenissima Repubblica e dell'Illustrissima Casa di S. Giorgio.
Pertanto detti Ebrei antichi supplicano riverentemente Vostre Eccellenze a' degnarsi prendere in quest'emergenti quelle deliberazioni che stimeranno di maggior proffitto al publico e privato e loro fanno profondissima riverenza.
Di Vostre Eccellenze, Detti Supplicanti.

1705

Genoa, 8–24 January 1731

Source: A.S.G., Archivio Segreto, n. 1391.

Memorandum of the Lesser Council, read to the Collegi *and transmitted to the Protectors of the Jewish community, requesting them to have a ghetto built as soon as possible and report on the matter to the Lesser Council.*

1706

Genoa, 15 January 1731

Source: A.S.G., Archivio Segreto, n. 1391.

The Uditori della Rota Civile *order Angelo Del Mare to leave the house where he lives unless he pays the rent to the landlord, Angelo Maria Vigo, right away.*

Note: See below, Docs. 1721, 1723.

1707

Genoa, 19 January 1731

Source: A.S.G., Notaio Giuseppe Onorato Boasi, filza 6.

Angelo Del Mare receives from Giovanni Battista Pagano 1,260.13 pounds as payment for bottomry.

1708

Genoa, 24 January 1731

Source: A.S.G., Archivio Segreto, n. 1391.

The Protectors of the Jewish community report to the Collegi *on the possible building of the ghetto in Piazza dell'Olmo, while Nicolò Cattaneo Pinelli complains because he does not want it to be near his house. Furthermore, the* Massari *emphasize that it would be difficult for the Jewish community to pay the rent in the ghetto should it ever be built.*

Note: See below, Doc. 1719.

1709

Genoa, 12 May 1731

Source: A.S.G., Archivio Segreto, n. 1391.

Giovanni Battista Piccimbono, a Jesuit, theologian, in response to the Protectors of the Jewish community, replies that the Jews will be obliged to pay rent for the ghetto.

1710

Genoa, 23 May 1731

Source: A.S.G., Archivio Segreto, n. 1390a.

Salomone Gubbia asks the Collegi *to oblige Simone Rapa, who has been found guilty by the rabbinical court, to pay 950 pounds. The Senate requests the Protectors of the Jewish community to take suitable action.*

1711

Genoa, 31 May 1731

Source: A.S.G., Notaio Alessandro Alfonso, filza 71.

At Lazzaro Sacerdote's request, Costantino Marana makes a statement on 24 gold bars transported from Cadiz to Genoa in 1730 to be delivered to Francesco Richeri.

1712

Genoa, 4 June 1731

Source: A.S.G., Archivio Segreto, n. 1391.

Memorandum of the Lesser Council for the month of May and read to the Collegi. *It is decided that, following the report by the Protectors of the Jewish community and the theologian Piccimbono's instructions, the Jews must pay rent for the houses in the ghetto, or else they will be expelled from Genoa.*

1713

Genoa, 8 August 1731

Source: A.S.G., Notaio P. Francesco Bacigalupo, filza 35.

Giuseppe Campi, father prior of San Teodoro, lets a house to Angelo Del Mare, son of the late Giacomo, for 3 years. The yearly rent is 300 pounds. The house is in the vicinity of the Church of San Giorgio. The termination contract, dated 28 February 1737 and drawn up by notary Nicola G. Steneri, is filed together with the lease.

Note: See below, Doc. 1726.

1714

Genoa, 11 August 1731

Source: A.S.G., Notaio Giuseppe Onorato Boasi, filza 6.

At Angelo Del Mare's request, Andrea Repetto gives a statement on the lotto o seminario *cards.*

1715

Genoa, 16 August 1731

Source: A.S.G., Notaio Giuseppe Onorato Boasi, filza 6.

Ester, daughter of Angelo Del Mare and widow of Jacob Levi, states that she is satisfied with the items, money, jewels, gold and silverware and all she has received from her father, and undertakes not to demand anything else. The deed is drawn up at Angelo Del Mare's house, in Piazza dell'Olmo.

Note: See below, Docs. 1718, 1741.

1716

Genoa, 16 August 1731

Source: A.S.G., Notaio Giuseppe Onorato Boasi, filza 6.

Jacob Valabrega, son of the late Sansone, emancipates his son Joseph, 25 years old, before the Pretore urbano *and Abramo Bedavidas, son of Natale, and Mosè Del Mare, son of Angelo, both are witnesses.*

1717

Genoa, 16 August 1731

Source: A.S.G., Notaio Giuseppe Onorato Boasi, filza 6.

Jacob Valabrega, son of the late Sansone, bequeathes half of his property to his son Sansone and the remaining half to his son Joseph. Abram Bedavidas and Mosè Del Mare are witnesses.

1718

Genoa, 16 August 1731

Source: A.S.G., Notaio Giuseppe Onorato Boasi, filza 15 dei testamenti.

Ester, daughter of Angelo Del Mare and widow of Jacob Levi, orders that her heirs and successors not demand any alimony, dowry or whatsoever from her father. She furthermore appoints her father special heir. A further deed, dated 22 August (filza 6), *records the appointment of the guarantors and executors of Jacob Levi's legacy. His five children, all not yet of age, are* eredi proprietari *and his wife Ester Del Mare is usufructuary heir; no guardian is appointed.*

Note: See Docs. 1715, 1741.

1719

Genoa, 29–31 August 1731

Source: A.S.G., Archivio Segreto, n. 1391.

Architect Giovanni Battista Sanguineti, appointed by Nicolò Cattaneo Pinelli, relates to the Collegi *on the opportunities to build a new ghetto in Piazza dei Tessitori instead of Piazza dell'Olmo. The* Collegi, *having heard the report by Ignazio Pallavicini on the Jewish community, defer the decision to the Protectors and inform the Senate.*

Note: See above, Docs. 1686, 1708. From 1674 to 1679 the second ghetto was located in Piazza dei Tessitori the first having being moved to the Santa Sabina area.

1720

Genoa, 27 November 1731

Source: A.S.G., Notaio P. Francesco Bacigalupo, filza 36.

Statement given by Salomone Gubbia, son of the late Lazzaro, at David Della Costa's request, on certain accounts relating to Della Costa, who owed money to the spirits dealers.

1721

Genoa, 19 December 1731

Source: A.S.G., Notaio Giuseppe Onorato Boasi, filza 6.

Statements given at Angelo Del Mare's request, declaring that, before moving, he left the previous house, owned by Captain Giovanni Vigo, to Reverend Lorenzo Castagnino, the Captian's attorney.

Note: See Docs. 1706, 1723. The statements are also recorded in *Archivio Segreto*, n. 1390a.

1722

Genoa, 31 December 1731

Source: Notaio Cesare Baldi, filza 106.

Moise Cracovia, son of Lazzaro, who was born in Venice but has been living in Genoa for years, appoints Joseppo Parenzo, son of Salvatore, his attorney for all disputes and negotiations Moise has in Venice, and for coming to an agreement with his creditors.

1723

Genoa, 9 January–13 March 1732

Source: A.S.G., Archivio Segreto, n. 1390a.

Petition by Angelo Del Mare to the Collegi. *He asks the Protectors of the Jewish community to take action in the legal proceedings between himself and the Vigo brothers, who own the house where he lives, which had previously been let to the late Jacob Levi. The Vigos, represented by the Reverend Lorenzo Castagnino, demand compensation for damages and the payment of rent; Angelo Del Mare argues that he paid rent through improvements made to the house. The Protectors grant his request and decide that part of the sum Del Mare deposited with the notary Baldi, for rent settlement, be returned to him in view of the improvements he made to the house. The remaining sum is to be given to Castagnino to settle his due. The latter is requested to issue a receipt to Del Mare.*

Note: See above, Docs. 1706, 1721.

1724

Genoa, 11 January–13 October 1732

Source: A.S.G., Archivio Segreto, n. 1391.

Memoranda of the Lesser Council, read to the Collegi *and transmitted to the Protectors of the Jewish community requesting that action be taken in regard to the* pratica degli ebrei che mai si termina.

1725

Genoa, 28 February 1732

Source: A.S.G., Notaio P. Francesco Bacigalupo, filza 37.

At Angelo Del Mare's request, Emanuele Bachi, son of the late Donato, makes a statement on Jacob Levi's will.

1726

Genoa, 12 March 1732

Source: A.S.G., Notaio P. Francesco Bacigalupo, filza 37.

Angelo Del Mare undertakes to pay 16 pounds to the Latheran Fathers of San Teodoro who let him a flat, in addition to the agreed rent, in view of the improvements he made to the house.

Note: See above, Doc. 1713.

1727

Genoa, 23 April 1732

Source: A.S.G., Notaio Giuseppe Onorato Boasi, filza 7.

Francesco Gaetano Oliviero undertakes to deposit with the notary within two months 546.10 pounds he owes Angelo Del Mare, currently absent, for a fardo *of saffron.*

1728

Genoa, 12 May 1732

Source: A.S.G., Notaio P. Francesco Bacigalupo, filza 38.

Angelo Del Mare, Salomone Gubbia and Giovanni Battista Camoirano, guarantors, guardians and executors of the late Jacob Levi's underaged children, before the notary collect his revenue from the hotel della ville di Parigi. *The revenue is for the children: Salvatore Salon, Giuseppe Menachem, Enoch, Angelo Mardocheo and Bonina Levi.*

1729

Genoa, 16 July 1732

Source: A.S.G., Notaio P. Francesco Bacigalupo, filza 38.

Statement in French made before the notary, whereby Jacob Rosa, son of Abraham, is declared to be an honourable and righteous man.

1730

Genoa, 13 November 1732

Source: A.S.G., Archivio Segreto, n. 1391.

Memorandum of the Lesser Council requesting a quick solution to the problem of the Jews in Genoa. The Protectors of the Jewish community, having examined the juridical and economic situation of the Jews, suggest three solutions. The first is to expel the Jews, the second is to organize a ghetto in Piazza dell'Olmo, the third is to build a ghetto, opus publicum, *in Piazza dei Tessitori. The Lesser Council, having consulted some theologians and jurists, decides on the building of a ghetto in piazza dell'Olmo and on the obligation to wear the badge.*

Note: Memoranda on the same question are very frequent between 1732 and 1735.

1731

Genoa, 5–12 December 1732

Source: A.S.G., Archivio Segreto, n. 1390a.

The Protectors *of the Jewish community, as ordered by the Senate, notify*

Carlo Pratolongo that he has to go before the Court for the legal proceedings involving him and Isac Pansier on payment for a batch of coral purchased by the late Nicolò Pratolongo.

1732

Genoa, 9 December 1732

Source: A.S.G., Notaio P. Francesco Bacigalupo, filza 39.

Salomone Levi, son of the late Desiderio, sells Francesco Verdin from Voltaggio a lot of chestnut-growing land and a drying apparatus near Voltaggio, in a place called le Pieighe ossia Arpexelle, *for 1,500 pounds. Levi had been given the land as part payment of a debt of 2,817.17.11 pounds with Susanna Anfosso.*

Bibliography: Zazzu-Urbani, *Ebrei a Genova*, p. 45.

1733

Genoa, 30 December 1732

Source: A.S.G., Notaio P. Francesco Bacigalupo, filza 40.

The two brothers Filippo and Cottardo Faveti, coachmen, state that they owe Abram Levi del Banco, son of the late Emanuele, 600 pounds, to be paid in 6 months in 200-pound bimonthly instalments.

1734

Genoa, 2 January 1733

Source: A.S.G., Notaio P. Francesco Bacigalupo, filza 40.

Abram Levi del Banco presents to the notary a bill of exchange dated Amsterdam 31 October 1733, accepted by Lazzaro Sacerdote.

1735

Genoa, 21 January 1733

Source: A.S.G., Notaio P. Francesco Bacigalupo, filza 40.

As requested by Joseph Benedetto Rapa, son of the late Emanuele, Lorenzo Brigliano states before the notary that Francesco Cortoax, a French patrono, *in 1732 landed on the beach at Alassio with his* tartana. *The vessel had a cargo of grain, a third of which was the* patrono's *and two-thirds Isac Pansier's.*

1736

Genoa, 9 March 1733

Source: A.S.G., Archivio Segreto, n. 1391.

Ignazio Pallavicino, appointed supervisor of the construction of the ghetto, asks the Collegi *to be relieved of his task because one of the theologians is against him. At the Doge's request, however, the* Giunta di Giursdizione *and the Protectors of the Jewish community decide to confirm his appointment.*

1737

Genoa, 8 May 1733

Source: A.S.G., Notaio P.Francesco Bacigalupo, filza 41.

Saul Levi appoints Salomone Gubbia his attorney to collect his due from Damiano Morgana as per a bill of exchange issued in Algiers on 10 December for pezze 150 da 8 reali della rosa.

1738

Genoa, 11 May 1733

Source: A.S.G., Notaio P. Francesco Bacigalupo, filza 41.

A deed in French in which Abram Levi del Banco appoints Giovanni Battista Cuyset, who lives in Paris, his attorney to collect from Giovanni Battista Rapallo, operatore di Francia *the original annuity receipt.*

Bibliography: On Rapallo, see Felloni, *Investimenti finanziari*, pp. 96, 99.

1739

Genoa, 18 May 1733

Source: A.S.G., Notaio P. Francesco Bacigalupo, filza 41.

Arbitration agreement before the Massari *and the Protectors of the Jewish community between Rabbi Semuel Todesco and Angelo Del Mare. The latter must pay Todesco* tutto quanto e quello possa da esso pretendere per li mesi trascorsi che il detto Todesco è in servizio della nazione in qualità di rabino per lire 100 moneta coerrente in Genova. E per quanto riguarda nell'avvenire debba il Del Mare pagare lire 4 il mese con il patto che l'istesso debba insegnare a suoi negozi per tutto il tempo che durerà la sua carica di rabino che sarà ancora per 18 mesi. *Samuel Mocata is the arbitrator.*

1740

Genoa, 28 August 1733

Source: A.S.G., Notaio P. Francesco Bacigalupo, filza 41.

Abram Levi del Banco, son of the late Emanuele, appoints Salvatore Aron Sacerdote of Venice his attorney to collect money and to represent him, if necessary, before the Doge, the Magistrates and the Courts of Venice. On 18 September, 29 October and 16 December the notary draws up three deeds, in which Abram Levi del Banco appoints two attorneys to represent him in Turin and one to represent him in Milan.

Bibliography: Zazzu-Urbani, *Ebrei a Genova*, pp.45–46.

1741

Genoa, 23 December 1733

Source: A.S.G., Notaio Giuseppe Onorato Boasi, filza 7.

Ester, daughter of Angelo Del Mare, widow of Jacob Levi, and presently wife of Joseph Valabrega, states to her father, executor and attorney of her first husband, that she has received a total of 7,392.17.9 pounds in a number of instalments and she acknowledges the receipt of this sum. This accounts for food and clothes necessary for herself and her five children (only three of whom still survive) from the day of her husband's death to that of her second wedding. Ester renounces the usufructuary rights on her three children's inheritance. The deed is drawn up in Angelo Del Mare's house.

Note: See above, Docs. 1715, 1718.

1742

Genoa, 23 January 1734

Source: A.S.G., Notaio Alessandro Alfonso, filza 74.

Ricca, wife of Lazzaro Sacerdote and daughter of the late Emanuele Levi del Banco, appoints her brother-in-law Salvatore Aron Sacerdote, who lives in Venice, her attorney to obtain one-third of the legacy from her mother Allegra, also called Simcha Levi del Banco. She authorizes him to appear before any Magistrates and Courts in Venice in order to obtain one-third of her mother's credits and legacy, as well as one-third of the furniture, gold and silverware, jewels and whatever else she is entitled to. She reserves the right to change or cancel the power of attorney. Ricca states that she is acting in accordance with, and with the approval of her husband, Lazzaro Sacerdote, and Salomon Levi, son of the late Desiderio and Moisè Del Mare, two of her nearest kin.

1743

Genoa, 29 January 1734

Source: A.S.G., Notaio P. Francesco Bacigalupo, filza 43.

Statement by the French Captain Paolo Trabau and others, given at the request of Giuseppe Rapa and Moisè and Salomon Rosa. The Captain states that he has loaded at La Goulette, Tunis, some cargo to be delivered to the Rosas and Rapa in Genoa, which was subsequently detained.

Bibliography: Zazzu-Urbani, *Ebrei a Genova*, p. 46.

1744

Genoa, 12 February–1 March 1734

Source: A.S.G., Archivio Segreto, n. 1390a.

Memorandum of the Lesser Council for the month of February, read to the Collegi, *requesting that the Protectors of the Jewish community make sure that the obligation to wear the badge is respected.*

1745

Genoa, 23 February 1734

Source: A.S.G., Notaio P. Francesco Bacigalupo, filza 43.

David Meneses and Rosa state before the notary that a bill of exchange, issued in London by Diego Mendes to the order of Beniamin Mendes Da Costa and addressed to them, was to be paid by Jacob Mendes Da Costa.

Bibliography: On Mendes Da Costa, see Yogev, *Diamonds and Coral, p. 355.*

1746

Genoa, 15 March 1735

Source: A.S.G., Notaio Giuseppe Onorato Boasi, filza 9.

Upon Lazzaro Sacerdote's request, Domenico Rizzo makes a statement on the sale and delivery of 2,000 mine *of grain from France, which Rizzo purchased from Sacerdote.*

1747

Genoa, 22 March 1734

Source: A.S.G., Archivio Segreto, n. 1390a.

As requested by the Inviato di Campredom, i Collegi *order the Protectors of the Jewish community to grant exemption from the obligation to wear the badge to Sacerdote (most likely Lazzaro).*

1748

Genoa, 17 June 1734

Source: A.S.G., Notaio Giuseppe Onorato Boasi, filza 8.

Giovanni Battista Rolla admits that he owes Angelo Del Mare, son of the late Giacomo, 1,761.19 pounds for the purchase of saffron. Payment shall be effected within 6 months in silk clothes, or else Rolla shall pay the whole sum, plus damages, expenses and 4% yearly interest. On 15 March 1735 the Uditori della Rota Civile *grant Del Mare attachment for 1,761.19 pounds.*

1749

Genoa, 21–24 July 1734

Source: A.S.G., Archivio Segreto, n. 1390a.

The Collegi *ask the Protectors of the Jewish community to take action against the Jews who do not wear the badge. Some Jews were in fact jailed because they were not wearing the badge. They subsequently presented a petition.*

1750

Genoa, 4–18 November 1734

Source: A.S.G., Archivio Segreto, n. 1390a.

At the Doge's proposal, the Protectors of the Jewish community release Israel De Servi, jailed because he was not wearing the badge. He had presented a petition to the Collegi.

1751

Genoa, 10 November 1734

Source: A.S.G., Notaio P. Francesco Bacigalupo, filza 45.

As requested by Mosè Del Mare, son of Angelo, Francesco Maria Durazzo and Ignazio Gabriele Gherardi state that they always dealt with damask and other goods with Angelo, and not with Mosè Del Mare, son of Angelo.

1752

Genoa, 1 December 1734

Source: A.S.G., Notaio P. Francesco Bacigalupo, filza 45.

Moisè Del Mare, son of Angelo, grandson of the late Jacob, aged 25, appoints Salomone Levi, son of the late Desiderio, his attorney with ample powers.

1753

Genoa, 29 December 1734

Source: A.S.G., Notaio Giuseppe Onorato Boasi, filza 8.

As per an order of payment, Giannettino Perasso owes Angelo Del Mare 1,401.5 pounds, accounting for 2 fardi *of saffron purchased in Leghorn by Daniel and Samuele Bonfiglio in December 1733. In March 1735 the* Uditori della Rota Civile *grant Angelo Del Mare attachment for 1,401.5 pounds.*

1754

Genoa, 17–24 January 1735

Source: A.S.G., Archivio Segreto, n. 1390a.

The Protectors of the Jewish community decide that the new Massari *elected by the* Congrega *should be punished if they refuse to accept the appointment.*

1755

Genoa, 12 June 1735

Source: A.S.G., Notaio Giuseppe Onorato Boasi, filza 9.

Negotiations between the partners in the Jacob Levi and Salomone Levi company following Jacob Levi's death. Salomone Levi is to pay all the company's debts and collect within 3 months 5,000 pounds owed to the late Jacob. The company's greatest debtor is Angelo Del Mare, who owes 5,000 pounds. According to a previous agreement between Salomone Levi and Angelo Del Mare, Salomone uses the 5,000 pounds owed by Angelo Del Mare as dowry for Regina Buona Levi, his daughter, wife of Moisè Del Mare, son of Angelo. Following some disputes between Moisè Del Mare and his father Angelo, who in the meantime remarried, an agreement is made under which the expenses incurred by Angelo Del Mare, to whose house the married couple moved, are reimbursed.

Note: See below, Docs. 1756, 1761.

1756

Genoa, 4 July 1735

Source: A.S.G., Archivio Segreto, n. 1390a.

The Protectors of the Jewish community approve the agreement drawn up by notary G.O. Boasi between the Levi and Del Mare families. Angelo Del Mare issues a receipt to his son, Mosè, Regina Buona Levi's husband.

Note: See Docs. 1755, 1761.

1757

Genoa, 11–12 July 1735

Source: A.S.G., Archivio Segreto, n. 1391.

Lists of the Jewish families living in Genoa and of the Jews over 14 years of age. The lists are drawn up as ordered by the Protectors of the Jewish community and are signed by Salomon Gubbia, head of the community.

1. Nota delle famiglie degl'ebrei che al presente abitano in Genova, in esecutione delli comandamenti dell'Illustrissimi et Eccellentissimi Protettori della sudetta nazione, l'11 luglio 1735

Abram Rosas, sua moglie e sei figlioli, due giovani e tre servitori	13
Abram Alvares, sua madre e moglie, tre' figlioli e serva	6
Lazzaro Sacerdoti, sua madre, moglie, figlio, fratello e serva	6
Moisè Alvares, moglie, due figlie, un servo e due serve	7
Angelo Del Mar, sua moglie, due figlioli e serva	5
Moisè Del Mar, moglie, tre' figli piccoli e serva	6
Abram Raccà, moglie, tre figlioli et servo	6
Gabriel Fonseca Della Costa, moglie e due figlioli	4
Jacob Della Costa, madre, fratello e sorella	4
Abram di David Luzena, moglie e zia	3
Isache Pincherli Rabino, sua moglie, figlia e serva	4
Joseph della Tomba, moglie e tre figlioli	5
David Barocci, sua moglie e sei figlioli	8
Isac Rappa e fratello	2

Salomon Mocata e sua moglie	2
Salomon Gubia, moglie e nipote	3
Abram di Segni	1
Joseph Benedetto Rappa, sua moglie e cugnata e due nipoti	5
Isache Siera, moglie e tre figlioli et una parente	6
Israel De Servi, madre e moglie	3
Raffael Speseghino, moglie e cinque figlioli	7
Emanuel D'Angeli, sua moglie, tre figlioli et fratello	6
	112

2. Nota degl'ebrei che al presente abitano in Genova di maggior età d'anni quatordeci, l'12 luglio 1735

Abram Rosas, con sei figlioli e due giovine.
Abram Alvarez con un figliolo.
Lazzaro Sacerdote, figlio et fratello et servo.
Moisè Alvares e servo.
Angelo Del Mar.
Moisè Del Mar.
Abram Racah con un figlio et altro absente et servo.
Jacob Della Costa et fratello.
Gabriel Della Costa.
Abram di David Luzena.
Isache Pincherli, Rabino.
Joseph Della Tomba et figlio.
David Barocio con un figlio.
Isache Rappa et fratello.
Salomon Mocata.
Salomon Gubia, Cancelliere e nipote che celebra gl'oratione.
Abram di Segni.
Joseph Benedetto Rappa.
Israel de Servi, serviente della nazione.
Emanuel d'Angeli, serviente della nazione.
Isache Siera, povero d'elemosina.
Raffael Spesighino, povero d'elemosina.

1758

Genoa, 27 July 1735–27 April 1736

Source: A.S.G., Archivio Segreto, n. 1390a.

The Magistrato del Riscatto degli schiavi, *having informed the* Collegi *of his difficulties in delivering from slavery the citizens of the Republic held prisoners by the Infidels, requests that Giacob, son of Aron Molcho, who played a very important role in the negotiations, be exempted from the obligation to wear the badge. The Protectors of the Jewish community, questioned by the* Collegi, *on 20 February 1736 grant Molcho exemption from the badge for one month from his arrival in town. The exemption is then extended to the end of May.*

Serenissimi Signori,
Sebbene il Prestantissimo Magistrato del Riscatto de Schiavi non ha' mai cessato d'applicar l'animo suo, in seguito del proprio instituto, a' procurare de copiosi riscatti de sudditi di Vostre Signorie Serenissime dalle mani degl'Infedeli, e per conseguir un così giusto fine abbia tentate tutte le strade possibili per riparar le frodi che pur troppo sovente occorrono col mezzo di chi ne ha' l'incarrico e ne ha' sin'ora avuta l'incombenza, pure non è a lui riuscito di condurre a' perfezione una vista di tanta premura e di ottener per conseguenza a quest'ora, non ostanti tutte le più sollecite misure, un'intento così desiderabile, dal che ne derivano gravissimi pregiudicii ed agravii alla sua cassa, e per mottivo di questi non può liberarsi un magior numero di dieci schiavi in ogn'anno, conforme succederebbe quallor da diputati a' trattarne si procedesse con la dovuta lealtà e buona fede.
Quello però di cui si è con fondamento dovuto temere per il passato, allor che anche vi si sono maneggiate persone di religione cattolica, pare che possa presentemente sperarsi col mezzo di Giacob de Aron Molcho ebreo, mentre essendosi col di lui mezzo trattati in quest'ultimi tempi più riscatti, e si sono conseguiti e si sono ricavati con particolare vantaggio in maniera da esserne rimasto contento il predetto Prestantissimo Magistrato. E siccome per parte del sudetto ebreo, che ora si trova in Livorno a' subire la quarantena unitamente con cinque altri di detti schiavi da lui riscattati in ultimo luogo e condotti da Algieri, sono state avansate suppliche al predetto Prestantissimo Magistrato direttamente ad impetrarle da Vostre Signorie Serenissime la dispenza dal portare il solito segno per il tempo della brieve stalia, che in occasione degli interessi con

detto Prestantissimo Magistrato sarà per occorergli di far qui. Così si è stimato in obbligo esso Prestantissimo Magistrato di dedurre loro le sudette notizie di fatto, affinche, quando in vista delle medesime lo stimassero degno della sudetta grazia, possano accordargliela. Apprenderebbe però in questo caso che potesse da Vostre Signorie Serenissime limitarsi a' quel breve tempo che venisse dichiarato da chi sarà da Vostre Signorie Serenissime a tal'effetto diputato, poiche a meritarla per più o meno tempo dovrà servire di regola l'ulteriore suo contegno al vantaggio dell'opera pia, e loro fa' profondissima riverenza......

1759

Genoa, 8 August 1735

Source: A.S.G., Archivio Segreto, n. 1391.

The Protectors of the Jewish community ask the Casa di S. Giorgio *to inform them of the income of Jewish merchants in the years 1732, 1733, 1734. The Jews deal in saffron, cotton, camel hair, cloth, incense, wool, tin, whale bones, steel, cocoa, pepper, sugar, spices, coral, uncut diamonds, tobacco, cochineal and leather.*

1760

Genoa, 22 September 1735

Source: A.S.G., Notaio Giuseppe Onorato Boasi, filza 9.

A deed in French whereby Angelo Del Mare appoints Nicola Bonaventura Verzura general and special attorney in Paris.

1761

Genoa, 16 December 1735

Source: A.S.G., Notaio Giuseppe Onorato Boasi, filza 9.

Mosè Del Mare, son of Angelo, issues receipt to his father for the 85.2.8 pounds received, accounting for 6 months' interest on a capital of 6,000 francs, part of his wife's dowry.

Note: See above, Docs. 1755, 1756.

1762

Genoa, 27 April 1736

Source: A.S.G., Archivio Segreto, n. 1390a.

Isac Rapa, jailed because he was not wearing the badge, is released on order of the Protectors of the Jewish community, since he is a Rabbi.

1763

Genoa, 6 July 1736

Source: A.S.G., Archivio Segreto, n. 1390a.

The Padri Minimi *of the Convent of Gesù and Maria obtain from the Protectors of the Jewish community, as approved by the Senate, an eviction order for two Jewish families whose presence they cannot tolerate.*

1764

Genoa, 23 August 1736

Source: A.S.G., Notaio Alessandro Alfonso, filza 76.

Joseph Coen Boninfante, son of the late Ventura, appoints Bernardo Paganini, causidico, *his attorney in any current and future disputes and cases, as well as in regard to collecting from Michel'Angelo Moreno,* patrono, *whatever he owes him as per the relevant documents. The power of attorney includes the authorization to make deals and agreements as well as to act in criminal matters.*

1765

Genoa, 1 October 1736

Source: A.S.G., Archivio Segreto, n. 1391.

Memorandum of the Lesser Council for the month of September, read to the Collegi *and sent to the Protectors of the Jewish community to expel the Jews from the city, since it is impossible to build a ghetto.*

1766

Genoa, 22 October 1736

Source: A.S.G., Notaio Giuseppe Onorato Boasi, filza 10.

Lazzaro Sacerdote, son of the late Finale, gives 238.8.4 pounds to Giovanni Battista Celesia from Genoa, attorney of Giuditta Camis De Fonseca, daughter of the late Josef, from Venice, wife of Salvador Moisè Parenzo. The sum accounts for what Sacerdote owed Giuditta for dowry insurance and for money he owed to her husband. The receipt includes a copy of the dowry insurance and Giuditta's power of attorney for G.B. Celesia, issued in Venice by the notary Geronimo Marcello in Giuditta's house in the old ghetto.

1767

Genoa, 27 November 1736

Source: A.S.G., Archivio Segreto, n. 1391.

The Collegi *ask the Protectors of the Jewish community to report on the question of the Jews as soon as possible.*

1768

Genoa, 11 December 1736–8 February 1737

Source: A.S.G., Archivio Segreto, n. 1391.

The Protectors of the Jewish community report to the Collegi *and the Lesser*

Council. They maintain that it would be better to expel the Jews from the town within 6 years than to build a ghetto for them, in view of their unfavourable economic situation. The Lesser Council votes a number of times and decides on the expulsion. Lazzaro Sacerdote and Abram Rosas, Massari, *are informed and a copy of the expulsion order is delivered to them .*

1769

Genoa, 7–26 March 1737

Source: A.S.G., Archivio Segreto, n. 1390a.

The Senate, with the approval of the Protectors of the Jewish community, ratifies the late David Meneses's will in favour of his natural son Salomone Meneses and his brother-in-law Abram Rosas.

1770

Genoa, 2 August 1737

Source: A.S.G., Archivio Segreto, n. 1390a.

The Collegi, *following a petition by the Jewish community, request the* Inquisitori di Stato *to inquire into whether Salomone Gubbia keeps a Christian boy hidden in his house.*

1771

Genoa, 30 August–23 September 1737

Source: A.S.G., Archivio Segreto, n. 1390a.

The Collegi *authorize the Protectors of the Jewish community to grant Graziadio Vita Coen, Samuel Finzi and Abram Reggio, Jews from Ferrara, permission not to wear the badge for 15 days.*

1772

Genoa, 10 December 1737

Source: A.S.G., Notaio Giulio Vincenzo Della Cella, filza 2.

Abram Alvares, son of the late Abram, appoints Ambrosio Campora his attorney. The deed is drawn up at Abram's house near the church of San Matteo.

1773

Genoa, 16 April 1738

Source: A.S.G., Notaio Francesco Saverio Porcile, filza 6.

At G.Cesare Capris's request, Lazzaro Sacerdote, son of the late Finale, states that in the year 1734, on 5 April, his uncle Moisè Sacerdote asked G. Cesare Capris to ship from Sampierdarena to Novi food and other necessary supplies for the army of the King of France. Moisè Sacerdote agreed with Capris on 400 pounds a month for the shipping, to be paid through a bill of exchange signed by Moisè in Milan.

1774

Genoa, 9 May 1738

Source: A.S.G., Archivio Segreto, n. 1390a.

The Collegi *decide that Luca Grimaldi, Protector of the Jewish community, must release Aron Della Tomba, jailed because he was walking around at night.*

1775

Genoa, 6–11 June 1738

Source: A.S.G., Eccellentissima Camera, n. 420.

Lazzaro Sacerdote's petition to the Collegi. *A copy is sent to the* Collegio Camerale *to report on the matter. Lazzaro Sacerdote asks for a reduction on the 1,500-pound duty he had to pay for his father Finale. He has already paid 600 pounds and now he is requested to pay the remaining 900 pounds. However, he emphasizes that his father is dead, that he renounced his inheritance and that he cannot pay the duty because of his limited financial resources.*

1776

Genoa, 25 August 1738

Source: A.S.G., Archivio Segreto, n. 1391.

Memorandum of the Lesser Council, read to the Collegi *and transmitted to the Protectors of the Jewish community, requesting that they find out how many Jews were living in town so that the* Inquisitori di Stato *can check that no Jews remain after the expulsion order.*

1777

Genoa, 14 November 1738

Source: A.S.G., Notaio Giuseppe Onorato Boasi, filza 11.

Emanuele Lattes, son of the late Abram, as witnessed by Isacco Segre, son of the late Giuseppe, and Israele De Servi, son of the late Hercole, admits he owes Angelo Del Mare, son of the late Giacobbe, 200 pounds, to be paid back in two years.

1778

Genoa, 2 December 1738–15 January 1740

Source: A.S.G., Archivio Segreto, n. 1390a.

Legal action between Abram Barocci and Mosè Alvares for the payment for a batch of coral and other unfulfilled obligations. Barocci, jailed for insolvency, is then released upon the Protectors' order and accuses Alvares of insolvency. The Protectors of the Jewish community, as decreed by the Senate, examine statements, documents and accounts to understand the situation.

1779

Genoa, 1 January 1739

Source: A.S.G., Archivio Segreto, n. 1221, Jurisdictionalium.

The Eccellentissimi *Stefano Durazzo and Luca Grimaldi are elected Protectors of the Jewish community.*

1780

Genoa, 14 January 1739

Source: A.S.G., Notaio Giuseppe Onorato Boasi, filza 12.

Moisè Sacerdote, son of the late Giuseppe Finariel, from Casale Monferrato, appoints Isac Pavia, son of the late Joseph Vitta, from Casale, his attorney in Paris.

Bibliography: On Moisè Sacerdote, see Segre, *Piedmont*, p. 2216.

1781

Genoa, 15 March 1739

Source: A.S.G., Notaio Giulio Vincenzo Della Cella, filza 3.

Upon Abram Barocci's request, Domenico Samiteno states that the previous August he saw Abram Barocci under the loggia in Piazza Banchi *give his employer, Mosè Alvares, some money, after counting it. It was doubloons of Spain*, in non poca quantità. *The witness saw it because he had approached Barocci to order a blanket from Leghorn.*

1782

Genoa, 11–21 May 1739

Source: A.S.G., Notaio giudiziario Nicolò Ravano, filza ad annum.

The notary certifies Lazzaro Sacerdote's petition. In his capacity as attorney for Ester Mocato from Venice, he appeared before the Uditori della Rota Civile. *Ester, daughter of David Mocato and widow of David Vita Mocato, for dowry still to be paid and increased, demands 650 pieces of the 700 Nicolò Rizzo from Genoa owes the company of Benedetto Caravaglio and Riccardo Mocato from Venice as per the judgement of the* Consoli di Rialto. *Rizzo complains to the* Uditori, *arguing that the document issued to Sacerdote is null because it was given to the wrong person by an incompetent judge. Furthermore, Rizzo specifies that he owes nothing to the Caravaglio-Mocato company, except for small sums which he will not settle until an agreement is found with the company about damages suffered by some cargo in the port of Genoa.*

1783

Genoa, 1 July 1739

Source: A.S.G., Notaio Giuseppe Onorato Boasi, filza 12.

Agostino Massone undertakes to pay within 6 months 222 pounds to Israele De Servi, son of the late Ercole, for merchandise he purchased. Should he fail to pay, Israele will accept some white sugar from Massone. In a further deed dated 14 August, the notary draws up statements on the failed delivery of sugar to Israele De Servi by Agostino Massone. On 8 January 1740 the Pretore *grants Israele attachment for 143.4 pounds, which Massone still owed on the 222 pounds .*

1784

Genoa, 3 July 1739

Source: A.S.G., Archivio Segreto, n. 1391.

Memorandum of the Lesser Council for the month of June, read to the Collegi *and sent to the Protectors of the Jewish community, in order for them to ensure that the expulsion of the Jews from Genoa is complied with by the specified date.*

1785

Genoa, 22 July 1739

Source: A.S.G., Notaio Giulio Vincenzo Della Cella, filza 2.

As requested by Isaia De Servi and Abram Barocci, Geronimo Avvenente, patrono, *states that he transported from Nice to Genoa a Jew called Samuel on board his* gozzo. *The Jew was carrying a trunk and 2 cases of spirits, which he did not declare to the customs. The* patrono *reported him.*

1786

Genoa, 24 July 1739

Source: A.S.G., Notaio Giuseppe Onorato Boasi, filza 12.

Mosè Sacerdote, son of the late Joseph Azariel, from Casale appoints Bernardo Bazuro, causidico collegiato *of the Senate in Genova, his attorney in the proceedings before the Royal Senate of Turin between himself and Gio.*

Genoa

Pietro and Giuseppe Borellet, merchants, following the judgement pronounced by the Consul in Paris. Bonaiuto and Raffaele Sacerdote, Lazzaro and Vita Segre are mentioned in a letter.

1787

Genoa, 28 August 1739

Source: A.S.G., Notaio Giulio Vincenzo Della Cella, filza 3.

Statements made at David Barocci's request regarding 67 pairs of shoes which he sent to the free port and loaded on board a gozzo. *The shoes, which were supposed to go to Antibes, ended up in town again, losing all the free port privileges, without Barocci knowing about it.*

1788

Genoa, 3 September 1739

Source: A.S.G., Notaio Giuseppe Onorato Boasi, filza 12.

Marian, daughter of the late Angelo De Angeli and wife of Salomone Moscati from Nice, appoints her husband, currently in Casale, her attorney to collect from Clava from Casale 50 filippi *which Clava promised her as dowry.*

1789

Genoa, 28 September–8 October 1739

Source: A.S.G., Archivio Segreto, 1390a.

Legal proceedings relating to a flat sublet by David Barocci to the English Captain Giorgio Cox. Cox asks Barocci for reimbursement of expenses he incurred to improve the flat, where he could not stay. He was evicted by the Padri del Comune, *owners of the building, who do not allow it to be sublet.*

The Senate asks the Protectors of the Jewish community to settle the dispute, Barocci returns the money to Cox and the latter issues a receipt.

Note: On 11 August 1739 the notary Giulio Vincenzo Della Cella draws up a contract in which David Barocci sublets to the English Captain Giorgio Cox, who does not know *italicum idioma*, the flat of *the Padri del Comune* in Piazza del Molo, except for the canteen. The duration is one year and the rent is 195 pounds.

1790

Genoa, 26 November 1739–27 July 1740

Source: A.S.G., Archivio Segreto, n. 1390a.

Giovanni Battista Camoirano and Angelo Del Mare ask the Collegi *to relieve them of their appointments as guarantors of the minor children of the late Jacob Levi. At the Senate's request, the Protectors of the Jewish community appoint Rabbi Isac Pincherle and Josef Valabrega in their place. Together with his petition, Angelo Del Mare produces the records of the bookkeeping he carried out for the late Jacob Levi's properties.*

Note: See below, Doc. 1800.

1791

Naples, 3 February 1740

Source: A.S.G., Archivio Segreto, n.1390a.

A proclamation in which Charles of Bourbon grants the Jewish community a safe-conduct to live and do business in the Kingdom of the Two Sicilies.

Bibliography: Ferorelli, *Gli Ebrei nell'Italia meridionale*, pp. 244–248.

1792

Genoa, 5 April 1740

Source: A.S.G., Notaio Giulio Vincenzo Della Cella, filza 5.

Abraham Amadio Levi, son of the late Anselmo Graziadio from Alessandria, and Donato Vitale, son of Marco, try to convince Israel De Servi to accept, feed and raise a girl called Anna, as if his wife had given birth to her in order that detto infante abbia l'opportuno ricapito. *The girl's mother is Jocheved, daughter of Levi, who must hurry her wedding. Abraham Levi and Donato Vitali give Israel 500 pounds in Genoese currency, plus 600 pounds within two years, for a total of 1,100 pounds. Should the girl, who is to be treated like a daughter, die within two years, Levi and Vitale will not pay the 600 pounds. Abraham Barocci and Mosè Lazzaro Camaiore testify on Levi's and Vitale's identity.*

On 9 April Ricca, daughter of the late David Amatos and wife of Israel De Servi, promises to keep and feed Anna as if she were her own daughter, before Mosé Lazzaro Camaiore, son of the late Salvadio and Mosè Sacerdote Rapa, son of the late Pellegrino, witnesses.

Bibliography: On Abraham Amadio Levi, see Segre, *Piedmont*, p. 2147; on Vitale Donato, ibid., p. 2266.

1793

Genoa, 6 April 1740

Source: A.S.G., Notaio Giulio Vincenzo Della Cella, filza 4.

Jocheved, daughter of Abram Amadio Levi and wife of Aaron Tomba, knowing about her father's dowry, renounces it, all rights, arguments and demands, present and future, in favour of her brother Anselmo Levi.

Note: See below, Doc. 1794.

1794

Genoa, 6 April 1740

Source: A.S.G., Notaio Giulio Vincenzo Della Cella, filza 4.

Dowry contract for Joheva(or Jocheved), daughter of Abram Amadio Levi, who is to marry Aaron della Tomba, son of Joseph. The dowry consists of 1,200 pounds in Genoese currency and 1,310 pounds worth of the wife's personal effects, for a total of 2,510 pounds, plus further items amounting to 305 pounds. The dowry return conditions are specified, as well as some guarantees offered by the husband's father to protect his daughter-in-law's interests.

The first list includes new items, such as linen, tablecloths, handkerchiefs, aprons, bonnets, stockings, underwear, real jewels; the second includes old items and false jewels as well.

Dos. 1740, 6 aprilis.
Nel nome del Signore Iddio sempre sia. Essendo seguito in quest'oggi matrimonio, secondo l'accordato come si dirà in appresso dal Signor Abram Barocci, frà la Signora Joheva, figlia del Signor Abram Amadio Levi quondam Anselmo Graziadio, et il signor Aaron della Tomba del signor Gioseppe, ebrei, convenute le doti frà dette parti e co' l'intervento di detto Signor Abram Barocci nella somma di lire mille ducento moneta corrente in Genova fuori banco, e più lire mille trecento dieci, dico lire 1310, in prezzo di tante robbe per uso et ornamento di detta sposa, che in tutto sono lire 2510 detta moneta fuori banco, oltre pure tanta robba di quale si farà menzione in fine del presente instrumento, valutata in lire 305 detta moneta, et in tutto come da lista che esse parti presentano à me notaro, sottoscritta da essi Signori Giuseppe et Aaron, padre e figlio Tomba, e sotto di lui io notaro ho sottoscritto il mio nome sotto questo giorno, cioè sotto ambedue le sottoscrizioni di dette liste che sono del tenore seguente....

E desiderando dette parti ridurre in scritto et a publica scrittura tutto quello anno verbalmente convenuto.

Quindi è che detto Signor Aarone della Tomba, figlio di detto Signor Gioseppe, sposo di detta Signora Joheva, di sua spontanea volontà ed in ogni miglior modo, hà confessato e confessa al detto Signor Abram Amadio Levi presente d'aver da esso avuto e ricevuto prima d'ora tutte dette robbe valutate et apprezzate di comune consenso e volontà, contenute in dette due liste come sopra registrate: ma cioè dell'importare di lire 1310 et altra in lire 305 in totale sua sodisfazione e contentamento. Rinonciando, con giuramento toccata la penna all'uso degli ebrei, all'eccezione di dette robbe come sopra non avute, nè ricevute, consegna non fatta et ad ogn'altro. E di più confessa aver avuto e ricevuto come riceve ora in denari contanti numerati e visti numerare alla presenza di me notaro e delli infrascritti testimoni dette lire mille ducento, dico lire 1200, detta moneta corrente in Genova fuori banco, quali con dette lire 1310 detta moneta sono lire 2510, e perche delle restanti lire 310, prezzo dell'altre robbe contenute in detta lista, resta convenuto come si dirà in appresso. Et il tutto detto Signor Aaron accetta per congrua dote e patrimonio dotale di detta Signora Joheva e per tutto quello e quanto possa pretendere, domandare et avere per occasione di dette doti e delle medesime né fà fine e quittanza..... Patto, espresso, convenuto frà esse parti che rispetto à dette lire 305, prezzo delle robbe sodette contenute in detta seconda lista, si intendano beni estradotali di detta Signora Joheva, secondo che si conferma all'uso..., mà ad ogni modo in caso della restituzione di dette doti, come si dirà in appresso, resti tenuto detto Signor Aaron pure alla restituzione di dette robbe o' sia loro valore in lire 305 come sopra, come se fossero comprese in dette doti.

E tutto quanto sopra detto Signor Aaron, cioè lire 2510 frà robbe e denari in una e lire 305 come sopra in altra, hà fatto e fà tuta, caota e sicura detta Signora Joheva e di lei eredi e successori sopra ogni e qualonque suoi beni presenti e futuri si mobili che altri, et in specie di modo che la specialità non deroghi alla generalità, né al contrario sopra quelli né quali la stessa Signora Joheva e li di lei eredi e successori volesse o' volessero prendere pagamento et alla medesima o' sia suoi eredi e successori. Me notaro accettante e stipulante. Hà promesso e promette restituire dette doti venendo il caso della restituzione delle medesime nel modo infrascritto, cioè: se seguisse la morte, che Dio non voglia, di detta Signora Joheva dentro il primo anno di detto seguito matrimonio, sia detto Signor Aaron tenuto et obbligato, come si obbliga, à restituire tutta detta dote; se nel secondo anno la metà; se nel terzo anno, o' sia sul fine del terzo anno, morisse detta Signora Joheva non resti detto Signor Aaron tenuto à restituzione di cos'alcuna. E sia detto Signor Aaron tenuto à dette rispettive restituzioni in caso che detta Signora Joheva morisse dentro detti respettivi tempi senza prole legitima e naturale, perche così resta convenuto per patto espresso fra esse parti... Volendo et espressamente intendendo detto Signor Aaron in ogni caso di detta restituzione di doti essere tenuto e poter essere obligato e convenuto non solo quì in questa Serenissima Republica nanti qualonque tribunale di questa città e

Serenissimo Dominio, ma anco di qualonque altra parte del mondo......E per ultimo costituiscono l'antifatto nella somma di lire quattrocento, dico lire 400, detta moneta corrente in Genova fuori banco......

E giura detto Signor Aaron minore d'anni 25, maggiore però d'anni 20, toccata la penna come sopra. E fà tutto quanto sopra in presenza e col consenso et aotorità di detto Signor Gioseppe Tomba, quondam Aaron, suo padre, presente che le dà e presta la sua aotorità e consenso in tutto...... Fatto in Genova, in una delle stanze della casa d'abitazione di detto Signor Giuseppe Tomba, posta vicina il molo, l'anno della Natività di Nostro Signore 1740, correndo la seconda indizione al costume di Genova, mercordì sei del mese di aprile, alla sera, intorno le ore trè della notte, sendovi i lumi opportuni accesi..

The two lists of items provided by Aaron della Tomba, signed by the notary and by della Tomba follow.

Incontinente in detto luogo, sendovi i lumi sempre opportuni accesi. Nel nome del Signor Iddio, sia. Il sopradetto Signor Gioseppe Tomba, quondam Aaron, volendo rendere maggiormente caota detta signora Joheva sua nuora per tutte dette sue doti et antifatto et altro in tutto come in detto instrumento dotale......hà dato il consenso al detto Signor Aaron, suo figlio, per tutte le sodette obligazioni come sopra fatte... e constituendosi principale debitore...e fà sigortà......

Note: See above, Doc. 1793.

1795

Genoa, 9 May 1740

Source: A.S.G., Notaio Giulio Vincenzo Della Cella, filza 4.

Ruben Tedesco, son of the late Vitale, from Leghorn, now living in Genoa, admits he owes Mazaltov Barocci, daughter of David, 18.10.0 pounds for purchased merchandise. The deed is drawn up at David Barocci's house at the Molo.

1796

Genoa, 3 June 1740

Source: A.S.G., Notaio Giulio Vincenzo Della Cella, filza 4.

The notary states that the Uditori della Rota Civile *registered that Joseph Tomba, son of the late Aron, owes Salomon Gubbia 50 pounds and that Francesco Maria Pomerio acts as guarantor.*

1797

Genoa, 2 July 1740

Source: A.S.G., Notaio Giulio Vincenzo Della Cella, filza 4.

Abram Barocci, son of Davide, states that Jacob Nunes Vais promised to pay 130 8-real pieces to Isac Sacerdote Rapa, as per a bill of exchange dated 5 October 1739 and endorsed to him. But nobody ever paid him. Barocci reports the fact to the Uditori della Rota Civile *in order to oblige either Rapa or Nunes to pay him.*

Note: See below, Doc. 1810.

1798

Genoa, 11 July 1740

Source: A.S.G., Notaio Giulio Vincenzo Della Cella, filza 4.

Moisè Jacob Foa, son of the late Emanuele, from Moncalvo, now living in Genoa, appoints Giuseppe Vallabrega from Nice (?) his attorney to demand and collect from Jacob, son of Aron Molco, 340 8-real pieces as per the bill issued on 7 August 1737, certified on 8 August 1738 by Levaggi, notary. The deed is drawn up at Carlo Mazzola's chemist's shop and Abram Barocci is one of the witnesses. In a further deed, dated 15 July, Moisè Jacob Foa presents to the notary the bill dated 7 August, signed by Jacob, son of Aron Molco, in his name.

1799

Genoa, 18 July 1740

Source: A.S.G., Notaio Giulio Vincenzo Della Cella, filza 4.

The notary records the licentia iurata de suspecto *granted by the* Pretore *to Abram De Segni, son of the late Jacob, against Gio. Antonio Maria Masnata, who has not yet paid the 1,314.15 pounds he owes him, as per the* apodisia *dated 20 May 1737 and legalized by the notary Tasso on 12 March 1738 .*

1800

Genoa, 19 July 1740

Source: A.S.G., Notaio Gio. Ambrogio Nicolò Granara, filza 2.

Angelo Del Mare, executor, administrator and attorney ad votum *of his son-in-law Jacob Levi's legacy, is owed by his late son-in-law 27,797.14.3 pounds. This sum he shares equally among his grandchildren Enoch, Angiolino alias Mardocheo and Bonina Levi, children of the late Jacob and his daughter. He also gives them 400 pounds, provided they do not demand anything else and comply with the decree by Protectors of the Jewish community. The latter were appointed by the Senate to examine, with Isac Pincherli and Joseph Valabrega, the accounts kept by Angelo Del Mare with regard to Levi's legacy.*

Note: See above, Doc. 1790.

1801

Genoa, 25 July 1740

Source: A.S.G., Notaio Giulio Vincenzo Della Cella, filza 4.

Isac Sacerdote Rapa, son of the late Pellegrino, and Abram Barocci, son of Davide, state that Mosè Jacob Foa was born in Moncalvo, within the jurisdiction of Casale Monferrato, where he keeps his house even after his father's death.

1802

Genoa, 1 August 1740

Source: A.S.G., Notaio Giulio Vincenzo Della Cella, filza 4.

The notary records Abram Barocci's protest relating to a bill of exchange under which Jacob Nunes Vais undertook to pay 58 zecchini gigliati.

1803

Genoa, 1 October 1740

Source: A.S.G., Notaio Gulio Vincenzo Della Cella, filza 4.

Statements given at Isac Serra Lopez's house in the Molo area to the effect that Isac is jailed at the Malapaga following legal proceedings with Giuseppe Maria Miraglia. He owes Miraglia 2,000 pounds, on account of linen he purchased, and undertakes to pay him back with coral and bills of exchange.

Note: See below, Doc. 1807.

1804

Genoa, 18 January 1741

Source: A.S.G., Senato, Atti, n. 3159.

The Collegi *read to the Senate a petition in which Vita Bachi and others ask permission to move to Genoa from Turin. They are experts in the separation of gold from silver. Bachi emphasizes that in Genoa there is no* persona idonea a questo esercizio, tanto che si deve trasmettere in Milano.... e si offre di mostrare la sua abilità. *The petition is deferred to the* Magistrato della Moneta.

1805

Genoa, 2 February 1741

Source: A.S.G., Notaio Giulio Vincenzo Della Cella, filza 4.

Giuseppe Vallabrega, son of the late Jacob, attorney of Henoch, Angiolino alias Mardocheo, and Bonina Levi, children and heirs of the late Jacob Levi, acknowledges receiving from Angelo Del Mare the sum of 4,000 pounds, partly paid in cash and partly in merchandise. Angiolino Levi, Salomone Gubbia and Rabbi Isac Pincherle, son of the late Salomon, are present. A power of attorney for Giuseppe Vallabrega, drawn up by Giovanni Annibale Cavasso, notary in Nice, and a list of the merchandise (including a Holy Bible) are enclosed.

Note: See below, Docs. 1806, 1809.

1806

Genoa, 27 February 1741

Source: A.S.G., Notaio Giulio Vincenzo Della Cella, filza 4.

Isac Pincherli, Rabbi of the Jewish community, and Joseph Valabrega, as the guarantor, guardians and executors of the minor children and heirs of the late Jacob Levi, ask Angelo Del Mare, father-in-law of the late Levi, to settle the remaining sum of the 3,000 pounds Jacob Levi owed Gio. Andrea Corradi, subject to 4% yearly interest. Angelo del Mare had to pay interest on the amount, obtained by pawning apparatus from the Jewish school. Pincherli and Valabrega ask Del Mare to settle the debt with the life annuity of 2,064 tornesi di Francia sulla Real Ville di Parigi, *thus relieving Jacob's minor children from any obligation relating to the remaining 1,800 pounds.*

Note: See Docs. 1805, 1809.

1807

Genoa, 14 March 1741

Source: A.S.G., Notaio Giulio Vincenzo Della Cella, filza 4.

Statements made at the request of Abraham Barocci, son of David, on his business with Isac Lopes Serra, son of Joseph, where Giuseppe Miraglia is involved. Barocci is Serra's guarantor. Serra was granted an extension of payment by Miraglia but cannot fulfil his obligation and pay Barocci. In order to avoid arrest and his threats, he takes refuge in the sacristy of the church of San Marco. The parish priest and Miraglia try to help him flee with his family. Miraglia hopes to retrieve from Barocci, as guarantor, the money Sierra owes him.

Note: See above, Doc. 1803.

1808

Genoa, 15 March 1741

Source: A.S.G., Notaio Giulio Vincenzo Della Cella, filza 4.

Antonio Francesco Parente undertakes to pay Mosè Jacob Foa and Malvano whatever Abram Barocci owed them, that is 340 pounds for a ring, and 21 pounds. Parente answers for Barocci by decree of the Senate, with the authorization of the Residenti di Palazzo.

1809

Genoa, 20 March 1741

Source: A.S.G., Notaio Giulio Vincenzo Della Cella, filza 4.

Rabbi Isac Pincherli, son of the late Salomon, and Salomone Gubbia, guarantors and guardians of the minor children of the late Jacob Levi together with Vallabrega, being informed of the marriage of Bonina, daughter of the late Jacob Levi, and Giuseppe Avigdor Valeri, a Jew from Nice(?), authorize Giuseppe Vallabrega to give Bonina Levi as dowry one of the cartolari della casa di San Giorgio, *as agreed by the parties and decreed by the Senate, and to appoint Bonina's husband irrevocable attorney.*

Note: See above, Docs. 1805, 1806.

1810

Genoa, 11 September 1741

Source: A.S.G., Notaio Giulio Vincenzo Della Cella, filza 4.

In the study of the Pretore *of Genoa, the notary draws up the* licentia iurata de suspecto de fuga *granted to Abram Barocci against Antonio Parente, since he feared he might run away owing him* pezze 130 da otto reali. *Barocci had appointed Parente his attorney to collect a sum owed to him by Jacob Nunes Vais from Leghorn. Barocci states that he received damages for the sums lent to Parente, namely a silver snuffbox, a carnival costume with large silver buttons, and a ring with diamonds and an emerald.*

In a further deed dated 2 October 1741 Parente undertakes to pay his debts to Barocci. In order to settle the dispute, the parties appointed Giuseppe Giustiniani and Antonio M. Cichero, friends of both, as arbitrators. Antonio Parente must allow a discount of 59.6.4 pounds and return to Barocci the silver snuffbox and the carnival costume, which he must give to Giuseppe Giustiniani and Antonio M. Cichero within 8 days, together with the 41 1/2 real pieces he already received of the 130 which Jacob Nunes Vais owes Barocci. The remaining 88 1/2 pieces shall be paid back to Barocci in 2 1/2 piece monthly instalments.

Should Barocci not accept these conditions, Parente would be given the coral deposited at the Supremi Sindicatori *and relevant insurance.*

Note: See above, Doc. 1797.

1811

Genoa, 15 November 1741

Source: Notaio Giulio Vincenzo Della Cella, filza 4.

Samuele Rosas, son of Abram, is called to settle the disputes between Abram

Barocci and Moise Jacob Foa, who also appealed to the Senate. Having heard the parties and examined the account, Samuel Rosas orders Barocci to pay Foa 130 pounds and Foa to accept 130 pounds and relieve Barocci from any other obligations, issuing a general receipt.

1812

Genoa, 23 November 1741

Source: A.S.G., Notaio Giuseppe Onorato Boasi, filza 14.

The notary records a licentia iurata de suspecto de fuga *granted by the* Pretore *to Marco Horneca against Abraam Segni for 1,597 pounds, which he still owes him out of a 445.8.10 8-real piece bill of exchange signed by Segni.*

1813

Genoa, 2 August 1742

Source: A.S.G., Notaio Giulio Vincenzo Della Cella, filza 4.

Upon Abram Barocci's request, Stefano Torretta makes a statement on some Indian cloth purchased from Torretta by Giovanni Battista Lantero as suggested by Antonio Francesco Parente, corallario.

1814

Genoa, 24 October 1742

Source: A.S.G., Notaio M. Antonio Lavaggi, filza 15.

Isac Rapa, son of the late Pellegrino, transfers a 1,000 pounds credit from Giovanni Battista Ferrari to his son Carlo. In April Carlo Ferrari will start paying Rapa 100 pounds per year, plus interest.

1815

Genoa, 30 January 1743

Source: A.S.G., Archivio Segreto, n. 1391.

The Collegi *send the* Giunta del Traffico *a petition drawn up by several Jewish merchants, asking to move to Genoa with their families to promote business. The* Giunta *must discuss the matter with the Protectors of the Jewish community. Shortly afterwards Pietro Giustiniani asks, verbally, for an extension of the expulsion order for the Jewish community. The* Collegi *decide to defer the matter to the* Giunta, *provided the expulsion order decreed by the Lesser Council is not delayed. Pietro Giustiniani presents a list of the Jews living in Genoa..*

uomini donne ragazzi			
Abram Rosa, sua moglie, 4 figlioli, un nipote, una nezza* e trè domestichi:	7	3	
Abram Alvarez, sua moglie, trè figlioli e due domestichi:	3	2	2
In sudetta casa di Abram Alvarez 4 figlioli di Moseh Alvarez che di presente si trova in Londra:			4
Moisè Jacob Foà, sua madre, sua sorella:	1	2	
Izac Pincherli, sua moglie e tre figlioli:	1	1	3
Izac Sacerdotte Rappa:	1		
Angelo Del Mare, sua moglie, quatro figlioli e un domestico:	1	2	4
Jacob Da Costa, sua madre e suo fratello:	2	1	
La vedova Rachel Fonseca e due figlioli:		1	2
Abram Lussena, sua moglie, serva e sua zia:	1	3	
Izac Salom Sacerdotte:	1		
Giuseppe Benedetto Rappa, sua moglie e nipote:	2	1	
Giuseppe Della Tomba, 3 figlioli, sua moglie e nora:	2	2	2
Salamon Gubbia, sua moglie, suo nipote e sua nezza*:	2	2	
Abram Barroci, sua madre, 3 sorelle e un nipote:	2	4	
Manoel D'Angelli, sua moglie, 3 figlioli:	1	1	3
Jacob Emanuelle Sacerdotte e Aron Segre, stanno a scotto**:	2		
	29	24	20

In tutto 74 perzone (sic)

Note: *The term nezza corresponds to the Genoese dialect *nessa*, meaning niece. ** *Scotto* is rented accommodation.

1816

Genoa, 4 February 1743

Source: A.S.G., Notaio Giulio Vincenzo Della Cella, filza 4.

Hanoch Levi, son of the late Jacob, promises his uncle Isach Del Mare to relieve him of any consequences and damages arising from the failed payment of a bill of exchange. The bill was issued in Gibraltar in December 1742 to Giacomo Ottavio Rossi in Genoa and amounts to pezze 140 della rosa *in favour of Isac Del Mare, who endorsed it to Isac Aboab. Following Rossi's non-payment, Hanoch, who is not yet 25 years old, but is over 20, petitions the Senate to ratify the obligation as per the statute on contracts with people who are underage, in order to avoid damages which could involve his uncle.*

1817

Genoa, 12 February–20 March 1743

Source: A.S.G., Archivio Segreto, n. 1391.

Memorandum of the Lesser Council for February read to the Collegi, *who decree that the* Inquisitori di Stato *must order compliance of the expulsion order for the Jews, otherwise the Lesser Council would be forced to revoke the decision. The* Giunta di Giurisdizione *is notified.*

Note: See below, Doc. 1819.

1818

Genoa, 28 March 1743

Source: A.S.G., Archivio Segreto, n. 1391.

A note found in the Lesser Council calice, *inviting the* Collegi *to reflect on whether it would be advantageous to expel the Jews from Genoa to maintain and increase business. The note is read to the* Collegi, *who suggest a vote to see whether anyone is interested in the matter. The result is* nil actum.

Serenissimi Signori.
Non è una delle minori cure di Vostre Signorie Serenissime quella di conservare ed augumentare il comercio della città che giornalmente va decadendo, e per questo fine sono state Vostre Signorie Serenissime conniventi in far commissione all'Eccellentissima Gionta del Trafico sù le istanze de negozianti Ebrei che da più parti pensano di venire ad abitare in questa città. Di fatto sentesi che da Livorno era venuto qui chi aveva incombenza d'insistere per il stabilimento de Capitoli che dovevano esaminarsi dalla detta Eccellentissima Gionta. Dopo tutto ciò Vostre Signorie Serenissime riflettano se convenendo il dare l'addito che vengano in Genova le case de negozianti Ebrei, sia poi vantagioso il dare lo sfrato a' que' pochissimi Ebrei che qui ancora rimangano, come sentesi che sii statto fatto dal Signore Deputato degl'Inquisitori di Statto per motivi che possono dimostrarsi insusitenti, quando probabilmente mandati via questi, non vi sarà più luogo al trattato di far venire altri Ebrei. Vostre Signorie Serenissime riflettano che non v'è legge la quale proibisca agl'Ebrei lo star in Genova considerati come particolari, tutto che per starvi in figura di nazione debano dipendere dagl'ordini di Vostre Signorie Serenissime. Chi sugerisce non ha' in vista se non che il vantaggio publico e il bene del Paese.

1819

Genoa, 29 March–1 April 1743

Source: A.S.G., Archivio Segreto, n. 1391.

The Deputato del mese degli Inquisitori di Stato *refers to the* Collegi. *As per their decree of 20 March, he ordered Rabbi Isac Pincherli and the Jewish community to leave the city as soon as possible. The* Collegi *ask the Deputy to call the Rabbi again, since the* Massari *are absent, and inform him that the Jewish community and he must leave the city and the Dominion within one month. Otherwise suitable action*, di poca lor soddisfazione, *will be taken.*

Serenissimi Signori.
In esecuzione del veneratissimo decreto di Vostre Signorie Serenissime de 20 del spirante marzo hà l'Illustrissimo Deputato di Mese dell'-Eccellentissimo et Illustrissimo Magistrato di Stato fatto, sotto il di 27 detto, chiamar a se Jsach Pincar Rabi, in difetto delli Massari degli Ebrei, ed ingiunto allo stesso di dover cosi essi che tutti gli altri Ebrei esistenti nella presente città debbano partirne senza verun'altra dilazione, ma bensi dentro un brieve congruo termine, per non essere soggetti a quel castigo corrispondente alla loro contumacia, non essendosi il Deputato avvanzato à prefigerle verun termine ad eseguire, per non essergli stata data da Vostre Signorie Serenissime la facoltà. Ciò è quanto deve il deputato riferire à Vostre Signorie Serenissime........

Note: See above, Doc. 1817.

1820

Genoa, 3 April 1743

Source: A.S.G., Archivio Segreto, n. 1391.

A letter written by Giovanni Curlo from Turin, as suggested by the Marquis of Susa, to the Secretary of the Genoese Senate to recommend Mosè Foa, partner of Salomone Malvano, a Jew from Turin. It is read to the Collegi *and sent to the Protectors of the Jewish community.*

Note: See below, Doc. 1825.

1821

Genoa, 22–30 April 1743

Source: A.S.G., Archivio Segreto, n. 1391.

The families of Mosè Foa, Angelo Del Mare, Abram Rosa, and Salomone Gubbia are granted permission to stay in town for periods of time ranging from 8 days to 3 months.

1822

Genoa, 22–30 April 1743

Source: A.S.G., Archivio Segreto, n. 1390a.

The Collegi, *with the approval of the Protectors of the Jewish community, grant an eight-day extension to the Gubbia family and a three-month extension to the Rosa-Alvarez, Del Mare, and Foa-Malvano families.*

1823

Genoa, 8 May 1743

Source: A.S.G., Archivio Segreto, n. 1391.

A note found in the calice *and read to the* Collegi, *asking what provisions would be taken against any Jews remaining in Genoa, since in Spain and Portugal Jews have been burned alive. The note is transmitted to the Protectors of the Jewish community.*

1824

Genoa, 24 May 1743

Source: A.S.G., Notaio Giulio Vincenzo Della Cella, filza 4.

Abram Alvarez gives power of attorney, allowing for restrictions and substitution, to Giovanni Battista Borsotto, to collect what is owed to him.

1825

Genoa, 31 July 1743

Source: A.S.G., Archivio Segreto, n. 1391.

The Collegi, *having examined the memoranda of the Lesser Council and a letter by Giovanni Curlo, grant a three-month extension to the Del Mare, Foa-Malvano, and Rosas families. In their petitions, they asked permission to leave the Dominion later for business purposes.*

Note: See Docs. 1820, 1827.

1826

Venice, 14 October 1743

Source: A.S.G., Archivio Segreto, n. 1391.

Letter written by Isac Pincherli from Venice to Moise Foa, emphasizing the advantages that Genoa would enjoy if its Jewish community had business with Constantinople.

1827

Genoa, 25–29 October 1743

Source: A.S.G., Archivio Segreto, n. 1391.

The Collegi, *not complying with the memoranda of the Lesser Council, waiting for the report by the* Giunta del Traffico, *grant the Del Mare, Rosa, and Malvano-Foa families permission to stay for the month of November, which they requested in order to terminate their business. On 16 March 1744 the same families are granted permission to stay for the month of April.*

Note: See above, Doc. 1825.

1828

Genoa, 18 March 1744

Source: A.S.G., Senato, Atti, n. 3176.

The Senate asks the Residenti di Palazzo *to deal favourably with Moise Rosa's petition. As the representative of the company Rosa and Sons in Genoa and of the company Rosa-Miranda-Alvarez in Leghorn, he would like to appoint a person in Genoa to represent the companies in any legal actions and proceedings.*

1829

Genoa, 17 May 1744

Source: A.S.G., Notaio Giulio Vincenzo Della Cella, filza 5.

Aron Della Tomba, son of the late Joseph, states that he has no dealings with his father's property. Joseph died in Leghorn in June 1743.

Note: The notary calls Aron *iudeus*, a term which he had never used before.

1830

Genoa, 20 May 1744

Source: A.S.G., Archivio Segreto, n. 1391.

The Secretary of the Republic, as requested by the Supremi Sindicatori, *defers to the Protectors of the Jewish community and asks whether it is up to the Lesser Council or the* Collegi *to grant extensions to Jewish families, considering that the Lesser Council voted for the expulsion provision. The families in question are Rosas, Foa-Malvano and Del Mare.*

Note: See below, Docs. 1832, 1835.

1831

Genoa, 23 May 1744

Source: A.S.G., Archivio Segreto, n. 1390a.

The Collegi *decide that the Protectors of the Jewish community should deal with the petition by the Foa-Malvano, Rosa and Del Mare families to be granted further permission to stay.*

1832

Genoa, 9 July, 6 August 1744

Source: A.S.G., Archivio Segreto, n. 1391.

The Protectors of the Jewish community, asked by the Collegi *to report on the request by the* Supremi Sindicatori *of 20 May, deem the* Collegi *competent for the admission of Jews in town and the extension of residence permits. As a result, the* Collegi *grant Angelo Del Mare, the Rosas brothers, and the Malvano-Foa family permission to stay in town for a further month.*

Note: See Docs. 1830, 1835, 1838.

1833

Genoa, 7 September 1744

Source: A.S.G., Senato, Miscellanea, n. 1074.

In the registers of the parish church of S.S. Nazaro and Celso the names of the Jews who live in the area are recorded. The list is dated 5 April 1744 and is particularly significant as it records the Jews present in town after the expulsion decree.

Sopra le mura, casa del Signor Agostino Magiolo, sinagoga d'ebrei.

Appartamento 1: Salomone Gubbia, M. Anna moglie, Benedetto Lates nepote, Bella moglie.

Appartamento 2: Izacco Pincherli, Ricca moglie, Samuele figlio, M. Anna figlia.

Appartamento 3: Moise Sora, Sara madre, Florio figlio, Buona figlia, Moise Sacerdote, Raffaele Tedesco, Salomone Malvano, Abram Fogetto, Isacco Rappa.

Sopra la Piazza delle Vele, casa di Antonio Martelli, appartamento 3° e 4°: Emanuelle d'Angeli locandiere, Bella moglie, Abramo figlio anni 14, Angelo figlio anni 11, Sara anni 3.
Forastieri: Sabbato Galicco livornese, Giuseppe Levi di Modona, Raffaele Carmi di Cassale, Giacob Saia di Cassale, Moise Calvi di Nissa. Modonesi: Samuele Levi, Salomone Levi. Donato Segre.
Alessandria: Isacco Verona, Vitale Sacerdote, Isacco fratello.

Appartamento 2°: Isacco Latat livornese assente, Sconcia (sic) figlia, Salomone Finzo, Rosa figlia anni 4.
....

1834

Genoa, 2 October 1744

Source: A.S.G., Notaio Giuseppe Morchio, filza 2.

Moise Jacob Foa, son of the late Emanuele, together with Salomone Malvano, appoints Antonio De Martini his attorney to settle any disputes he has with Nicolò Romairone on the matter of sales and barters. The power of attorney is valid for 8 days, but on 6 October is renewed by a further deed. On 29 October the parties reach an agreement and on 20 November a statement of fulfilled obligations is drawn up.

1835

Genoa, 5 October–30 December 1744

Source: A.S.G., Archivio Segreto, n. 1391.

The Collegi, *awaiting the report by the* Supremi Sindicatori, *grant a number of residence permit extensions to the Foa-Malvano, Rosa and Del Mare families, who paid tax to the* Cancelleria.

Note: See Docs. 1830, 1832.

1836

Genoa, 9 October 1744

Source: A.S.G., Senato, Atti, n. 3176.

Isac Rapa asks the Collegi *to appoint a representative for the Rosa and Sons company to deal with the collection of credits and any legal proceedings. The Senate asks the* Residenti di Palazzo *to appoint someone.*

1837

Genoa, 11 March 1745

Source: A.S.G., Notaio Giuseppe Morchio, filza 3.

Moise Foa, on behalf of the Foa-Malvano company and himself, appoints Bartolomeo Peirano his attorney, renewing his mandate for a further two months, to demand, arrange, start and settle any disputes with Domenico Baretta for legal proceedings before the Rota Civile.

1838

Genoa, 1 May-10 November 1745

Source: A.S.G., Archivio Segreto, n. 1390a.

The Lesser Council authorizes the Collegi *to grant the Rosa brothers permission to stay in town for a further 3 months, following their petition and two statements by doctors certifying the illness of their mother (Sara Rosa). At the same time Angelo Del Mare is granted a one-year extension.*

Note: See above, Doc. 1832.

1839

Genoa, 25 May 1745

Source: A.S.G., Notaio Giuseppe Morchio, filza 3.

Isac Rapa, Graziadio Ami's attorney, and Giuseppe Pareto appoint, before the notary, Giuseppe M. Isolabella and Antonio M. Saccomano arbitrators to find an arbitration agreement to be validated by the Senate. The dispute refers to the sale by Ami to Pareto of diamonds for 3,500 pounds; as payment, Pareto gives Ami 3 pieces of black velvet for 3.15 pounds per span and rings with coloured stones for 1,600 pounds. On 3 June the arbitrators declare the sale null and Pareto returns the diamonds to Ami, and is given back the velvet and the jewels.

1840

Genoa, 30 June 1745

Source: A.S.G., Notaio Giuseppe Morchio, filza 3.

Isaia Pansier, son of the late Isac, appoints Aron Jacob Segre, son of Raffaele Benedetto, his attorney to collect whatever will be due to Pansier from his aunt Perla Pansier Rapa, from Casale Monferrato. The attorney must comply with Pansier's instructions and rendere buono, vero, fedele e legale conto. *On Isaia Pansier's identity Salomon Gubbia swears before the notary, 'touching the pen'.*

1841

Genoa, 8–10 November 1745

Source: A.S.G., Archivio Segreto, n. 1390a.

The Lesser Council, with the approval of the Protectors, grants a one-year residence permit extension to Mosè Foa, who presented a petition to the Collegi *emphasizing the role he plays in the purchase of war material for the Republic.*

1842

Genoa, 12, 21 October 1746

Source: A.S.G., Eccellentissima Camera, n. 2675.

Petition presented by Angelo Del Mare to the Collegi, *asking for a discount on the 655-lire tax. He explains that he is 70 years old, has a big family and no capital and can no longer work as he used to because of misfortune and* malignità dei tempi correnti *(i.e., the war). The* Camera *reduces the tax he has to pay to 250 pounds.*

Note: Although others most certainly exist, to date this is the only document found for 1746. There were few Jews in Genoa at the time and the city was at war with Austria.

1843

Genoa, 18 January 1747

Source: A.S.G., Notaio Giulio Vincenzo Della Cella, filza 5.

Nicolao Bertora makes a statement upon Emanuele D'Angeli's request. Bertora states that in August 1746 he was in Emanuele D'Angeli's inn, when Vitta Duval, a Jew from Avignon, who was leaving for his hometown, gave him a bundle of old and half-burned items, which he was to give to the pedone *from Avignon, who was in Genoa every fortnight. Duval sealed the bundle and explained that it was to be given to a person bearing the same seal. The* pedone *did not turn up, as all passes were closed due to the war. Salomone Moscato, a Jew from Leghorn, turned up instead, with the proper seal, and was given the bundle. Further statements on Salomone Moscato's presence in Genoa follow .*

1844

Genoa, 18 March 1747

Source: A.S.G., Notaio Giuseppe Morchio, filza 6.

Maddalena Colla, wife of Giuseppe Lusena, a converted Jew now called

Giuseppe Giustiniani, renounces, before the notary and with her husband's approval, all her proceeds from the sale of one-third of a house in Leghorn which her husband is going to sell to Jacob Rabeno Luzena. She does this in favour of her daugthers Antonia and Maria's dowries.

Note: See below, Doc. 1897.

1845

Genoa, 14 February–1 March 1748

Source: A.S.G., Magistrato di Guerra e Marina, n. 1190.

David Pavia asks the Collegi *to pay him for the food and clothing he provided the troops of the Republic imprisoned in Valenza as well as for hospital expenses. He explains he spent 20,000 Piedmont pounds, 16,071.14.8 of which has already been assigned, but received only 300* sequins . *The* Collegi *decide that the* Camera *must pay the 16,071.14.8 pounds, as more money is to be provided for the prisoners in Piedmont.*

1846

Genoa, 27–30 September 1748

Source: Archivio Storico del Comune di Genova, Padri del Comune, Atti, filza 198, doc. 99.

The Magistrato dei Padri del Comune *orders Moise Foa to pay 91 pounds and 4* soldi *rent for the cemetery. The Jewish community should have paid the* Padri del Comune *30 pounds per year for it. Foa replies that it is not up to him to pay, as he is the only Jew present in Genoa after the expulsion order and does not have access to the community's money. He suggests, however, that he could pay part of the rent. Foa is thus asked to pay 30 pounds for one year's rent and then 12 pounds per year until the Jewish community returns to Genoa. In the deed Foa's surname is spelled Fora.*

Per la nazione ebrea, o sia Moise Fora.
Signum Crucis, 1748 à 27 settembre.
Avendo l'Illustrissimo Signor Giovanni Battista Doria, ex ordine diputato

alla scritura, fatto presente al Magistrato Illustrissimo de' Padri del Comune aver egli fatto intimare a Moise Fora, ebreo, il dover pagare lire novant'una e soldi 4, afitto del cimiterio che la nazione ebrea tiene nelle vicinanze di S. Gerolamo in raggione di lire 30 all'anno, e che essendo comparso dinanzi Signorie Illustrissime detto Moise Fora hà preteso non essere egli tenuto al pagamento sudetto, per essere stati scacciati dà questa città l'ebrei, e perciò non esservi in oggi più quel numero d'ebrei che vi era prima, anzi esservi rimasto egli solo con la sua famiglia con permissione del Governo Serenissimo, e di non essere a sue mani denaro di detta nazione. Ciò nonostante però sarebbe egli pronto à pagare qualche partita in conto del debito sudetto, come ancora qualche annuo fitto, sino a' punto che con sua famiglia dimorerà nella presente città, con riservare però le raggioni al Magnifico Sindico tanto per la piggione decorsa, quanto per quel di meno in avenire si essigesse, sempre e quando però essa nazione ottenesse la permissione di ritornarvi.

E' stato deliberato che il prefato Illustrissimo Signor Giovanni Battista Doria abbia facoltà di convenire a provedere sopra la presente prattica sotto li modi e forme ad esso meglio visti, ed a' tenore de discorsi seguiti nel circolo....

a' 30 detto:

L'illustrissimo Signor Giovanni Battista Doria, ex ordine come sopra commissionato, in ogni miglior modo, etcetera, di consenso di detto Moise Fora hà ordinato e ordina che pagate dal detto Fora lire trenta per una annata di fitto per detto cimiterio non si molesti ulteriormente detto per il restante debito gia maturo. E per l'avenire hà convenuto e conviene con lo stesso Fora, presente, che debba pagare annue lire dodeci per il fitto sudetto sino a' tanto che essa nazione ebrea starà a ritornare in Genova e sino a' che esso continuerà con sua famiglia ad abitare nella medema; salve le raggioni al Magistrato Illustrissimo, non solo per il restante debito gia maturo, ma anche come il soprapiù sino alle lire trenta per il fitto, decorrrendo contro la stessa nazione ebrea sempre e quando ritornasse in Genova in forma di università. Presente detto Moise Fora quale promette e s'obbliga di pagare in tutto detto sopra e sotto, etcetera. Rinunciando, etcetera. Testimonii, Giovanni Battista Gazo quondam Bartolomeo, sottocancelliere, et Agostino Ponte quondam Giacomo, chiamati.

1847

Genoa, 3 February–5 March 1749

Source: A.S.G., Archivio Segreto, n. 1059, doc. 86, Propositionum.

Agostino Gavotti, general Commissioner, asks the Collegi *to grant Mosè Foa and his family* stabilità di abitazione, *even though he admits he is* non è molto amante di questa falsa nazione. *He emphasizes that in 1745 Mosé Foa provided the Republic with ammunition balls and bombs from Loano, the transport of which was very arduous. Furthermore, he transported large pieces of ordnance through the gulf of La Spezia, which he loaded in Leghorn, overcoming the obstacles set by the government of Florence and the surveillance on warships. He further notes that Foa dealt with war hospitals for the troops of the Republic and supplied war materiel to the city during the Austrian siege.*

The Foa family consists of Florio, the father, and Sara, the wife of Mosè, Bona and Allegra, daughters, Isacco Pincherli and his wife, Isacco Reqes, scritturale, *and employees Gabriele and Ester. The* Collegi *inform the Lesser Council and decide to grant Foa permission to stay,* a beneplacito, purché non superi un decennio. *On 5 March, Agostino Spinola states before the Lesser Council that although he does not like to see God's enemies in town, the Jewish community* deve stare in qualche luogo di questo mondo. *He defends Foa and asks for the ten-year term to be cancelled, as, in his opinion, Foa should remain in town* a beneplacito di lor Signorie. *The Lesser Council approves and grants Foa permission to stay.*

1848

Genoa, 13–14 February 1749

Source: A.S.G., Notaio della Valpolcevera Gerolamo Silvano, n. 967.

Statements given before the notary at Giuseppe Rosa's request, to prove his good behaviour and business abilities.

Pietro Giuseppe Niassa states that he has known Giuseppe Rosa, son of the late Abram, for years, and has never heard a complaint about either father or son. He states that he knows that their business è stata di sollievo et utile a molti particolari negozianti Genovesi *and that Giuseppe Rosa is* di ottima qualità, avendo sommo riguardo d'esser sincero e giusto ne suoi contratti e negozi.

There follows a statement by the Reverend Francesco Maria Quaquaro. He says that Giuseppe e suoi fratelli erano persone d'ottimi costumi e qualità, sinceri e giustissimi ne loro contratti, come pure accreditati ne proprii negozii, interessandosi volentieri non solo gli negozianti forestieri, mà altresi gli Genovesi con gl'istessi, essendo sicuri di riportarne vantaggi. *He further states that* sudetto Signor Rosa essere ritornato in città ad effetto d'aver il permesso d'intavolare grosse negosiazioni con corrisponderze di molte case in Levante, ed ancora di convenire col Serenissimo Governo il modo di far venire in Genova due case de più forti tra la nazione ebrea esistenti in Livorno ad effetto di introdurvi la fabrica e commercio de coralli in questa città.
Nicolò Maria Cavagnaro states that he knew of Rosa when in Leghorn, where he was famous for his honesty and rectitude. He further states that he knows that Giuseppe Rosa has business with the Franco, Castro, and Recanati companies in Leghorn and other companies in Lisbon, and that riguardo a' costumi di esso, che in Livorno gl'era permesso in ogni casa di catolici l'andarvi e starvi.

1849

Genoa, 16 October 1749

Source: A.S.G., Notaio Giusepe Morchio, filza 10.

Mosè Foa appoints Isac Pincherli his attorney to demand and collect what is owed to him from the heirs of Calliman Navarra from Verona and their mother Ester.

1850

Modena, 28 April 1750

Source: A.S.G., Archivio Segreto, n. 1390a.

This document records the permission granted by Francis III of Este, Duke of Modena, to the Jews to live and carry out business in his dominions.

Bibliography: Balletti, *Gli Ebrei e gli Estensi*, p. 92.

1851

Genoa, 5 May 1750

Source: A.S.G., Notaio Giuseppe Morchio, filza 11.

The notary states and certifies that Abraham Luzena, son of the late Chiara and David Luzena, was born in Genoa in a house near Piazza dell'Olmo. Giuseppe Giustiniani, who in 1702 saw Abraham as a baby and held him in his arms, and Francesco Maria Arduino, who saw and frequented him as a child, are both witnesses.

1852

Genoa, 11 May 1750

Source: A.S.G., Archivio Segreto, n. 1059, doc. 125, Propositionum.

The Lesser Council approves a Collegi *decree allowing Giuseppe Rosa to stay in town for one year. In his petition, Rosa emphasises that he had come to Genoa with large amounts of capital to promote business with the East.*

1853

Genoa, 6 June 1750

Source: A.S.G., Notaio Giuseppe Morchio, filza 11.

Upon Tommaso Storace's request, Giuseppe Isolabella states that in August 1748 Tommaso Storace and Moisè Foa had some disputes due to the fact that Storace did not want to be Foa's clerk any longer and maintained that Foa owed him money.

Note: See below, Doc. 1856.

1854

Genoa, 23 June 1750

Source: A.S.G., Archivio Segreto, n. 1390a.

Abram Montefiore and Abram Bardo (Pardo), Jews in transit, ask the Collegi *for a 15-day permit. They are granted it with the approval of the* Giunta di Commercio *and of the Lesser Council.*

1855

Genoa, 9 September 1750

Source: A.S.G., Archivio Segreto, n. 1390a.

A report to the Giunta di Commercio *explains, with reference to Leghorn and Piedmont, how the business with the East and coral manufacturing in Genoa would benefit from the presence of some Jewish families or even a Jewish community. The advantages connected with the Jews are contrasted with the business of a number of families from Geneva and Protestant families, who do nothing for the town and constitute a danger for young people.*
The Collegi *ask the* Giunta di Commercio *and the Lesser Council to study the possibility of admitting the Jewish community again.*

Eccellenza.
In esecuzione de veneratissimi incarichi dell'Eccellenza Vostra di segnarle in scritto quel trovo possa convenire circa la prosecuzione dell'esclusiva da questa città e Dominio della nazione Ebrea, o' l'amissione della medema in generale, o' pure di alcune famiglie di essa, devo sottoporle li seguenti riflessi occorsimi, acciò possa l'Eccellenza Vostra venire a' quelle determinazioni che meglio giudicherà riguardo le commissioni fatte sù tal proposito da Serenissimi Collegi all'Eccellentissima e Magnifica Gionta del Commercio. Avendo la nazione ebrea case di credito e di fondi sufficienti, stabilite in tutti li scali del Levante e Barberia, mantiene la stessa la maggior sussistenza al portofranco di Livorno, ove la casa Medici colle faccilità e privileggi accordatigli procurò attirarvi le case di tal nazione più floride e ricche. E così queste, avendo corrispondenze e parentele con altre case di sussistenza e credito stabilite al Pondicheri et

altre parti dell'Indie Francesi e Portoghesi, ove mandano annualmente larghe partite di coralli manifaturati, hanno colà in Livorno introdotte le manifature e lavori di essi, che non ostanti che molto più care di qui le costino per accudirvi loro e farli lavorare secondo porta il loro genio, vi si sono accomodati, e doppo tale introduzione a poco a poco è mancata qui questa manifatura che dava il sostentamento annuale a' tante povere famiglie. Come pure prima di molto è mancato il commercio in drittura del Levante con questa Piazza e che si fa ora per le proviste necessarie per mezzo di Livorno come è noto.

Fra' le concessioni accordate a tale nazione dalla casa Medici vi sono quelle di tenere Magistrato da essa eletto sotto nome di Massari che giudicano le questioni frà Ebreo ed Ebreo, salvo sempre l'appello al Governatore od al Prencipe, avendo tali Massari anche la faccoltà di bandire li Ebrei discoli e malviventi. Per mantenersi in credito le viene permesso l'esercizio libero di loro religione di tener Chiesa o' sia Sinagoga, e ne giorni per loro festivi non puonno esser da Cristiani costretti a' pagamenti o' altre cose di commercio dalla loro religione proibite. Ponno aquistar beni stabili, e moltissimi ne hanno con l'obligo però di farli condurre da Paesani Cristiani, quali non puonno esser obligati a' lavorare in giorni nostri festivi, ne fare altra cosa vietata dalla nostra religione. Non sono alligati ad'abitare in certo luogo, o' ghetto, ne à portare segno veruno, potendo esercire qualonque comercio e manifatura, e fare anche il mezzano. E come ogni Cristiano pagano al Prencipe ogni agravio si reale che personale, sofrendo però essi qualche volta per straordinari bisogni delle tasse.

La Corte di Torino, tutta intenta a' procurare il stabilimento del comercio in Nizza, sta' trattando con alcuni Ebrei che già vi godono bastanti privileggi per vedere d'indurre alcune case di Livorno a venire a stabilirsi in detto nuovo portofranco, ma siccome non vi sarebbero per li sudetti commerci li commodi e faccilità sono qui così con qualche fondamento, vi è da lusingarsi che, se il Serenissimo Governo si degnerà di accordare qualche privileggi o' concessioni, veniranno ben presto alcune famiglie bene stanti qui, invece di andare in Nizza. Ma siccome la Regenza di Firenze è molto gelosa del mantenimento e aumento de comerci e manifature introdutte, studiando anzi ogni giorno di promuoverne delle nuove, egli è certo che sul dubio possano non esser qui accordati li privileggi e permissioni necessarie veruno Ebreo de bene stanti commorante in Livorno si azarderà a spiegarsi di avere intenzione di mandar qui a' metter casa di negozio per non sofrirne colà de pregiudicii, quando che se vi sarà tribunale con bastante faccoltà, per quel che in appresso si sugerirà, con più faccilità si riduranno a' confidarsi nel ristretto numero de soggetti di esso Tribunale.

Le faccilità o' sia privileggi che bisognerebbe potesse il detto Tribunale accordarle consistono in che non siino in verun tempo costretti ad abbitare in ghetto, ne a portar segno, e che possano aver qualche fondamento di lusinga di non temere che, non dando essi motivi al Serenissimo Governo con loro diportamento di essere di qui nuovamente licenziati mentre avendo ad impegnarsi in lavori di manifature di corallo, di troppo pregiudicio le sarebbe che doppo qualche anni dovessero abbandonare, o con esser di qui di bel nuovo esigliati, o con levargliene a medesimi il permesso di tal lavoro. Che se poi si potesse accordarle l'aquistar beni stabili, egli è certo, che con maggiore faccilità si ridurrebbero a venirvi anco le principali famiglie e più ricche, in vece di mandarvi loro commessi, come pare che per ora abbino idea, mentre sono portati a tali impieghi, quali tutto che faccino a prezzi altissimi, pure vi trovano il conto loro, essendo con ciò fidati maggiormente nel commercio, e così han luogo a fare maggiori negozii.

Trattandosi come si è di sopra segnato al presente di ammettere alcune famiglie Ebree per vedere se è possibile di rimettere in questa città le manifature de coralli e slargare maggiormente il comercio, massime del Levante, non pare vi possa aver luogo l'esame de motivi per i quali fu ultimamente licenziata la Nazione Ebrea e de ripari che bisognerebe dare a disordini che andavan seguendo, giacche allora vi era la più infima e miserabile gente, e la maggior parte bandita da Livorno per discola e così capace d'ogni e qualonque cosa, ed ora si tratta unicamente d'ammetter alcune famiglie bene stanti, li diportamenti delle quali non puonno dar luogo a dubitare de passati inconvenienti. Che se poi si venisse a determinare il nuovo progettato portofranco staccato da questa città, di cui un'altra relazione all'Eccellentissima Gionta di Marina presentata sin dell'anno scorso, allora si sarà in grado di esaminar d'ammettere tutta la nazione ed uniformarsi alle concessioni e privilegi gode la stessa in Livorno, potendosi in questo caso sperare con qualche fondamento di ricavarne li stessi et eguali vantaggi che ne ha avuti la Casa Medici che, oltre li già indicati, vi furono quelli di aver avuto delle soventioni per le grandiose spese dovette fare. Oltre di che molti Ebrei fabricorono case e fecero delle fosse e trogli per la conservazione de grani, oglii et altro ch'era necessario in un luogo ove si cominciava il commercio, a bisogni tottali del quale non potea certamente suplire il Prencipe.

Suplico per ultimo l'Eccellenza Vostra a riflettere e bilanciare il comercio de Ginevrini e Riformati con quello delli Ebrei e forsi troverà il primo ad esser di verun vantaggio ne al Prencipe ne al particolare, mentre da medesimi non si eserciscono manifature, anzi per fino quelle per loro uso le fanno venire da paesi loro, ne si atira qui verun comercio. E da essi che fanno il provigionario semplice viene tolto a nostri il vantaggio per la preferenza godono da quei di lor religione che fanno qui le necessarie solite proviste per l'esito di loro mercanzie, non avendo essi al principio verun fondo, come adesso ne abbiamo evidente prova in otto o dieci case che si sono aperte tutte bastantemente qui conosciute,quali, radunati che avran bastanti capitali, anderan come li loro predecessori ad impiegarli nella sua patria. Quando che riguardo li Ebrei de quali trattasi, sono gente che hanno già fondi e che cercano venir qui per ripigliare una manifatura già quasi perduta e per aprirvi de nuovi commerci, senza pregiudicio verun delli nazionali nostri, anzi con molto vantaggio de medesimi e delli publici introiti. Oltre di che pare vi sii da riflettere se dal trattarsi coll'Ebrei ne possa derivare verun pregiudicio alle coscienze, con essere imbevuta la gioventù nostra di massime non rette, lo che sembra lontano, o pure se possa aversi la stessa egual speranza dalla conversazione co' Genevrini, del che e di tutto il rimanente di sopra esposto me ne rimetto, etcetera. Sottomettendo, etcetera. ....

1856

Genoa, 5 January-5 April 1751

Source: A.S.G., Senato, Atti, n. 3206.

The Collegi *renew for 6 months, with a* vel non *clause, the proxy given to Bartolomeo Muzio and Geronimo Carviglia, notaries, in the legal proceedings between Moisè Foa, on Malvano's and his behalf, and Tommaso Storace.*

Note: See above, Doc. 1853.

1857

Genoa, 25 January 1751

Source: A.S.G., Senato, Diversorum Collegi, n. 266.

The Collegi *grant the petition presented by some Jewish merchants, who would like to go around freely in Ovada and do business during the Fair. In the past other merchants prevented them from doing so.*

Serenissimi Signori.
E' sempre stata consuetudine inveterata di qualonque Principato permettere il libero commercio a tutti li negozianti di qualsivoglia nazione in tempo delle solite fiere, ed il simile si è di conformità pratticato nella fiera consueta farsi a' questi tempi nel luogo d'Ovvada, a' cui vi sono sempre concorsi tutti li mercanti di qualonque nazione, e frà le altre della nazione ebrea, come da' attestati che a' Vostre Signorie Serenissime si presentano. Nella presentanea fiera solamente pochi mercanti, a' fine di ridurre la fiera medesima ad un vero monopolio, si sono fatti lecito impedire le sue negoziazioni a' trè mercanti di nazione ebrea colà portatisi con diversi generi. Ma perche tale innovazione è contro quella libertà che a' tutti indistintamente compete di poter concorrere a' negoziare nelle fiere, ed è anche al sommo pregiudiciale alli stessi luoghi ove si fanno, e tende a' distrurre il commercio contro le massime più sode di tutti li principati, perciò detti nazionali, che di già anno le loro mercanzie in detto luogo d'Ovvada, supplicano riverentemente Vostre Signorie Serenissime degnarsi ordinare al molto Illustre Capitano di detto luogo d'Ovvada l'andare al riparo che detti nazionali ebrei non vengano impediti durante il tempo consueto fermarsi giusta il solito degl'altri anni, come da' fede che parimente si presenta fatta dal Cancelliere della comunità di detto luogo, per contrattare liberamente li suoi negozii, il che, tendendo anche al publico vantaggio, sperano ottenere dall'innata bontà di Vostre Signorie Serenisime alle quali profondamente si inchinano. Di Vostre Signorie Serenissime, detti mercanti ebrei supplicanti.

1858

Genoa, 15 February 1751

Source: A.S.G., Senato, Atti, n. 3213.

The Senate extends until the end of January 1753 the lawsuit between Moise Foa, partner in the Foa-Malvano company, and Gio. Andrea Rolla, for 2,829.4 pounds that Rolla has owed Foa since he purchased 2 fardi *of saffron on 22 April 1746 giving him the same amount of* foiretti (frizetti).

1859

Genoa, 2 June 1751

Source: A.S.G., Notaio di Genova Giorgio Musso, filza 1.

Ester Consigli, widow of Isach Navarra, together with her sons dottor *Emanuele, guardian of his sister Sara, wife-to-be of Moisè Jacob Foa, Salomone and Malco (Marco) promise*, in solido, *Moisè Jacob Foa to collect some items for him within a year, which Foa will be free to sell as he pleases. The items had been mortgaged to Jacob Pincherli from Verona, as a guarantee for 606.13 ducats. Should Foa not realise the complete 606.13 ducats out of the sale, Ester and her sons undertake to give him the difference in cash. The items are as follows*:
un' apparato di raso bianco ricamato a oro e fiori con frangia e bordo di gallone d'oro consistente in una portiera da porsi sopra l'arca, detta Parochite, due nominati:Ticun, Aducan ed altro detto Meil e Mapà. *Everybody swears "touching the pen," according to the Jewish custom. The deed is drawn up at Foa's house, near the Malapaga.*

Note: Aducan, i.e. *ha dukhan*.

1860

Genoa, 2 June 1751

Source: A.S.G., Notaio di Genova Giorgio Musso, filza 1.

Ester Consigli, widow of Isach Navarra, needs 3 more years to pay the whole dowry (1,500 ducats) of her daughter Sara, future wife of Moisè Jacob Foa. Therefore, she renounces her dowry and whatever she might be entitled to from her husband's legacy in favour of Foa for a total of 1,000 ducats. She states that Moisè Jacob Foa is the preferential creditor as far as that property is concerned. Ester undertakes to pay 1,000 ducats and appoints her future son-in-law her attorney to obtain that sum from her husband's property, even from outside his legacy. Ester's decision is approved by her sons Emanuele, Salomon and Malco Navarra.

Note: See below, Doc. 1861.

1861

Genoa, 2 June 1751

Source: A.S.G., Notaio di Genova Giorgio Musso, filza 1.

In the presence of Ester Consigli, widow of Isach Navarra, and her sons doctor Emanuele, Salomon and Malco Navarra, Moisè Jacob Foa accepts Sara Navarra's dowry, amounting to 4,500 ducati di Venezia a lire 6.4 ciascuno *in items and cash. Foa is given property for 1,000 ducats, plus 1,399.10 ducats in silver and gold delivered in his name to Isach Pincherli from Verona, appointed for this purpose Mosè Jacob Foa's attorney, who receives a total of 2,399.10 ducats. Foa gives Ester and her sons 30* sequins, *corresponding to 106.11 ducats, for Sara's journey to Verona and a further 393.13 ducats. Since Isach Pincherli has items for 606.13 ducats, the dowry still to be paid is 1,000 ducats, which the family undertakes to pay to Foa within 3 years.*

Note: See above, Doc. 1860.

1862

Genoa, 8 June 1751

Source: A.S.G., Notaio della Valpolcevera Gerolamo Silvano, n. 968.

Moise Foa, Salomon Malvano's partner, as the attorney of Salomone Vesino and Sons from Leghorn, admits to Marcello Durazzo, Pietro Ciambrini and Amato Regni, appointed by the Senate to deal with Nicolò Cavagnaro's property, that he had a bale of cotton yarn and 11 rolls of tela di Trois *at the free port which belonged to Cavagnaro. They were stored at the Benzo and Cerasola wharehouse on behalf and at the expense of Salomone Vesino and Sons. Foa, as Vesino's representative, pays Ciambrini 43.4 pounds for freight and other expenses, including storage and is issued a receipt from the Senate representatives who returned the merchandise to him. The power of attorney drawn up in Leghorn by notary Gaspare Camoirano whereby Vesino appoints Moise Foa is enclosed with the receipt.*

1863

Genoa, 8 June 1751

Source: A.S.G., Notaio della Valpolcevera Gerolamo Silvano, n. 968.

Moise Foa, attorney of Moise, son of Salomon Franco from Leghorn, admits to Marcello Durazzo, Pietro Ciambrini and Amato Regni, appointed by the Senate to deal with Nicolò Cavagnaro's property, that he collected 5 cases of coral stored at Benzo and Cerasola's warehouse, on behalf and at the expense of Moise Franco, from the free port. The Senate representatives order that the cases be returned to Moise Foa, as he paid Ciambrini 134.4 pounds accounting for what he owed Benzo and Cerasola on Franco's behalf and 52.16 pounds expenses and commissions for the cases of coral. Foa is furthermore returned a bill of exchange, recorded in the inventory drawn up by the Senate representatives. This bill was issued in Leghorn to the order of Moise Franco and endorsed to Benzo and Cerisola. Foa issues a receipt to the Senate representatives Cavagnaro, Benzo, and Cerisola.

1864

Genoa, 13 August 1751

Source: A.S.G., Notaio della Valpolcevra Gerolamo Silvano, n. 968.

Ignazio Belotti and Lorenzo Carosio promise to ratify the agreement between Isac Pincheler (Pincherli) and a person to be designated, together with whom Pincheler undertakes to supply 30 oxen per week to the Guild of Butchers.

1865

Genoa, 9 September 1751

Source: A.S.G., Archivio Segreto, n. 1390a.

The Giunta di Giurisdizione, *appointed by the* Collegi, *is requested to report to the Senate on a possible admission of Jews in Genoa, in view of the amendments to the law regulating the free port.*

Note: See below, Doc. 1866.

1866

Genoa, 15 September 1751

Source: A.S.G., Archivio Segreto, n. 1390a.

The Giunta di Giurisdizione, *following deliberations by the* Collegi, *is requested to study the admission of a number of wealthy Jewish families who, in view of the new free port declaration, would like to move to Genoa.*

Note: See above, Doc. 1865.

1867

Rome, 17 September 1751

Source: A.S.G., Archivio Segreto, n. 1390a.

A printed edict by Benedict XIV against the Jews, accompanied by a summary sent by the Magistrato degli Inquisitori di Stato alla Giunta di Giurisdizione *listing the provisions against the Jews adopted by certain Popes, starting with Gregory IX.*

1868

Genoa, 28 October 1751

Source: A.S.G., Notaio di Genova Giorgio Musso, filza 1.

Moise Jacob Foa, partner in the Foa-Malvano company, appoints Agostino Siggioli his attorney to demand and collect from Angelo Joseph Natan Selignan from Necrispurg and Antonio Pancratio De Fortuber from Graz money and property as well as to represent him before any judge in the city of Vienna.

1869

Genoa, 3–19 November 1751

Source: A.S.G., Archivio Segreto, n. 1390a.

Pellegrino Nicolai, patrono *from Leghorn, states that he let Abram Beniamino, a Jew from the East, land at Portovenere because of the bad weather. There Beniamino was arrested by the local* Podestà *as he was not wearing the badge and then released as ordered by the* Collegi. *The 3* sequins *paid by the* patrono *to release Beniamino are returned to him.*

1870

Genoa, 8 November 1751

Source: Archivio Segreto, n. 1013, Portofranco.

A new declaration of portofranco generalissimo, *for 10 years extendable to 15. The privilege also includes* la nazione Ebrea, col solo obbligo di vivere con quel regolamento che sarà loro prescritto da' Serenissimi Collegi.
The new declaration does not contain any of the provisions about ghetto obligations which were in the free port declaration of 25 February 1729 (Doc. 1672).

Note: See below, Docs. 1873, 1875, 1878.

1871

Genoa, 10, 17, 18 November 1751

Source: A.S.G., Archivio Segreto, n. 1390a.

The Giunta di Giurisdizione *formulates a new Charter for the Jewish community. The* Collegi *propose a few amendments. First of all, they establish that the Protectors of the Jewish community and the* Giunta di Giurisdizione *must have* cognizione della case e persone ebree che fossero per portarsi ad abitare a Genova e riconoscere se siano bene stanti.
They point out that the off-limits areas as per article 4 shall be as declared by

the Protectors and the Magistrato degli Inquisitori di Stato. *They decide that Saturday and other Jewish feast days for the community shall be holidays. The Charter, thus amended, is approved by the* Collegi, *and the* Casa di S. Giorgio e gli Inquisitori di Stato *are notified.*

Note: See below, Docs. 1873, 1874.

1872

Genoa, 2 December 1751

Source: A.S.G., Archivio Segreto, n. 1390a.

The Magistrato degli Inquisitori di Stato *takes action against the* Podestà *of Lerici, who jailed Salomone Abadì, Rabbi of Jerusalem, and his servant, because they were not wearing the badge.*

1873

Genoa, 31 January–7 February 1752

Source: A.S.G., Archivio Segreto, n. 1390a.

The Collegi *ask the* Giunta di Giurisdizione *to take suitable action with reference to the Charter to be printed. Three unsigned notes read to the Greater Council, in fact, complain that the new Charter does not include provisions for the ghetto and for the obligation to wear the badge.*

Note: See Docs. 1870, 1871, 1875.

1874

Genoa, 28 February–18 March 1752

Source: A.S.G., Archivio Segreto, n. 1390a.

The Giunta di Giurisdizione, *having consulted some theologians and a jurist, refer to the* Collegi *on the interpretation of certain provisions in the new Charter. Having approved provisions 2, 4, 5, 8, 18 and 21, the* Collegi *send a copy thereof to the* Inquisitori di Stato e alla Casa di San Giorgio. *The amendments refer to the declaration of serious crimes, details on off-limits areas, the prohibition to wear the black* feraiolo *(i.e., a cloak), the preservation of the synagogue in its current location, the privilege to carry weapons when travelling and that of testamentary succession in compliance with the* jus comune.

Doppo stabilito il regolamento che Vostre Signorie Serenissime apresero di fissare per la nazione Ebrea, pervenne loro una rappresentanza dell'Illustrissimo Magistrato d'Inquisitori di Stato, in data de 31 gennaio 1752, per la spiegazione di qualche difficoltà che sull'intelligenza del regolamento medesimo erano state promosse. Sopra quale rappresentanza fù incaricata l'Eccellentisssima Gionta di Giurisdizione a riferire al più presto quelle aggionte o spiegazioni che stimasse dovesse farsi al precedente regolamento. La prefata Eccellentissima Gionta, per eseguire il riverito incarrico di cui è stata onorata, ha esaminato le differenti difficoltà rilevate e ne ha sentito anche il parere non meno del Magnifico suo Consultore che de Reverendi Padri Teologi, coerentemente al sentimento de quali si da l'onore di rifferire. Che rispetto alla dichiarazione de i delitti atroci che devono intendersi esclusi dal salvo condotto criminale come nel capitolo 2°, questi debbano essere quelli che come tali vengono dalle leggi considerati. Che riguardo alla dichiarazione de i luoghi proibiti, come nel capitolo 4° in cui si proibisce a quelli della nazione Ebrea di andare in luoghi proibiti, ne in casa di donne di malavita, dichiarare e ridurre detti luoghi proibiti alle case dove abitano le donne suddette; etcetera. Rispetto alla proibizione del vestire abito nero potrebbe egualmente questa variarsi permettendo di vestirlo colla proibizione però di portare feraiolo nero alla cittadina, e di portare spada o altre armi. Rispetto alla spiegazione del luogo dove dovrà fissarsi la loro sinagoga, questo potrà stabilirsi nel luogo dove fin'ora l'hanno avuta, tanto più in vista che non sembra così facile di rinvenire sito più adattato. Rispetto alla addimandata dichiarazione se essendo trattenuto qualcheduno della nazione Ebrea in atto di partenza debba o no' essere capace di godere del beneficio accordato nel viaggio, hanno unanimamente convenuto i Padri Teologi et il Magnifico Consultore che quando realmente siino trattenuti in atto di partenza, e non a mira di defraudare l'ogetto della proibizione di dette armi, debbano gli Ebrei egualmente godere del conceduto beneficio.
Per la successione all'Eccellentissima Camera in caso che morissero ebrei senza prole e senza successore, sembra giusto di dichiarare che questa

abbia luogo in mancanza di parenti sino in decimo grado inclusive, poichè altrimenti, come ha' rilevato il Magnifico Consultore, sarebbe un voler privare la nazione ebrea del beneficio del gius comune nell'atto stesso che con quello del portofranco è ammessa a goderne.

Note: See above, Doc. 1871.

1875

Genoa, 2–14 March 1752

Source: A.S.G., Archivio Segreto, n. 1390a.

With reference to the provisions on the absence of the ghetto and the obligation to wear the badge for the Jewish community, the Giunta di Giurisdizione *declares them futile and defers the final decision to the* Collegi, *who do not take action because the vote is contrary.*

Note: See above, Docs. 1870, 1873.

1876

Genoa, 11 April 1752

Source: A.S.G., Senato, Atti, n. 3213.

Following Mosè Del Mare's request, the Senate sends a copy to the Padri del Comune *in order for them to take suitable action and renew the decree with* la clausola vel non. *Mosè Del Mare complains that Francesco Maria Vignolo, with whom he has negotiated an exchange agreement through Giacomo Filppo De Ferrari, produced a different contract from that agreed upon and that the mediator could not practise his profession as he had not renewed his licence at the Chancery of the* Padri del Comune. *The exchange consisted in the barter of 50 rolls of* bordatti *(a kind of fabric) with 2 cases of sugar from Bahia, Brazil. Due to Vignolo and the mediator, the contract is null, although Mosè has already delivered the fabric.*

1877

Genoa, 6–12 May 1752

Source: A.S.G., Archivio Segreto, n. 1390a.

The Inquisitori di Stato *suggest a few additions to the Charter in order to forbid the Jewish community access to Catholic places of worship, books and funerals, as well as Christian servants. The amendments are approved by the* Collegi, *who ask the* Inquisitori di Stato *to print the amended version of the Charter.*

Serenissimi Signori.
Avendo l'Eccellentissimo et Illustrissimo Magistrato fatta novamente considerazione a capitoli per la nazione ebrea a fine di impedire al possibile quei pregiudicii potrebbero cagionarsi nel di lui ritorno, ha' conosciuto che sendo la nazione inclinata a superstizioni, cabale e stregharie, sarebbe di notabile pregiudicio l'introduzzione che detta nazione facesse de libri che trattassero di tali materie e simili, siccome apprenderebbe fosse espressamente dichiarato che non sia alla nazione permessa alcuna cerimonia publica nella delazione de loro cadaveri, proibito a Christiani andare al serviggio degli Ebrei, e finalmente proibito l'ingresso nelle Chiese, Oratori o altri luoghi sacri. Ma poiche non sarebbe sperabile il giusto intento, se non con soggettarli a qualche pena, pertanto l'Eccellentissimo et Illustrissimo Magistrato ha' giudicato sottomettere a savi riflessi di Vostre Signorie Serenissime li sotto segnati capitoli et addizioni, affinche quall'ora giudicassero convenirsi si degnino deliberare di conformità et ordinare s'inseriscano e respetivamente uniscano a riferiti capitoli.
Si proibisce a chionque della nazione Ebrea introdurre libri empi e condannati da Sommi Pontefici, siccome di quei trattano di superstizioni, stregharie e cabale, sotto le pene contenute nel capitolo 32 *(sic probably 34)* a giudizio degli Eccellentissimi Protettori di detta nazione; e che incorrano in più gravi pene detti ebrei, quali ora restasse giustificato, avessero in qualche modo communicato alcuno di detti libri a qualche Christiano a giudizio come sopra. Non potra alcuno della nazione entrare nelle chiese, oratori, o altri luoghi sacri, compresi li Conservatori di monache o simili, sotto la pena come sopra. Si dichiara che nella delazione de loro cadaveri, de quali si trattta nel capitolo 9, non possano fare alcuna publica cerimonia, ne cantare, ne portare lumi. Si dichiara inoltre nel capitolo 33 che si possa alcun ebreo servire in casa de Christiani, il tutto sotto le pene di quali

sopra. Sic exponi (sic) decretum Serenissimis Collegiis per prefatum Excellentissimum et Illustrissimum Magistratum Inquisitorum Status.

Note: See below, Doc. 1878.

1878

Genoa, 18 May 1752–25, 28 May 1753

Source: A.S.G., Archivio Segreto, n. 1390a.

Document containing the Charter granted by the Collegi *to the Jewish community and relevant amendments dated May 1753. The document was printed by order of the* Magistrato degli Inquisitori di Stato, *as authorised by decree of the* Collegi *on 12 May 1752.*
This is the last Charter granted to the Jewish community in the Republic of Genoa. The ghetto and the obligation to wear the badge are abolished, forced baptism and obligatory sermons are prohibited; free circulation, travel, business and residence are allowed. Baptised Jews are not permitted to testify against other Jews, and their statements are considered as null. The jurisdiction of the Rabbi is recognised. Those Jews living in Genoa who might need to refer to local magistratures will be treated like any other citizens. Saturdays and other Jewish festivities will be respected. Protection against pirate attacks will be granted to Jews and their property. Provisions are made to regulate dowries. Jews will be allowed to carry weapons outside the city walls. Jews are not allowed to frequent streetwalkers, to have shops or warehouses outside the free port, or to hold public ceremonies during funerals. The Massari *are obliged to notify the* Cancelleria del Magistrato della Consegna *of the Jewish families living in Genoa, deaths, and foreigners in transit. Private places of worship are prohibited. The former Doges are appointed Protectors.*
The Charter shall be valid throughout the duration of the free port and can be extended. During that time Jews will not be expelled from the city, unless for serious and urgent causes. Expulsion shall be decreed by four-fifths of the votes of the Collegi, *(no longer the Lesser Council) and notification will be sent to the* Massari *six years in advance. In this way it will be easier for the Jews to terminate their business, make travel arrangements and avoid financial hardship before leaving the city.*

Capitoli per la Nazione ebrea approvati da' Serenissimi Collegj per decreti de' 10, 17, e 18 novembre 1751, 28 febbraio e 22 maggio 1752.

I

Si concederà salvocondotto a tutti quelli della Nazione Ebrea alla forma della nuova legge del portofranco per le loro persone e beni, per i debiti contratti fuori di Dominio, quando ne facciano instanza, anco prima del loro arrivo in città, ed essere ammessi alla goduta del portofranco, esclusi li debiti ed obbligazioni contratte in qualunque parte del mondo con sudditi della Serenissima Repubblica, per i quali possano essere convenuti in giudizio nanzi de i Tribunali della prefata Serenissima Repubblica; con facoltà vice versa agli Ebrei di convenire quì, e nanzi i Tribunali della stessa Serenissima Repubblica tutti quelli che in qualunque modo fossero verso detti Ebrei obbligati per debiti ed obbligazioni contratte anche fuori di Dominio. Qual facoltà non possa esercitarsi se non da quegli Ebrei solamente che saranno abitanti in questa città e scritti come tali nel registro da tenersi appresso il Prestantissimo Magistrato della Consegna.

II

Salvocondotto altresì criminale per tutti i delitti commessi fuori del Dominio della Serenissima Repubblica prima della loro quì comparsa, ed ammissione al benefizio suddetto, esclusi però i delitti di lesa maestà contro la Serenissima Repubblica, sua dignità e libertà, ed altri delitti atroci che come tali vengono dalla legge considerati.

III

Se le concederà tutte le volte che si apprenderà necessario passaporto per uscire e per andarsene fuori del Dominio, anche per le loro mercanzie e robe, ne si averà difficoltà di passare co' Prencipi quegli uffizi che si stimeranno più convenenti per detto effetto.

IV

Potranno gli Ebrei abitare in quella parte o parti della città che loro potrà meglio accomodarsi, con obbligo però di dover dinonziare nella Cancelleria del Prestantissimo Magistrato della Consegna tutte le abitazioni che prenderanno sì in città che fuori, senza che gli sia data molestia veruna, anco con libertà di andare di notte per loro affari, purché non vadano in casa di donne di mala vita, alla pena di scuti venti d'oro sino in cento a giudizio degli Eccellentissimi Protettori, avuto riguardo alle circostanze; d'applicarsi detta pena pecuniaria la metà all'Eccellentissima Camera e l'altra metà al Bargello, oltre le pene arbitrarie di carcere ed altre consimili a giudizio de' Prefati Eccellentissimi.

V

Potranno vestire abito nero o di colore, però senza spada o altre armi, e con la proibizione di portare feraiolo nero alla cittadina, ma doveranno andar disarmati alla pena di scuti 50 in 500 d'oro applicabili come sopra, oltre tutte le altre pene a riguardo delle armi che sono stabilite dalle leggi della Repubblica Serenissima.

VI

Non sarà loro impedito il commerciare e traficare ogni sorte di mercanzie in tutto alla forma della detta legge del portofranco, senza però che possano aprire fondachi pubblici o sia magazzini di mercanzie, né tenere botteghe; ma solo possano avere magazzini di mercanzie in portofranco, come ivi costumano tutti i negozianti, con proibizione però espressa di vendere o comprare qualsivoglia sorte d'armi, delle quali ne meno potranno fare negozio o contrattazione di sorte alcuna, eziandio che non entrassero nella città, ma si spedissero fuori Dominio.

VII

Non sia loro impedito il dare a lavorare qualunque sorte di manifatture nella presente città e Dominio in qualunque parte a' Cristiani.

VIII

Sarà loro permessa la Sinagoga da continuarsi o stabilirsi nel luogo dove fin'ora l'hanno avuta, nella quale Sinagoga non si potrà far catturare veruno senza licenza del Serenissimo Senato.

IX

Potranno far seppellire i loro morti nel campo fuori le Porte di Carbonara, come hanno costumato gli anni passati, con che non possano fare alcune pubbliche cerimonie, ne cantare, ne portar lumi, proibendosi ad ognuno, sotto ogni più grave pena arbitraria al Serenissimo Senato, di molestargli o dar loro fastidio nelle loro funzioni.

X

Si proibisce a tutti li Cristiani, cioè agli uomini, sotto ogni grave pena arbitraria agli Eccellentissimi Protettori, compresa quella del carcere da due fino in tre anni, il battezzare o levare alcuno dalle famiglie di essi Ebrei per fargli battezzare e far Cristiani fino a che non abbiano l'uso di ragione a giudizio degli Eccellentissimi Protettori. E prevenendo suddetto tempo e che volontariamente volesse qualcheduno di essi Ebrei farsi Cristiano, in tal caso nel luogo dove saranno per fare la quarantena del Catechismo potranno essere sovvenuti e visitati da' loro padri e madri ed altri parenti di primo grado senz'impedimento alcuno, purchè sia con licenza degli Eccellentissimi Protettori, da darsi detta licenza senza dilazione e alla presenza di qualche Cristiano da eleggersi, o sia deputarsi dagli stessi Eccellentissimi Protettori. E quando qualche figlio o figlia di famiglia si facesse Cristiano o Cristiana, non sarà tenuto il padre darle legittima o porzione alcuna in sua vita, ma solo gli alimenti necessari al suddetto figlio o figlia battezzati. A' quali Ebrei battezzati sarà proibito far testimonianza in cause contro detti Ebrei, e la testimonianza che facessero sia nulla "ipso iure".

XI

Le loro cause o liti civili se saranno fra Ebreo ed Ebreo si doveranno conoscere e decidere da' Massari e Rabini, secondo gli usi della loro Nazione, e quelle che averanno con Cristiani, siano autori o rei, si conosceranno da' Magistrati ordinari della città, concedendo perciò a quegli Ebrei che quì abiteranno privilegio di poter godere il benefizio de' statuti, senza che siano aggravati da altre cauzioni, o sigortà; e le dette cause nelli giorni di Sabbato ed altri da loro festeggiati saranno e s'intenderanno sospese, così avendo decretato il Serenissimo Senato.

XII

Per i loro negozi averanno sino al numero di sei Censali della loro Nazione, da nominarsi da' detti Massari e con li più noti della loro Congrega, ed approvati dagli Eccellentissimi Protettori alla disposizione de' quali, circa i negozi seguiti tra essi Ebrei, si starà pienamente. Quando però averanno da trattare qualche negozio con Cristiani doveranno o far sottoscrivere li contratti nel libro solito, quale però non sia scritto in lingua Ebrea, oppure in detti negozi fra Ebrei e Cristiani doverà intervenire un Censaro Cristiano per trattarli e concluderli, servate sempre le regole della Piazza.

XIII

Dovranno li Massari ad ogn'istanza che le venga fatta da qualsivoglia Cristiano per qualche roba che gli fosse stata rubata procurare in ogni miglior modo e per mezzo anche di tutte le più segrete perquisizioni che loro venissero imposte sia dagli Eccellentissimi Protettori della loro

Nazione, sia dall'Eccellentissimo Magistrato d'Inquisitori di Stato, sia dalla Magnifica Rota Criminale, di chiarire se sia stata comprata da alcun Ebreo. Proibendosi perciò loro di comprare cos'alcuna se non da persona o persone loro conosciute, con dichiarazione che quando si trovasse che fosse stata comprata roba rubata, abbia il padrone di quella il regresso contro l'Ebreo compratore, come contro qualunque cristiano.

XIV

Che essendo preso qualche vascello de' Turchi dalla nave, o vascelli, o da qualsivoglia altro bastimento della Repubblica dove vi fosse roba d'Ebrei destinata ne' porti della Serenissima Repubblica e ciò si giustificasse, debba essere restituita a detti Ebrei padroni della medesima. E se fosse in essi preso qualche Ebreo abitante ne' paesi de' Turchi, debba essere liberato con pagar solo per ognuno di essi pezze cinquanta a quel bastimento che lo predasse. E gli schiavi Turchi che averanno o compreranno detti Ebrei non potranno essser fatti liberi solo da detti Ebrei loro padroni, e non da alcun'altro sotto qualsivoglia pretesto, etiam per causa di cambiar religione, ed in tal caso doverà esser l'Ebreo soddisfatto del prezzo che averà sborsato nella compra di detti schiavi.

XV

Quando alcun d'essi Ebrei falisse o andasse in rovina, debba osservarsi circa le loro robe e merci, com'anche rispetto a corrispondenze, loro lettere di cambio ed altro, le leggi e statuti della Repubblica Serenissima, ed in loro difetto le leggi comuni.

XVI

Per li crediti dotali o stradotali delle loro donne averanno le ipoteche e privilegi sono concessi alle donne, quali privilegi però ed ipoteche servano solamente alle donne abitanti in questa città, con pagarsi però le gabelle solite pagarsi da' Cristiani, in quei casi che detti Cristiani sono soliti a pagarle per detti crediti. E per schivare le difficoltà che possono nascere in questa parte si doverà in Cancellaria del Serenissimo Senato tener un libro da un Sottocancelliere, nel qual libro di mano dello stesso Sottocancelliere doveranno scriversi tutte le doti e stradoti delle donne di quelli che già dimorano e di quegli altri che di mano in mano verranno a dimorare in questa città. E quando si faranno matrimoni degli abitanti doveranno far fare in detto libro la nota della dote e stradote della sposa, altrimente non se ne tenga conto alcuno come se non avessero dote o stradote, e questo senz'aggravio di spese, a risalva di quanto fossero obbligati per la gabella delle censarie e riveminute, e col solo e semplice onorario al detto Sottocancelliere per detta nota, che doverà tassarsi dagli Eccellentissimi Protettori.

XVII

Doveranno eleggersi li loro Massari secondo il solito ed un Segretario Ebreo, agli atti del quale fra di loro si darà fede da tutti li Ministri della Serenissima Repubblica. E potranno ancora detti Massari col consenso pero della loro Congrega ed approvazione degli Eccellentissimi loro Protettori scacciare da questa città quelle persone Ebree che saranno scandalose o malviventi, salva però a' Serenissimi Collegi e Serenissimo Senato la facoltà di mandar via dallo Stato quello o quelli di loro che non stimassero ben fatto che vi abitassero, e salva qualunque facoltà loro competente.

XVIII

Averanno privilegio tutti gli Ebrei di portare fuori del recinto delle nuove mura per viaggio ogni sorta d'armi, escluse le proibite a tenersi, con dichiarazione che venendo realmente trattenuti con dette armi non proibite a tenersi in atto di partenza, e non a mira di defraudare l'oggetto della proibizione delle medesime, debbano in tal caso godere pure del presente benefizio.

XIX

Doveranno li macellari della città e Dominio vendere a' suddetti Ebrei e loro famiglie la quantità di carne necessaria al loro uso quando ne saranno richiesti, con lasciarli scannare e visitare gli animali secondo i loro riti mediante il pagamento del prezzo solito vendersi a' Cristiani.

XX

Saranno obbligati li suddetti Massari far scrivere nella Cancellaria del Prestantissimo Magistrato della Consegna tutte le famiglie di Ebrei abitanti in Genova e tutte le persone di dette famiglie. E quando alcuna di esse persone morisse, o si partisse da questa città per star fuori del Dominio più di sei mesi, debbano detti Massari darne notizia in detta Cancellaria, ne abbiano altr'obbligo di prendere bolletta alcuna, né pagar altra mercede. E circa li forestieri che verranno per negozio o per passaggio, e non per abitare quì, di quelli ancora doveranno i detti Massari dar nome in detta Cancellaria come sopra.

XXI

Quando morisse alcun Ebreo "ab intestato" senza prole, senza successione e senza parenti fino in decimo grado "inclusive", doveranno li Massari fra giorni quattro dal giorno della morte darne notizia agli Eccellentissimi Protettori per mezzo di uno de' Cancellieri dell'Eccellentissima Camera che doverà farne nota. Dovrà succedere ne i suoi beni per due terze parti la Camera Eccellentissima, e per l'altra terza parte l'Università degli Ebrei abitanti in Genova; per applicarsi però detta terza parte a' poveri Ebrei della detta Università, secondo la distribuzione che ne doveranno fare gli Eccellentissimi Protettori "pro tempore", quali ancora averanno facoltà di punire in pena loro arbitraria li Massari quando fra li suddetti quattro giorni non portassero la notizia della morte come sopra.

XXII

Non potrà alcun Ebreo tenere oratorio o sia scuola nella casa sua propria privata, ma tutti doveranno andar a fare le loro orazioni, riti e cerimonie nella loro Sinagoga, per la quale saranno tutti obbligati a concorrere in tutte le spese che converranno farsi dalla Nazione e per sussidio de' Ministri e Serventi, mantenimento de' poveri abitanti e passeggieri che potessero in ogni ora e tempo capitare e vivere sotto le constituzioni e regole formate dalla detta nazione; e finalmente concorrere in ogni altra spesa e stare sopra di ciò a quei riparti che venissero fatti da i Massari della loro Nazione con l'approvazione però ed a giudizio degli Eccellentissimi Protettori.

XXIII

Per li debitori d'offerte, tasse ed altre spese che convengono farsi per il mantenimento della loro scuola e serventi e sussidio de' poveri averanno autorità li Massari di obbligare li debitori renitenti a dover pagare. E per questi debiti potranno mandare, con precedente però licenza in iscritto degli Eccellentissimi Protettori, nelle case delli medesimi debitori renitenti li sbirri a levargli i pegni, come anco averanno autorità li detti Massari uniti alla loro Congrega di tassare ognuno a misura delle sue forze.

XXIV

Contravenendo alcuno di essi Ebrei alle regole prescrittele in questi privilegi sarà castigato il solo delinquente, ne per questo si potranno rompere li detti privilegi agli altri Ebrei innocenti e ne meno al delinquente, dopo però che averanno pagata la pena del loro delitto.

XXV

Doveranno gli Eccellentissimi Protettori non solo farle osservare detti privilegi, ma anche non lasciarli molestare, maltrattare o in altra maniera offendere, né in fatti, né in parole, da alcuno, e perciò averanno autorità di provedergli di quella giustizia che stimeranno meglio, anche di pronto e severo castigo de i delinquenti, o di chi gli facesse qualche ingiuria o strappazzo.

XXVI

Dureranno questi privilegi fino a tanto che durerà la presente nuova legge del portofranco, prorogabili perciò in tutto e per tutto come può prorogarsi la legge medesima, dentro la quale durata non potranno essere licenziati o mandati via dalla presente città se non per qualche grave ed urgente causa a giudizio de' Serenissimi Collegi, con previa dichiarazione di lor Signorie Serenissime di essere conveniente che sia licenziata la detta loro Nazione, e con condizione che debba tal dichiarazione essere fatta almeno con i quattro quinti de' voti de' Serenissimi Collegi, e debba altresì essere intimata a' Massari di detta Nazione. Nel qual caso averanno essi tempo sei anni dal giorno di detta intimazione a doversi partire per restringere i loro effetti, venderli, o in altra forma disporne a loro beneplacito; e doverà esserli dato ogni sorte d'aiuto perché possano riscuotere le loro robe, ed azinde (sic), crediti, ed ogn'altra cosa; né saranno da alcuni sturbati o molestati ne' loro viaggi, anzi se gli farà provvedere di ciò che sarà necessario perché possano farli con ogni comodità e senz'aggravio, ne alterazione alcuna nel prezzo di noli, sì per mare che per terra, ed anco li saranno somministrate salveguardie, se così occorresse, ed il tutto a loro spese.

XXVII

In caso che alcun Ebreo volesse partire dalla presente città e andar ad abitare in qualche luogo di Riviera o altro del Dominio Serenissimo, dovrà prender licenza in iscritto dagli Eccellentissimi Protettori, in arbitrio de' quali sarà limitato il tempo della dimora in qualunque luogo, con obbligo perciò a chi ottenesse detta licenza di dovere al suo arrivo manifestarsi al Giusdicente del luogo e la casa ove anderà ad abitare, con facoltà a detti Eccellentissimi Protettori di dare sopra di ciò gli ordini che stimeranno più opportuni e di castigare li contraventori nella pena o pene loro arbitrarie.

XXVIII

Restino assegnati ed eletti ora e per sempre e fino a che dureranno li presenti Capitoli per Protettori della detta Nazione due Eccellentissimi Perpetui, da eleggersi da' Serenissimi Collegi a suppliche della Nazione, con facoltà a prefati Serenissimi Collegi di dare alla detta Nazione, quando giudicassero opportuno, altri Protettori in quel numero e sotto quelli modi e forme che meglio stimassero convenire ed essere più comodo e vantaggioso per la suddetta Nazione.

XXIX

Non possa costringersi alcun Ebreo, né alcuna persona di detta Nazione, sia in generale che in particolare, di andare in alcun tempo alle prediche de i Cristiani, o pubbliche o private, ne meno possano obbligarsi ad alcuna delle cerimonie e riti che in materia di religione si praticano da' Cristiani.

XXX

Doveranno gli Ebrei formare li Capitoli* per il buon governo, e per assicurarne l'osservanza si comproveranno da Serenissimi Collegi quali ordineranno che possano li Massari farli eseguire, salva però sempre l'autorità degli Eccellentissimi Protettori "pro tempore", anche per l'osservanza del contenuto nelli presenti Capitoli.

XXXI

Scuoprendosi che alcuno della Nazione Ebrea dasse notizia a' Turchi o Barbareschi pregiudiziali alla navigazione, al commercio ed alla religione, sarà il delinquente condannato anche nella pena di morte a giudizio de' Serenissimi Collegi.

XXXII

Venendosi o trovandosi qualcheduno di detta Nazione Ebrea in miseria non potrà limosinare se non che a quegli della sua Nazione sotto le pene arbitrarie agli Eccellentissimi Protettori, i quali potranno in tal caso mandar via detto limosinante.

XXXIII

Sarà proibito agli Ebrei il tener in qualità di servente o di balie donne cristiane in casa sua propria senza permesso degli Eccellentissimi Protettori, né potrà alcun Ebreo servire in casa de' Cristiani sotto le pene de' quali nel sotto Capitolo numero 36.

XXXIV

Si proibisce a chiunque della Nazione Ebrea introdurre libri empi e condannati da' Sommi Pontefici, siccome di quei trattano di superstizioni, stregherie e cabale, sotto le pene delle quali in appresso a giudizio degli Eccellentissimi Protettori di detta Nazione, e che incorrano in più gravi pene detti Ebrei, qualora restasse giustificato avessero in qualunque modo comunicato alcuno di detti libri a qualche Cristiano a giudizio come sopra.

XXXV

Non potrà alcuno della Nazione entrare nelle Chiese, Oratori, o altri luoghi sacri, compresi li Conservatori di monache o simili, sotto le infrascritte pene.

XXXVI

Li delinquenti e trasgressori delli presenti Capitoli, tanto Cristiani che Ebrei, saranno castigati e puniti da' detti Eccellentissimi Protettori: cioè quelli battezzeranno fanciulli Ebrei nelle pene contenute nel decimo delli Capitoli stessi, e gli altri, oltre le pene statutarie, anco in qualunque altre pene sì pecuniarie che temporali, a loro arbitrio, secondo la qualità e circostanze del delitto e delinquenti, esclusa però la pena di morte e di galea in vita, quale resta risevata (sic) a' Serenissimi Collegi. Restando però alli prefati Eccellentissimi Protettori facoltà di formare i processi ne' casi delli delitti per quali si dovesse punire il reo o rei in alcune di dette pene di morte o galea perpetua. E tanto nelli suddetti quanto per qualunque altro caso procederanno "manu regia et more militari" ed averanno ancora la facoltà di abbreviare qualunque termine, compreso quello delle difese.

1752 a' 18 maggio

L'Eccellentissimo ed Illustrissimo Magistrato d'Inquisitori di Stato in quinto e legittimo numero congregato eccetera, valendosi della facoltà confertali da' Serenissimi Collegi per decreto de' 12 maggio corrente eccetera, ha ordinato la stampa de' suddetti Capitoli "ad calculos", etcetera. "Absentibus Illustrissimis Dominis Ambrosio Nigrono et Augustino Gavotto vocatis".

Francesco Piccardi Cancelliere

1753 a' 25 maggio

Si delibera che a soggetti della Nazione Ebrea, i quali si porteranno in questo Serenissimo Dominio ed adempiranno puntualmente il regolamento dato nell'anno prossimo passato per la loro Nazione, praticando quanto resta loro imposto in detto regolamento, suffraghi il riffuggio in luoghi immuni, quanto sia per i debiti meramente civili, esclusi i fraudolenti, quelli cioè che come tali venissero dichiarati per sentenza di giudice competente. E sia anche loro permesso l'accesso a' luoghi immuni a titolo di contrattazione o negozio, ben inteso che ciò non possa farsi ne' giorni festivi, né per altri giorni in quelle ore che vi si celebrano i divini uffizi. "Per Serenissima Collegia ad calculos, etcetera".

Francesco Maria

Estratto in tutto come sopra dal suo originale esistente presso del notaro Bartolomeo Varese come Cancelliere degli Eccellentissimi Protettori della Nazione.

1753 a' 28 maggio

In coerenza dell'articolo primo del regolamento dato nell'anno passato da' Serenissimi Collegi per la Nazione Ebrea, e inerendo anche in questa parte alla nuova legge del portofranco, si concede sin d'ora a tutti e singoli i soggetti della detta Nazione i quali si porteranno in questo Serenissimo Dominio il salvocondotto in esecuzione del detto primo articolo, con condizione però e dichiarazione espressa che non possa suffragare a quei di loro che non adempiranno puntualmente e non praticheranno quanto resta loro imposto in detto regolamento, eccetera. "Per Serenissima Collegia ad calculos".

Francesco Maria *[Secretary of the Senate]*

* Doc. 2047.

Note: See Docs. 1870, 1877, 1880, 1885, 1886, 1892.

1879

Genoa-Rome, 15 July–2 December 1752

Source: A.S.G., Archivio Segreto, n. 1390a.

Long exchange of letters between the Republic of Genoa and the Holy See following the publication of the Charter for the Jewish community. This was printed without the approval of Pope Benedict XlV, who does not tolerate any allowances which he deems prejudicial to the Christian Faith. Negotiations are started, since the Pope demands a temporary suspension of the Charter, which he considers too liberal, in order to amend it according to his instructions. The Republic refuses to comply, deeming the Pope's intervention offensive to its authority and detrimental to the Jews. In order to find an agreement, Agostino Lomellini, with the help of his uncle, Father Luigi Centurione, a Jesuit in Rome, and Agostino Spinola contact Cardinal Silvio Valenti-Gonzaga, Secretary of State. The Giunta di Giurisdizione *consults a number of theologians and jurists on the matter. Finally, thanks mainly to Father Centurione's diplomacy, the Pope approves of the Charter as is.*

Bibliography: Urbani, *La riammissione degli Ebrei in Genova*, pp. 573-591.

1880

Genoa, 21 August–3 November 1752

Source: A.S.G., Archvio Segreto, n. 1390a.

Upon Moisè Foa's request, the Magistrato della Consegna *reports to the* Collegi *on the interpretation of article XX of the Charter, and others, as requested by the* Giunta di Giurisdizione. *Meanwhile, the Jewish community asks for some clauses to be softened in order to encourage wealthy families to move to Genoa.*

Note: See above, Doc. 1878.

1881

Genoa, 25 September 1752

Source: A.S.G., Notaio Giuseppe Morchio, filza 16.

In his dispute with Ottavio Rabeni, son of Mosè, for the sale and barter of mandiletti, *handkerchiefs, Francesco Piaggio appoints Pier Antonio Vairo his arbitrator, whilst Rabeni appoints Giovanni Battista Gavaldo for the arbitration agreement. Gavaldo declines the appointment the same day.*

1882

Genoa, 6 October 1752

Source: A.S.G., Notaio Giuseppe Morchio, filza 16.

In the presence of Angelo Levi, Giovanni Battista Arecco de loco Bellarum *recognizes his debt to the company Levi brothers and partners, amounting to 440 pounds, corresponding to 4 cases* olearum ad usum Hispaniarum. *He undertakes to pay in 6 months.*

1883

Genoa, 19 October 1752

Source: A.S.G., Notaio Giuseppe Morchio, filza 16.

Moise Foa, partner in the Foa-Malvano company, appoints Angelo Maria Chiappe his attorney to collect what he is owed from a number of debtors of the company who live in Germany. He promises Chiappe he will compensate him for his trouble and inconvenience with a third of whatever he is able to recover, after deduction of expenses. Angelo Maria Chiappe promises he shall employ all means and diligence to the common benefit and to give Foa buono, vero, fedele e legale conto *of the obligations undertaken.*

1884

Genoa, 27 March 1753

Source: A.S.G., Senato, Atti, n. 3221.

Petition to the Senate presented by the Levi brothers. They are owed 1,130 pounds by Marco Navarra, who cannot pay using the merchandise mortgaged with Giuseppe Prato for a total of 2,600 pounds. The Levi brothers ask the Senate to defer the matter to the Residenti di Palazzo *in order for them to oblige Navarra to pay his 1,130-pound debt, since the mortgaged merchandise is barely enough to repay Prato and cannot cover their credit.*

1885

Genoa, 8 May-Ventimiglia, 8 September 1753

Source: A.S.G., Archivio Segreto, n. 1390a.

The Giusdicenti *of the Genoese Dominion, consisting of the Western Riviera, the Oltregiogo area and the Eastern Riviera, approve a circular letter sent to them, whereby the Doge, the* Governatori e i Procuratori *notify that, following the free port privilege, the Jews are admitted in town. The* Giusdicenti *are required to favour their entrance into the Dominion and report their address.*

Note: See above, Docs. 1870, 1878.

1886

Genoa, 23 May–14 June 1753

Source: A.S.G., Archivio Segreto, n. 1390a.

The Jewish community asks for an explanation of articles I and XXXV of the recently approved Charter, in order for the safe-conduct promised for the future to be granted immediately and for the access ban on places of worship and churches to be abolished. The Protectors, specifically requested by the Collegi, *express their opinion. Article I does not need to be amended for using the future tense instead of the present tense; it is sufficient to comply with the specified requirements. As far as article XXXV is concerned, caution is recommended in order to avoid risks and bias; it is necessary to establish the reasons why the Jews want to have access to places of worship, whether for business purposes or to take refuge. In the former case access cannot be denied, lest their freedom to have business be impaired, provided it is not during statutory Holy Days or ceremonies.*
The latter case is more subtle and, rather than a duty, it involves tolerance. Refuge should be allowed for civil debts, with the exclusion of fraud. The Collegi *approve the Protectors' interpretation and suggest that the matter be authorised by a separate decree never to be published, in order to avoid further controversy with the Pope and to provide an explanation to the Jewish community. The* Massari *of the Jewish community are informed and*

a certified copy of the deliberation, by separate decree, is handed to [Moise] Foa.

Report by the Protectors.

Serenissimi Signori.
Insistendosi per parte della Nazione Ebbrea per qualche spiegazione sopra i due articoli della Capitolazione recentemente accordata: cioè sopra il primo perche sia loro concesso di presente il salvocondotto che si promette "de futuro", e sopra il XXXV perche non sia loro vietato l'ingresso nelle Chiese o Luoghi Sacri, Vostre Signorie Serenissime si sono degnate appoggiare l'incarico agli Illustrisimi Protettori, elletti alla detta Nazione, di riconoscere le modificazioni fatte sulle rimostranze del Papa alla detta Capitolazione per rifferire. Anno dovuto quanto al I, concernente il salvocondotto, riflettere loro Eccellenze non potervi essere difficoltà veruna di variare la formola della concessione del salvocondotto, la quale nell'estensiva dell'enonciato primo articolo vien raportata "per verba de futuro" = si concederà = in parole "de presenti" = si concede, riducendosi soltanto l'atenzione sopra questa variazione a che per parte degli Ebbrei si adempiscano gli obblighi tutti loro imposti nella segnata capitolazione, contandovisi fra' gli altri quelli di doversi far scrivere presso il Prestantissimo Magistrato della Consegna, e denonciare nella di lui Cancellaria tutte le abitazioni che prenderanno si' in città che fuori, cautela voluta perche tutti siano cogniti e niuno resti occulto.

Quanto all'articolo XXXV è da riflettersi che la proibizione agli Ebbrei di entrare nelle Chiese o altri Luoghi Sacri è proceduta da quel prudente riguardo che devesi avere di non permettersi ad una nazione inclinata a superstizioni la frequenza di Luoghi Sacri per evitare il pericolo della derisione e del poco rispetto alle Sagre Funzioni, siccome di vietare la conversazione degli Ebbrei o con monache o con altre persone ritirate ne Conservatori, assai facili ad essere illuse ed impressionate di massime pregiudiciali ai dogmi o alla disciplina della cattolica religione. Quando per tanto vengano sicuramente riparati i rischi temuti, non sembra che più rimanga veruna difficoltà ad accordar loro l'accessso alle Chiese e Luoghi Sacri in modo innocuo, mà che in un tempo tolga loro ogni dubio o pretesto di accettare la già accordata capitolazione, desiderando gli Ebbrei che loro non sia proibito l'ingresso nelle Chiese o Luoghi Sacri per due soli fini, cioè:
1° Perche possano a misura dell'oportunità de loro negozii procurarsi quei

generi o siano lavori che possono ricavare per modo di esempio di fiori o dolci, che più comodamente possono levare da varii monasteri di monache. 2° Perche in caso di qualche fallimento, o di alcun sospetto da parte de loro creditori, possano sicuramente rifugiarsi in luogo sacro per salvezza delle loro persone. Il primo sovrasegnato loro fine quando venga regolato con cautele corrispondenti all'intenzione dell'enonciato articolo XXXV sembra non poter essere ricusato senza o impedire o coartare la libertà de loro traffichi che anzi voglionsi facilitare. Il secondo fine, che è quello di non essere privati dell'asilo delle Chiese, rinchiude una più delicata ispezione. L'immunità de Luoghi Sacri è un privileggio più locale che personale, ed al parere di molti non può suffragare a miscredenti, ripugnandovi la raggione che la chiesa voglia proteggere gli Infedeli. Quindi non possono gli Ebbrei pretendere di essere nelle Chiese ricevuti, e neppure possono allegare di dover essere trattati del pari con i Cristiani. Con tutto ciò per grazia singolare di Urbano VIII ottennero essi pure per lo Stato Pontificio il privileggio del rifuggio nelle Chiese e ne Luoghi Sacri, di cui attualmente dicono di godere. Su' tale esempio potrebbesi regolare a favor loro la concessione di simil grazia, in modo però che non diventasse per la Repubblica Serenissima un debito preciso, ma bensì una tolleranza, cioè che dipendendo dall'arbitrio dei Direttori e Custodi dei Luoghi Sacri il riceverli o il discacciarli. Nel caso della loro accettazione, suffraghi loro l'asilo quanto sia precisamente e non più per i debiti meramente civili, non fraudolenti. La mira di rimettere ed ampliare nello Stato della Serenissima Repubblica il comercio negli ultimi tempi decaduto, consigliò l'erezione di un portofranco comune a tutte le nazioni da cui non fusse esclusa quella degli Ebbrei, che per longo tempo in avanti vi avea stanziato. Questa medesima raggione persuade doversi agli Ebbrei facilitare il loro qui libero accesso, e togliere a medesimi la dubieta agli ostacoli.

Gli Eccellentissimi Protettori di detta Nazione riandando le osservazioni opposte dal Sommo Pontefice contro la già detta capitolazione, trovano nulla avere Sua Santità obiettato contro li enonciati articoli I e XXXV, anziche nei rillievi da lui raportati contro l'articolo XXIX, dolendosi la Santità Sua che la dispositiva di detto articolo allontanasse gli Ebbrei dall'andare in alcun tempo alle prediche dei Cristiani o pubbliche o private. Dal che può fondatamente didursi che non possa dispiacere al Santo Padre il confugio degli Ebbrei alle chiese per l'occasione che essi possono ritrarne di istruirsi ed addotrinarsi nella Cattolica Religione e profittarsi di quelle ispirazioni che la Divina Misericordia volesse mandar loro per tal via. Ma poiche sono assai note le dispute accadute a Vostre

Signorie Serenissime con Sua Santità a caggione della stampa di detta capitolazione, aprendendo perciò li prefati Eccelllentissimi Protettori che la stessa debba restare invariabile perche non nascano nuove controversie. E stimando dall'altra parte assai raggionevole il fare qualche maggior spiegazione sopra gli enonciati articoli I e XXXV, coerentemente alle insistenze di detta nazione, sarebbbero loro Eccellenze di sentimento che Vostre Signorie Serenissime, per decreto separato e da non mai stamparsi, concedessero sin d'ora alla dettta nazione e a soggetti tutti della medesima il salvacondotto loro promesso nel detto primo articolo, inerendo anche in questa parte alla nuova leggge del portofranco, con condizione e dichiarazione espresssa che non possa suffragare a quei di loro che non adempiranno pontualmente e non praticheranno in tutte e singole le sue parti quanto resta loro imposto e sono obligati in forza della già menzionata concessa capitolazione. E che quanto sia al loro rifugio in Chiese o luoghi sacri, questo sufraghi loro per i debiti meramente civili, esclusine i fraudolenti, quelli cioè che come tali venissero dichiarati per sentenza di giudice competente. E parimenti sia loro permesso l'accesso a monasteri o conservatorii per contrattazione o negozio, ben inteso che ciò non possa farsi ne giorni festivi e negli altri giorni in quelle ore che vi si celebrano i divini ufizii. In tal modo sembra a loro Eccellenze che la benigna condiscendenza di Vostre Signorie Serenissime bastantemente si estenda ad aquietare i dubii di detta nazione e che assicurati in tal modo i Massari dellla medesima nulla più possano desiderare.

Note: See above, Doc. 1878.

1887

Genoa, 4 July 1753

Source: A.S.G., Archivio Segreto, 1390a.

Upon request of the Collegi, *the Protectors of the Jewish community must take suitable measures in the case of a young Jewish girl. The girl wants to convert to the Christian faith, but is forbidden to do so by her parents. It is the* Inquisitori di Stato *who bring this case to the notice of the* Collegi.

1888

Genoa, 19 September 1753

Source: A.S.G., Archivio Segreto, n. 1390a.

Following his petition, the Collegi *grant Moisè De Baille, also called Duval, a civil safe-conduct and ask the Protectors of the Jewish community to take suitable action to grant him a criminal safe-conduct as well.*

1889

Genoa, 19 September 1753

Source: A.S.G., Archivio Segreto, n. 1390a.

The Collegi *are informed that Abram Montel and Goslan (Gozlan), merchants from Leghorn, on their way to France went to Alassio. There, together with two Rabbis from Jerusalem, they were insulted by the police and the* bargello *and fined, allegedly because they were not wearing the badge. The same offence is reported by Mosè Leone and Anselmo Vita Padovano. The former was jailed in Alassio because he was not wearing the badge, while the latter, who was travelling to Bordighera to purchase* etrogim, *wore his badge in such a way that it could be easily seen to avoid harassment. Mosè Foa too, reports he was harassed at Portovenere two years previously. The Secretary of the Senate, having consulted the* Collegi *due to the absence of the Protectors, writes a draft of a letter for the Commissioner of Albenga and decides to send a circular letter to the* Giusdicenti del Dominio *in order for them to make sure that the free port law is respected. In the draft of the letter he asks the Commissioner of Albenga to inquire into the cases of Alassio and report on them. The letter explains*: non possiamo permettere che i nostri Giusdicenti procedano ad estorsioni indebite contrarie alla buona legge dell'ospitalità e alla capitolazione accordata alla nazione ebrea.

1890

Genoa, 7 January 1754

Source: A.S.G., Senato, Atti, n. 3228.

Upon Foa's request, the Collegi *extend the lawsuit between Moise Foa-Malvano and Ambrogio Bianchi, deferred to the* Sindicatori Ordinari, *for 12 months.*

1891

Rome, 18 May 1754

Source: A.S.G., Arti, ms. 184.

Letter sent to Father Boccardo, a Dominican, General Inquisitor in Modena, by the Holy Office in Rome. The letter relates information acquired from a convert, a former rabbi, according to which the wives of converted Jews are not allowed to remarry, as they cannot obtain freedom from the levirate marriage from the converted husband.

1892

Genoa, 20 June 1754

Source: A.S.G., Senato, Diversorum Collegi, n. 274.

The Jewish community complains that the Consoli *of the Guild of Furriers forbid their masters to tan lamb hides from abroad for people outside the guild, unless they pay a tribute. This is contrary to the provisions as per article VII of the Charter. The Jewish community petitions that the prohibition not be applied to its members.*
The Collegi *send a copy of the petition to the Protectors of the Jewish community in order for them to take suitable action.*

Note: See above, Doc. 1878.

1893

Genoa, 12 August 1754

Source: A.S.G., Notaio Giuseppe Morchio, filza 19.

Abram Salom, son of the late David, appoints Jacob Astruch, son of the late Samuele, his attorney to collect and recover from David Duval, living in Nice, merchandise given to Giacomo Mezzia from St. Tropez, patrono *at the port of Genoa. This consists of different kinds of fabric, woollen stockings and shirts for soldiers. The attorney is also authorised to appear before any court on behalf of the appointer, should Duval fail to return the merchandise or pay for it. On the same day Bartolomeo Cervetto from Nice makes a statement before the notary, upon Abram Salom's request. He states that the merchandise was arranged on board Giacomo Mezzia's vessel for the owner to check it, but in the meantime Abram Salom had fallen sick and the relevant bill was given to Duval.*

1894

Genoa, 2 December 1754

Source: A.S.G., Senato, Atti, n. 3228.

The Senate sends the Magistrate of the Silk Moise Foa's petition, whereby he asks that rapid and summary proceedings be carried out against Stefano Oberti, Antonio Mocole and Carlo Serravalle following the confiscation of a quantity of silk.

1895

Genoa, 12 August-12 December 1755

Source: A.S.G., Senato, Atti, n. 3234.

Deed relating to the bankruptcy of the Levi company, listing the domestic and foreign creditors and complete with a special power of attorney for Francesco Maria Carozo, notary. The Senate approves with la clausola vel non *the decree whereby the* Residenti di Palazzo *suggest that all creditors be included in the bankruptcy declaration.*

Note: See below, Doc. 1913.

1896

Genoa, 6–29 October 1755

Source: A.S.G., Senato, Atti, n. 3233.

Documentation relating to Raffaele Angelo Boccara's legacy. Boccara's son, Aron, who lives in Leghorn, refuses to collect some merchandise which his father left in Genoa with Moise Foa. Foa petitions the Collegi *to appoint somebody to take care of the merchandise, to avoid harassment from creditors of the late Boccara, who have already distrained some of the merchandise. The petition is needed since Aron, whom Foa contacted a number of times, wants to refuse the inheritance. The* Residenti di Palazzo *order an inventory of Boccara's property, which will then be sold. Moise Foa is appointed depositary and will be in charge of collecting the proceeds of the sales. He undertakes to keep the merchandise, have it evaluated, and not to sell it for lower prices than specified in the inventory. The inventory is enclosed. It was presented to notary Luigi Gherardi, signed by Isac Pincherle, head of the community, and sealed by Samuele Rosa. Benedetto Lattes and Graziadio Caze are witnesses.*
The inventory includes chandeliers, iron stands, woollen blankets and pillows, boots, boxes, a coffee grinder, hair, a wooden washstand, seals representing un leone e con la corona sopra dell'arma *belonging perhaps to Samuel Rosa, brass scales and a pocket telescope. Among the books are a kind of register for letters referring to Jacob and David Franco and to Filippi for* etrogim, *a book of prayers in Spanish, two books of prayers in Hebrew, four books of plays, pocketbooks and a number of registers. Among others, there are listed: a silver watch with a small portrait in the case, silver boxes, one of which is decorated with mother-of-pearl, silverware, tin tondos, a bill of exchange, scissors, coral, a blue* succhetto, *clothes, a brass coffee-pot and 2 wigs.*
A partial list of items specifying the relevant prices and a list of the items used by Moise Jacob Foa, in his capacity as Massaro, *to cover funeral expenses and others are then provided. Moise Jacob Foa leaves all the keys for cases and*

trunks in a drawer, which he seals with Samuele Rosa's seal, as witnessed by Samuel Rosa, Marco Navarra, Jacob Miranda, Abram Luzena, Benedetto Lattes, Paltiel Sema, Benedetto Alforin, Salvador Levi, Emanuele Levi and Isach Pincherli, head of the Jewish community. Pincherli states that this took place on 12 August 5515, according to the Jewish calendar.
Finally a list of the expenses incurred by Moise Jacob Foa is provided:

Primo. Contanti in più volte al suo giovin Samuel Levi, come da sua lista firmata	L. 20
2. Torchie cerra	L. 10.6
Una.. tella .. della Regina	L. 21
Pagati alla porta per il deceduto	L. 2
Taule per far la cascia	" 4
A due ebrei assistenti nella malattia	" 6
Per far far la tomba	" 7
Pagato le spese al suo servitore	" 2
Al medico	" 13.10
Al cerusico signor Poggio	" 6
Contanti lasciati al medesimo nel viaggio Alessandria	31
Debito alla Scola	17.14
Simile a Telmuttorà	12.2
Lasciati dalla Signora Consolina in contanti	12
	L. 164.12.

Note: Some words are in Hebrew.

1897

Genoa, 18 October 1755

Source: A.S.G., Notaio Giuseppe Morchio, filza 21.

Giovanni Battista Giustiniani renounces, for himself and his heirs, whatever he is entitled to by law from the sale of the flat located in Leghorn, in via Reale. His father, Giuseppe, sold it to Jacob Rabbeno Lusena, for 425 8-real pieces, 225 of which were to be paid upon the drawing up of the deed and the rest in two years, subject to an interest of 12 pieces per year, thus accounting for the dowry of Maria, daughter of Giuseppe Giustiniani. Giovanni Battista

Giustiniani undertakes to respect the deal and not to harass the purchaser. He further appoints his father principal guarantor.

Note: See above, Doc. 1844.

1898

Genoa, 4 May 1756–4 July 1757

Source: A.S.G., Archivio Segreto, 1390a.

Vast documentation relating to the baptism of a Jewish girl. Her name is Richetta Foa, daughter of Mosè, whom a Christian woman surreptitiously baptised two years previously when she was 4 months old. The girl is taken from her father, who implores to have her back, but the baptism is validated and the girl is assigned to Teresa Pallavicino Spinola. The Archbishop of Genoa, the Collegi, *and the Protectors of the Jewish community are involved and theologians are consulted. As suggested by the* Giunta di Giursdizione, *the Archbishop of Genoa, Monsignor Saporiti, in order to prevent the situation from happening again, forbids the abuse of baptism with Jewish children,* invitis parentibus. *The whole Diocese is notified. Apparently the baptised girl has to stay away from her parents until she is 14 years of age, when she can chose her religion herself.*

1899

Genoa, 12 July 1756

Source: A.S.G., Eccellentissima Camera, n. 424.

Paolo Marcello Maria, a new convert, formerly Giuseppe Del Mare, son of Angelo, asks the Collegi *to be granted* admittatur *to Holy Orders, in order to be able to follow his vocation. He has encountered some difficulties with the* Cancelleria della Camera *because his father Angelo still owes them some tax. In his petition he explains that he surreptitiously escaped from his house, possesses nothing, and wishes to dedicate himself totally to God, who illuminated him on the* falsità di sua setta. *His petition is granted.*

Bibliography: Brizzolari, *Gli ebrei*, p. 205.

1900

Genoa, 17 September, 20 December 1756

Source: A.S.G., Senato, Atti, n. 3240.

Moise Foa's petition to the Collegi *whereby he asks the Senate to appoint a person of their choice to take care of his legal proceedings against Giovanni Agostino Oddi from Albenga, his attorney. The Senate decreed a transaction effected by G. A. Oddi on behalf of Foa, as Foa's attorney, with the Alciatori brothers from Alassio null and void, due to the attorney's fraud and malice. The Senate delegates Agostino Adorno and Domenico Pallavicino to decide on the matter by decree, renewed on 20 December with the* clausola vel non.

Note: The legal proceedings continued for a long time before the *Magistrato dei Supremi Sindicatori*, n. 349, document n. 390, 22 August 1757-1 December 1758. Further details can also be found in *Miscellanea*, A. 5.60.45, Library of the Società Ligure di Storia Patria. See below, Doc. 1911.

1901

Genoa, 24 September 1756

Source: A.S.G., Magistrato di Guerra e Marina, n. 1047.

This is an account book in which Moise Foa is mentioned a number of times as the contractor supplying clothing to the following regiments of the Republic of Genoa: Polcevera, Bisagno, Savona, Sarzana, Albenga, Bastia, Aiaccio and Cheninch. The activity is registered until 13 August 1761, on cc. 37–48, 52, 54, 62, 67–71, 96–103, 11, 118, 120, 124.

1902

Genoa, 6, 9 October–3 December 1756

Source: A.S.G., Senato, Atti, n. 3240.

The Senate asks the Residenti di Palazzo *to appoint a person to represent the late Abram Levi del Banco's creditors and act for them. The petition is presented by the attorneys of the people who were assigned Abram Levi del*

Banco's property and possessions in Modena who have to take action against alleged creditors of Abram's company and prevent them from distressing money.
On 12 November another petition by the assignees of the late Abram Levi del Banco's company in Modena is read to the Senate, requesting that action be taken against the late Sansone Marco Cantoni's company in Guastalla.

1903

Genoa, 30 December 1756

Source: A.S.G., Notaio Giuseppe Morchio, filza 23.

Giovanni Battista Celesia renounces the attachment granted by the Uditori della Rota Civile *on 3 January 1753. Nicolò Cavagnaro is to keep the property of Abram Levi del Banco, who owes money to Celesia, under attachment. Celesia, who is owed 473.8 pounds, appeals to the judge elected for all the creditors, through whom he may obtain satisfaction more easily.*

1904

Genoa, 7 February 1757

Source: A.S.G., Archivio Segreto, n. 1406, Jurisdictionalium.

Edict by the Holy Office, published by Father Gianfranco Cremona, a Dominican, General Inquisitor, requesting notification of chi aderisce a riti de Giudei. *The edict is the same as that published in the 17th century and is repeated in the same form on 3 February 1781.*

1905

Genoa, 18 May 1757

Source: A.S.G., Archivio Segreto, n. 1390a.

The Collegi, *as requested by Abbot Paolo Gerolamo Franzone, ask the* Inquisitori di Stato *to make inquiries about a Jewish woman who wants to become a Christian. The Jewish community opposes her wish and apparently she was forced to leave Genoa.*

Note: See below, Doc. 1906.
Bibliography: For further information on Abbot P.G. Franzone, see Brizzolari, *Gli ebrei*, p. 208.

1906

Genoa, 26–27 June 1757

Source: A.S.G., Archivio Segreto, n. 1390a.

The Inquisitori di Stato *report to the* Collegi *on the petition presented by Abbot Franzone. He asked them to take action to help a Jewish woman whom the Jewish community opposed because she wished herself and her family to be baptised. The Magistrate invites the Abbot to inform the* Collegi *and the Protectors of the Jewish community if he wants something to be done, but his suggestions are not followed. The case is not closed, however, because of the woman's children, who were baptised by a new convert and then boarded an English ship. They might have been kidnapped by their father, who in the meantime had changed his mind. The Magistrate notifies the Doge and the* Residenti di Palazzo.

Serenissimi Signori.
Da pochi giorni si presentò all'Illustrissimo Diputato il molto e Reverendo Abate Franzone richiedendo provvedimenti acciò fosse posta in libertà una donna ebrea con tre figli di tenera età che si custodivano presso gli Ebrei in questa città sul timore che avevano fossero detti donna e figli per farsi Christiani, come di fatto segnava detto molto e Reverendo Abate fossero in tale determinazione, per quanto manifestò il marito di detta donna pure ebreo, che pur esso desiderava farsi Christiano. Non giudicò l'Illustrissimo Diputato avanzare alcun ordine senza il previo incarico di Vostre Signorie Serenissime o degli Eccellentissimi Protettori della Nazione Ebrea a quali disse l'Illustrissimo Diputato dovesse lo stesso molto e Reverendo Abate indirizzare gl'instanze. Non è venuta in appresso ulteriore richiesta e però nulla più pensò in tale pratica il prefato Illustrisimo Diputato. In questa mattina si sono presentati trè neofiti già ebrei, rappresentando d'aver eglino cooperato presso detti Ebrei di continuare ne riferiti sentimenti ed essersi per tal'effetto più volte portati

nella locanda d'un Christiano in cui aloggiava detta famiglia, ma che avendo potuto dubitare che l'Ebreo padre abbandonasse il pensiere di farsi cattolico, altro neofito, pure già Ebreo, aveva battezzato detti due figli con intelligenza della padrona della locanda all'insaputa de genitori di detti ragazzi. Quali ragazzi poi erano stati, sucessivamente al battesimo, trasportati unitamente alla madre al bordo di bastimento inglese ancorato in questo porto ad insinuazione d'un Ebreo forastiere che si ritrova in questa città, e ciò sopponevasi d'intelligenza del padre di detti ragazzi, che declina dai sentimenti già manifestati al molto e reverendo Abate Franzone. Richiedendo perciò detti trè neofiti riparo affinche non fossero i due ragazzi trafugati, l'Illustrissimo Diputato non stimò dare alcun provvedimento e solo di rappresentare quanto sopra al Serenissimo Doge et Eccellentssimi Governatori del Reale Palazzo per sentirne gli oracoli, da quali altro comando non è stato avanzato che di parteciparne Vostre Signorie Serenissime, ma si dà l'onore di eseguire, esso detto s'inchina. Sic exponi (sic) secretum Serenissimis Collegiis...

Note: See above, Doc. 1905.

1907

Genoa, 1 July 1757

Source: A.S.G., Archivio Segreto, n. 1390a.

The Collegi *ask the Protectors of the Jewish community and the* Inquisitori di Stato *to take action following the exchange of insults which took place between a group of new converts on the one hand and Mosè Jacob Foa and Mosè Rabeno on the other. At this particular time a number of converts are in town. The new converts are Paolo Filippo Maria De Benedetti, Giovanni Battista Francesco Mello, Angelo Filippo Maffei,* olim *Todeschino.*

1908

Genoa, 12–29 July 1757

Source: A.S.G., Archivio Segreto, n. 1639e, Secretorum.

Report by the Magistrate of the Inquisitori di Stato *read to the* Collegi. *The report states that at Abbot Franzone's house, frequented by secular clergy,*

Hebrew, Chaldee and other languages are taught. The Magistrate explains that the Abbot was not involved in the conversion of the Jewish children (Doc. 1906), nor in that of a Jewish woman from Casale.

1909

Genoa, 22 July 1757

Source: A.S.G., Archivio Segreto, n. 1639e, Secretorum.

An anonymous note is read to the Collegi. *According to the note Mosè Rebene (Rabeno) behaved in an indecorous way with a young Christian girl in his service.*

Serenissimi Signori,
Mosè Rebene ebreo, abitante nella parrocchia di S. Sabina, avendo due sorelle cristiane in casa a titolo di servizio, si è lasciato vedere alla finestra comettere colla più giovane molti atti disonesti, e poi per confessione della medesima ha commesso adulterio. Le Signore Dame della Misericordia, per zelo della salvezza di questa giovane e per ovviare a maggiori disordini che potrebbero nascere dal comercio d'una donna cristiana con un ebreo, l'anno ritirata da detta casa e posta nell'Albergo de Poveri. Interpellato detto Mosè da dette dame di concorrere al mantenimento di detta giovane, ha ricusato di farlo negando sfrontatamente quello che è stato veduto da più di 4 persone e confessato dalla giovane. Sono però supplicate Vostre Signorie Serenissime a provedervi e insieme si fa loro presente che doppo questo indegno fatto detti ebrei anno cercato di prendere a servizio una figlia cristiana di 20 anni.

Bibliography: On the *Albergo dei Poveri*, founded by Emanuele Brignole in 1664, see Grendi, *Pauperismo e Albergo dei Poveri*, pp. 227–306.

1910

Genoa, 26 August–14 September 1757

Source: A.S.G., Magistrato Supremi Sindicatori, n. 349.

Salomone Azuelos sends a petition to the Collegi *asking to be released from the Malapaga prison, where he was jailed for not paying a debt to Rocco*

Francesco Sartorio. Salomone protests he is innocent and states that Sartorio Emanuele's brother was to pay. Having appointed their respective lawyers, the parties defer the matter to Paolo Costa, consultore, *agreed to by both parties.*

1911

Genoa, 7–31 October 1757

Source: A.S.G., Senato, Atti, n. 3246.

Agostino Adorno and Domenico Pallavicino ask the Collegi *for a six-month extension for the legal proceedings between Moisè Foa and Giovanni Agostino Oddi, whom they represent. Their petition is granted.*

Note: See above, Doc. 1900.

1912

Genoa, 14 November 1757

Source: A.S.G., Notaio Domenico Assereto, filza 1.

Father Francesco Maria Della Torre of the Chierici Minori *of the Convent of San Rocco, lets to Ottavio Rabeni, son of Mosè, merchant, two rooms on the mezzanine next to the flat the Father let to Rabeni the year before. The contract is for 3 years and the rent is 48 pounds per annum, to be paid in six-month instalments.*

1913

Genoa, 19 December 1757

Source: A.S.G., Senato, Atti, n. 3247.

The Senate defers to the Residenti di Palazzo *a petition presented by the creditors of the Levi company, which went bankrupt. They want Angelo*

Levi to be judged, as they are convinced he is guilty of fraud and of hiding his property. From the petition it transpires that the Levi brothers are Angelo, who lives in Genoa, and Enoc, who lives in Nizza. Angelo took refuge in his brother's home.

Note: See above, Doc. 1895.

1914

Genoa, 26 August 1759

Source: Manuscript kept at the Convent of the Madonetta in Genoa.

The catalogue of the Reverendi Padri Agostiniani Scalzi *in the Province of Genoa records that Father Girolamo Maria da San Giacomo, a Jew from Leghorn, took the vows. Born under the name Giacobbe Lampruti, he was baptised as Girolamo Grimaldi.*

1915

Genoa, 5 October 1759

Source: A.S.G., Notaio Giuseppe Morchio, filza 29.

Before Marco Valobra, son of the late Lazzaro, and Giuseppe Cevi (Zevi ?), son of Raffaele David, both witnesses, Zeffora, daughter of the late Moise David Tedesco and wife of Salomon Malvano, appoints Samuel Vitta Finz from Turin her attorney. The power of attorney is conferred to demand and collect from any debtors tutte le merci, effetti, fondi e stabili spettanti alla costituente per ragioni di dote e extradote negli Stati del Re di Sardegna e alienarli, e quietanzare qualsiasi persona e, se necessario, comparire davanti al Senato di Torino o davanti a magistrati e giudici. *Zeffora reserves the right to replace one or more attorneys, the main mandate being granted to Finz. The deed is drawn up at Zeffora's house near the Malapaga, before Jewish witnesses.*

1916

Genoa, 20 November 1759

Source: A.S.G., Senato, Atti, n. 3259.

Leone Finzi, son of the late Jacob, and Angelo Finzi, son of the late Isach, from Massa, ask the Collegi *to take suitable action in order for Diego Andrea Nossardi to pay them, as heirs of their respective fathers, the instalments relating to a debt amounting to 786 ½ pounds for merchandise purchased from their fathers in 1729. They ask for the case to be deferred to the* Sindicatori Ordinari, remota suspicione, *as it concerns the payment of merchandise. The petition is presented to the Senate, but the vote is* nil actum.

1917

Genoa, 13 September 1760

Source: A.S.G., Notaio Giuseppe Morchio, filza 31 bis.

Zeffora, daughter of Moise David Tedeschi, wife of Salomon Malvano, son of the late Elia, appoints Samuel Vita Finz from Turin her attorney and authorises him to pay for the release of furniture seized by the Royal Senate. The deed is drawn up at Malvano's house, near the Malapaga. Zeffora acts with the approval of her husband, Salomon Malvano, and in the presence of her neighbours Bartolomeo and Giuseppe Aste.

1918

Genoa, 18 February 1761

Source: A.S.G., Notaio Giuseppe Morchio, filza 32.

Abigaia Sacerdote, daughter of the late Moise Sacerdote and wife of Abram Sacerdote, son of the late Salomon, and her husband appoint Abram Pavia, from Casale, their attorney to settle, compromise and agree with the heirs of the late Benedettto Sacerdote any disputes between the parties regarding the late Benedetto Sacerdote's legacy to Abigaia, as per the will. The attorney can settle for a lower sum as well. Abigaia acts with the consent of her husband, of Benedetto Lattes, son of the late Emanuele, and of Beniamino Foa, son of the late Florio, her neighbours, because she has no relatives. The power of attorney is drawn up at Abram Sacerdote's house near the Malapaga.

1919

Genoa, 23 May–21 July 1761

Source: A.S.G., Magistrato di Guerra e Marina, n. 390.

The Magistrato di Guerra *reads Moise Foa's petition. He asks to be paid 13,790 pounds for 320 uniforms, the date of payment having been exceeded by 3 months. The General, to whom the petition was sent, asks the* Collegio Camerale *to pay Moise Foa 13,714.08 pounds, instead of the 13,790 he requested. The 75.19.4 pound difference is due to the fact that the clothes were of poor quality and with a number of faults.*

1920

Genoa, 17 March 1764

Source: A.S.G., Notaio Giuseppe Morchio, filza 38.

Antonio Francesco Rossi from San Remo, patrono di un pinco, *acknowledges to Grassino Vita Levi from Trieste, who is absent, and to the notary on his behalf, that he received 845.5 pounds from Giuseppe De Martini. The sum accounted for the payment of the transport, expenses, damages and interest due and agreed upon. He loaded on board the vessel 97 bales of tobacco leaves in Trieste and unloaded them in Genoa rather than Naples, where he was supposed to have delivered them to the consignee, but was unable to..*

1921

Genoa, 27 April–25 June 1764

Source: A.S.G., Archivio Segreto, n. 1391.

Upon Abram Di Segni's request, the Residenti di Palazzo *order Antonio Masnata to pay 1,314 pounds and relevant interest for the purchase of camel hair. In his petition to the* Collegi, *Abram emphasised that the purchase took place in 1737 and he was never paid for it.*

1922

Genoa, 15 May 1764

Source: A.S.G., Notaio Giuseppe Morchio, filza 39.

Bella, daughter of the late Emanuele Bachi and widow of Benedetto Lattes, appoints Giovanni Battista Ferramola her attorney to demand and collect from her husband's heirs the dowry and credits she is entitled to. The attorney is authorised to settle for a sum lower than her due, and to appear before any courts and judges. The attorney can be substituted. Bella Bachi acts as suggested and approved by Vita Jacob Lattes, son of the late Isac, and Gaetano Onesti. Shortly afterwards, Vita Jacob Lattes takes the place of Ferramola.

Note: See below, Doc. 1923.

1923

Genoa, 16 May 1764

Source: A.S.G., Notaio Giuseppe Morchio, filza 39.

The notary states he gave Vita Jacob Lattes, Bella Bachi Lattes's attorney, a copy of a document to be used as appropriate and that the signature at the bottom of the letter is Isac Moise's. This is witnessed by Ottavio Rabeni, son of Mosé, who knows Isac Moise personally and saw him writing a number of times, and by Francesco Ponte and Antonio Maria Lombardo, who had long letter exchanges with the company Isac Moise and son. The document is a letter sent from Nizza on 25 August 1757 by Isac Moise to his cousin Benedetto Lattes in Genoa:

Carissimo cugino. Nizza li 25 agosto 1757.
In risposta a due vostre 4 marzo de 17 andate, ricevute a' debito tempo, alla prima non fecimo risposta per non esserli luogo e con la seconda

vediamo che possiate a' sapere l'eredità del fu vostro Signor padre, vi diremo che riguardo alli mobili di casa sono ancora in quello stato e luoco si ritrovano, non sapendo se vi sarà la patenta del banco per non aver visitato le scriture. Riguardo al biglietto del rigimento e in nostro potere quale vi rimetteremo come pure tutto il restante, quando ci averete pagato lire quattrocento circa Piemonte abbiamo somministrato a' detto vostro per cibario et altro come vederete, se quì venite per ricevere il tutto che vi tornerà a conto che vi serva, attendendone il vostro sentimento con prima vostro e salutandovi caramente e siamo

Devotissimo, affezionatisimo servo, Isac Moise e figlio.

Note: See above, Doc. 1922.

1924

Genoa, 29 April 1765

Source: A.S.G., Senato, Diversorum Collegi, n. 298.

Gaetano Gorlero, causidico, *presents a petition whereby the Jewish community requests a Protector, as per the Charter. There has been no Protector since Giovanni Francesco Brignole's death. The* Collegi *appoint Ridolfo Maria Brignole and Agostino Lomellini Protectors of the Jewish community.*

1925

Genoa, 4 July 1765

Source: Archivio Storico del Comune di Genova, Padri del Comune, Contratti, filza 79.

Antonio Gazo, following Carlo Grillo Cattaneo's order and on his behalf, lets to Aron Wolf, from Brandeburg, a shop in the Banchi area for one year, at 25 pounds per annum. Carlo Grillo Cattaneo is in charge of the Padri del Comune'*s estates. Aron is not allowed to sublet the building without specific authorisation by the* Padre Del Commune. *Should the contract is extended, Aaron will pay half of the rent in advance every 6 months.*

1926

Genoa, 19 July 1765

Source: A.S.G., Notaio Francesco S. Pallani, filza 4.

The notary certifies Giovanni Battista Sambuceti's protest with reference to the bill of exchange presented to Abram Barocci, who refused to pay. The letter was issued in Leghorn on 26 January 1765 by David Pegna and partners to Barocci, to pay Giuseppe Rinaldi 794.7.4 pounds.

1927

Genoa, 8 August–9 September 1765

Source: A.S.G., Archvio Segreto, n. 1391.

Flowing the Protectors' order, the Massari *present their head with a sealed letter, which was given to Moise Jacob Foa's family by Isac Formiggini. The letter refers to the settlement of a credit he had with Giuseppe Ovazza in 1763.*

1928

Genoa, 14 November 1765

Source: A.S.G., Notaio Francesco S. Pallani, filza 4.

Upon the Uditori della Rota Civile*'s request, Joseph Ovazza must pay Bartolomeo Piccardo 1,325.9.3 pounds within 24 hours, as per the bill of exchange issued in Leghorn on 2 October 1765. The bill, to the order of Piccardo, was sent by Salomone Budarban to Ovazza and accepted by him on 14 October. Piccardo protests the bill both with respect to those who issued the bill and those who have to pay.*

1929

Genoa, 13 December 1765

Source: A.S.G., Notaio Giuseppe Morchio, filza 41.

Abraham Barocci, son of the late David, appoints causidico *Seatino from Turin his attorney, to collect from his debtors, and from Moise Isac Treves in particular, whatever he is entitled to as per notary deeds, wills, bills of exchange, contracts under seal and simple contracts. The attorney is allowed to settle with Moise on a lower sum as well and, if required, appear before a court or a judge. He is further authorised to act in cases which would require a special power of attorney.*

1930

Pisa, 28 March-Leghorn 16 April 1766

Source: A.S.G., Archivio Segreto, n. 1391.

Document relating to a notary deed kept at the Secretary's Office of the Governor of Leghorn, in regard to the forced baptism of a girl, Rachele Sonnino, by her neighbour in Pisa. The Court decides that the girl be returned to her parents and stay with them until she is 13 years old. Then she will decide on her religion herself.

Note: See below, Doc. 1931.

1931

Pisa, 28 March 1766

Source: A.S.G., Arti, ms. n. 184.

Statement given by the Commissioner of Pisa with reference to a woman from Pisa who surreptitiously baptised a small Jewish girl she had been asked to breast-feed in December 1764. The girl is Rachele, daughter of Isac and Allegra Sonnino. The Jewish community of Leghorn asks Pietro Leopoldo I to do justice. According to the Charter, the Prince orders Rachele to stay with her father until she is 13 years of age. The father must report to the Court on his daughter every 3 months. When Rachele is 13, knowing she was baptised, she will choose her religion.

Note: See above, Doc. 1930.

1932

Leghorn, 16 April 1766

Source: A.S.G., Arti, ms. 184.

Manuel Nunes, Secretary of the Jewish community of Leghorn, states that a copy was made of the original deed signed by Secretary Jacopo Rendelli, kept by Lazzaro Vita Recanati. The document refers to a provision of 6 September 1754 whereby the Emperor ensured to foreign merchants of any religion living in Leghorn that, should their children younger than 13 take refuge in Christian houses to convert to a religion different from theirs by birth, they would be returned to their homes without questioning their parents.

1933

Genoa, 17 September 1766–7 April 1769

Source: A.S.G., Archivio Segreto, n. 1390a.

Vast documentation on the legal proceedings between Simone Rabeno, a Jew from Reggio, and Gio. Antonio Semino for the replacement of some merchandise. Semino sold two bales of silk, which belonged to Rabeno, without his authorisation and replaced them with another two, of poorer quality. The Senate defers the matter to the Protectors of the Jewish community. The parties produce documentation and Semino contests the legitimacy and the form of the proceedings. In 1767 the Protectors sentence Semino to pay 300 pounds, corresponding to the price of the silk. Rabeno does not accept the verdict; he wants two bales of quality silk and reimbursement of expenses. The verdict, however, is confirmed by the Protectors in 1769.

1934

Genoa, 13–22 January 1767

Source: A.S.G., Archivio Segreto, n. 1391.

With the approval of the Secretary of the Jewish community, Salomone Malvano, Massaro pro tempore, *informs the Protectors that the* Congrega *can be called upon the* Massari's *request only. When it comes to a vote, some members of the* Congrega *do not accept the proposal.*

1935

Genoa, 4–10 February 1767

Source: A.S.G., Notaio Francesco S. Pallani, filza 7.

The notary draws up two deeds relating to protested bills of exchange in which the names of Elia Foa and Emanuele Sacerdote from Modena appear.

1936

Genoa, 10 April 1767

Source: A.S.G., Archivio Segreto, n. 1391.

The Secretary of the Senate certifies that Salomon Malvano and Felice Vida, Massari *of the Jewish community, came to his office to complain that young Abram Foa was entrusted the task of reader, preacher, school teacher and butcher, instead of Dina. The* Massari *maintain that the election of the delegates in charge of selecting the new reader must be considered as null, and furthermore point out that the selected youth is not up to the task because of his lack of respect for the Jewish law and personal incapacity. The* Massari *regret that the youth's father was elected Secretary of the Jewish community, in view of blatant incapacity, since he can barely sign his name. The latter appointment is furthermore incompatible with the son's position. The* Massari *'s report also states that the boy should spend some time in Leghorn. The* Massari *submit to the Secretary of the Senate a number of papers supporting their argument, to be transmitted to the Protectors of the Jewish community.*

Li Massari della Nazione Ebrea Salomon Malvano e Felice Vida, al nome della lor università che rappresentano, per ubidire alli venerati comandamenti degli Illustrissimi e Eccellentissimi Protetori della nazione istessa col più profondo osequio et umiliazione etcetera constituiti etcetera.
Ad'oggetto di far constar non solo la nullità della contraria elezione delli due Deputati ad'elegere il loro nuovo oratore in vece del Dina, ma egualmente dell'incapacità del ragazzo Foa da essi eletto, tanto per difetto delle leggi ebraiche che lo proibiscono, quanto per le eccezioni personali che patisce, unito altresi all'incapacità della carica stata conferita di Secretario, ossia Cancegliere della stessa nazione, stata data da cetti deputati al Foa, padre del ragazzo prescelto in novo oratore colle possibili giustificazioni e in ogni miglior modo, etcetera. Dicono ed espongono qualmente detto Dina, attuale loro oratore, fu accordato l'anno 1763 li 10 luglio per un biennio terminato li 10 luglio 1765, ove senza riclamo alcuno ha' continuato a servire la nazione a tutto genaro prossimo passato. E cosi per mesi diecidotto compiti al quale Dina e stato altresì anticipato il trimestre a tenore della polizza di sua ellezione per tutto il di 22 aprile corrente per la loro tangente anccora (sic) da Signori Samuel Rosa e Biniamin Foa, due della contraria fazione, e come da contrato autentico che si presenta, donde per giustizia delle dette Leggi Ebraiche e Costumi della nazione s'intende ricondotto per un altro biennio, cominciato li 22 luglio 1765 e da terminare li 22 del prossimo venturo luglio, dopo diecidotto mesi che nel nuovo serviggio non ha' avuto contradizione alcuna, come insegna nel libro Beer Etev al capitolo 53, articolo 23, il Dogmatico Rabino Joseph Caro come siegue: 'Tizio accordato per un anno al servizio del publico per celebrare le orazioni, e spirato il detto anno, continua senza ostacolo e contrarietà per qualche giorno la celebrazione, e quindi si volesse da qualcheduni del publico dimeterlo dal carico e ricusarli lo stipendio accordato, è in dirito l'oratore di pretendere la continuazione del suo ufficio e stipendio sino al terminare del gia entrato anno, e obligato il publico a tenersi, mentre non ne fece opposizione all'entrar dell'nuovo anno'. Raporto all'incapacità di oratore di detto Foa ragazzo nuovamente eletto in oratore, predicatore, macellatore e maestro di scuola, per essere tale dovrebbe almeno avere la barba compita e l'età di anni venti, come dichiara il detto Rabino Giuseppe Caro, autore sul quale si regola tutto l'Ebraismo, nel suo tratato Orationem, capitolo 53, articolo sei, ove dice: 'Non può essere eletto per publico fisso oratore chi non abbi compita la barba per decoro del publico, ma accidentalmente giunto all'età nubile di anni 13, può celebrare pur che

non sia ordinato dal publico o che se ne servi il fisso publico oratore per sollevarsi'. Ove soggionge il comentatore denominato lezione chiarita come in appresso ivi: 'Non può il publico stesso derogare su questa clausula, mentre in questo caso il rispeto divino e appeso al publico decoro, onde in tutti que' casi ne' quali nostri dotori hanno detto non si può fare la tal cosa per onore del publico, non è lecito al publico di rinonziarvi, etcetera'. E di conformità concordemente hanno deciso altri pratici comentatori nominati Corona de' Vechi, Riparo di David, Riparo d'Abram, approvati universalmente dalli casisti ebrei e dal Bed' Joseph nel suo tratato Benedictionem Matutine, articolo 53, e Aros ne' suoi quesiti, ed il rispetato Maimonide tratato Orationem, capitolo 8, articolo 11, insegna e diffinisce ne' termini seguenti: "Non può ellegersi un publico celebrator d'orazioni, quando anche fosse persona eruditissima e sapientissima, se non è in età di aver la barba compita, qual età è comunemente fissata in detti anni venti". Ed è la ragione di tutti li sudetti ed altri ebraici dottori e scrittori per il rispetto che si deve e venerazione a quella Divinità a' cui le preghiere sono adrizzate e che l'oratore ne fa le veci del publico. Ciò che non può esercitare detto Foa per essere ragazzo di anni 16 solamente, se pure li ha' compiti. Ne tampoco poteva essere eletto detto ragazzo Foa alla carica di maestro di scuola, per che la stessa carica non può esercitarsi da chi non è ammogliato, come insegna il piu volte citato Rabino Caro nel Tratato di Maestri di Scuola, capitolo 245, articolo 15 e 20. Al che si accordano tutti gl'altri senza contradizione veruna. Vi aggiongono che detto Foa egli è poco capacce a scannare gl'animali e dividere le carni macellate all'uso degl'Ebrei per che nelli rispetivi macelli ne' quali da qualche tempo si è cimentato a macellare, tanto per diffetto di pratica che di forza, ha mandato a male quasi tutte le carni, senza potersene servire essi Ebrei, come dal publico atestato de rispettivi macellari che si presenta da callendarsi e registrarsi, oltre che anche per questo ufficio ne viene da nostri autori fissata l'età d' anni 18, come dal detto Rabino Caro, Tratato d'Imolazione, capitolo primo, articolo 5.

Raporto alla persona del padre di detto ragazzo Foa, dato per coadiutore al figlio et elletto Secretario, ossia Cancegliere, questo appena sa firmare il suo nome, e possono li prefati Illustrissimi et Eccellentissimi Protettori con far venire al loro venerando cospetto detti padre e figlio Foa riconoscere le qualità e capacità oltre i diffetti legali de medesimi, dovendo in ogni tempo essere obrobrio e disdoro di detta nazione ebrea vedersi per predicatore, oratore e maestro di scolla un ragazzo imberbe in ettà di anni 16 circa, contro i riti non sollo degli Ebrei, ma di tutte le genti che solo danno la carica di predicatore alli piu assennati di ettà e di sapere, come ben

sanno li Prefati Illustrissimi e Eccellentissimi Protettori. Agionto che nell'elezione di detto padre e figlio vi sono concorsi Biniamin Foa, zio, e Moise Jacob Foa, cugino de medesimi, che secondo tutte le leggi delli Ebrei e del gius comune come parenti in primo e secondo grado sono proibiti di votare a favore de' loro congionti, cio che rende oltre la nullità delle leggi viepiu invalido sudette nulle elezioni per questo capo insanabile ancora. In queste strettezze non avendo detti Massari della nazione et altri della medesima alcun odio, ne aversione a sudetti padre e figlio Foa, hanno motivato per onore della nazione di mantenere a comuni spese per trè ho quatro anni in Livorno detto ragazzo, con farvi scritura di assumerlo doppo detto tempo in dette cariche per un mezzo termine di condiscendenza e per onore come sopra della detta nazione e conservazione delle loro leggi e riti ebraici, e in tanto assumerne altro capace come sopra. Che però a termini di giustizia sperando che loro Eccellenze debbano avere per nulla sudetta ellezione e che aplaudiranno il mezzo termine di cui sopra, e sperano altresi che ordineranno una legitima ellezione di soggetto capace........
Detti Massari Malvano e Vida esponenti

1937

Genoa, 4 May 1767

Source: A.S.G., Notaio Giuseppe Morchio, filza 44.

Joseph, son of the late Salomon Nataff, appoints Abram Barocci, son of the late David, his attorney and reserves the right to revoke the mandate. On 5 May it is terminated.

1938

Genoa, 29 May 1767

Source: A.S.G., Archivio Segreto, n. 1391.

According to a provision by the Protectors of the Jewish community requested by the Massari, *all Jewish debtors of the last 3 years must pay their due to the Treasurer of the Community within 15 days.*

1939

Genoa, 1 September 1767–22 April 1769

Source: A.S.G., Archivio Segreto, n. 1390a.

Documentation relating to the proceedings between Giuseppe Nataff, son of the late Samuel, and Giuseppe Nataff, son of the late Salomon, cousins. Following a non-payment, the former asks the Collegi *to take suitable action against his cousin, who has been threatening him thanks to the safe-conduct he obtained through the free port privilege. The French Envoy, prompted by the Bey of Tunis, asks the Senate to help Giuseppe Nataff, son of the late Salomon.*

Note: Further information can be found in *Miscellanea* A. 5. 60 (43), Biblioteca della Società Ligure di Storia Patria, and in the *Allegazioni*, n. 25 (12), Biblioteca degli Istituti Giuridici.

1940

Genoa, 7 September 1767

Source: A.S.G., Archivio Segreto, n. 1391.

Raffaele Salomon Dina, Secretary of the Jewish community, informs the Magistrato della Consegna *that the* Massari *registered Gabriele Guastalla from Turin in the community* rollo.

1941

Genoa, 5 October 1767

Source: A.S.G., Archivio Segreto, n. 1391.

The Senate rejects per binas vices nil actum *a proposal by the Protectors of the Jewish community. They suggested that Felice Della Vida be jailed because he lacked respect and refused to appear before them with the excuse that he was supposed to go to the French Envoy.*

1942

Genoa, 2–9 December 1767

Source: A.S.G., Archivio Segreto, n. 1391.

The Collegi *approve a set of rules for the Jewish community issued by the Protectors in order to solve internal troubles. A suitable penalty is specified for each breach of the peace. The rules refer to behaviour at the synagogue, at the* Congreghe *and with the* Massari; *the return to the* Massari *of papers and books belonging to the* Congrega, *but kept privately; the order for Salomone Dina, Felice Vita and Ottavio Rabeni to behave correctly. In particular, Dina must refrain from slaughtering, which is detrimental to the tax to be paid to the* Congrega. *Finally, the Protectors decide that a new tax be introduced in order to contribute to the payment of the community expenses and to help the poor.*

1. Report of the Protectors to the Collegi.

Serenissimi Signori.
Per quanto alla forma de Capitoli approvati da Vostre Signorie Serenissime e dati alle stampe per la Nazione ebrea possano gli Eccellentissimi Ridolfo Maria Brignole ed Agostino Lomellino quondam Bartholomei, Protettori deputati, credersi autorizati a dare qualunque provedimento in riparo de contingibili disordini e scandali ad essa nazione relativi, pure hanno creduto opportuno di rappresentare a Vostre Signorie Serenissime la necessità di deliberare che da qualonque ebreo debba starsi col dovuto rispetto in Sinagoga e nelle Congreghe. Quale rispetto debba pure aversi verso de Massari della loro Nazione, particolarmente in detta loro Sinagoga e Congreghe, alla pena ben vista a presenti Eccellentissimi Protettori, purche non ecceda quella di lire duecento fuori banco, oppure altra di carcere fino a mesi tre, e ciò quando non segua qualche fatto o delitto grave, mentre in questo caso dovrà procedersi dalla magnifica Rota Criminale, o da chi spetterà alla forma delle leggi e statuti della Repubblica Serenissima, salvo ancora restando quanto viene prescritto nel capitolo XXV* dei sudetti.
Credono pure necessario i prefati Eccellentissimi Protettori d'ingiongere, per mezzo di proclama da publicarsi in detta Sinagoga in tempo di Congrega, a chionque di detta Nazione ebrea avesse presso di se scritture o libri appartenenti alla Congrega medesima, debba fra il termine di giorni quattro dalla publicazione suddetta presentarli e depositarli alli Massari di

essa Nazione, o sia al Massaro precedente sotto la pena pecuniaria ben vista a prefati Eccellentissimi Protettori, e ne modi e forme che loro Eccellenze stimeranno.
E poiche vi sono alcuni degli Ebrei sudetti, cioè Salamone Dina, Felice Vita, Ottavio Rabenne, d'umor torbido e tumultuante, apprenderebbero loro Eccellenze doversi ingiongere a medesimi di contenersi ne termini del proprio dovere, e particolarmente al sudetto Dina di doversi anco astenere omninamente di portarsi a macellare ad alcun macello o' in casa di qualche particolare di detta nazione, in pregiudicio della gabella destinata a beneficio di detta Congrega, alla pena dello sfratto da questo Serenissimo Dominio, sotto i modi e forme e con quella cominazione anco di carcere che stimeranno i prefati Eccellentissimi Protettori.
E finalmente, se così Vostre Signorie Serenissime apprenderanno, potrebbe ordinarsi che si facesse dalla detta Congrega della Nazione ebrea una nuova tassa, da approvarsi da prefati Eccellentissimi Protettori, per concorrere in tutte le spese che converranno farsi dalla detta Nazione e per sussidio de ministri e serventi, mantenimento de poveri abitanti e passeggeri che potessero in ogni ora e tempo capitare e vivere sotto le constituzioni e regole di detta Nazione, a concorrere in ogn'altra spesa, e stare sopra di ciò a quei riporti che venissero fatti dai Massari di detta loro Nazione, con l'approvazione però et a giudicio de prefati Illustrissimi Protettori.....

2. *On 2 December, the* Collegi, *following the Protectors' report, decree the following*:

....

Si delibera che da qualonque ebreo debba starsi col dovuto rispetto in Sinagoga e nelle Congreghe. Quale rispetto debba pure aversi verso de Massari della loro nazione, particolarmente in detta loro Sinagoga e Congreghe, alla pena ben vista a prefati Eccellentissimi Protettori, purche non ecceda quella di lire duecento fuori banco, oppure quella di carcere fino a mesi tre.... Si delibera altresì d'ingiongere, per mezzo di proclama da pubblicarsi in detta Sinagoga in tempo di Congrega, a chionque di detta nazione ebrea avesse presso di se libri o scritture appartenenti alla Congrega medesima debba fra' il termine di giorni quattro presentarli e depositarli alli Massari della Nazione o sia al Massaro precedente, alla pena ben vista a prefati Eccellentissimi Protettori e ne modi e forme che loro Eccellenze stimeranno.
S'incaricano altresi i prefati Eccellentissimi Protettori di far chiamare gli

ebrei Salomone Dina, Felice Vita ed Ottavio Rabenne, ed a medesimi ingiongere o far ingiongere di contenersi per l'avvenire ne termini del proprio dovere. E particolarmente al sudetto Dina il doversi altresì astenere omninamente di portarsi a macellare ad alcun macello, o in casa di qualche particolare di detta Nazione, in pregiudicio della gabella destinata a beneficio di detta Congrega, e ciò alla pena dello sfratto da questo Serenissimo Dominio, sotto i modi e forme e con quella cominazione anco di carcere che stimeranno i prefati Eccellentissimi Protettori. E finalmente si delibera che dalla detta Congrega della Nazione Ebrea si faccia una nuova tassa, da approvarsi da prefati Eccellentissimi Protettori, per concorrere in tutte le spese che converranno farsi dalla detta Nazione e per sussidio de ministri e serventi, mantenimento de poveri abitanti e passaggieri che potessero in ogn'ora e tempo capitare e vivere sotto le constituzioni e regole di detta Nazione, e concorrere in ogni altra spesa, e stare sopra di ciò a quei riporti che venissero fatti dai Massari di detta loro Nazione, con l'approvazione però et a giudicio de prefati Eccellentissimi Protettori.......

3. *On 5 December the rules are made public at the synagogue.*

4. *On 7 December Salomone Dina, Ottavio Rabeni and Felice Vita appear before the Protectors to be informed of the provisions regarding them.*

5. *On 8 December the former* Massaro *is notified about Dina's order not to slaughter.*

6. *On 9 December the phrase* di carcere sino a tre mesi *is erased from the penalty suggested for lack of respect* .

* Doc. 1878.

Note: The same document is recorded in *Archivio Segreto*, 1390a, but the text is incomplete.

1943

Genoa, 8 January 1768

Source: A.S.G., Notaio Francesco S. Pallani, filza 9.

The notary draws up Bensi's protest. By order of the Uditori della Rota Civile, *Bensi, together with Connio, is to receive from Abram Barocci 40*

8-real pieces as per the bill of exchange issued in Leghorn on 2 December by Isac Angelo Gallico to Connio and Bensi.

1944

Genoa, 4 March 1768

Source: A.S.G., Notaio Giuseppe Morchio, filza 46.

Zeffora, daughter of the late Moisè David Tedeschi, wife of Salomon Malvano, approves all the actions taken in Turin by her son Elia against Donato Nizza following the failed payment of rent for a pew in the community's Italian synagogue of Turin. Furthermore, Zeffora appoints Elia her attorney in Turin, to collect and demand the rent from Nizza and oblige him to pay, to give him a receipt, and even to send him away should he still fail to pay. The deed is drawn up at the Malvano's house. Abram Foa, son of Elia, is one of the witnesses.

1945

Genoa, 14 March 1768

Source: A.S.G., Archivio Segreto, n. 1391.

Samuel Rosa and Giuseppe Ovazza, Massari, *petition the Protectors of the Jewish community. They want the former* Massari *to hand over their books and papers, as well as the keys for the cupboards in the* Congrega. *Their request is granted.*

1946

Genoa, 20 March 1768

Source: A.S.G., Archivio Segreto, n. 1391.

The Congrega *meets to elect a new secretary of the Jewish community. Elia Foa is proposed and elected, despite Felice Della Vida's opposition. Later Mosè Jacob Foa and Giuseppe Rosa are elected* Massari.

1947

Genoa, 29 March 1768

Source: A.S.G., Notaio Giuseppe Morchio, filza 46.

Bernardo Borsese, on behalf of Giacomo Di Negro, acknowledges that he received from Jacob Moise Foa 300 pounds, on account of the 590.10 pounds which Foa owes Di Negro. Di Negro gives Foa a receipt for the 300 pounds, and Luigi Battista Figari guarantees the remaining 290.10. Upon receiving the money, Borsese returns to Foa a bill of exchange for 156.16 ducats. On 30 June Di Negro gives Figari a receipt for the remaining 290.10 pounds.

1948

Genoa, 10 September 1768

Source: A.S.G., Archivio Segreto, n. 1391.

The Protectors of the Jewish community order the Congrega *to meet and elect the new* Massari. *The meeting must be dignified and solemn. The accounts of the previous year should be left until the following session. Other accounting provisions are specified.*

1949

Genoa, 12 May 1769

Source: A.S.G., Notaio Francesco S. Pallani, filza 11.

Salomon Israel and Beniamino Sansone Vitale, sons of the late Abram, on behalf of their company already operating in Alessandria and their own behalf, appoint Anselmo Graziadio Vitale, who lives in Alessandria, their attorney. He is to demand, collect and give receipts for anything due to them or the company as per the account books, settle for lower sums, collect merchandise for the company or for them, and represent them in any legal proceedings.

1950

Genoa, 19 May 1769

Source: A.S.G., Notaio Francesco S. Pallani, filza 11.

Dolce Bonina, daughter of the late Emanuele Foa, wife of Beniamino Sansone Vitale, son of the late Abramo, appoints Anselmo Graziadio Vitale from Alessandria her attorney to demand and collect whatever she is entitled to in view of her dowry or otherwise, according to simple contracts and contracts under seal. The power of attorney includes authorisation to represent her in any legal proceedings, to appear in court and to appoint substitute attorneys. Dolce Bonina swears "touching the pen," with the approval and in the presence of Beniamino Sansone Vitale, her husband, with the approval of Abramo Salomone Pincherli, son of the late Isac, her cousin, and of Todros Bachi, son of the late Salvatore, her neighbour. The deed is drawn up at Dolce's house, near the Piazza delle Vele.

1951

Genoa, 10 June, 6 July 1769

Source: A.S.G., Notaio Giusepe Morchio, filza 47.

The notary draws up two powers of attorney. Moise Jacob Foa, son of the late Emanuele, appoints Samuel Sema, son of the late Abram from Verona his attorney to give a receipt to Israel Navarra, son of the late Isac, living in Verona, for the amounts of 5 bills of exchange piccole, *upon payment of the same.*

1952

Genoa, 14 July 1769

Source: A.S.G., Notaio Giuseppe Morchio, filza 47.

Abram Filippi, son of Filippo, a Jew, states he owes Abram Salomon Pincherli, son of the late Isac, 180 pounds for some merchandise. He promises to pay in 25 quarterly instalments and mortgages his present and future property. On 3 November, with the approval of the Uditori della Rota Civile, *Abram Salomon Pincherli has Filippi distrained for 180 pounds plus 16* soldi *for expenses, including stamped paper.*

1953

Genoa, 11–14 December 1769

Source: A.S.G., Militarium, filza, n. 1242.

Report by Michele Codeviola, maggiore ingegnere, al Magistrato delle fortificazioni, *regarding the collection of the rent for some ditches along the walls. This was paid to the* Magistrato dei Padri del Comune, *but actually belonged to the Republic. The report states that an area in the vicinity of San Gerolamo di Montalto, where the cemetery of the Jewish community is located by Government concession, was let to Antonio Gazzo by the* Magistrato dei Padri del Comune *for playing football. The condition is* di non dispiacere alla nazione ebrea, *otherwise the contract is terminated. The report also states that*, interpellato Mosè Fort, Rabino di detta nazione, se doveva pagare al Magistrato Illustrisssimo de Padri del Comune qualche partita per la locazione del sudetto sito, ha risposto di no, e dice che l'haver terreno, o sia luogo per sepelire i defonti ebrei, era una condizione fra molte altre, statele concesse allorche hebbero il permesso dal Governo Serenissimo per potter stare in questa città.

Note: A previous report dated 8 December 1766 to the *Magistrato delle Fortificazioni* records that Antonio Gazzo was granted an area for playing football, provided he would return it *ad ogni minima lamenta che le facessero li ebrei per essere quel posto destinato ed appigionato dal prefato Magistrato de Padri del Comune per dar sepoltura alli defonti ebrei.*

Bibliography: On the Jewish cemetery, see Pacifici, *Vita e ordinamento interno*, pp. 35–38.

1954

Genoa, 11 December 1769

Source: Archivio della Comunità Ebraica (hereinafter called A.C.E.), Libro delle deliberazioni*, pp. 1–6.

Beniamino Foa, Massaro presidente, *tables for discussion a few problems at the meeting of the Jewish community. In addition to Foa, Joseph Montefiore,*

Massaro; *Elia Foa, Secretary; Giuseppe Roza, Salomon Malvano, and Moise Jacob Foa are present. Ottavio Rabenu, Giuseppe Nataf, and Samuel Roza are absent. The chairman says that there are three main reasons behind the continuous defections among members of the community.*

The first, and most important, is the lack of a fund to cover maintenance expenses for the synagogue and the cemetery, the rent, annual oil and wax consumption, and the beadle's salary. In order to solve the problem a capital of 3,000 pounds is needed. As suggested by Foa, the capital reserve is obtained partly through a diamond ring donated by Coen in Mantua, worth 1,100 pounds, and partly through 200 pounds contributions. The resulting sum should be invested in two or three businesses among the most solid in the Jewish community of Turin, in order for them to combine this capital with theirs and ensure a 12% annual revenue or whatever can be obtained.

The second reason behind the defections is the fact that there is no Rabbi. A Rabbi would take care of the necessary things and teach the children. As there is no money to pay a Rabbi, Biniamino Foa is entrusted with the task. The current sciatino, *Elia Foa, is confirmed for a further 6 months. In the meantime a more suitable person will be sought.*

The third reason is the members who are in arrears. This is due to the shortcomings in the bookkeeping by the former Massari *and treasurers. In order to solve this problem, two outsiders are entrusted to examine assets and liabilities so that, having audited all the account books, all debts may be settled and hopefully some donations obtained. The appointed persons will have* piena ed ampla facoltà di dover dare alle fiamme tutti i libri, fogli che a loro paresse che mai potesse insorgere dispute nell'università, di forma tale che fatto che sarà detto saldamento e donamento di conti, qualunque foglio ho libro che si trovasse per il tutto e a tutto corrente giorno s'intenda, e si deva attendere, come se fosse un foglio bianco ed inconcludente e di niun valore senza che possa valersi in qualunque tribunale. *David Vitta Franco and Abram Rodrigues Miranda,* persone non corutibile, disapassionati, esteri e religiosi, *are finally selected.*

The meeting approves the proposals and the two persons entrusted with the audit accept their mandate.

Note: See below, Docs. 1955, 1957, 1958.

* The books is referred to as *Libro delle deliberazioni* on page 119.

1955

Genoa, 24 December 1769

Source: A.C.E., Libro delle deliberazioni, pp. 6–8.

David Haim Franco and Abram Rodrigues Miranda report to the Massari e alla Congrega *on their work. As they have settled all accounts, no more disputes must occur until the date of their mandate. The income was 270.14.4 pounds, in addition to other sums. Accounts were settled with Moise Jacob Foa from 1742 to 1760, and with the school landlady, who was owed 3 and a half years' rent. Some debtors were evasive. In order to avoid further disputes, they deem it suitable to burn all the books and papers Elia Foa gave them.*

Note: See Docs. 1954, 1956, 1958.

1956

Genoa, 24 December 1769

Source: A.C.E., Libro delle deliberazioni, p. 9.

Joseph Montefiore, Manuel Namias Torres and Elia Foa state that all the books and papers were burnt in their presence in the fireplaces of Franco and Rodrigues's houses, in the inn Posta dei Cavalli in Piazza dell'Annunziata.

In Genova la sera del dì 24 deccembre 1769.
Alla nostra presenza i Signori David Vitta del Signor Raphael Franco et il Signore Abram di David Vitta Rodrigues Miranda volendo esseguire la loro incombenza a forma del decreto del di undisci del corrente mese, ove li vien dato faccoltà di poter dar alle fiamme tutti i libri e fogli consegnatoli dal Signor Elia Foà, canceliere di questa nazzione ebrea, in nostra presenza e nella propria casa d'abitazzione del detto Signor Franco e Rodrigues Miranda, posta nel centro della locanda della Posta dei Cavalli di questa città, posta nella Piazza dell'Annunziata. Alla nostra presenza ed in confugo sono stati posti tutti i libri e fogli sudetti nel caminetto di fuoco di legna che ardea nella quale si viddero da noi sottoscritti ardere ed incenerire et in fede, etcetera.

Note: See above, Docs. 1954, 1955.

1957

Genoa, 25 December 1769

Source: A.C.E., Libro delle deliberazioni, pp. 9–13.

Meeting of the Congrega *to discuss a number of items of the* Kehillah *on good behaviour. The proposal for the capital to be invested in Turin and its annual revenue used to pay for the school rent, lamps*, Shammash, Shoet, Bodeq *and* Melamed *is approved. The offering for the poor is agreed and a 200-pound deposit for each Jew who wants to move to Genoa established, subject to the Senate's approval. Each Saturday the* Mitzvot di Kadis, aprir le porte, portare il Sefer, sfasciare, alzare, hes haim, aftorot, fatte, *as well as the* mizvot dei mohadim *shall be sold, and those relevant to the Yom Kippur evening are established.*
The procedures for the treasurer are agreed upon and it is decided that mandates for foreigners be printed to check payments, as well as receipts for the zedakah. *The use of the 270.14.4 pounds collected by Franco and Rodrigues is also explained.*
The position of gabai della zedakahà *for the year in question is agreed. The position being vacant, an election takes place. Salomone Malvano is appointed. The times set for* Thefillàh *recitation every day and on Saturdays, for* mihnà e arbit *and synagogue opening are indicated.*
It is further established that the Leghorn rules be followed and that the beadle must open the synagogue at the set time and must be provided with a set of keys.

Note: See above, Doc. 1954.

1958

Leghorn, 7 March 1770

Source: A.C.E., Libro delle deliberazioni, pp. 14–15.

Copy of a letter sent from Leghorn by Abram Rodrigues Miranda to the Massari *and the members of the* Kehillah *of Genoa. Miranda encloses a copy of the note to be sent to the communities in London and in Amsterdam hoping for support, in order to form a capital fund in accord with the decisions of the meeting on 11 December. He further informs that Coen from*

Mantua has allowed them to use his ring. He cannot forward the book of the Thefillot *as he is still waiting for the new corrected edition by* Hazzan *Mendes from Holland.*

Note: See above, Doc. 1954.

1959

Genoa, 19 March 1770

Source: A.C.E., Libro delle deliberazioni, pp. 16–18.

The Congrega *meets to solve some problems. Giuseppe Rosa is entrusted with the negotiations with the landlady over the lease for the synagogue. The* Massari *find the account books relating to Salomon Malvano's term in good order. Moise Jacob Foa states he is available to copy into the book what he has provisionally noted on a piece of paper for the* Gemilud Hassadim.
There follow other reports on accounting and Aron Volf (Wolf)'s petition to be registered in the Jewish community.
The following are present: Biniamin Foa and Joseph Montefiori, Massari, *Moise Jacob Foa, Giuseppe Rosa, and Salomon Malvano. Ottavio Rabeni is absent.*

1960

Genoa, 25 March 1770

Source: A.C.E., Libro delle deliberazioni, pp. 18–19.

Meeting of the Congrega. *A debt is discussed and later paid by Moise Jacob Foa and the sale of* tutti li casetti e lochi di scuola *(drawers and pews) is proposed.*

1961

Genoa, 26 March 1770

Source: A.S.G., Notaio Francesco S. Pallani, filza 13.

A power of attorney in Spanish, whereby Isac Cansino entrusts Filippo Genobes with the negotiations with Moise and Abraham Israel, who are merchants in Gibraltar.

1962

Genoa, 1 April 1770

Source: A.C.E., Libro delle deliberazioni, pp. 19–21.

The Congrega *approves the taxes to be paid by Leone Levi and Aron Wolf, whereas those by the Sacerdote brothers are not approved. The purchase of the* lochi di scuola *and the* casetti *is also approved. They must be paid by the month of* Nisan, *otherwise they will be auctioned off again. Salomon Malvano will be treasurer. Rules for the use of the* lochi *and for the* gabbai *are then established.*

1963

Genoa, 13 April 1770

Source: A.S.G., Notaio Francesco S. Pallani, filza 13.

Raffaele Sanguineti protests a bill of exchange for 2,000 pounds, issued in Modena. Moise Jona Levi should have paid within 24 hours, but nobody turned up.

1964

Genoa, 1, 6, 27, May 1770

Source: A.C.E., Libro delle deliberazioni, pp. 21–22.

Provisions by the Congrega *relevant to 4* Rimonim *and to the extension of payment requested by Moise Jacob Foa for his* luogo.

1965

Genoa, 17 May 1770

Source: A.S.G., Notaio Francesco S. Pallani, filza 13.

Giuseppe Rosa, son of the late Abram, gives Maria Maddalena Castellino, Agostino Maggiolo's widow, heir and attorney, what she is owed due to unpaid rent. The flat in question, located near the Jewish synagogue, belongs to her husband, who let it to Moise Jacob Foa, son of the late Emanuel, for 300 pounds per year. The debt also involved the synagogue premises, the yearly rent of which is 130 pounds. Maria Maddalena Maggiolo acknowledges receipt of 250 pounds from Rosa, in settlement and final payment of the rent unpaid by Foa and the Jewish community. Rosa, in charge of the payment of rent for the Jewish community, undertakes to pay Maria Maddalena Castellina Maggiola 300 pounds for the rent unpaid until 1769. One hundred will be paid before the end of the year 1770 and the remaining 200 over two years, in 100-pound instalments.

Note: See below, Docs. 1966, 1994.

1966

Genoa, 24, 29, June 1770

Source: A.C.E., Libro delle deliberazioni, pp. 23–36.

Provisions approved by the Congrega. *They refer to: the appointment of Moise Foa* oratore stabilito *and the discount granted to him on the sum he owes the* Congrega; *the order to Giuseppe, son of the late Samuele Nattaf, to pay 104 pounds, to be used for oil or other synagogue necessities (Nattaf will be exempted from further expenses and costs); the payment of synagogue rent to M. Maddalena Maggiola by Giuseppe Rosa, who is exempted from other payments. Elia Foa is requested to keep his position of Secretary, and his son Abramo Foa that of* Shoet *and of teacher of the children of the community. Elia Foa guarantees for his son, who is not yet of age, with all his property. The mandate will expire on 8 February 1775.*

Note: See Docs. 1965, 1994.

1967

Genoa, 26 June–15 July 1770

Source: A.S.G., Archivio Segreto, n. 1391.

The Chancellor of the Protectors of the Jewish community signs a permit for Emanuele Sema. He is allowed to have a Christian servant named Chiara Scionico. The parish priest of the church of San Giorgio is requested to check on her good behaviour.

1968

Genoa, 29 July 1770

Source: A.C.E., Libro delle deliberazioni, pp. 36–37.

The Congrega *approves the proposal of Giuseppe Montefiore,* Massaro, *who suggested that 30 pounds be demanded of Felice Vida to settle his debts. Montefiore also suggests provisions to be made concerning the meat.*

1969

Genoa, 16 September 1770

Source: A.C.E., Libro delle deliberazioni, pp. 37–40.

Biniamin Foa, Massaro, *calls a meeting of the* Congrega *to discuss provisions in regard to the election of the* Massari *and the treasurer, and the payment of synagogue rent. He announces some measures to be taken in case of lack of funds.*

1970

Genoa, 16 September 1770

Source: A.S.G., Archivio Segreto, n. 1391.

Elia Foa, Secretary of the Jewish community, approves the proposed donation of a lamp, on certain conditions. The lamp is offered by Abram Barocci and the Tedeschi brothers of Reggio.

Note: See below, Doc. 1971.

1971

Genoa, 16 September 1770

Source: A.C.E., Libro delle deliberazioni, pp. 40–41.

Giuseppe Nattaf, deputy Massaro, *complains about the lamp offered by Barocci and by the Tedeschi brothers. He points out that, should a heavier and bigger lamp be offered in the future, the other one would be replaced. Joseph, son of Samuel Nattaf, is against the approval.*

Note: See above, Doc. 1970.

1972

Genoa, 2–27 November 1770

Source: A.S.G., Archivio Segreto, n. 1390a.

Quarrel at the synagogue. Mosè Foa, who asked Giuseppe Nattaf to read the Bible and open the aron *although he had been excommunicated in Tunis, is insulted. Other Jews also insult and threaten. Foa appears before the Protectors, who order Malvano and Rabeni not to intervene in the synagogue and in the* Congrega. *They also forbid Barocci to enter the synagogue until further notice and Nattaf to enter the synagogue or the* Congrega. *The* Massari *must appoint other people to substitute for Malvano, Rabeni, Barocci and Nattaf in the* Congrega.

Note: See below, Doc. 1978. The order by the Protectors can also be found in A.C.E., *Libro delle deliberazioni*, pp. 41–42.

1973

Genoa, 2, 9 December 1770

Source: A.C.E., Libro delle deliberazioni, pp. 42–45.

The Congrega *appoints the deputy* Massari. *Moise Della Vida, son of the late Abram, takes Salomon Malvano's place and Moise Levi, son of the late Leon, takes Giuseppe Nattaf's place.*

1974

Genoa, 4 December 1770

Source: A.S.G., Notaio Francesco S. Pallani, filza 14.

Elia Foa, son of the late Isach, and Abram Foa, son of Elia, swear "touching the pen" and make a statement, as requested by Moise Raffaele and his brother Felice Lustro Della Vida, sons of the late Abram. In Genoa, on 6 November 1770, Benedetta Allegra, daughter of the late Moise Coen from

Mantua and wife of the late Abram Della Vida, mother of the two Della Vida brothers, died. The witnesses were present when she died. As requested by Moise Raffaele and Felice Lustro Della Vida, in a later deed, again dated 4 December 1770, Elia Foa and his son Abram state that on 12 November 1770 they witnessed the death of Abram Della Vida, son of the late Moise Vitta.

1975

Genoa, 7 December 1770

Source: A.S.G., Notaio Francesco S. Pallani, filza 14.

Moise Raffaele and Felice Lustro Della Vida, sons of the late Abram, appoint their brother, Jacob Vitta Della Vida, a merchant in Mantua, their attorney, to demand and collect money and property to which they are entitled in Ferrara and elsewhere, to issue receipts, sell, mortgage, alienate and appear in court. The power of attorney authorises him to have one or more substitutes in Ferrara and elsewhere. The deed is drawn up at Della Vida's house, near the Molo Vecchio.

Note: See below, Doc. 1976.

1976

Genoa, 23 January 1771

Source: A.S.G., Notaio Francesco S. Pallani, filza 15.

Moise Raffaele and Felice Lustro Della Vida appoint Giuseppe Rochi, living in Ferrara, their attorney. On behalf of the Della Vida brothers, jointly and severally, he is authorised to demand and collect from people, in Ferrara or elsewhere, money, items and merchandise they are entitled to according to books, to draw up simple contracts and contracts under seal, and accept on their behalf their father's inheritance with benefit of inventory.
In a later deed dated 13 May 1771, Moise Raffaele and Felice Lustro, in their capacity as attorneys for their brother Salomon Della Vida, appoint the other brother, Jacob Della Vida, who lives in Ferrara, their attorney, to collect

what they are owed from Alessandro Rossi, son of the late Moise. The power of attorney includes the authority to accept a lower sum.

Note: See above, Doc. 1975.

1977

Genoa, 17 February 1771

Source: A.S.G., Archivio Segreto, n. 1391.

The Congrega *presents a number of amendments to their internal regulations to the Protectors of the Jewish community.*

1978

Genoa, 4 March 1771

Source: A.S.G., Archivio Segreto, n. 1391.

Elia Foa, Secretary of the Jewish community, states that, with the Congrega's *approval, Giuseppe Nataff can continue going to the synagogue until the final reply arrives from Leghorn.*

Note: See above, Doc. 1972.

1979

Genca-Mantua, 8 June/31 August 1771

Source: A.S.G., Archivio Segreto, n. 1390a.

Exchange of letters between Giacomo Benintendi, a judge in Mantua, and the Protectors of the Jewish community in Genoa relating to the bankruptcy of Vita Basilea of Mantua. He left some silk with Brentano and Longhi, Genoese merchants, but the silk was not sold. The merchants are granted permission from Mantua to sell the silk to the best advantage of all the creditors, who are represented by Leon Raffael Padova. The merchandise is sold. Also Carlo Martinelli, a merchant from Mantua, demands what is owed to him.

1980

Genoa, 20, 22 July 1771

Source: A.S.G., Notaio Francesco S. Pallani, filza 16.

Matteo Conton, partner in the Nadal, Conton, Rodier company, petitions for Simone Foa to be released from the Malapaga jail. He had requested the licenza giurata a sospetto *against him because of the debts described in the licence. Simone Foa is released from jail on 22 July.*

Note: See below, Doc. 1981.

1981

Genoa, 30 July 1771

Source: A.S.G., Notaio Francesco S. Pallani, filza 16.

Simone Foa, son of the late Grassino, partner in the company Simone Foa and brothers, owes the Nadal, Conton and Rodier company, represented by Matteo Conton, 809.6 pounds, as agreed on 6 November 1764, and 365.3.6 pounds as per his note of 27 April 1764.
Simone Foa undertakes to pay his first debt in 56.6-pound six monthly instalments, starting with the July-December semester.

Note: See above, Doc. 1980.

1982

Genoa, 9 August 1771

Source: A.S.G., Notaio Francesco S. Pallani, filza 16.

Moise Raffaele and Felice Lustro Della Vida, on behalf of their brother Salomone and themselves, appoint their brother Jacob Della Vida, who lives in Ferrara, their attorney, to settle with the heirs of Ippolito Poletti from Ferrara any matters between the Della Vida brothers and Ippolito Poletti.

1983

Genoa, 27 August 1771

Source: A.S.G., Archivio Segreto, n. 1391.

Upon the Massari's *request, Felice Dellepiane states before notary Antonio M. Lagomarsino that David Cohen illegally slaughtered at his own house, instead of having it done by Abram Foa, the ritual butcher.*

1984

Genoa, 28 August 1771

Source: A.S.G., Archivio Segreto, n. 1391.

Ridolfo Maria Brignole and Agostino Lomellini, Protectors of the Jewish community, having consulted the Massari *and in the presence of Moise Foa, order that the debtors of the synagogue pay their debts to a treasurer to be elected within 8 days. They further order that the Jewish community meet and elect a new* Congrega. *The* Congrega *will then elect two* Massari. *The new rules approved for the benefit of the Jewish community must be reported to the Protectors. It is furthermore established that the Jewish butcher is not allowed to sell meat to the detriment of the synagogue.*

Note: See below, Doc. 1996.

1985

Genoa, 22 September 1771

Source: A.C.E., Libro delle deliberazioni, pp. 46–47.

The Congrega *elects the new members and the* Massari. *Moise Vida and Felice Vida are elected to the* Congrega, *followed by Moise Vida*, Massaro, *Beniamino Foa on the second vote, and Giuseppe Montefiore*, Massaro. *Felice Vida and Beniamin Foa are candidates for the position of* gabai di sedaca, *but are not elected. The position is entrusted to Elia Foa, provided he reports to the* Massari *on his work every month. A number of provisions are approved, including the offer for new* rimonim.

1986

Genoa, 29 December 1771

Source: A.S.G., Notaio Francesco S. Pallani, filza 16.

Simone Borra from Valenza Po and Abram De Angeli, a Jew from Casale, make a statement about their journey to Alessandria with Anselmo Graziadio Vitale, a suitcase full of money that Vitale lost and never found again, their arrest at Carrosio, at the request of David Vitale and Grassino Jacob Della Torre, and the circumstances in which Anselmo Vitale was forced to pay 5,534.15 Piedmont pounds under duress.

1987

Genoa, 10 February 1772

Source: A.S.G., Notaio Francesco S. Pallani, filza 17.

Salomon Vitale, son of the late Abram, from Alessandria, living in Genoa, agrees that his daughter Iusta Sipora should petition His Majesty the King of Sardinia to be allowed to transfer the mortgage on her dowry and ragioni dotali *to the patrimony of her husband Anselmo Graziadio Vitale from Alessandria in order for him to be able to pay his creditors. Salomon Vitale is notified by Raffaele Vitale, Anselmo Vitale's general attorney, that Anselmo has undertaken to pay his creditors 35% of their due, guaranteed by his brother Jacob Giuseppe Vitale and his mother Ricca Vitale. Iusta Sipora's petition is granted.*

1988

Genoa, 11, 30 April / 1, 4 May 1772

Source: A.S.G., Archivio Segreto, n. 1391.

In order to establish peace again in the Jewish community, Josui Margalit (or Josuah Margalitz), Rabbi of Nice (?), makes the Jews swear and promise to be faithful and follow his recommendations, and not to oppose the Congrega *which the Rabbi will form. On 24 March Salomon Vitale, Elia Malvano, Abram Foa, Elia Foa, Abram Salomon Pincherli, Joseph Montefiore, Ottavio Rabeni, Abram Barocci, Joseph, son of Samuel Nataff, Salomon Malvano, Moise Levi, Samuele Levi, Amadeo Samuel Pincherli, Beniamin Coen Vitali, Abram Rosa, David Buzi Acoen, Daniel Moreno, Abram Israel Sacerdote, Giuseppe Rosa, David Lion Lovositz, Anselmo Graziadio Sacerdote, Elia Dehaille, Aron Wolf, Abram D'Angeli, Giuseppe Vigevani, and Moise Moreno swear and promise.*
Moise Foa, Beniamino Foa, and Aaron Wolf decline. The Rabbi has a few suggestions on how to solve the problem. The Congrega *must be even in number, formed by eight members, namely Giuseppe Montefiore, Giuseppe Rosa, Abram Barocci, Salomon Coen, Giuseppe, son of the late Samuel Nataff, Felice Vida, Ottavio Rabeni and Salomon Malvano. The* Congrega *must obtain an amended and reprinted Charter, according to the changes designed and approved by the Secretary of the Jewish community, as* adatte alla quiete e senza inconvenienti.
Everybody must attend the synagogue and the Congrega; *members of the community are not allowed to receive* comminazioni, precetti, scomuniche o altre scritture procedenti da Paesi Esteri, e ciò per il rispetto ed ubbidienza che devono al Sovrano, nel cui Stato è loro permesso di abitare.
The Protectors order that the Rabbi's proposals be carried out and that the new rules be reported to the Government and posted in the synagogue as soon as possible. On 1 May the Congrega *meets to deliberate the new rules, which will be published on 4 May.*
The new deliberations include the following: Abram Barocci is appointed

Massaro, *Salomon Malvano, treasurer, Ottavio Rabeni,* cassiere dei Poveri di Gerusalemme; *Moise Foa's contract is extended provided that he no longer performs the role of reader; the 122-pound annual tax to be paid by Josef Rosa and the 104-pound tax to be paid by Josef, son of Samuel Nataf are confirmed. David Buzi Coen is appointed reader. Elia Foa is confirmed Secretary. There follow provisions in regard to the* rimonim, *to the synagogue keys and a number of demands.*

1989

Genoa, 7 July 1772

Source: A.S.G., Senato, Diversorum Collegi, n. 315.

The Deputato del mese degli Inquisitori di Stato *informs the Senate that an English girl, about eighteen years old, is in town with her masters, English Jews. Both the girl's father, who was Protestant, and the girl's mother, who was Catholic, are dead. The girl has always been with the Jewish family, and has always been treated well. As suggested by Father Farina, a theologian, the* Residenti di Palazzo *decide to call the girl and convince her, without harassing her, to become a Catholic.*
According to a further deed, dated 8 July, Antonio Boccardo, who speaks English, is entrusted by the Residenti di Palazzo *to question the girl, Eleonora Kirk, while her masters are out, and check whether she wants to stay in Genoa and be educated a Christian. The girl refuses and states she wants to stay with the English family. The Senate appreciates the zeal shown by the* Residenti di Palazzo.

1990

Genoa, 16 August 1772

Source: A.S.G., Archivio Segreto, n. 1391.

Statements before the Secretary of the Jewish community on a silver lamp donated by Mosè Jacob Foa to the synagogue when he got married in 1751.

Note: See below, Docs. 1991, 2022.

1991

Genoa, 17 September–16 November 1772

Source: A.S.G., Archivio Segreto, n. 1391.

The Congrega *forbids Moise Jacob Foa and his sons Emanuele Jacob and Abram to enter the synagogue until a new order is issued by the Protectors. They insulted and abused Giuseppe Montefiore*, Massaro, *who had to be treated by a surgeon. Having heard Foa, the Protectors limit the ban to his sons, but make it stricter. Following the* Congrega*'s request, based on an agreement with Foa, the Protectors order that the lamp donated by Moise Jacob Foa to the synagogue and now kept by the Secretary, be given to Elia Foa. The* Congrega *undertakes to follow the conditions agreed upon with Moise Jacob Foa relating to the use of the lamp and the procedures to be followed to celebrate the late Manuel Salomon Fuà.*

Note: See Docs. 1990, 2022.
On 6 February 1774, upon Moise Jacob Foa's request, the *Massaro presidente* asks the *Congrega* to confirm the conditions agreed upon and have them signed by its members. The petition is granted. See A.C.E., *Libro delle deliberazioni*, pp. 159–161, that contains a copy of it.
The document includes the letters of the Hebrew alphabet *ain* and *he*, initials of *alav hashalom*, i.e. may peace be with him.

1992

Genoa, 4 December 1772

Source: A.S.G., Notaio Francesco S. Pallani, filza 18.

Domenico Cambiaso protests a bill of exchange presented by Ottavio Rabeni, who did not pay. The bill was issued in Alessandria on 3 November 1772 for 9,190 pounds, to the order of Salomon and Jacob Pugliesi's heirs by Jacob Della Torre's heirs.

1993

Genoa, 5 February 1773

Source: A.S.G., Notaio Francesco S. Pallani, filza 19.

Felice Vida, son of the late Abramo, appoints Antonio Gardoni, from

Parma, his attorney to collect from Francesco M. Ferrari and Carlo Cazadori whatever they currently owe him and will owe him in the future, as well as to appear in court, if necessary.

1994

Genoa, 4 March 1773

Source: A.S.G., Notaio Francesco S. Pallani, filza 19.

Maria Maddalena, daughter of the late Castellino, widow of Agostino Maggiolo and usufructuary heir and attorney thereof, lets to Abram Barocci and Giuseppe Montefiore, current Massari *of the Jewish community, the building where the synagogue is located, that is the* scola in quale detta nazione suole farvi le sue funzioni. *The building, in the vicinity of the Malapaga, had already been let to the community.*
The duration of the contract is 9 years, from 1 January 1773; the annual rent is 110 pounds net and free of any operating expenses. Rent must be paid every 6 months, in 55-pound instalments. The yearly rent, which used to be 130 pounds, is reduced to 110 pounds because the Massari *undertake to pay all of the synagogue maintenance costs.*

Note: See above, Docs. 1965, 1966.

1995

Genoa, 31 March–14 September 1773

Source: A.C.E., Libro delle deliberazioni, p. 48.

The Massari *grant a number of Jews the note for the Chancellor of the* Magistrato della Consegna *in order for them to be registered in the community. The list is signed for approval by Antonio Maria Lagomarsino, Chancellor of the Magistrate, on 17 September.*
On 31 March the note is given to Anselmo Levi from Alessandria.
On 1 April notes are given to Donato Selomo, son of Jacob Montel, to Mosè, son of the late Tobia Benedetti and his sons Tobia and Giuseppe Benedetti.
On 10 June the note is given to Servadio Sacerdote, son of the late Michele, from Reggio di Modena.

1996

Genoa, 10 September–23 September 1773

Source: A.C.E., Libro delle deliberazioni, pp. 49–56.

Difficulties and disagreements in the Congrega *regarding compliance with the decree by Ridolfo Emilio Brignole, Protector of the Jewish community. In order to avoid troubles, he orders that the election for the new* Massari *be postponed until further orders by the Protectors and* che si supplisca in luogo dei nuovi Massari da Giuseppe Rosa e Moise [Jacob] Foa come quelli da maggior tempo domiciliati in questa città.
David Buzi Acoen, Secretary of the community, is requested to notify Rosa and Foa, but does not comply. On 15 September the Protectors order the members of the Congrega *to give Foa and Rosa all the papers, books, silverware and movables belonging to the synagogue. David Buzi Acoen says that the key to the room in his house, where a trunk containing all the books and property of the* Congrega *is kept, is missing. He does not know whether Barocci or Montefiore took it. Lorenzo Fresco,* sottoaiutante della piazza, *is called upon and on 20 September the key is given to notary Francesco Stagnari in order for him to draw up the inventory.*
On 21 September Ottavio Rabeni is requested to produce the list of debtors and creditors and the account book. In the meantime Beniamin Foa was appointed depositary and treasurer. Not everyone is willing to pay. Rosa and Foa appoint Elia Foa Secretary and relieve David Buzi Acoen because of what he had written in a paper.

Note: See Docs. 1984, 1997. Part of the above provisions can also be found in Doc. 1997.

1997

Genoa, 10 September–12 November 1773

Source: A.S.G., Archivio Segreto, n. 1391.

Giuseppe Montefiore, Massaro, *gives notary Antonio Francesco Stagnari the key to the room where the papers and books to be inventoried are kept. The Protectors order the Jews to keep calm and avoid any conspiracies. On their behalf and on behalf of the* Congrega, *Salomone Malvano and Ottavio*

Rabeni complain to the Protectors that Rosa and Foa have abused their position as Massari *and ask the* Collegi *to condemn them. They report that Giuseppe Rosa and Moise Jacob Foa wanted all the registers and books, which they were not entitled to, being deputy* Massari; *that they took the key of the cupboard where precious items were kept; that they arbitrarily relieved the treasurer and the reader of their positions, appointing persons of their choice in their place; that they were guilty of irregularities and were subject to Abram Rodriguez Miranda, a quarrelsome man.*
The inventory of papers and books follows. On 12 November the Congrega *asks the* Collegi *to relieve Foa and Rosa, guilty of abuse.*

Note: See above, Doc. 1996.

1998

Genoa, 25 September 1773

Source: A.C.E., Libro delle deliberazioni, p.56.

Statement made by Abram Israel Acoen, synagogue beadle, on a silver lamp donated to the synagogue by Aron Samoel Hai Acoen from Mantua, who was temporarily in Genoa. The lamp replaces the brass lamp previously used in the synagogue.
The same day Giuseppe Rosa and Moise Jacob Foa, deputy Massari, *send a letter to Aron Acoen in Mantua, stating they only recently came to know about the lamp, due to the negligence of David Buzi Acoen, the former Secretary, who left for Tunis. They apologise and ask for more details on the donation and relevant conditions, if any, so that they can file the reply.*

1999

Genoa, 25 September 1773

Source: A.C.E., Libro delle deliberazioni, p. 57.

List of people contacted by Abram Israel Acoen as requested by Giuseppe Rosa and Moise Jacob Foa, to see who is interested in entrare nella sorte che

si deve fare la stesa sera di mani del Santo Giorno di Khippur per Hatanim, Torà e Bereshit.
The following Jews are contacted:
Giuseppe Rosa, Moise Jacob Foa, Isache Allegri, Giuseppe Nattaf, Felice Vida, Moisè Vida, Giuseppe Montefiore, Ottavio Rabeno, Salomon Malvano, Biniamin Foà, Abram Barocio, Abram Selomò Pincherli, Samoel Levi, Moisè Iona Levi, Giuseppe Bigevenà, Elia Foa, Abram Roza, Aron Wolf, Anselmo Treves. Isache Allegri and Beniamin Foa agree.

2000

Genoa, 20, 21 September 1773

Source: A.C.E., Libro delle deliberazioni, pp. 58–60.

Copy of the inventory of the items in the synagogue, drawn up by notary Francesco M. Carosi, signed for approval by Beniamino Foa, depositary and treasurer, who received it from Giuseppe Rosa and Moise [Jacob] Foa. The inventory includes a variety of baldachino di legno intagliato dorato,
una tendina di damasco bianco fodrata di taffeta bianco con frangia di setta bianca.....;
due tendini di taffettà bianche guarniti di picolo pizzo argentato.
Otto Bibbie sacre in lingua ebreica, cinque delle quali si dicono perfetta, e le altre tre inserviente, 7 de quali con loro fascie, e tutte e 8 con loro coperte;
2 Rimonim con loro campanelli tutti di argento, in peso libre diece circa, due corone pure d'argento in peso libre due circa,
un pontarole pure d'argento di peso once tre circa, due corone di lame d'ottone.......
Una balaustrata di noce... con suoi capiteli pure di noce fatta a galleria.
Quattro lampedari di ottone di dodeci bracci, o gran lume per ogni uno,
2 dette più picoli di dodeci lumi pure per ogni uno,
6 lampede di ottone, 2 detti di argento.
1 pulpito di noce fatto a galleria, con sua banca di legno all'intorno. Nel detto pulpito cinque piccole lampedi di ottone, due bracci di ottone.....,
una coperta di damasco bianco (alle rispetive) fodratto di tella bianca con franggia di setta bianca per detto pulpito;
8 tendine tella bianca alle rispetive finestri di detta sinagoga
2 banche di noce doppie, et in qualche parte dipinti;
12 torchie di legno bianco;

10 piedi di holle o siano vasi dorati per ponervi detti torchie di legno.
Nella scuolla delle donne, che resta sopra l'ingresso di detta sinagoga
3 banchi di legno semplice,
1 lampeda d'ottone,
24 candelieri di legno adoratti e diversi d'essi rotti,
24 spaglieri di fiori finti ordinarie e vechii,
due mese scale vechie di legno,
una scalla doppia di legno,
una chiara per poner l'acqua.
Beniamin Foa is also given more curtains, red damask and velvet, due piccoli portieri che si pongono li giorni festivi alla porta della scola, *a white wooden box for the* rimonim, *a brass mug, a three-piece brass lamp, a flask containing oil for the lamps, a silver lamp and other items.*

Note: Afterwards, between 1775 and 1776, further items are added to the inventory: a golden glass donated by Isach, son of Samuel Nataff, and a brass lamp donated by Aron Wolf.

2001

Genoa, 26 September 1773

Source: A.C.E., Libro delle deliberazioni, p. 61–62.

Copy of two notifications from Giuseppe Rosa and Moise [Jacob] Foa, Massari, *to the* Collegi. *The first refers to Giuseppe Montefiore's suggestion to grant Salomon Malvano and Ottavio Rabeni authority to appeal to the courts of the Republic for any legal actions of the community throughout the year. The second refers to public expenditure and the order, given to Ottavio Rabeni, to return the account book.*

2002

Genoa, 28 September 1773

Source: A.C.E., Libro delle deliberazioni, pp. 62–63.

On Yom Kippur *day, 26 September, Beniamin Foa's name is drawn for* Hatan Torah *and Isach Allegri's for* Hatan Bereshit. *On 27 September a subscription is drawn up to change 5 windows in the synagogue. On 18 January 1784 the* Massari *register donations amounting to 55.17.4 pounds and specify the expenses incurred for the windows.*

2003

Genoa, 28 September 1773

Source: A.C.E., Libro delle deliberazioni, p. 63.

A note is sent to the Magistrato della Consegna *in order for Moisè Eliseo, son of the late Bonaiuto Pugliesi from Alessandria, a merchant, to be registered in the Jewish community, as witnessed by Jedidà Pincherli.*

2004

Genoa, 29, 30 September 1773

Source: A.C.E., Libro delle deliberazioni, p. 64.

Ottavio Rabeni is ordered again to return everything that pertains to public administration. Rabeni replies that he will return everything the following day, since he went home late. Orders for payment to sottoaiutante *Lorenzo Fresco and notary Francesco M. Carrosi follow.*

Note: On 5 October Ottavio Rabeni is told again to return the account book, the keys for the *qupot* and the window he had made at the *Congrega*'s expense. Rabeni gives Abram Israel Acoen, the beadle, the window only. See below, Docs. 2018, 2019.

2005

Genoa, 1 October 1773

Source: A.C.E., Libro delle deliberazioni, pp. 65–66.

Letter in Spanish, addressed by the Congrega *to Jeosuah Coen in Tunis and to Nattan, son of Abram Burgel. The* Congrega *relates the bad behaviour of*

David Busi Acoen, reader and butcher, who made the community eat meat that was not butchered according to the rituals for 5 months.
Then they relate that Samuel Haj Garsin left for Tunis without contributing to the maintenance of the synagogue of Genoa. Since he still owes the community 100 liras for his business in Genoa, the Congrega *asks him to pay, thinking he has forgotten. Should he not pay, he will be punished. Should the* Congrega *not receive a reply, the community of Leghorn will be informed.*

2006

Genoa, 5 October 1773

Source: A.C.E., Libro delle deliberazioni, p. 66.

Moise Jacob Foa and Beniamin Foa address a letter to the Congrega *in Alessandria. They inform them that Isache Safirà, coming from Siena through Leghorn on his way to Alessandria, was given one sequin in Genoa for his travel expenses, which amount to 22 pounds of Piedmont currency. Isache was travelling for the purpose of delivering prisoners. The community in Genoa does not know how much he owes and can pay and asks the community in Alessandria to be* compatrice di tale incomodo.

2007

Genoa, 6 October 1773

Source: A.C.E., Libro delle deliberazioni, p. 67.

Giuseppe Rosa and Moise [Jacob] Foa send a note to the Chancellor of the Magistrato della Consegna *in order for Leone Segre and his wife Anna to be registered in the community. Isach Allegri guarantees for Segre for any expenses or damages which the community might suffer, since Segre is in debt. Segre produces a document in which Isac Allegri states he relieves Segre of any liabilities for 3 years. The deed is drawn up by notary Francesco M. Carosi.*

Note: See below, Doc. 2046.

2008

Genoa, 6 October 1773

Source: A.C.E., Libro delle deliberazioni, pp. 68–69.

Giuseppe Rosa and Moise Jacob Foa, Massari, *present to the* Magistrato della Consegna *the register of all members of the Jewish community living in Genoa at the time. Families and addresses are indicated. The members of the community total 66 .*

Rolo dei componenti la nazione ebrea abitanti e comoranti in questa Serenissima Dominante in questo giorno 6 ottobre 1773.

Signori Giuseppe Rosa quondam Abram, Samuel Rosa fratello del detto, abitano in strada Giustigniani, e Abram d'Angioli loro servente.
Moise Jacob Foa quodam Emanuel abita sopra le Mura, vicino alla Malapaga, Sara moglie del detto, Manoel, Abram, Giuseppe, Ester, Rachel, figli del detto Moise Foa, Consolina sorella del detto Moise Foa.
Biniamin Foa abita vicino alla Malapaga, Alegra sua moglie, Devora Ortona sua serva.
Abram Israel Acoen abita vicino alla Malapaga, Abigail sua moglie, Salomon, Samuel, Moise, Aron, Marco, Rosa, Ellia, tutti figi del detto.
Biniamin Acoen abita vicino alla Malapaga, Bonina sua moglie.
Elia Foà abita nella Piazza delle Vele, Ester Foa moglie del detto, Abram, Jona, Iocavà, figli del detto Ellia.
Abram Selomò Pinchioli abita in detta Piazza, Abigail sua moglie, Amadio Pinchioli, Eleonora sua moglie, Isach figlio del detto.
Abram Rosa abita nella Piazza dei Botari da San Marco, Ester sua moglie, Rosa figlia di detti.
Abram Barocci abita nella Piazza del Molo, Camila, Anna, sorelle del detto.
Felice Vida abita sopra le Muraglie di S. Marco, Moise Vida.
Samuel Levi abita sopra le Muraglie da S. Marco, Devorà sua moglie, Moise Levi, Consolina sua moglie, Giuseppe Amadio, Grazia Dio, figli del detto Moise.
Ottavio Rabeni abita sopra le Muraglie da S. Marco, Devora moglie del detto.
Giuseppe Nataff abita da San Marco, Consolina Ortona serva del detto, Giuseppe Montefiore, Rachel sua moglie, Giudita di Nazione Tedesca.

Giuseppe Vigevana abita sopra le Muraglie da San Marco.
Aron Volf abita nella Piazza del Olmo.
Salomon Malvano abita alle Grazie, Ellia, Regina, figli del detto, Bella Latis serva.
Isache di Benedetto Alegri abita alle Grazie, Matadia Segre, Anna sua moglie.
Moise Eliseo quondam Bonajuto Pugliese abita nella Piaza delle Vele.

2009

Genoa, 7 October 1773

Source: A.C.E., Libro delle deliberazioni, pp. 70–71.

The Massari *announce, by posting a message in the synagogue, that the contract with Sebastiano Gotelli, the butcher who supplied the mutton, was terminated because his prices were too high. They explain that the community can buy mutton at two other shops. They further communicate that they have paid the synagogue rent.*

Note: Pages 73–75 record the contract whereby Sebastiano Gotelli undertakes to supply meat to the Jewish community, as per the deed drawn up on 29 April 1773 by notary Giacomo Antonio Passano, and a copy of the notice of termination, as per the deed drawn up by notary Francesco M. Carrosio on 6 October 1773.

2010

Mantua, 8 October 1773

Source: A.C.E., Libro delle deliberazioni, p. 71.

Copy of a letter sent by Aron Coen from Mantua on 4 October, in which he communicates that the lamp should be kept in the synagogue without any conditions whatsoever, except for having his name engraved upon it. His will follows.

2011

Genoa, 8 October 1773

Source: A.C.E., Libro delle deliberazioni, p. 72.

Giuseppe Rosa and Moise [Jacob] Foa, Massari, *send a letter to Emanuel Levi Fubini in Turin, in which they state they have received 103.6.8 pounds, which he owed according to the 1/4% tax on any business conducted in Genoa. They ask him to pay the remaining 200 pounds to treasurer Biniamin Foa, even though Fubini maintains he gave it to Ottavio Rabeni.*

Note: See below, Doc. 2015.

2012

Genoa, 17, 18, October 1773

Source: A.C.E., Libro delle deliberazioni, pp. 76–77.

By order of the Massari, *Abram Israel Coen, the beadle, notifies some members of the community to pay their dues.*

2013

Genoa, 21 October 1773

Source: A.C.E., Libro delle deliberazioni, p. 77–78.

Elia Foa, Secretary, signs an order in which the Massari *forbid all members of the community to buy the silver* lampana o pezzo di lampana *stolen on 20 October in the church in Castelletto, a district in Genoa. The order is not published since the same morning rumour said it had been found.*
The order not to buy the lamp is, however, repeated, as apparently only part of it had been found.

2014

Genoa, 22 October 1773

Source: A.C.E., Libro delle deliberazioni, pp. 78–80.

Giuseppe Rosa and Moise Jacob Foa state they are not obliged to comply with the contract in which on 3 August 1773 Giuseppe Montefiore, Massaro, *rented from Nicolò Frugone a warehouse for 9 years, to use as a hospice for the poor, publicly undertaking to pay 60 pounds per year. Their refusal is based on the fact that neither Rosa, nor Foa or others were consulted. They would have never approved such a contract, because of the long duration and the amount of money charged to the synagogue.*

Note: See below, Doc. 2019.

2015

Genoa, 20 November 1773

Source: A.C.E., Libro delle deliberazioni, p. 80.

Giuseppe Rosa and Moise Jacob Foa, Massari, *write a letter to Emanuel Levi Fubini from Turin, stating they received 103.6.8 pounds out of the 303.6.8 he owes, accounting for the 1/4% tax on the business he and his friends conducted in Genoa. As far as the remaining 200 pounds are concerned, the* Massari *demand a note whereby Fubini openly admits he owes this sum to the* Congrega *and stops trying to convince them that he gave it to Ottavio Rabeni.*

Note: See above, Doc. 2011.

2016

Genoa, 23 November 1773

Source: A.C.E., Libro delle deliberazioni, p. 81.

The Massari, *Giuseppe Rosa and Moise Jacob Foa, write a letter to Sabato*

Del Vecchio, asking for and expecting a favourable reply for expenses incurred to help a poor Jew in Turin.

2017

Genoa, 16–19 January 1774

Source: A.S.G., Archivio Segreto, n. 1391.

Decree by the Collegi, *whereby the new provisions presented to the Protectors of the Jewish community are approved.*

Note: For the contents of the provisions, see below, Doc. 2018.

2018

Genoa, 22, 23 January 1774

Source: A.C.E., Libro delle deliberazioni, pp. 82–84.

Bartolomeo Varese gives Moise [Jacob] Foa and Giuseppe Rosa a certified copy of the decree of 16 January, in which Ridolfo Maria Brignole and Agostino Lomellino, Protectors of the Jewish community, set down new rules for the community. The provisions refer to Giuseppe Rosa and Moise Foa, who are going to act as Massari *until the end of the year. The Protectors decree that the* Congrega *be formed, in addition to the above mentioned* Massari, *by Salomon Malvano, Felice Vida, Biniamin Foa, Giuseppe Nataff, and Samuele Rosa. Ottavio Rabeni must produce the account books of his administration; should he fail to do so or be in debt, the* Massari *can have him distrained and oblige debtors in arrears to pay. The decree is posted at the synagogue and the beadle informs the members of the* Congrega *and Ottavio Rabeni in order for them to go to the synagogue the following day and accept the decree.*

Note: See Docs. 2004, 2019. For the Protectors' decree approved by the *Collegi* on 19 January 1774, see above, Doc. 2017.

2019

Genoa, 23 January 1774

Source: A.C.E., Libro delle deliberazioni, pp. 85–87.

The Congrega *meets. Rabeni returns the books and the keys he was keeping. Elia Foa is confirmed Secretary, and Beniamin Foa is appointed depository of the community property for 3 years and treasurer of the synagogue for one. Felice Vida and Abram Rodrigues Miranda are requested to examine the books returned by Rabeni, to settle the accounts, and draw a list of debtors and creditors. The new treasurer, Beniamin Foa, is given the books, 6 keys and a* bussola, *i.e. a box. Giuseppe Nattaff and Abram Rodrigues Miranda are requested to contact Giovanni Battista Frugone, son of Nicolò and settle the lease for the warehouse, rented to the* Congrega *for 9 years.*

Note: See above, Docs. 2004, 2014, 2018.

2020

Genoa, 28 January 1774

Source: A.S.G., Notaio Francesco S. Pallani, filza 21.

Francesco Brando appoints Benedetto Treves from Turin his attorney to collect what is due to him on his behalf and on behalf of the Brando company, to issue receipts, to compromise and to appear in Court.

2021

Genoa, 30 January 1774

Source: A.C.E., Libro delle deliberazioni, pp. 88–94.

The Congrega *formed by the* Massari, *Giuseppe Rosa and Moise Jacob Foa, with Biniamin Foa, Samuel Rosa, Giuseppe Nataff and Felice Vida (Salomon Malvano is absent) meets to approve a number of decisions, including the 16 new chapters for the internal organisation of the Jewish community in Genoa.*

1. *On the second vote the proposal to pay Elia Foa what he demands*

according to the documents produced, having deducted whatever he was already paid is approved.
Giuseppe Nataff's proposal to accept retroactively all that is to be deliberated by the Massari *as if it had been approved by the former* Congrega *is rejected.*
2. *The* Massaro presidente *presents a petition by Abram Israel Acoen, the beadle. He asks if he can be relieved of the contract for the meat tax. His petition is granted.*
3. *The* Massaro *asks for the confirmation of necessary expenses, such as rent for the synagogue, the cemetery, the Secretary, the butcher, the beadle and oil, for a total of 870 pounds per year, to be paid in advance every 3 months. Reductions for true and just causes are offered to those in difficulty. Donations made by foreigners and the revenue from the sale of daily prayer functions is destined for the upkeep of poor vagabonds. The proposal is approved. Felice Vida contests the 60-pound tax he is to pay and he explains his reasons. Two people, Samuel Rosa and Abram Rodrigues Miranda, will have to examine them.*
4. *It is decided that Chancellor Bartolomeo Varese should be given 200 pounds for work performed throughout the years and never paid for, although such work was never ordered but only recorded and 64.7 for other expenses.*
5. *A 16-pound expense incurred to support two poor travellers is approved, although the* Massari *and the treasurer do not have the authority to grant any more than 3 pounds.*
6. *Sixteen new* Capitoli *regulating the community are presented. The new Charter approved by the* Congrega *shall be presented to the* Serenissimi Collegi *on 23 March for their approval.*
7. *An increase in the beadle's salary to 20 pounds a year is deliberated.*
9. *Simone Foa's petition is approved. He is granted 15 pounds a year for two years.*

Note: A copy of the Charter is to found on pages 151–159 of the *Libro delle deliberazioni*. See below, Doc. 2047. Section 8 is missing. See below, Docs. 2031, 2035.

2022

Genoa, 6 February 1774

Source: A.C.E., Libro delle deliberazioni, pp. 94–101.

Fourteen proposals are approved regarding the prohibition against holding several offices; an increase in the tax to be paid by Giuseppe Vigevani (who

has been in Genoa for a number of years); the punishment for foreigners who fail to pay the 1/4% tax on business conducted in Genoa; the prohibition against offering oil and consequently refusing to pay the tax and prohibition against accepting offerings lower than 2 soldi *or higher than the* Cassa della Carità; *and the obligation for the treasurer to make public assets and liabilities each year.*
Foa requests confirmation and ratification of the agreement on his lamp. The report by Rodrigues Miranda and Felice Vida on the activities of former treasurer Ottavio Rabeni is deferred to the following meeting. Debtors in arrears were to settle their due; Salomon Malvano is granted an extension of payment and division into instalments. A report by Rodrigues Miranda and Rosa is approved. In order to prevent trouble and disputes arising from abuse and exceptions to decisions of the Congrega, *it is suggested that refuting and revoking of decisions be prohibited, except for the three following cases:*
....
PRIMO che vi sia il certo, sicuro e prova evidente del dano che reca quella tale ordinanza ò deliberazione che si vole rivocare.
SECONDO che per tale effetto vi si deva ritrovar presente tutto l'intiero corpo di sette che compongano oggi la Congrega, e che venghi aprovato la proposizione della derogazione con sei voti favorevole e non altrimenti ne in altro modo.
TERZO articolo che se per inasperteza o per qualche fini particolare venisse proposta e deliberata la derogazione come sopra si dice e che senza vi siano i suddetti due requisiti sopra descriti, si intenda e intender si deva tal derogazione e aprovazione per la deroga che fù proposta di niun valore e come se mai fosse statto proposta ne deliberato.
The meeting ends after two deliberations regarding Giuseppe, son of Samuel Nattaff, and his debt have been approved.

Note: See Docs. 1990, 1991, 2024.

2023

Genoa, 12 February 1774

Source: A.C.E., Libro delle deliberazioni, pp. 102–103.

Letter written by Massari *Giuseppe Rosa and Moise Jacob Foa to Marco Navarra of Turin. They ask Navarra to demand from Benedetto Treves the 1/4% tax on the business he conducted with Salomon Malvano in Genoa.*

On 19 February a similar letter is written to Fubini, complete with power of attorney.

Note: See below, Doc. 2030.

2024

Genoa, 13 February 1774

Source: A.C.E., Libro delle deliberazioni, pp. 103–109.

The Congrega *approves seven proposals out of the eight discussed. Among the members of the* Congrega *Giuseppe, son of Samuel Nataff, is not present, as the night before he stopped to sleep in the country and today he did not feel like going back, as reported to the beadle by his maid.*
It is established that all debtors in arrears who fail to pay within 3 days shall be distrained.
The report and assessment presented by Miranda and Vida on the activities of the former treasurer, Ottavio Rabeni, is approved. From the report it is understood that il voto di cassa del detto Signor Rabeni in lire 174.19.4 più lire 15 di cui va debitore per tassa di tre mesi, *due to arbitrary expenses. Therefore, Rabeni must be notified to pay his debt within 3 days, otherwise he will be distrained.*
Salomon Malvano's proposal is accepted. In order to avoid controversy between the Congrega *and Ottavio Rabeni he suggested that the question be deferred to two persons appointed by Rabeni and the* Congrega. *A monthly tax amounting to 6 pounds is approved. It should substitute for the meat tax on foreigners, which has been abolished, and be charged to those who run inns.*
Next year Elia Foa must pay 2 pounds per month for the inn he runs on behalf of his son Iona Foa. It is confirmed that foreigners doing business in Genoa are subject to the 1/4% tax.
Two persons are appointed to appear before the Magistrato dei Padri del Comune, *who owns the cemetery, to have the lease changed to the name of the community instead of Moise Foa's (Doc. 1846). Moise Jacob Foa and Beniamino Foa are appointed.*
Aron Wolf is granted a tax reduction from 20 to 14 pounds, as requested in view of his old age and a similar discount granted to him in 1770, as per the account books. However, he must settle his accounts before 7 February 1774,

paying 10.14 pounds. Moise Jacob Foa is returned the meil (megnil) e mappah *in white silver cloth. These were in the synagogue but belong to him. The beadle is paid his monthly salary according to the Jewish calculation.*

Note: See Docs. 2022, 2025, 2028.

2025

Genoa, 17 February 1774

Source: A.S.G., Archivio Segreto, n. 1391.

The Protectors of the Jewish community, with the Collegi's *approval, allow the* Massari *distraint on Jews in arrears towards the Jewish community. The Jewish debtors are: Ottavio Rabeni, Abram Barocci, Abram Selomo Pincherli and Giuseppe Montefiore.*

Note: See Docs. 2024, 2028, 2031.

2026

Genoa, 19 February 1774

Source: A.C.E., Libro delle deliberazioni, pp. 110–111.

A list for the massot *is requested.*

2027

Genoa, 20 February 1774

Source: A.C.E., Libro delle deliberazioni, pp. 111–115.

The Congrega *approves the provisions on the abattoir, allows Elia Foa and Giuseppe Rosa to be absent, votes on the* Massari's *proposal whereby the authority of the Protectors of the Jewish community as judges is confirmed*

for the competent court, allows Aron Wolf to change his luogo *at the synagogue, assigns* tre rubi di mazot *to Abram Israel Acoen, and accepts the interpretation suggested by Giuseppe Rosa*, Massaro presidente, *on Malvano's payment of the tax on business conducted with Jews who are not registered in the community in Genoa.*
Finally, Moise Jacob Foa is absolved. In 1768, in his capacity as treasurer, he received from Simone Foa 44 pounds, approximately, for a deal he conducted without the relevant receipt, per non essere il consueto, *and he compromised all the accounts of 1769, deciding that his credit amounted to 350 pounds only, whereas it actually involved a sizeable sum.*

2028

Genoa, 22 February 1774

Source: A.C.E., Libro delle deliberazioni, p. 116.

As ordered by the Massari, *Abram Israel Acoen notifies* Ottavio Rabeni *twice. He is requested to collect his pledge, consisting of 31 ounces of silver. Should he fail to do so, the silver would be sold and the revenue deposited in the* cassa pubblica.

Note: See above, Docs. 2024, 2025.

2029

Genoa, 23 February 1774

Source: A.C.E., Libro delle deliberazioni, p. 116.

Bill posted at the synagogue notifying all the members of the community that they must pay tax. Whoever deems their tax too high must inform the Secretary of the Jewish community, explaining the reasons, within 5 days.

2030

Genoa, 27 February 1774

Source: A.C.E., Libro delle deliberazioni, pp. 117–120.

Deliberations of the Congrega. *These refer to the four guards who must be present on holidays, the warehouse used as a hospice for the poor, Malvano's declaration about Benedetto Treves from Turin, the* luogo della scuola *granted to Isach Alegri, and the use of the funds obtained from the 1/4% tax of Ottavio Rabeni, distrained for a higher sum. The proposal of the* Massaro presidente *is not approved. He suggested a draw of the* due sposi della legge.

Note: See above, Doc. 2023.

2031

Genoa, 6 March 1774

Source: A.C.E., Libro delle deliberazioni, pp. 121–134.

The Congrega *grants a yearly tax reduction to Ottavio Rabeni, the Pincherli brothers, Beniamin Vitale, Salomon Malvano and Giuseppe Montefiore. The question of the warehouse rented for 9 years at 60 pounds per year is then discussed. Somebody suggests that the contract be in the name of Giuseppe, son of Samuel Nataff, and Ottavio Rabeni, subletting the premises to them. They will equip it with everything needed to host the poor and make provisions for the ladies' ritual bath, with the exclusion of heating and lighting. The warehouse should also be used for the community utensils. Rabeni's debt is itemised. Nataff's request in regard to his obligations to the warehouse and Rabeni's request for a yearly tax reduction and the fulfilment of his obligations are approved.*
Rabeni is given the equipment required to wash, to cater for the dead and to make the azimelle *to be kept in the warehouse for the synagogue.*
Some money and beds are reserved for poor travellers. Abram Barocci's status in the community is defined as that of a travelling foreigner, as he failed to supply a new window for the synagogue as he had promised. The proposal of the treasurer, Beniamino Foa, to pay 200 pounds to Bartolomeo Varese [Chancellor of the Protectors] is approved. The sum is advanced by the treasurer, who will mortgage the rimonim *belonging to the community if the money to pay him back cannot be collected within 6 months. The meeting*

ends with the dimostrazioni *of income and expenses since 1 October 1772 to date and a list of contributions.*

Note: Page 150 of the *Libro delle deliberazioni* records Beniamin Foa's petition, dated 6 March 1774, to forbid any increase or reduction of his tax for 5 years, not to alter the number of the *Congrega* members, and to explain whatever he is to pay to the community. See Docs. 2021, 2025, 2037, 2038.

2032

Genoa, 20 March 1774

Source: A.C.E., Libro delle deliberazioni, p. 135.

Giuseppe Rosa and Moise Jacob Foa, Massari, *address a letter to Joseph Abudaram in Leghorn demanding the 1/4% tax on the business he conducted in Genoa.*

2033

Genoa, 20 March 1774

Source: A.C.E., Libro delle deliberazioni, pp. 135–140.

The Congrega *requests Felice Vida, called to substitute for Miranda, to supervise and make sure that constitutions and orders are respected.*
Decisions are also taken on the following: a silver lamp, cemetery rent, abrogation of previous rules which might give rise to disputes and controversy, the appointment of Moise Jacob Foa's sons as readers to save money, Abram Rodrigues Miranda's petition, meat butchering, the requirements asked of Jews to be registered in the community of Genoa, the expenses agreed with the Magistrato della Consegna *for poor foreigners, the gratuity to the Deputy-Secretary of the Senate for the approval by the* Collegi *of the Charter established by the* Congrega, *and finally Miranda's reimbursement of expenses for having the Charter copied, certified and posted with the relevant rules in such a way that nobody could ignore them. The suggestion to put into a box and extract the names of those in charge to read the Holy Bible on Passover and* Yom Kippur *day is unanimously approved.*

Note: On the Charter for the Jewish community, see below, Docs. 2035, 2047.

2034

Genoa, 22 March 1774

Source: A.C.E., Libro delle deliberazioni, p. 140.

Statement made by the beadle, Abram Israel Coen, and signed for approval by the Secretary. He states that he gave Moise Jacob Foa the key for the box in Abram Barocci's luogo della scuola.

2035

Genoa, 23 March–29 April 1774

Source: A.S.G., Archivio Segreto, n. 1391.

The Collegi *approve the new internal organisation of the Jewish community, consisting of 16* Capitoli *and some amendments presented both by the Protectors and by the Secretary of the Jewish community. The Protectors suggest that article 7 be modified, to reduce the fine and eliminate imprisonment for transgressors. The Secretary of the Jewish community amends articles 11 and 12 on the silence in the synagogue and debtors in arrears. The Charter, thus approved, is going to be valid for 9 years.*
The 16 Capitoli *of the new Charter and the amendments suggested by both parties are attached thereto.*

Note: See Docs. 2021, 2033, 2047.

2036

Genoa, 29 March 1774

Source: A.C.E., Libro delle deliberazioni, p. 141.

The Massari *decide to tax Daniel Moreno, who has been in Genoa since February. He must pay 4 pounds per month, starting from 20 March. The Moreno family is composed of 5 persons, (husband, wife, and three children).*

Daniel Moreno and Saul Carmi had been notified by the beadle to go to Giuseppe Rosa's house.

Note: See below, Docs. 2037, 2073.

2037

Genoa, 4 April 1774

Source: A.C.E., Libro delle deliberazioni, pp. 141–145.

The Massaro presidente *suggests that the lighting at the synagogue be improved. His suggestion is accepted after two votes. He further proposes that* Ottavio *Rabeni be given 4 months to have the ritual bath made and equipped, otherwise he will lose the benefits granted to him. The 4-pound monthly tax of Moreno is confirmed, as he did not appear to discuss it. Salomon Malvano's request for his agreement with the* Congrega *not to be posted is rejected. The beadle is requested to make sure that nobody in the synagogue tears, damages or removes the posted bills, otherwise he will lose his job. This provision is made public.*

Note: See above, Docs. 2031, 2036, 2038.

2038

Genoa, 6, 11, April 1774

Source: A.C.E., Libro delle deliberazioni, p. 145.

Abram Israel Acoen notifies Ottavio *Rabeni that the* mikveh *(ritual bath) must be in working order within 4 months. He also notifies Aron Wolf that he is not allowed to enter the synagogue until further notice because of his lack of respect for the* Massari. *On 15 April Wolf states to the beadle that he was referring to the former* Massari *and not to the current ones, whom he always respected and adored. Following this statement, the* Massari *accept Wolf's apologies and allow him access to the synagogue again.*

Note: See above, Docs. 2031, 3037.

2039

Genoa, 11 April 1774

Source: A.C.E., Libro delle deliberazioni, p. 146.

It is decided that a blessing be recited for Abram Rodrigues Miranda as a sign of gratitude for all he has done to restore peace in the government of the Congrega. *The blessing will be recited before the reading of the Holy Bible on the first days of Passover, New Year's Day and* Yom Kippur. *After the reading for his soul, the* hashkavah *shall be recited. This will take place for a number of years.*

Note: Pages 147–148 record the *Mi sheberakh* in Hebrew.

2040

Genoa, 12 April 1774

Source: A.S.G., Archivio Segreto, n. 1391.

The Collegi *elect Marcello Durazzo Protector of the Jewish community after Ridolfo Emilio Brignole's death.*

2041

Genoa, 15 April 1774

Source: A.C.E., Libro delle deliberazioni, p. 147.

Moise Jacob Foa, Massaro presidente, *orders that Saul Carmi be taxed 5 pounds a month retroactive to 13 March. On 8 June Carmi notifies the* Magistrato della Consegna *in order to be registered in the community.*

2042

Genoa, 24 May 1774

Source: A.C.E., Libro delle deliberazioni, p. 148.

The Congrega *authorizes treasurer Beniamin Foa to keep the mortgaged* rimonim *since the synagogue owes him a sum of money.*

2043

Genoa, 14 June 1774

Source: A.S.G., Archivio Segreto, n. 1390a, Libro degl'instrumenti dotali nella Nazione Ebrea.

A deed drawn up by notary Bartolomeo Varese, Deputy-Secretary of the Senate and server of the Protectors of the Jewish community, relating to the marriage between Giuseppe, son of Samuele Nataff, and Hofsia, daughter of Salom Nataff. The wedding is to be celebrated according to the Spanish rite. The deed is drawn up in Carignano, at Giuseppe Nataff's house, in the presence of Giuseppe Rosa, who is a Massaro, *and Salvatore Vitale, son of the late Flaminio, both witnesses.*
The dowry amounts to 30,000 pounds, 11,650 in jewels supplied by Hofsia, 17,475 in cash given to the husband by the mother-in-law, for a total of 29,125 pounds. The remaining 875 pounds are the value of the presents that Nataff adds to the above.

L'anno millesettecento settantaquattro, correndo l'indizione quinta al costume di Genova, giorno di martedì quattordeci del mese di giugno alla mattina, nella casa di solita abitazione del Signor Giuseppe Nataff posta in Carignano.
Essendosi trattato e conchiuso il matrimonio da celebrarsi medianti le solite cerimonie della nazione ebrea, secondo il rito spagnuolo, fra' il detto Signor Giuseppe, figlio del quondam Signor Samuele Nataff e la Signora Hofsia, figlia del quondam Signor Salom Nataff, ed essendosi pure convenute prima le doti di detta Signora Hofsia, come altresi le convenienze ed assicurazioni a favor della medesima in tutto, come si dirà in appresso, e volendo le stesse parti che di tutto ne consti per publica scrittura ed instrumento, anco coerentemente a privileggi e Capitoli

benignamente accordati da questo Serenissimo Governo a beneficio e vantaggio di sudetta nazione quì commorante, e specialmente del Capitolo XVI, quindi è che constituiti il sudetto Signor Giuseppe Nataff quondam Samuele da una parte, e la detta signora Hofsia, pure Nataff, e con essa la Signora Sultana Nataff, sua madre, dall'altra, alla presenza di me notaro ed altro de Sottocancellieri di lor Signorie Serenissime, inserviente gli Eccellentissimi Signori Protettori di sudetta nazione, ed alla presenza dell'infrascritti testimoni. Spontaneamente, etcetera; et in ogni miglior modo, etcetera; intervenendovi i mutui e reciprochi consensi e stipulazioni; etcetera.

Primieriamente il detto Signor Giuseppe Nataff, sposo, ha' confessato e dichiarato come dichiara e confessa d'aver avute e ricevute, conforme ora ha' e riceve dalla detta Signora Sultana, vedova di detto ora quondam Salom Nataff, qui presente, le gioie, ori, argenti e robbe infrascritte, cioè:

— Un paio pendenti da orechie con trè gocciole per ogn'uno, legati in oro con brillanti	L.	3,000
— Un anello di brillanti	"	1,000
— Altro anello con diamante giallo contornato di facciette	"	400
— Altro anello di smeraldo contornato di brillanti	"	1,200
— Altro anello di rubino contornato con facciette	L	400
— Due monete d'oro con perle bianche e smeraldi	"	400
— Un fior di testa con perle, diamanti e rubbini	"	300
— Una catena d'oro con pietre come sopra per testa	"	600
— Una collana d'oro con bottone a fil di grana	"	500
— Piccole cattenelle d'oro per braccialetti	"	200
— Due piccole bocciette e bottoni a fil digrana d'argento e numero venti abiti alla greca con ricami d'argento e d'oro	"	3,650

Quali gioie, ori, argenti e robbe sono state estimate di reciproco consenso delle stesse parti ed alla presenza e al'assistenza de Signori Giuseppe Rosa, massaro, e Salvator Vitale, come così dichiarano e confessano nella somma di pezzi duemilla, cioè lire 11,650 moneta in Genova corrente fuori banco. Inoltre detto Signor Giuseppe Nataff confessa aver ricevuto, conforme effettivamente ora ha' e riceve per mano come sopra di detta Signora Sultana Nataff pezzi tremilla, cioè lire 17,475, detta moneta fuori banco, in danari contanti numerati alla presenza di me notaro e sottocancelliere, e delli infrascritti testimonii.

Quali lire 17,475 unite alle sudette lire 11,650 fanno la somma di lire 29,125 detta moneta fuori banco che detto signor Giuseppe Nataff ha' come sopra ricevute per mano della Signora Sultana, madre di detta Signora Hofsia, che dice esserle stato il tutto dato e consegnato dal Signor Isacco

Nataff, suo suocero ed avo paterno della medesima, al puro effetto di costituirsene le doti di essa. Alle quali lire 29,125 unite altre lire 875, importare de regali fatti da detto Signor Giuseppe alla sudetta di lui sposa per l'oggetto di detto matrimonio, come da nota infrascritta, sono in tutto lire 30,000 fuori banco.

Nota dei sudetti regali

— Scatola d'oro
— Boccietta d'oro
— Anello con zaffiro
— Ventaglio di tartaruga

estimati come sopra lire 875.

Quali lire 30,000 detta moneta fuori banco detto signor Giusepppe Nataff quondam Samuele ha' accettato et accetta per dote, congrua dote e patrimonio di detta Signora Hofsia sua futura sposa, e le medeme ha' promesso e promette di restituire venendo il caso della restituzione, in tutto come in appresso, cioè: accadendo la morte di detto Signor Giuseppe Nataff, quondam Samuele, preventivamente a quella di detta Signora Hofsia, o pure seguendo per parte d'esso Signor Giuseppe il divorzio o sia ripudio di detta Signora Hofsia, in ogn'uno de sudetti due casi promette e si obbliga il medemo Signor Giuseppe di dare, pagare e restituire alla stessa Signora Hofsia ò à persona per essa legittima sudette lire trentamilla fuori banco e inoltre altre lire quindecimilla detta moneta a mottivo di un compenso della perduta virginità. Della quale partita di lire quindecimilla non debba tenervi verun conto e siano come se mai se ne fosse parlato quall'ora detta Signora Hofsia per sua colpa lasciasse il marito, oppure premorisse all'istesso Signor Giuseppe senza lasciar prole di sorte alcuna, che anzi in ognuno di questi due ultimi casi dovrà detta Signora Hofsia perdere ancora la metà di dette sue doti, e però detto Signor Giuseppe Nataff sarà solamente obbligato, conforme promette e si obbliga, di pagare alla stessa sua moglie, ò à persona per essa legitima sole lire quindecimilla detta moneta in Genova corrente fuori banco, che sono la mettà di sudette lire 30,000, dote come sopra constituita. Perche così, etcetera. E finalmente detto Signor Giuseppe Nataff, quì come sopra presente, ha' fatto e fa' detta Signora Hofsia sua sposa, suoi eredi e successori, o' persona per essa et essi legitima, quanto sia per sudette rispettive somme in tutto e per tutto come sopra caota e sicura sopra ogni e qualonque beni presenti e futuri di esso Signor Giuseppe, posti in qualonque parte del mondo e specialmente di modo che per la specialità non si deroghi alla generalità, ne per il contrario, etcetera.

Obbliga ancora ed ippoteca tutte e singole le sue gioie, denari, ori, argenti

e qualsisiano beni mobili che saranno in sua casa al tempo che vi fosse luogo di farne la restituzione in tutto come sopra, etcetera.
Sotto, etcetera. Rinonciando, etcetera.
Delle quali cose tutte etcetera.
Me, Bartolomeo Varese notaro ed altro de Sotto cancellieri del Serenissimo Senato.
Fatto in tutto come sopra, etcetera.
Essendovi presenti per testimonii il Signor Giuseppe Rosa, massaro, e Salvatore Vitale quondam Flaminio, alle predette cose chiamati e pregati....

Note: See Doc. 1878 and Doc. 2130, note.

2044

Genoa, 13 July 1774

Source: A.C.E., Libro delle deliberazioni, p. 149.

Abram, son of Elia Foa, Deputy-Secretary, states that on July 13 the treasurer received 109.10 pounds from the Serenissimi Collegi *paid to Chancellor Bartolomeo Varese. The sum was then given to Foa.*

2045

Genoa, 16 July 1774

Source: A.C.E., Libro delle deliberazioni, p. 149.

Abram Israel [Acoen], beadle, reports to the Deputy-Secretary. As ordered by the Massari, *he told Daniele Moreno, Saul Carmi and Moise Vidal that they are not allowed to enter the synagogue until further notice, because they raised their voices in the synagogue.*

2046

Genoa, 17 July 1774

Source: A.C.E., Libro delle deliberazioni, p. 149.

Copy of the complaint filed by Isach Benedetto Allegri with the Massari, *whereby he states that he is no longer guarantor for his employee Leon Segre and his family. They are no longer in his service, because of their bad behaviour. Allegri also states he will not answer for Segre's actions in the future.*

Note: See above, Doc. 2007.

2047

Genoa, 30 January, 23 March 1774 (sic)*

Source: A.C.E., Libro delle deliberazioni, pp. 151–159.

Copy of the petition presented by the Capi della Congrega e dai Massari *to the Protectors of the Jewish community, in order for them to make sure that the* Collegi *approve the new Charter, formulated only to keep the community quiet. Article 30 of the 1752 Charter (Doc. 1878) and the decree dated 16 January, approved by the* Collegi *on 19 January 1774, are quoted (Doc. 2017).*
The new rules are accepted by the members of the Congrega, *formed by the* Massari, *Giuseppe Rosa and Moise Jacob Foa, and by Felice Vida, Josef son of Samuel Nataff, Biniamin Foa, and Samuel Rosa. Salomon Malvano is absent because he is not feeling well.*
On 23 March the Charter is approved by the Collegi, *with the amendments proposed by the Protectors in article 7 (Doc. 2035), reducing the penalty for those who violate the prohibition to have private* oratori *to 20 gold* scudi *and one month imprisonment only.*
The new Charter establishes the election of the future Massari *by lottery, the formation of the* Congrega, *the role of the treasurer in the case of a difference of opinion between the two* Massari, *the notification procedures for the* Congrega, *the freedom to make proposals, the maintenance of books and contracts under seal, the prohibition against having private* oratori, *the treasurer's activities, the obligation for new members to contribute to the common services with a sum, tax stability for at least 3 years, the behaviour*

required in the synagogue and to the Massari, *the distraint of debtors in arrears, urgent decisions, the tax for Jews in transit, the arrangement of expenses for litigations relating to the Charter and the prohibition against modifying synagogue functions and ceremonies.*

Primo

Che alla fine d'ogni anno, cioè nel 16 settembre del benigno decretto de nostri Eccellentissimi Protettori de 16 gennaio e confermato dai Serenissimi Collegi li 19 medimo, debbano subentrare in carica i nuovi due Massari che a tal effetto, per evitare dispute e difenzioni che seguivano in tale ellezioni, tenga il seguente metodo, cioè: quindeci giorni prima di terminar la sua carrica quelli, i quali sono in posto, debbano avisare per iscritto à tutti i componenti la Congrega, è che sono stati elletti in numero di sette come da detto benigno decreto, è formati tanti bollettini, ciascheduno de quali contenga il nome di quelli che compongano la detta Congrega, escluso però i Massari che si troveranno in carica, è posti i cinque bollettini in un urna, si faccia dal nostro Cancelliere et Segretario l'estrazione di due bollettini, cioè ad uno per volta. Il primo nome che verrà estratto ufficierà da presidente per i primi sei mesi, et il secondo estratto terminerà l'anno della loro ufficiatura. E' ricusando la detta carica di massaro pagar debba quel tale lire sessanta di banco, è restar debba libero dalla suddetta inbussolazione per due anni consecutivi, inclusivo l'anno che verrà estratto. E' pagato che averà la detta pena, dalla Congrega, coll'istesso metodo di sopra descritto, se ne faccia nuova estrazione per compire al sudetto posto vacante, è similmente ricusando qualche individuo di quelli stati elletti d'essere del numero de congregati, deva pagar la pena di lire cinquanta banco per una volta tanto, è mai più possa essere ammesso in tal numero dei componenti la congrega, salva sempre la grazia speciale del Serenisssimo Trono; applicabili dette pene per la metà al' Eccellentisima Camera è l'altra metà a' beneficio della nostra Sinagoga.

2do

Che non si possi acrescere la congrega, o' siano direttori del numero di sette, come si trova presentamente, se non nel caso che comparissero delle case di negozio à qui fissarsi è stabilirsi, è che sia gia passato tutto un intiero anno che dimorato abbiano con casa aperta in questa Serenissima Dominante, è che venghino approvati con quatro quinti de voti della congrega che sarà formata in quel giorno. Ben inteso però per ellezione di quel tale o' tali s'intenda che tutto il corpo della congrega restar debba in numero sempre dispari, è mai in pari numero. Non potendo essere ammessi à tal carica quei tali che avessero commesso furto, truffa, fallimento doloso, è che per tali infami delitti siano stati sentenziati è condannati da giudici competente. E' l'istesso metodo si debba praticare per tutti quelli che presentemente si trovano in posto è che commettessero qualonque dei suddetti infami delitti restano ipso facto esclusi è discaricati, è non possino mai avere voce ne attiva ne passiva nel intrinsico governo della nostra nazione.

3°

Che per il caso di disparere fra' i due Massari non debba restar incagliata la deffinizione degli affari che si presentano, ma debbano in tal casi li Massari predetti operare coll'intervento del Camarlingo dell'elemosine prò tempore, è che col sentimento all'ora di due venghino detti affari deliberati.

4°

Che all'occasione di doversi radunare la Congrega, i Massari il giorno prima abbino l'obbligo di avisare in iscritto i componenti detta congrega, è che questo invito sia firmato dal Cancelliere è nostro Segretario, con doversi mandare detti inviti per mezzo del nostro bidello, quale dovrà farne il suo rapporto, è se le averà fede al medemo al uso dei nuncii publici di questo Serenissimo Dominio.

5to

Che in tutti gli affari da trattarsi nella congrega dopo le proposizione dei Massari sia lecito à ciascheduno dei congregati di esporre il suo sentimento è di fare la sua proposizione, talmente che scritte è publicate dal detto Cancelliere tutte le proposizioni, tutte una dopo l'altra, precedendo però quelle fatte da Massari, debbano esser poste all'esperienza de voti, è quella che averà riportato il maggior numero de favorevoli intendersi debba approvata.

6°

Che qualonque libro, scrittura, etcetera, appartenente alla nostra nazione debbano sempre restar sotto la costodia del nostro cancelliere è segretario, il quale non possa dare à chionque della nostra nazione, compresovi li Massari "prò tempore", verun originale, ma bensi possa darne copia mercè mediante. Ben inteso però che, prima di darne copia di quello è quanto appartiene all'intrinsico della nostra congrega, debba riportare il permesso dai massari è camerlingo prò tempore in iscritto, sotto pena à detto nostro cancelliere mancando di essere immediatamente ammosso dal suo posto è di pagare il pregiudicio è danno che potrà essere per sua colpa risultati, è di non poter mai essere più ammesso à tal carica ed impiego.

7mo

Sarà proibito à chionque della nostra nazione, niun escluso ne riservato, il far oratorio, ossia sinagoga, in numero di diece persone, à forma del nostro ritto, in propria o' altrui casa, dentro questa Serenissima città, centro il circuito di tre miglia. Approvando che non vi possa essere altra sinagoga che quella ove presentemente esiste, à forma dei benigni privileggi espressi nelli capi 8 è 32 (sic), eccettuando solamente qualche caso urgente di grava malatia per il quale dovrà ottenersi la licenza in iscritto dai massari col precedente consenso ed approvazione della congrega con due terzi delli voti favorevoli. Escludendo però da detta proibizione li giorni di matrimonio, ossia di lutto, purche non ecceda i tempi portati dal nostro ritto, cioè non più di giorni otto. Contravenendo qualunque di nostra nazione come sopra si dice s'intendino incorsi per ciascheduna volta, tanto li contraventori, che tutti quelli i quali saranno col consiglio ò con l'opera concorsi al detto privato oratorio, ossia sinagoga, nella pena di scuti venti in oro da applicarsi un terzo all'Eccellentissima Camera, un altro terzo alla Sinagoga, è l'ultimo terzo, la metà al denonciantore segreto ò palese che sia, è l'altra mettà agli esecutori di giustizia che faranno l'esecuzione.

8vo

Dovrà ogni anno formarsi un camarlingo generale di tutte le rendite che appartengono alla nostra Sinagoga, da ellegersi dalla congrega colla maggioranza de voti. E' ricusando l'eletto, non potrà farlo senza prima pagare la pena di lire cinquanta banco, applicabile la metà all'Eccellentissima Camera, è l'altra mettà à beneficio della nostra Sinagoga, dovendo però quello tale godere il beneficio della nostra Sinagoga, dovendo godere anni quattro di divieto, seppure il medesimo non rinunciasse per atto del nostro Cancelliere al beneficio del detto divieto. Con che però detto camerlengo non posssa fare spese, se non col mandato sottoscrittto almeno colla firma di un massaro è del nostro Cancelliere, in assenza dell'altro massaro, è tutte alla forma delle costituzione stabelite sino del mese di decembre 1769 (1). Ed in caso che qualche camerlengo intaccasse la cassa, ò facesse delle spese capricciosi senza i suddetti requisiti, s'intenda subito dimesso dalla carica, ed altresi scartato dal numero dei componenti la congrega, senza mai poter essere nuovamente ammesso, è reintregrare nel tempo è termine di giorni cinque la cassa del nostro publico. Ed alla fine di ogne anno del suo maneggiato dovrà render esatto conto alla congrega è farselo approvare con consegnare il suo libro, quale dovrà riporsi dal nostro cancelliere nell'archivio.

9°

Chi sicome ogni ebreo che vien qui à stabelirsi, con farsi scrivere nel rollo, trova la Sinagoga, campo di sottero, sciattino, servo, illuminazione, il tutto pagato, è sicome per le quale non ha' il medesimo in nulla contribuito, è conviene da noi indispensabilmente mantener sempre vive quelle spese, resta espressamente è positivamente proibito ai massari è cancelliere prò tempore di farli, secondo il solito, il biglietto per il prestantissimo Magistrato della Conssegna (sic), conforme si costuma, se prima questo tale ebreo in aiuto è considerazione delle sudette quotidiani spese (conforma si costuma ed è solito in altri luoghi) non averà sborsato è pagato à mani del nostro camarlingo, per una volta tanto, quella regalia che stimerà à proposito la congrega colla maggioranza de voti, non dovendo però oltre passare detta regalia alla somma di zechini dodeci effettivi. E' restar debba libero questo tale per un anno intiero, dal giorno che si farà scrivere nel nostro rollo, dalla solita tassa, come la correspondano gli altri abitanti, non compresovi però nella suddetta regalia il solito quarto per cento, solito à pagarsi da tutti i nostri individui à tenore delle antichissime ordinazioni. E' prendendosi l'arbitrio i massari di far il suddetto biglietto, senza il dovuto riscontro che il camerlengo abbia incassato quel tanto che averà agiustato, come sopra si dice, i medesimi massari paghino del suo, come se quel tale forestiere pagato avesse à loro proprie mani sino alla suddetta somma di zechini 12 effettivi.

10mo

Che le tasse annuali fatte fissate è stabelite nel mese di maggio 1772 (2) restino è restar debbino fisse è permanente per anni tre almeno. E' cosi di trè in trè anni non si potranno rimovere solo che nel caso di qualche urgenza necessaria; è che quel tale si trovasse aggravato, faccia il suo ricorso in iscritto colle prove autentiche della sua impossibilità di poter continuare à soffrir detta tassa, esaminati i recapiti, dalla congrega colla pluralità de voti possa essere rimesso.

11mo

E' per maggiormente mantener la quiete è tranquillità, in aumento delle publicazione con somma carità proveduti dai nostri Eccellentissimi Protettori, resta nuovamente stabilito fra' di noi che qualonque ebreo ò ebrei che facessero sussore (sic) nella sinagoga ò nella congrega, oppure fussero autori che altri lo facessero, sicome ancora quelli che mancheranno di rispetto verso le persone dei massari prò tempore, questi potranno fare intimare dal loro bidello la sortita della sinagoga è tenerli esclusi dalla medesima per quel tempo che stimeranno, purché non ecceda il termine di mesi sei. E' venendo di nuovo rimessi non potranno esserlo i delinquenti, senza dimandar scusa in pubblica sinagoga, ed in tutto come le verrà prescritto dalli detti massari, è senza di cio esseguire, non possino essere ammessi alla pena di scuti venti d'oro da applicarsi la metà all'Eccellentissima Camera è la mettà alla Sinagoga.

12mo

Che alla fine d'ogni mese il camarlingo prò tempore debba riscuotere da tutti i debitori di offerte, compre, tasse, pene, etcetera. E' per i debitori ranitenti è morosi si debba stare alla deliberazione del mese di decembre 1769 (1), è passatto il termine prescritto in detta deliberazione, in vigore del benigno decreto degli Eccellentissimi Protettori de 16 genaro è rattificazione de 19 del medesimo dei Serenissimi Collegi (3), detto Camarlengo faccia pignorare i debitori morosi è renitenti con partecipazione però in iscritto dei massari è del nostro cancelliere.

13mo

Che se i due massari con il camerlingo per qualche loro fine particolare è che vi fosse qualche affare premuroso da discorrere è risolversi dalla congrega non volessero avisare la medema, sia in facoltà di trè dei componenti l'istessa congrega consegnare il loro consenso in iscritto, è non altrimenti al nostro cancelliere è segretario, dal quale con i soliti inviti avisar debba tutta la congrega, è ritrovandovi si il numero di quattro, ufficiar possino coll'istesso metodo è regola che se presente vi fosse tutta la congrega intiera.

14mo

E' sicome continuamente comparriscono qui de nostri nazionali, ed ivi si trattengono per più mesi senza punto contribuire alle suddette necessarie spese, per questi tali, passato un intiero mese della loro qui dimora, siano obligati à pagare è contribuire alla cassa del nostro publico quella picola tassa che da massari è camarlengo prò tempore li verrà assegnata antecipatamente mese per mese, non dovendo oltrepassare però à maggior somma di lire sei il mese, è ben inteso in detta somma non resti compreso il solito quarto per cento.

15mo

Che se qualonque individuo della nostra nazione, niuno escluso, ne eccettuato, movesse qualonque lite contro il disposto dei presenti capitoli, qualonque spesa piccola ò grande che sia, questo tale ò tali non possino ritrocederla contro la cassa del nostro publico, ne farsi ritenzione sotto qualonque protesto ò colore. E' tutte le spese che facessero ò causassero alla nostra congrega per sostenere il mantenimento dei presente capitoli siano per loro proprio conto di quel tale ò tali che muovessero tal lite ò causa. E' solamente si buonificheranno ai massari prò tempore le spese che faranno, purche la causa si difenda in nome di nazione è col consenso della congrega colla pluralità de voti.

16mo

Che le cerimonie è solite funzioni della nostra Sinagoga non possino essere alterate in minima parte dal piede in cui sono presentemente è che sono gia inveterati è confermati nuovamnete nel mese di decembre 1769 (1), non potendosi dar veruna benché minima alterazione ne spiegazione ai presenti capitoli, è solamente porli in esecuzione de littera ad licteram. E' durar debba questo nuovo regolamento è stabelimento è numero de congregati per il tempo è termine di anni nove almeno consecutivi dal giorno dell'approvazione dei Serenissimi Collegi, che Iddio Benedetto conservi per longa serie d'anni. Dati è raccolti i voti si trovano approvati con tutti sei voti favorevoli

......

Si rapresenti à Serenissimi Collegi per parte dell'Illustrissimi ed Eccellentissimi Ridolfo Emiglio Maria Brignole ed Agostino Lomellino, Protettori deputati per la nazione ebrea, essersi per parte della Congrega della stessa nazione formatili recentemente li sopradetti sedaci capitoli per il buon ordine, regolamento è governo della medesima nazione. Sopra de quali capitoli, essendosi fatta da prefati Eccellentissimi Protettori la pia seria considerazione, hanno loro Eccellenze apreso che possano meritare la benigna comprovazione di Vostre Serenissime con deliberare la piena è totale loro osservanza, colla modificazione però nel capitolo settimo in quella parte che impone la pena di scuti 30 oro è la sudisiaria (sic) di mesi tre di carcere di ridurre detta pena in soli scudi venti oro ed in un solo mese di carcere, sotto quei modi è forme che piacerà à loro Signorie Serenissime, alle quali etcetera.

* See above, Doc. 2021.

(1) Doc. 1954, probably.

(2) Doc. 1988.

(3) Docs. 2017, 2018.

Note: See Docs. 2021, 2035.

Bibliography: Pacifici, *Vita e ordinamento interno*, pp. 25–36.

2048

Genoa, 4, 7, 11 September 1774

Source: A.C.E., Libro delle deliberazioni, pp. 161–163.

The Congrega *meets to elect the two new* Massari. *Moise Jacob Foa, Samuel Rosa, deputy* Massaro, *Biniamin Foa, and Felice Vida are present; Giuseppe Rosa, Giuseppe Nataff, and Salomon Malvano are absent. Beniamin Foa and Samuel Rosa's names are drawn. Salomon Malvano's name is proposed for the post of treasurer. Beniamino Foa produces his account book, according to which he is owed 160.15.10 pounds.*
On 7 September the beadle, Abram Israel Acoen, states he handed in to Salomon Malvano the notice of his election as treasurer by the Congrega, *whereby he was authorised to collect debtor's notes and New Year's offerings as well as to reimburse the credits. He also states he gave Salomon Malvano a 10-pound order for his monthly salary, which, however, he did not receive.*

2049

Genoa, 9–30 September 1774

Source: A.S.G., Archivio Segreto, n. 1391.

The Collegi *accept Giuseppe Nataff and Salomon Malvano's petition. They want the election for the* Massari *and treasurer to be repeated due to irregularities. The decision is deferred to the Protectors of the Jewish community. At the new elections decreed by the Protectors, Beniamin Foa and Giuseppe Nataff are elected* Massari *and Salomon Malvano is elected treasurer.*

Note: See below, Doc. 2050.

2050

Genoa, 26, 30 September 1774

Source: A.C.E., Libro delle deliberazioni, p. 164.

The Secretary of the Jewish community notifies the members of the Congrega *that the Protectors of the Jewish community ordered a new election. In the presence of Moise Jacob Foa, Biniamin Foa, Giuseppe Nataff, Salomon Malvano and Felice Vida, the names are drawn. Beniamin Foa and Giuseppe Nataff are elected* Massari *and Salomon Malvano* camarlengo. *Giuseppe Rosa and Samuel Rosa, who is sick, are absent.*

Note: See above, Doc. 2049.

2051

Genoa, 14, 16 October 1774

Source: A.C.E., Libro delle deliberazioni, p. 165.

Moise Jacob Foa certifies that the Congrega *cannot meet because of the absence of some members, due to the illness of the Rosa brothers.*

2052

Genoa, 13 November 1774

Source: A.C.E., Libro delle deliberazioni, pp. 165–166.

The Massari *grant Moise Atias, son of the late Isach, from Leghorn, a note from the* Magistrato della Consegna *in order for him to be registered in the Jewish community. Moise Atias offers the community 50 pounds.*

2053

Genoa, 20 February 1775

Source: A.C.E., Libro delle deliberazioni, p. 166.

The Congrega *approves the petition by Emanuele Iona, son of the late Abram, from Carmagnola. He wishes to be registered in the Jewish community and offers 8 sequins for the needs of the synagogue. Four are to be paid right away and 4 within 10 days. The* Magistrato della Consegna *is notified.*

2054

Genoa, 10 March 1775

Source: A.S.G., Notaio Francesco S. Pallani, filza 23.

Elia Foa, son of the late Isacco, appoints Donato De Benedetti his attorney to collect from Israel Saxio from Nizza what is owed to him, and to collect from Petiti from Nizza what he has already collected from Israel Saxio on his behalf.

2055

Genoa, 15 March 1775

Source: A.C.E., Libro delle deliberazioni, p. 167.

Beniamin Foa ends his semester as Massaro presidente. *Giusepppe, son of Samuel Nataff, will take his place starting on 16 March.*

2056

Genoa, 30 March, 9 April 1775

Source: A.C.E., Libro delle deliberazioni, p. 167.

Provisions relating to Leone Segre. The Congrega *grants his petition for a tax reduction. He asked for the amount to be reduced from 24 pounds per annum to 30* soldi *per month.*
He is further notified by the beadle to withhold the belongings of those foreigners who did not pay tax to the synagogue.
The order is repeated, since the first time Segre replied he did not want to fare il sbire.

2057

Genoa, 19 April 1775

Source: A.S.G., Notaio Francesco S. Pallani, filza 23.

Samuel Salvatore Treves, son of the late Emanuele, from Vercelli but currently living in Genoa, appoints his father-in-law, Beniamino Sansone Levi Gattinara, son of the late Aron, from Vercelli, his attorney, to collect what is owed to him from his debtors in Vercelli and elsewhere. Treves requests that his power of attorney be ut alter ego et ad votum. *Treves's identity is confirmed by Elia Foa.*

2058

Genoa, 12 May 1775

Source: A.S.G., Notaio Francesco S. Pallani, filza 23.

Carlo Francesco Brande protests a bill of exchange issued in Turin on 19 April 1775, addressd to Malvano, for 1,850 pounds to the order of Brande, and signed by Benedetto Treves. Malvano cannot pay because he has no funds.

2059

Genoa, 17 May 1775

Source: A.S.G., Notaio Francesco S. Pallani, filza 23.

Moise Raffaele Vida appoints his brother Felice Lustro Vida his attorney to demand and collect what is due to him from whoever owes him now and will owe him in the future.

2060

Genoa, 16, 18 June 1775

Source: A.C.E., Libro delle deliberazioni, pp. 168–170.

The Protectors of the Jewish community, as requested by Giuseppe Nataf, Massaro, *grant permission to elect three members of the* Congrega *due to vacancies. Upon the* Massari's *order, the* capi di casa *Giuseppe Rosa, Moise Jacob Foa, Giuseppe Montefiore, Ottavio Rabeni, Abram Rosa, Moise Vida, Moise Atias, Giuseppe Vigevani, Leon Segre, Aron Wolf, the Pincherli brothers, Abram Israel Coen and Abram Barocci are notified. Barocci, Segre, Rosa, Rabeni, Pincherli, and Montefiori do not appear. Notwithstanding complaints and protests, Moise Atias is confirmed in the late Samuel Rosa's place; Moise Vida in Salomon Malvano's place, the latter being absent from Genoa. Amadio Pincherli comes up with a second ballot with Aron Wolf for Felice Vida's place, as he is away as well.*

Note: See below, Doc. 2061. The same election is recorded in *Archivio Segreto*, n. 1391, dated 16, 18 June 1775.

2061

Genoa, 10, 11 July 1775

Source: A.C.E., Libro delle deliberazioni, pp. 170–179.

The Congrega, *formed by Beniamin Foa, Giusepppe Rosa, Moise Attias, Moise Jacob Foa and Moise Vida, meets to elect the third member, to take Felice Vida's place with Pincherli and Wolf. Giuseppe Nataff, outgoing* Massaro, *and Secretary Elia Foa are absent.*
Giuseppe Nataff gives Beniamino Foa the key to a case containing the community's books and registers, printed notes for the poor foreigners, two bills for the Congrega *and others. The case is at the house of Elia Foa, former Secretary. Bartolomeo Varese, Deputy-Secretary of the Senate, draws up a deed on 3 July recording G. Nataff's deposit and payment of 62 pounds, that Nataff must pay, having renounced the position of* Massaro. *Aron Wolf receives more votes than Amadio Pincherle and is elected in Felice Vida's place.*
It is suggested that Giuseppe Rosa be elected treasurer instead of Salomon Malvano. Notary Antonio Maria Rosani, the Secretary of the Jewish

community being absent, records Giuseppe Emanuel Vigevano's appointment as Secretary and his oath and gives him the community registers. The notary further states he gave Secretary Vigevani a letter written in Leghorn on 3 May 1774 by Abram Rodrigues Miranda. The notary certifies that the Secretary gave the letter to the Congrega.

Secretary Vigevani signs for approval the deeds drawn up by notary Rosani and the summary of a deed drawn up by notary Carosio relating to a statement by Giuseppe Nataff. He states that his brother, Isac Nataff, who lives in Leghorn, ordered him to spend 4 French scudi *to purchase a silver ornamented piece of furniture for the synagogue of Genoa, and that Nissim, son of Moise Jard, from Tunis, gave him a similar order, for 12* scudi. *Nataff is willing to give the money to the* Congrega *immediately. Should they refuse, Nataff was ordered by his brother to pay the* Congrega *5 pounds in Genoese currency, accounting for 1/4% of his business conducted in Genoa and 57.10 pounds on behalf of Nissim for the same reason.*

Beniamino Foa suggests that, following Salomon Malvano's departure, a message to the members be posted at the synagogue, stating that whoever has or believes they have anything belonging to Malvano must inform the Secretary within 3 days, otherwise they will be excommunicated, because it is forbidden to keep it.

The treasurer is authorised to collect from Isac Nataff and Nissim Jard the promised sums and, most important, the 1/4% tax on business conducted in Genoa. The proposal is unanimously approved. Abram Moise Attias's petition is also approved. He suggested that books for the Talmud-Torah *and for the* Limud *be provided.*

Note: In the document *Archivio Segreto*, n. 1391, Bartolomeo Varese states that he has received on 3 July 1775 from Giuseppe Nataff, outgoing *Massaro*, keys, notes, insurance policies and books belonging to the community. The document includes a receipt for 31.5-pound given by Bartolomeo Varese to treasurer Abram Salomon Pincherli on 8 January 1777. This accounts for part of the fine that Giuseppe Nataff had to pay, having renounced his position as *Massaro*. See above, Doc. 2060.

2062

Genoa, 14 July 1775

Source: A.C.E., Libro delle deliberazioni, p. 179.

Some members of the Congrega *ask Giuseppe Vigevano to send a letter to*

Salomon Malvano requesting him to pay 313 pounds as soon as possible. He owes this sum to the Jewish community up to the day of his departure.

Note: See below, Docs. 2073, 2074.

2063

Genoa, 20 July 1775

Source: A.C.E., Libro delle deliberazioni, p. 180.

Moiseh Attias agrees to take Giuseppe Rosa's office as treasurer since Rosa must go to the spa in Acqui. Rosa petitions the Congrega *to approve of this substitution and undertakes to answer both for Attias' work and credit collection.*

Note: See below, Doc. 2064.

2064

Genoa, 14, 15 August 1775

Source: A.C.E., Libro delle deliberazioni, pp. 180–181.

As ordered by Beniamino Foa, the Congrega, *formed by Moise Jacob Foa, Moise Attias, Moise Vida and Aron Wolf meets. Upon Beniamino Foa's request, the* Congrega *approves Moise Attias's temporary substitution for Giuseppe Rosa; authorises Secretary Giuseppe Vigevano, with the help of Moise Attias, to compel all debtors, also those in arrears, to pay their debts. Finally Secretary Giuseppe Emanuel Vigevani is appointed attorney, to represent the* Congrega *before any judge with reference to demands by debtors in arrears and to make the debtors of the* Congrega *pay the treasurer.*

Note: See above, Doc. 2063.

2065

Genoa, 18 August 1775

Source: A.C.E., Libro delle deliberazioni, pp. 182–183.

The Congrega *sends two letters to Abram Rodrigues Miranda in Pisa, to thank him for his work and for his contribution to the hospice for the poor. Jacob, son of Abram Da Costa, is also quoted.*

2066

Genoa, 23 August 1775

Source: A.S.G., Archivio Segreto, n. 1391.

Giuseppe Montefiore presents to the Protectors of the Jewish community a petition in order for the Collegi *to take suitable action against the* Congrega's *irregularities, prevent abuse and inconvenience and make sure that the Charter granted by the Republic to the Jewish community is complied with. The petition is signed by* Ottavio Rabeni, *Abram Salomon Pincherli, Joseph Montefiore, Leon Segre, Abraham Rosa, Elia Modigliano and Amadio Samuel Pincherli.*

Li appie sottoscritti comparendo nanti li Eccellentissimi Agostino Lomellino e Marcello Durazzo, Protettori della Nazione Ebrea, non pono a' meno di supplicare per mezzo di loro Eccellenze il Serenissimo Trono a' prendersi le opportune informazioni sopra l'iregolare condotta della Congrega di detta nazione, onde si compiacia di dare li coerenti ordini e disposizioni per riconoscere le nulita dei regolamenti e togliere li molti abusi e gravi inconvenienti che vi si sono introdotti. A' qual effetto si danno l'onore di far presente a Loro Eccellenze esser pronti li infrascritti al pagamento di quella tassa che possa esser corispondente alle rispetive loro forze, come che egualmente pronti a continuar quelle offerte che possano esser di sollievo alla cassa di detta nazione. Ma pero credersi in dovere di pregare loro Signorie Serenissime per mezzo di Loro Eccellenze perche si compiacciano di dare i provedimenti opportuni all'oggetto che gli affari di sudetta Nazione siano maneggiatti con quel metodo che si richiede, a secondo de benigni previleggi concessi dal Serenissimo Trono a detta nazione per il buon ordine della medema, è non sia ristretta fra solo quattro o' cinque fra di essi stretamente congionti anche di sangue tutta l'amministrazione ed il regolamento della nazione medesima, come dalla pro memoria presentata a Loro Eccellenze lo che sperano è profondamente s'inchinano......

Note: See below, Doc. 2067.

2067

Genoa, 30 August 1775

Source: A.C.E., Libro delle deliberazioni, pp. 183–184.

The members of the Congrega *write a letter to Abram Rodrigues Miranda asking him to lend money to cover legal expenses and the printing costs of the Charter, following the legal proceedings against the* Congrega *started by Ottavio Rabeni, Abram Salomon Pincherli, Joseph Montefiore, Abram Rosa, Jeuda Segre, Elia Modigliano and Amadio Samuel Pincherle. The letter explains that the protesters oppose the provisions of the 16* capitoli *approved for the good order and organisation of the Jewish community.*

Note: See above, Doc. 2066.

2068

Genoa, 31 August, 1 September 1775

Source: A.C.E., Libro delle deliberazioni, pp. 185–187.

The Congrega *approves the election by drawing lots of Moise Attias and Moise Jacob Foa*, Massari, *and Amadio Samuel Pincher, member of the* Congrega.

2069

Genoa, 1, 3, September 1775

Source: A.C.E., Libro delle deliberazioni, pp. 187–189.

As ordered by Beniamino Foa, Massaro, *the* Congrega, *formed by Abram Moise Attias, Moise Jacob Foa, Moise Vida, Aron Wolf and Amadio Samuel Pincher meets. Amadio Samuel Pincher opposes Foa's first proposal relating to provisions for the synagogue, arguing that he should speak first, having taken the place of Giuseppe Nataff, who had been* Massaro. *The* Congrega *replies that Pincher is only a member, not a* Massaro. *Moise Jacob Foa suggests that Giuseppe Rosa be confirmed treasurer. The proposal is approved with 5 votes in favour, since Pincher abstained because he was not considered to be* Massaro.

2070

Genoa, 20 September 1775

Source: A.C.E., Libro delle deliberazioni, p. 190.

Giuseppe Fonseca from Leghorn asks to be registered in the Jewish community with his wife, and offers 36 pounds. He suggests that he pay the 1/4% tax only on the business he conducts on his own in one year. His proposal is accepted. On 23 September the Massari *give Giuseppe Fonseca and his wife the note for the* Magistrato della Consegna *in order to be registered in the community.*

2071

Genoa, 27 September 1775

Source: A.C.E., Libro delle deliberazioni, p. 191.

Elia Foa petitions the Congrega *to be granted exemption from the 24-pound tax on innkeepers, on the grounds that he no longer runs the inn.*

Note: See below, Doc. 2073.

2072

Genoa, 28 September 1775

Source: A.S.G., Notaio Francesco S. Pallani, filza 24.

Ottavio Rabeni, son of the late Moisè, who is owed 120 pounds by Antonio Mattei, which he used to redeem a diamond ring belonging to Filippo Merea and mortgaged to Mattei, transfers his credit to Gerolamo Salvo. Rabeni receives 120 pounds in cash.

2073

Genoa, 29 October 1775

Source: A.C.E., Libro delle deliberazioni, pp. 191–195.

The Congrega, *called for 24 September without the required number of members being present as Vida, Wolf and Pincher were absent, meets. Abram Moise Attias and Moise Jacob Foa*, Massari, *Beniamino Foa, Moise Vida and Aron Wolf are present. Giuseppe Rosa and Amadio Pincher are absent, because they are outside the Dominion. The* Congrega *decides that Amadio Pincher be ordered to pay within 10 days whatever Salomon Malvano owes the community from the time he was treasurer. Pincher had offered to pay for him and asked the* Congrega *to suspend any actions against Malvano, who had undertaken to pay before the end of August. Abram Mose Attias is appointed deputy treasurer as Giuseppe Rosa is absent.*
The Congrega *grants a tax reduction to Daniel Moreno in view of his large family and poor business, and to Elia Foa, who is no longer running his inn. The Secretary of the community, Giuseppe Emanuele Vigevano, is granted an annual fee amounting to 84 pounds, to be paid in advance every 3 months.*

Note: See Docs. 2036, 2062, 2071, 2074.

2074

Genoa, 13 November 1775

Source: A.S.G., Archivio Segreto, n. 1391.

Vincenzo Sturla, Salomon Malvano's attorney and counsel for the defence, asks the Protectors to prevent the Secretary and the Massari *of the Jewish community from taking action against his client, as he is willing to pay whatever he owes from the time he was treasurer of the community.*

Note: See above, Docs. 2062, 2073.

2075

Genoa, 16 February 1776

Source: A.S.G., Notaio Francesco S. Pallani, filza 25.

Elia Foa, son of the late Isach, and his wife Ester, daughter of the late Florido Foa, appoint Giacomo Emanuele Foa, son of the late Abramo, from Moncalvo, their attorney to deal with the agreement for the sale of their house in Moncalvo. The bill of sale amounts to 2,200 Piedmont pounds, in favour of Raffaele, son of the late Jacob Sacerdote. Payment arrangements shall be as deemed best by the attorney, who already received 200 pounds.

Bibliography: On Jacob Emanuel Foa, see Segre, *Piedmont*, p. 2114.

2076

Mantua, 31 May 1776

Source: A.S.G., Arti, ms. 184.

A printed record of il distinto ragguaglio della gran ruina seguita il giorno 31 maggio 1776 a ore 22 in occasione che facevano due sposalizi nel ghetto degli Ebrei della città di Mantova. *The excessive weight of the 200 guests in the room of the brides caused the floor to collapse to the basement. 35 men and 28 women died.*

Bibliography: Simonsohn, *Mantua*, p. 79.

2077

Genoa, 2 July 1776

Source: A.S.G., Notaio Francesco S. Pallani, filza 26.

A protested bill of exchange addressed to Giuseppe Brentani for 5,000 Venetian piccoli *which Felice Vida does not pay.*

2078

Genoa, 23 August 1776

Source: A.C.E., Libro delle deliberazioni, p. 195.

Samuel Horef of Tunis, coming from Leghorn, having paid the 17.8-pound tax established by the Congrega, *excluding the 1/4% tax on business, receives a notice for the* Magistrato della Consegna *in order to be registered in the Jewish community.*

2079

Genoa, 31 August, 1 September 1776

Source: A.S.G., Archivio Segreto, n. 1391.

The Jewish community asks the Protectors to allow the election for the Massari, *the treasurer, and the other members of the* Congrega *to be through the votes of the* capi di casa *rather than through a draw by lot, because the seven persons selected for the draw are absent. The Protectors accept, but Moise Attias is opposed. He points out to Deputy-Secretary Varese that this method of election is contrary to the Protectors' instructions of 16 June 1775 according to which the* Massari *must be drawn by lot and not elected.*

Bartolomeo Varese replies that the instructions of 16 June 1775 applied to that day and emphasises that the Congrega *has no members except for Beniamino Foa and thus the* Massari *need to be elected.*
In the presence of the Deputy-Secretary the following are called to vote: Moise Attias, Beniamino Foa, Ottavio Rabeno, Daniel Moreno, Giuseppe Fonseca, Abram Rosa, Abram Barocci, Abram Pincherle, Moise Vida, Aron Wolf, Giuseppe Nataff, Giuseppe Montefiore, Giuseppe Vigevano, Leone Segher (Segre), Elia Modiliano, Abram Coen.
Ottavio Rabeno is elected Massaro presidente, *Giuseppe Montefiore* massaro, *Abram Pincherle treasurer. Daniele Moreno, Giuseppe Fonseca, and Moise Attias, in Abram Barocci's place, since he cannot be part of the* Congrega, *notwithstanding the votes are elected deputy members of the* Congrega.

Note: See below, Doc. 2086.

2080

Genoa, 10 September 1776

Source: A.C.E., Libro delle deliberazioni, p. 195.

The petition by Salomon Racah, son of the late Prospero, from Leghorn, to be registered in the community, is approved. Racah offered 2 sequins. The petition is signed for approval by Moise Jacob Foa, Massaro presidente, *Abram Moise Attias, Massaro, Beniamin Foa, Moise Vida and Aron Wolf.*

Note: See below, Doc. 2081.

2081

Genoa, 13 September 1776

Source: A.C.E., Libro delle deliberazioni, p. 198, but p. 196 in particular.

Moise Jacob Foa and Abram Moise Attias approve Salomon Racah's petition to be registered in the community. In this document Moise Jacob Foa and Abram Moise Attias are recorded as Massari.

Note: See above, Doc. 2080.

2082

Genoa, 7 November 1776

Source: A.S.G., Notaio Francesco S. Pallani, filza 26.

Giacomo Rapallino appoints David Diaz Caravalho from Gibraltar his attorney, to collect what is owed to him from Bartolomeo Arengo.

2083

Genoa, 17 December 1776

Source: A.S.G., Notaio Francesco S. Pallani, filza 26.

Elia Foa, son of the late Isacco, undertakes to give and pay his sister Stella Diana 60 pounds per year for the rest of her life. The sum will be paid in Savoy currency and represents the revenue of 1,800 pounds, which still remains at her disposal. To collect the 1,800 pounds, Stella Diana appoints Abram Foa, son of Elia, her attorney. The sum represents Stella's dowry. She orders Abram Foa to give it to her father in order for him to invest it in his business. Stella establishes that when she dies the capital must be divided into three equal shares for her nephews Abram, Moise and Jona Foa, Elia's sons. The deed is drawn up at Stella Diana's house, near the Malapaga.

Note: See below, Doc. 2084.

2084

Genoa, 17 December 1776

Source: A.S.G., Notaio Francesco S: Pallani, filza 26.

Stella Diana, daughter of the late Isacco Foa and widow of Samuele Clava from Turin, appoints Abram Foa, son of her brother Elia, her attorney, to collect 1,800 pounds representing her dowry. Stella Diana takes an oath before her brother Elia Foa and her brother-in-law Beniamino Foa, son of the late Florio.

Note: See above, Doc. 2083.

2085

Genoa, 17 December 1776

Source: A.S.G., Notaio Francesco S. Pallani, filza 26.

Ester, daughter of the late Florio Foa and wife of Elia Foa, appoints her son Abramo her attorney to demand and collect on her behalf all that is due to her with reference to her dowry. Ester takes an oath before her husband, Elia Foa.

Note: See below, Docs. 2089, 2091.

2086

Genoa, 30 December 1776

Source: A.S.G., Archivio Segreto, n. 1391.

Giuseppe Rosa states before the Protectors that the order sent to him by the new Massari, *Ottavio Rabeni and Giuseppe Montefiore, is null. They ordered him to give the treasurer, Abram Salomon Pincherli, the account book of the Jewish community. He maintains that their appointment was invalid, being contrary to the Charter. The* Massari, *as well as the treasurer, acted as individuals. He states he will give the account book to a person appointed by the Protectors. Furthermore, Giuseppe Rosa produces a deed drawn up by notary Antonio M. Rosani, whereby he appoints Giuseppe Emanuele Vigevano his attorney. He is authorised to represent Giuseppe Rosa before the Protectors and in any court as if he were present, for any demands, petitions and documents concerning the Jewish community only, including the task of the treasurer.*

Note: See Docs. 2079, 2088.

2087

Genoa, 15 January, 1 February 1777

Source: A.S.G., Notaio Francesco S. Pallani, filza 27.

Giovanni Merello protests a bill of exchange issued in Vienna for 2,857.10 pounds, presented to Mosè and Felice Vida but rejected by Mosè, who claims he is owed a larger sum.

2088

Genoa, 27 January-4 February 1777

Source: A.S.G., Archivio Segreto, n. 1391.

Giuseppe Rosa, Aron Wolf, Giuseppe Vigevano, Mose Jacob Foa, and Mosè Attias deposit with the Chancellor of the Protectors the amount they owe the Jewish community. The sum is then given to Abram S. Pincherli, treasurer of the community.

Note: See above, Doc. 2086.

2089

Genoa, 2 April 1777

Source: A.S.G., Notaio Francesco M. Garassino, filza 16.

Statements given before the notary upon Abram Foa's request, relating to the members of his family and their professions. From the statements it is inferred that the Foa family ha il modo e comodo di mantenersi e vivere onestamente e decentemente qui in Genova. *The father, Elia Foa, is an agent; his son Abramo is one of the community's Rabbis, with a yearly salary amounting to 600 pounds, and works at the free port; his son Jona has various businesses; his son Moise is Rabbi at Senigallia and is granted by the Jewish community 120 sequins yearly revenue.*
These statements are required to prove that Abram and Jona can provide for their parents and therefore authorise the sale of their mother's dowry in order

to be able to marry their sister, Eva Foa, to Graziadio Salvatore Oliveri of Torrea, in Piedmont.

Note: See Docs. 2085, 2091.
Bibliography: Moise Foa is probably the Rabbi mentioned in Mortara, *Indice alfabetico dei Rabbini e Scrittori Israeliti*, p. 23.

2090

Genoa, 2 April 1777

Source: A.S.G., Notaio Francesco M. Garassino, filza 16.

Ioel Vitale, son of the late Bonaiuto, of Alessandria, who has been living in Genoa for many years, appoints Mola of Turin his attorney to settle disputes, controversies, litigations and questions with any individuals, associations and courts he has or may have before his Majesty the King [of Sardinia].

2091

Genoa, 2 April 1777

Source: A.S.G., Notaio Francesco M. Garassino, filza 16.

Before Domenico Belzoppi, Podestà urbano, *Ester, daughter of the late Florio Foa and wife of Elia Foa, son of the late Isac, asks for a certificate in order to be granted by the King of Sardinia permission to sell her dowry, so she can marry her daughter Eva to Graziadio Salvatore Olivero of Torrea. Ester states that her sons and her husband can provide for her decently, although recent mishaps in her husband's business prevented him from giving a dowry to their daughter.*
Ester's dowry amounts to 2,027.17.2 Piedmont pounds, 400 of which she has already used as authorised by the Prefettura di Casale. *Ester takes an oath before her husband and with his approval, and with the approval of her sons Abram and Jona.*
The deed is drawn up by the notary in the office of the Podestà urbano.

Note: See above, Docs. 2085, 2089.

2092

Genoa, 2 May 1777

Source: A.S.G., Notaio Francesco M. Garassino, filza 16.

Giuseppe Vida De Benedetti, son of Moise, a Jew of Alessandria, who is in Genoa on business, appoints Gaspare Villavecchia of Genoa, causidico *(counsel for the defence), his attorney to demand what he is owed from all his debtors.*

2093

Genoa, 16 June 1777

Source: A.S.G., Notaio Francesco M. Garassino, filza 16.

Elia Foa, son of the late Isac from Moncalvo, who has been living in Genoa for many years, appoints Samuel Benedetto Olivetti, son of Giuseppe of Ivrea, his attorney to demand and collect money, items and other articles he is entitled to for any reason whatsoever.

2094

Genoa, 3-4 July 1777

Source: A.S.G., Archivio Segreto, n. 1391.

The Protectors of the Jewish community ask lawyer Antonio Angelini whether it is up to the Rota Criminale *or the Protectors to have the Pincherli brothers jailed following their dispute with Abram De Angeli. This is because the Pincherli brothers, jailed upon the* Rota's *order, petitioned the Protectors. The lawyer replies that, according to chapter XXV of the Charter, it is a matter within the competence of the Protectors, although in this case the* Rota's *powers coincide with those of the Protectors. Therefore they order the* Rota *to carry on with the proceedings.*

2095

Genoa, 19 September, 7 October 1777

Source: A.S.G., Notaio Francesco S. Pallani, filza 28.

A protested bill of exchange, which Moise Jacob Foa should pay to Belloni and Fossati as ordered by the Uditori della Rota Civile *within 24 hours. The bill was issued in Milan by Giuseppe Viazola for 2,722.6.8 pounds to the order of Londonio and Ciani in favour of Belloni and Fossati.*
A further notary deed dated 7 October records that Fossati presented the letter to Moise Jacob Foa for him to pay within 15 days, but was not paid. The bill is thus protested against the endorsers too, but then paid to Fossati for the onore della firma dei Signori Londonio e Ciani.

2096

Genoa, 26 September 1777

Source: A.S.G., Notaio Francesco M. Garassino, filza 17.

Giuseppe Vitta De Benedetti, son of Mosè, from Alessandria, living in Genoa, appoints his father, Moise De Benedetti, son of the late Tobia, his attorney to demand and collect what he is owed anywhere.

2097

Genoa, 29 January-4 February 1778

Source: A.S.G., Archivio Segreto, n. 1391.

The Protectors of the Jewish community approve Giuseppe Fonseca's appointment as sensale *of the community by the* Congrega.

Note: See below, Doc. 2100.

2098

Genoa, 9 June 1778

Source: A.S.G., Archivio Segreto, n. 1391.

Elia Foa, Secretary of the Jewish community, states that Giuseppe Montefiore, treasurer, is allowed to distrain debtors in arrears, as per the Congrega's *deliberations.*

2099

Genoa, 27 June 1778

Source: A.S.G., Archivio Segreto, n. 1391.

Giuseppe Noli deposits with Bartolomeo Varese, Chancellor of the Protectors of the Jewish community, 703.5 pounds for Francesco Valentini Rossi, following Sabato Raffaele Jona's bankruptcy in Mantua.

2100

Genoa, 8 March 1779

Source: A.S.G., Archivio Segreto, n. 1391.

Domenico Laberio (or Labero), notary and Deputy-Secretary, signs for approval the statement whereby the Protectors of the Jewish community authorise Giuseppe Fonseca to practise the profession of sensale *notwithstanding the threats by the Guild of the* Sensali, *provided he complies with the Charter (Doc. 1878, n. XII).*

Note: See above, Doc. 2097.

2101

Genoa, 10 March 1779

Source: A.S.G., Senato, Miscellanea, n. 1041.

The Senate reads the petition presented to the Collegi *on 28 August 1778 by Salomon Racah. He sent Abram Vita Foa, son of Giacob, to Marseilles with Moise Fano, son of the late Angelo, an errand boy, to arrange business and collect money. He paid for food and lodgings and for the journey. Back in Genoa, Racah wanted Foa to return papers and documents to him, but he refuses to do so unless he is given compensation, and threatens to go back to Marseilles and use them against Racah. The Senate defers the question to the* Deputato del mese degli Inquisitori di Stato *in order for him to settle the dispute, having heard the parties and inquired on the matter. Should the* Deputato *fail to settle the dispute, he is requested to give the Senate suitable instructions so that, having ascertained that the papers and documents belong to Salomon Racah, they can be returned to him.*

2102

Genoa, 23 July, 23 November 1779

Source: A.S.G., Senato, Miscellanea, n. 1041.

Information on the troubles which occurred in the caffè dietro la loggia in Piazza delle Mele, *where aristocrats and common people are mixing because of the games played there. Among those present there are Foa, a Jew, and a convert. In a further deed dated 23 November the* Deputato del mese degli Inquisitori di Stato *states that F. Thomas, a Jew from London, organises card games at the* botteghino del caffè in Banchi *with great ability and that he teaches* alcuni della città...l'arte nel maneggio delle carte.

2103

Genoa, 1 October 1779

Source: A.S.G., Notaio Francesco S. Pallani, filza 32.

Abram Salomon Pincherli, son of the late Isac, partner in the Pincherli brothers company, appoints Elia Malvano, son of the late Salomon, from Turin, their attorney with ample powers to demand and collect, on his and the company's behalf, 3 bales of camel hair from Gaspare Silvestro and to issue a receipt to him.

2104

Genoa, 2 October 1779

Source: A.S.G., Notaio Francesco S. Pallani, filza 32.

The notary states that Abram Salomon Pincherli presented to Pietro Garibaldi three bills of exchange issued in Turin. They were protested since he did not accept them.

2105

Genoa, 3 March 1780, 28 March 1785

Source: A.S.G., Notaio Antonio M. Rosani, filza 17.

Beniamino Foa, son of the late Florio, who is from Moncalvo but has been living in Genoa for many years, gives the notary his will in a triple sealed letter. The universal heir is his daughter Consolina, wife of Salvatore Treves from Vercelli. On 28 March 1785 Abram Salomon Pincherli, aged 45, and Beniamin Serusi, son of Israel, aged 30, make a sworn statement as requested by Consolina Foa Treves, on Beniamino Foa's death. In the presence of witnesses the notary opens the letter containing Foa's will, drawn up and signed by him on 2 March 1780. There are a few Hebrew words and a prayer at the end of the will.
Beniamino Foa bequeathes the santa scuola *of the Jewish community 30 pounds per year, to be paid every 6 months for 30 years, to have the*

hasckavah *for the repose of his soul. He also wishes the* santa scuola della nazione ebrea *in Moncalvo to be given 20 sequins to arrange for ten persons over the age of 13 to meet at the synagogue of Moncalvo to pray for his soul. Each of them is to be paid one pound.*
He leaves 50 sequins each to Jacob Emanuel and Michel Foa, sons of his brother, Abram, or their heirs. Should Beniamino die before his wife Allegra, the heir must provide for her necessities and give her 30 Piedmont pounds per year, to be paid every 6 months. Should his wife not be able to live with the heir, the latter must pay 500 pounds per year, but his wife will have no claim on her own dowry. The universal heir is his daughter Consolina, wife of Salvatore Treves of Vercelli, who must respect his wishes. Should other daughters be born, they will be heirs as well as Consolina. Should other sons be born, they will be the heirs and Consolina will receive only 4,000 pounds from them. He leaves his sister Ester's sons 150 pounds each to pray every day for a whole year.
Consolina is further requested to pay someone to pray throughout the year and to keep a lamp lit.

2106

Genoa, 7 July 1780

Source: A.S.G., Notaio Francesco S. Pallani, filza 34.

Two bills of exchange issued in Venice for the Pincherli brothers and signed by Israel, son of Mandolino Levi, are protested.

2107

Genoa, 13 October 1780

Source: A.S.G., Archivio Segreto, n. 1391.

The Protectors of the Jewish community grant Massaro *Abram Salomon Pincherli's petition and authorise the treasurer of the community to take action against debtors in arrears. They also order that a bill ordering proper behaviour be posted at the synagogue.*

2108

Genoa, 27 March 1781

Source: A.S.G., Notaio Francesco M. Garassino, filza 24.

Beniamin Serusi, son of Israel, from the Veneto region but living in Genoa, aged 25, appoints Jacob Nunes Vais from Leghorn his attorney to ask emancipation of his father and consequently authorisation to purchase items of all kinds, usufruct and appear in court.

Bibliography: Jacob Nunes Vais could be the printer mentioned by Toaff in *Livorno e Pisa*, p. 359, n. 90.

2109

Genoa, 25 May–11 June 1782

Source: A.S.G., Archivio Segreto, n. 1391.

The Protectors of the Jewish community, as suggested by the Senate, reply to the Magistrates of the city of Horburg (Prussia) informing them that Mosè Wolf should be told that his brother Aronne died in Genoa in poverty and did not leave any inheritance.

2110

Vienna, 2 July 1781

Source: A.S.G., Archivio Segreto, n. 2606, Lettere di ministri.

Paolo Agostino Allegretti, a Genoese diplomat in Vienna, writes about the licence granted by Emperor Joseph II to Jews in Austrian countries whereby they can practise professions and arts until then forbidden, as well as purchase real estate, although subject to restrictions.

Bibliography: Cervani, *Gli ebrei a Trieste*, pp. 13–28.

2111

Genoa, 18 October 1781

Source: A.S.G., Notaio Francesco M. Garassino, filza 25.

Angelo Ghiglione lets a flat in Piazza delle Vele to Abramo Budi, a Jew from London. The duration of the lease is one year and the rent is 110 pounds per year.

2112

Genoa, 2 January 1782

Source: A.S.G., Notaio Francesco S. Pallani, filza 37.

Complaints relating to a bill of exchange issued by Luigi Lamande in Leghorn to the Pincherli brothers for 457 8-real pieces, because the exchange for payment was lower than that for the endorsement.

2113

Genoa, 7 May 1782

Source: A.S.G., Notaio Francesco M. Garassino, filza 26.

Jona Foa and Giovanni Sturla in solidum *appoint Silvestro and Brachetto from Turin their attorneys to demand and collect from Giacob Malvano from Turin or anybody else 300 Piedmont pounds as per the bill drawn on himself by Giacob Malvano, accepted as payable to Jona Foa and endorsed by the latter to Sturla.*

Note: See below, Doc. 2116.

2114

Genoa, 4 June 1782

Source: A.S.G., Notaio Francesco M. Garassino, filza 26.

Samuel Amedeo Pesaro, son of Salomone Mosè, requests a number of statements on a batch of quality grain deliveries effected in October to the miller Antonio Scribani.

2115

Genoa, 7 June 1782

Source: A.S.G., Notaio Francesco M. Garassino, filza 26.

Giuseppe Pinasco states to Abramo Foa, son of Elia, that he has received 212 pounds Foa owed him for a deed drawn up by notary Giorgio Musso.

2116

Genoa, 28 June 1782

Source: A.S.G., Notaio Francesco M. Garassino, filza 26.

Jona Foa, son of Elia, who has been living in Genoa for many years, refutes all charges made against him by Malvano, from Turin. These are in regard to a letter produced by Malvano, allegedly written by Abram Elia Foa, Jona's brother, with his approval, and some business arranged in his father's and brother's interest. Jona Foa, Sebastiano Migone and Serafino De Ferrari bear witness in favour of Foa, swearing that he acted for himself without interference from his partners.

Note: See above, Doc. 2113.

2117

Genoa, 12 July 1782

Source: A.S.G., Notaio Francesco M. Pallani, filza 38.

Amadio Samuel Pincherli, on behalf of his brothers and himself, gives ample power of attorney to Emanuele Levi Fubini from Turin, to collect from Filippo Travi from Turin 3 cases containing vicuna cloth shipped by the Pincherli brothers and to issue a receipt for whatever he receives.

2118

Genoa, 2 August 1782

Source: A.S.G., Notaio Francesco S. Pallani, filza 38.

In order to settle his business in Casale Monferrato, Leone Sacerdote, son of the late Moisè, from Casale gives ample power of attorney to Isachia Pescarolo from Turin, to settle, transact and compromise with his creditors. One of the witnesses called by the notary is Amedeo Pincherli.

Bibliography: On Isachia Pescarolo, see Segre, *Piedmont*, p. 2193.

2119

Genoa, 2, 5 August 1782

Source: A.S.G., Notaio Francesco M. Garassino, filza 26.

Statements made before the notary at the request of Samuel Amedeo Pesaro, son of Salomone Mosè, relating to some mine *of quality grain he sold.*

2120

Genoa, 31 October 1782

Source: A.S.G., Notaio Francesco S. Pallani, filza 38.

As requested by Giuseppe Lavaggietto, muleteer, Amedeo Pincherli, partner in the Pincherli brothers company, states before the notary that on 20 September he gave Lavaggietto a case of fabric valued at 657.16 pounds destined for Alessandria.

2121

Genoa, 11 November 1782

Source: A.S.G., Notaio Francesco M. Garassino, filza 26.

Beniamino Serusi appoints Filippo De Champes his attorney to demand and collect what he is owed in Nice, Marseilles and surroundings.

2122

Genoa, 12 December 1782

Source: A.S.G., Notaio Francesco M. Garassino, filza 26.

Statements made at Samuel Amedeo Pesaro's request. In July Pesaro had 9 cases of sugar loaded on board Master Frontelli's vessel, docked in Genoa and flying the Imperial flag. The sugar came from Lisbon and was supposed to sail for the punta di Goro, *but the captain stopped in port for a month, waiting for good weather, although other vessels did, in fact, sail.*

2123

Genoa, 8 January 1783

Source: A.S.G., Archivio Segreto, n. 1391.

The Massari, *with the approval of the Protectors of the Jewish community, extend the legal proceedings between Samuele Pesaro and Leone Segre.*

2124

Genoa, 29 March 1783

Source: A.S.G., Notaio Francesco S. Pallani, filza 39.

Abram Salomon Pincherli appoints his brother, Amadio Samuel Pincherli in Leghorn his attorney to demand, obtain and have carried out the marriage contract between Abram Salomon and Rosa Camis Fonseca, as decided in Leghorn on 23 June 1779, through Florio Foa, pubblico mediatore. *The proxy authorises him to appear in any court or before any judge in case of disputes, to guarantee, to collect items and to do whatever is deemed necessary and suitable.*

Nel nome del Signore Iddio sia. Il Signor Abram Salomon Pincherli, quondam Isacco di nazione ebrea, da me notaro conosciuto, eccetera, spontaneamente, eccetera, ed in ogni miglior modo, eccetera, ha fatto e constituito, siccome fa e constituisce suo procuratore il Signor Amadio Samuel Pincherli, di lui fratello, al presente commorante in Livorno, e così assente come se fosse presente, specialmente ed espressamente à poter in nome di detto constituente e per esso dimandare, ottenere e far eseguire il contratto matrimoniale, passato in Livorno li 23 giugno 1779, per mezzo del pubblico mediatore Florio Foa, fra esso constituente e la Signora Rosa, figlia del fù Signor Daniel Vita Camis Fonseca, sottoscritto dal Signor Salomon Gabriel Camis Fonseca, fratello della medesima, siccome tutti li patti, obbligazioni, pene e tutto quanto si contiene nel medesimo contratto, eccetera.

Item rapporto al medemo contratto a poter scuodere et esigere, ossia confessare d'aver scosso et esatto dal detto Signor Salomon Gabriel Camis Fonseca, o da qualonque altra persona o' persone, le doti et altro, e così tutto ciò le spetta et e dovuto alla forma del detto contratto matrimoniale. E di tutto ciò scuoderà et esigerà, ossia confessa d'aver avuto, scosso et esatto farà li dovuti fini e quietanze in ampia e valida forma di ragione, e per l'esatto sudetto passare tutte le scritture sì pubbliche che private, che saranno necesarie et opportuno, eccetera.......

Note: See below, Doc. 2126.

2125

Genoa, 4 April 1783

Source: A.S.G., Notaio Francesco S. Pallani, filza 39.

The notary draws up a proxy for Abram Salomon Pincherli, as partner in the Pincherli brothers company, leaving a blank space where the name of the attorney should be.

2126

Genoa, 3 July 1783

Source: A.S.G., Archivio Segreto, n. 1390a, Libro degl'instrumenti dotali nella nazione ebrea*.

Registration at the Senate Secretary's Office of the dowry documents relevant to the marriage contract between Rosa Camis Fonseca and Abram Salomon Pincherli. The Deputy-Secretary, notary Domenico Laberio, registers the copy drawn on 29 June 1783 by notary Francesco Maria Garassino from the original produced by Abram Salomon Pincherli. This is the second document filed in the short register called: Libro degli strumenti dotali nella nazione ebrea. *The register was kept at the Senate Secretary's Office, as per article XVI of the 1752 Charter***.
Rosa Camis Fonseca's dowry amounts to 1,400 8-real pieces, Leghorn currency, 1,100 of which were provided by the family and 300 of which were assigned by the Confraternita di maritare donzelle ebree, *as was customary in Leghorn* (1).

Nel nome di Dio Amen. L'anno millesettecento ottantatrè, correndo l'indizione decima quinta al costume di Genova, giorno di domenica 29 del mese di giugno, alla mattina, nella casa di solita abitazione de Signori fratelli Pincherli, posta in sulla Piazza delle Vele. Essendosi trattato, concluso e cellebrato il matrimonio secondo il rito ebraico frà la Signora Rosa, figlia del fù Signor Daniel Vita Camis Fonseca di Livorno, recentemente venuta nella presente città con l'infrascritta di lei madre, ed il Signor Abram Salamon Pincherle, quondam Signor Isac, entrambi di nazione ebrea, et abitante in questa città di Genova, ed essendosi stabilite le doti riguardo a detto matrimonio frà il Signor Salamon Gabriel Camis

Fonseca, fratello di detta sposa, e detto Signor Pincherli, come da chirografo a tale oggetto soscritto dalle parti nel 23 giugno 1779 in Livorno, e volendo le stesse parti che di tutto ne consti per publica scrittura ed instromento, anche coerentemente ai privilegi e Capitoli benignamente accordati da questo Serenissimo Governo a benefizio e vantaggio della sudetta Nazione qui commorante, specialmente al Capitolo XVI*.

Quindi è che constituiti personalmente, avanti di me notaro publico infrascritto e testimonii appiè nominati, il sudetto Signor Abram Salamon Pincherli da una parte e la Signora Rosa Camis Fonseca e con essa la Signora Ester Cabibe, vedova Camis Fonseca, di lei madre, dall'altra, spontanemante, eccetera, et in ogni miglior modo, eccetera, intervenendovi i mutui e reciprochi consensi e stipulazioni, eccetera, il Signor Abram Salamon Pincherli hà dichiarato e dichiara che li son state constituite le doti di detta Signora sua sposa in somma di pezze 1400 da otto reali moneta di Livorno: cioè pezze mille cento, prezzo di due magazzeni posti in Livorno, procedenti dall'eredità del quondam Signor Daniel Vita Camis Fonseca dal medesimo lasciati in dote alla detta Signora sua figlia, come dal di lui testamento del 10 giugno 1777, rogato in Livorno dal notaro Antonio Del Testa, notaro publico fiorentino, e stati a tall'effetto venduti dal Signor Salamon Gabriel Camis Fonseca, fratello di detta sposa, e dal Signor David Isac Carmi, di lui curatore, al Signor Isac Cansino, per instrumento del 7 aprile del corrente anno 1783, rogato in detto Livorno dal M. Andrea Lazzai Fomarini, notaro publico fiorentino; e le altre pezze trecento, pure da 8 reali, procedenti dall'assegnazione solita farsi dalle figlie della Confraternita di maritar donzelle ebree, erretta in detto Livorno. Quale signor Abram Salamon Pincherle hà dichiarato e dichiara di accettare, conforme accetto ed accetta, per dote e patrimonio di detta Rosa, sua Signora sposa, e promette e si obbliga. Dichiarando però detto Signor Abram Salamon Pincherli che per il presente atto non intende restar obligato per quelle spese caosasse il presente contratto tanto per le spese delle gabelle e rive minute, e così senza suo pregiudicio riguardo a tali spese, massimamente nel suo primo contratto fatto detto dì 23 Giugno 1779, non erasi obligato di fare verun instrumento, non tanto riguardo all'augumento, quanto al patto di restituzione e di beverzione nei casi di raggione di osservare in tutto e per tutto quanto fù convenuto nella privata convenzione del di 7 aprile scorso, stipulata a di lui nome dal signor Amadio Samuel, di lui fratello e procuratore, constituito per i rogiti del Signor Francesco Saverio Pallani, notaro publico genovese colleggiato, e come viene specialmente espresso nella Ketuba, statane cellebrata sotto li

5 del mese ebraico Scivan, che corrisponde 5 giugno anno corrente 1783, intendendo e volendo detto Signor Pincherli che tutti quei patti o oblighi, promesse, convenzioni, condizioni e dichiarazioni notate e denonciate nella sudetta Ketuba si debbano considerare come se state fossero trascritte e dedotte di parola in parola nel presente publico instrumento, e per quanto faccia di bisogno le approva, ratifica e conferma in tutto e per tutto et in ogni miglior modo, etcetera.
Obligante per tutto quanto sopra la sua propria persona, suoi eredi, effetti, e beni, e beni de suoi eredi presenti e futuri in ogni, etcetera.
E finalmente detto Signor Abram Salamon Pincherli, qui come sopra presente, hà fatto e fà a detta Signora Rosa Camis Fonseca, suoi eredi e successori o persona per essa et essi legitima, quanto sia per sudette rispettive somme e per tutto quanto sopra, caota e sicura sopra ogni e qualonque beni presenti e futuri di esso Signor Abram Salamon, posti in qualonque parte del mondo e specialmente di modo che la specialità non deroghi alla generalità, ne per il contrario, etcetera. Obbliga et ippoteca tutte e singole le sue gioie, denari, ori, argenti e qualsisia suoi beni mobili che saranno in sua casa al tempo che vi fosse luogo alla restituzione, in tutto come sopra, etcetera. Sotto etcetera, rinunciando etcetera, me notaro stipulante, eccetera.
Quali cose tutte sotto pena del doppio, eccetera; e col riffacimento, eccetera. Restano ferme eccetera, e per così osservare eccetera.
Me notaro stipulante; delle quali cose tutte.
Me Francesco Maria Garassino, notaro publico collegiato genovese. Fatto in tutto come sopra etcetera.
Essendo presenti per testimoni il Signor Giovanni Gambaro del quondam Nicolò et Antonio Roma di Giacomo Filippo, chiamati.
Copia Francesco Maria Garassino, notaro publico colleggiato.
1783 a due luglio. Registrato detto instrumento dotale dal consimile copia aotentica statami presentata dal Signor Abram Salomon Pincherli.
Domenico Labero notaro sottocancelliere.

* See Doc. 2130, note.
** Doc. 1878.

Note: See above, Doc. 2124.

(1)*Bibliography*: On the Confraternita di maritare donzelle ebree, see Toaff, *Livorno e Pisa*, pp. 263–268.

2127

Genoa, 12 September 1783

Source: A.S.G., Notaio Francesco S. Pallani, filza 40.

A protested bill of exchange for 6,000 pounds, in which Caim and Moisè Levi from Pesaro are involved.

2128

Genoa, 22 October 1783

Source: A.S.G., Notaio Francesco Saverio Pallani, filza 40.

A bill of exchange protested by Abram Salomon Pincherli as being only partially paid.

2129

Genoa, 11 May 1784

Source: A.S.G., Notaio Francesco M. Garassino, filza 29.

The notary draws up a power of attorney for Giuseppe Emanuele Viggevani, son of the late Marco, who has been living in Genoa for many years. The attorney, whose name is left blank, must demand and collect from Moise Abram Attias from Leghorn property, money and merchandise he owes Viggevani for a number of reasons.

2130

Genoa, 16 August 1784

Source: A.S.G., Archivio Segreto, n. 1390a, Libro degl'instrumenti dotali nella nazione ebrea.

Domenico Labero, notary, registers a dowry document from a certified copy translated from English. The document, produced by Rachael, daughter of

Isac Flamis and wife of Joseph Montefiore, was drawn up in London on 16 January 1753 and legalised by notary Francesco Saverio Pallani on 2 June 1769.
The deed refers to the dowry of Rachael, wife of Joseph Montefiore, amounting to 1,500 pounds sterling, left by Elias De Paz, her mother's father, plus the jewels specified in the codicil to the will. Revenue for 5,000 pounds, left by Elia De Paz to Sara, Rachael's mother, part of which will be Rachael's at her mother's death, are also mentioned in the deed. Elias De Paz's executors are Benjamin Mendes Da Costa, Isaac Del Valle, Salomon De Paz and Moise Montefiore, a London merchant.

Note: This is the third and last agreement recorded in the *Libro degli strumenti dotali*. Compared to the first two e Nataff (Doc. 2043) and Pincherli (Doc. 2126) e it is rather long and complex, perhaps because of the bride's and groom's families, De Paz and Montefiore, who were particularly important in 18th-century London.

2131

Multedo, 23 September 1784

Source: A.S.G., Archivio Segreto, n. 1391.

Agostino Lomellino, Protector of the Jewish community, addresses a letter to Domenico Labero, Deputy-Secretary of the Senate and Chancellor of the Protectors. He apologises that he will not be able to go to the Palazzo *and asks one of the* Procuratori *to deal with a petition presented by a Jew.*

All'Illustrissimo Signor Domenico Labero Sottocancelliere del Senato ..... Un lavoro che non amette dilazione e a cui concierne la mia assistenza m'impedisce di essere domani a Palazzo. Sembrami troppo giusta l'istanza dell'Ebreo, non solo a norma de' privilegi accordati alla Nazione, delle stesse bolle pontificie e principalmente delle leggi di natura. La prego dunque, accioché egli possa essere consolato, a dare l'incommodo ad alcuno degli Eccellentissimi Procuratori che si trovasse a Palazzo. Sono colla magior stima.
Moltedo li 23 Settembre 1784.
....
Agostino Lomellino

Note: Moltedo is a centre west of Genoa.

2132

Genoa, 1 October 1784

Source: A.S.G., Archivio Segreto, n. 1391.

In the absence of the two Protectors of the Jewish community, the Collegi *entrust Giuseppe Lomellino with the power to authorise Abram Israel Sacerdote to see his son Salomon, who took refuge in the Convent of San Nicola in order to become a Christian. The visit must be supervised by the Prior.*

Note: The father is Abram Israel Acoen, former beadle at the synagogue. This is one of the conversions which took place at the Convent of San Nicola. The convert changed his name to Nicolò M. Francesco Prato.
The *Avvisi di Genova* report on the conversion, as well as one which took place in 1788 in the same convent, whereby Daniele Ortona from Casale Monferrato was baptised Giuseppe M. Ignazio Sanguineti. See Brizzolari, *Gli ebrei*, Illustration n. 24.
In 1797 another Ortona took refuge in the same convent in order to become a Christian, Doc. 2178.

2133

Genoa, 27 November 1784

Source: A.S.G., Notaio Francesco S. Pallani, filza 42.

Matteo Conton, a merchant in Genoa, gives ample power of attorney to Graziadio Minerbi from Trieste to demand what is due to him from anybody.

2134

Genoa, 4 January 1785

Source: A.S.G., Notaio Francesco S. Pallani, filza 43.

Payment of a bill of exchange issued in Leghorn and signed by Samuel Padoa, which was to be paid by Joseph Fonseca, son of Gabriel.

2135

Genoa, 31 January 1785

Source: A.S.G., Notaio Francesco M. Garassino, filza 31.

Beniamino Serusi, son of the late Israele, over 25 years of age, appoints Emanuel Foa in Marseilles his attorney to demand money, property and merchandise from Giuseppe Mascardi from Genoa or from his representatives, as due to him.

2136

Genoa, 10 February 1785

Source: A.S.G., Notaio Francesco M. Garassino, filza 31.

In order to obtain a certified copy, Beniamino Serusi presents to the notary a copy of the contract relating to the sale to Giuseppe Mascardi of 15 Smyrna copper ingots at the price agreed upon on 7 December by agent Marco Antonio Molassana. Beniamino reserves the right to obtain the copy of the contract at any time.

2137

Genoa, 18 March 1785

Source: A.S.G., Notaio Francesco S. Pallani, filza 43.

On behalf of his company and himself, Abram Salomon Pincherli appoints Israele Emmanuele Bachi from Turin his attorney to demand and collect what he is owed by the brothers Nizza and Pardo from Turin.

Bibliography: On Israel Emanuel Bachi, see Segre, *Piedmont*, p. 2058.

2138

Genoa, 30 March 1785

Source: A.S.G., Notaio Francesco S. Pallani, filza 43.

Abram Pincherli issues receipts to the creditors of the Pincherli brothers company, which went bankrupt, paying them 33% of what is owed to them as approved by the Senate. The creditors are the following: the Uzielli brothers, David Archivolti, Vita and Abram Sora, the brothers Servi and Tedesco, Pegna, Rignano, Dell'Aquila, Modigliani, Bonaventura, Monzales, David Fernandes Leiba, all from Leghorn, in addition to Bernardo Bischoff from London. Giuseppe Pagano, attorney for all the creditors, states he has received from Abram Pincherli 6,396.1.3 pounds, which he accepts, accounting for 33% of the company's debt, and issues a receipt for it.

2139

Genoa, 27 March 1788

Source: A.S.G., Archivio Segreto, n. 1391.

As suggested by the Collegi, *Agostino Lomellini, Protector of the Jewish community, states he has nothing against the fact that Giuseppe Vigevano and Abram ita Foa are part of the* Congrega.

2140

Genoa, 7 June 1788

Source: A.S.G., Notaio Francesco S. Pallani, filza 50.

Andrea Bagnasco appoints Grassino Vita Levi from Trieste his attorney to demand from Giacomo Bogoiye, former master of the polacca San Antonio, *flying the Ragusan (Dalmatian) flag, or from whoever is in charge, 2,000 pounds. The sum was given to the captain of the vessel as bottomry on the vessel, the equipment, freight, salaries, food and shipping.*

2141

Genoa, 12, 27 June 1788

Source: A.S.G., Notaio Francesco S. Pallani, filza 50.

Protested bills of exchange relating to Josef Foa.

2142

Genoa, 30 March–15 June 1789

Source: A.S.G., Archivio Segreto, n. 1391.

Monsignor Giovanni Lercari, Archbishop of Genoa, asks the Senate to order that a 2-year-old Jewish girl, surreptitiously baptised, be taken away from her parents and educated in Christianity. The Inquisitori di Stato e i Supremi Sindicatori, *having inquired into the matter, find out that it was not a Jewish girl, but a non-Jewish boy, son of a Christian nanny who was in the house of Giusta Gallica, a Jew.*

2143

Genoa, 30 April 1789–26 April 1790

Source: A.S.G., Archivio Segreto, n. 1391.

The Senate refers to the Protectors of the Jewish community the proceedings between Raffaele Finale Bachi and Samuel Amadeo Pesaro. The litigation refers to a credit transferred to Pesaro. Bachi was owed a sum of money by the De Franchi administration and had settled for a certain amount, but Pesaro does not pay what is due to Bachi. The proceedings cannot be dealt with by the rabbinical court because the Massari *are not present and because Bachi himself is a rabbi.*

Pesaro opposes the verdict whereby he is supposed to pay Bachi and, following the objections raised by the parties, the matter is referred to the Senate.

2144

Genoa, 1 January 1790

Source: A.S.G., Archivio Segreto, n. 1003, c. 2v, M.D.S.

Agostino Lomellini and Marcello Durazzo are elected Protectors of the Jewish community.

2145

Genoa, 5 January / Novi 28 January 1790

Source: A.S.G., Archivio Segreto, n. 165, Confinium.

Efraim Angelo Bachi, sent for the second time to the city jail, petitions the Collegi. *He maintains that Antonio Mores unfairly charged him with fraud and deception in Turin. He emphasises that, although he had moved to Genoa to live and work in peace, he had already been jailed once before due to Mores's accusations and then released. He asks to be released again and quotes the Charter granted to the Jewish community.*
On 28 January a letter from Novi states that Bachi is going to be judged by the Piedmont Courts.

2146

Genoa, 19 January–1 March 1790

Source: A.S.G., Archivio Segreto, n. 1391.

The Collegi *ask the Protectors of the Jewish community to report on the petition by Lustro Segre. He asked for a criminal safe-conduct, following the sentence issued by the* Curia *in Modena. The Protectors are in favour, but the* Collegi *do not vote for it.*

Note: See below, Doc. 2163.

2147

Genoa, 1, 8, 13 March 1790

Source: A.S.G., Archivio Segreto, n. 165, Confinium.

The Representative of France, as requested by the Count of Montmorin, asks the Senate to arrest Jacob Conqui, son of the late Efraim, a Jew from Gibraltar, who comes from Nice. He is guilty of fraudulent bankruptcy. The Collegi *reply that Conqui, being registered in the Jewish community since 23 November 1789 and having been granted a personal safe-conduct, is protected by the privilege granted by the Republic to the community. The Secretary of State further emphasises that not only does Conqui enjoy the privilege granted to the Jewish community, but also there are no* vigente alcuna convenzione per la reciproca consegna de rei fra li Governi di Francia e di Genova.
The document includes the note in French sent by the Representative of France to the Secretary of State, Francesco Maria Ruzza.

Note: See below, Doc. 2166.

2148

Genoa, 23 April–11 May 1790

Source: A.S.G., Archivio Segreto, n. 1391.

Voting of the Collegi, *who appoint Daniele Levi Valenzino* sensale *of the Jewish community, with the Protectors' approval.*

2149

Leghorn, 1 June 1790

Source: A.S.G., Archivio Segreto, n. 1739, Marittimarum .

A printed document containing an avviso al popolo *from the Jewish community of Leghorn, signed by Secretary Manuel Nunes. The community states that, in order to make peace with the people of Leghorn, the community will support the* Curati della città; *it will help to support the families who lost their father, paying a sum until the children are old enough to work and support their families. The community also wishes that a person be sent to collect money and to free the slaves recently seized by the Tunisians.*

2150

Genoa, 18 June 1790

Source: A.S.G., Notaio Francesco S. Pallani, filza 56.

Domenico Celesia protests a bill of exchange for 404.2 pounds, to be paid by Michele Foa.

2151

Genoa, 12 July 1790

Source: A.S.G., Notaio Francesco M. Garassino, filza 42.

Abram, son of Elia Foa, states he owes Bartolomeo De Guglielmi 234.4 pounds, which he was paid in cash as a remainder. Foa promises to pay his debt in monthly instalments of 20 pounds each, with no interest.

2152

Genoa, 31 July, 13 August 1790

Source: A.S.G., Notaio Francesco S. Pallani, filza 56.

Pietro Brentani rejects the payment offered by Giorgio Honnerlag for a bill of exchange addressed to Joseph Fonseca, son of Gabriel. On 13 August Giovanni Francesco Barabino, public exchange agent, states before the notary that Pietro Brentani did not accept the 300 gold Louis offered by Giorgio Honnerlag to pay off a 6,100-pound bill of exchange to be paid by Joseph Fonseca.

2153

Genoa, 17 September 1790–5 December 1791

Source: A.S.G., Archivio Segreto, n. 1390a.

The Inquisitori di Stato *report to the* Collegi *on the case of two Jewish girls from Mogador, who arrived in Genoa on board a French vessel and want to become Christians. Opposed by the* Massari *of the Jewish community, they are entrusted by the Senate to Placida Pallavicini.*

2154

Genoa, 7–26 March 1792

Source: A.S.G., Archivio Segreto, n. 1391.

The Senate, having informed the Protectors, grants Ester Attias's request. She asked the Collegi *to be judged by an ordinary court. In order to appeal for her dowry rights against her husband Giuseppe Fonseca, she cannot appear before the rabbinical court because the legal quota of* Massari *has not been reached and her husband is one of the* Massari.

2155

Genoa, 9 August 1792

Source: A.S.G., Notaio Francesco M. Garassino, filza 46.

Power of attorney in French. Emanuele Isac Foa, son of Moise, appoints Isac Penso general and special attorney. Penso, who is his agent in Marseilles, takes Pierre Turel's place.

2156

Genoa, 4 February 1793

Source: A.S.G., Arti, ms. 184.

A decree whereby the Protectors report to the Collegi *on the* Massari's *competence in the admission of Jews in the registers of the community is copied. The decree orders the* Massari *not to register anybody with the Jewish community unless previously authorised to do so by the Protectors of the Jewish community and after inquiring on their proper behaviour. The* Massari *must notify the* Inquisitori di Stato e il Magistrato della Consegna. *The register should record the names of the Jews who arrived in Genoa from 1 January 1792 onwards.*

2157

Genoa, 29 May-8 July 1793

Source: A.S.G., Archivio Segreto, n. 1391.

The Magistrato della Consegna *approves and registers with the Jewish community Hirsch Levi, a German Jew, following the request presented to the Protectors together with a sublease contract. Afterwards the Senate asks the Protectors to make inquiries on Levi, since Giovanni Battista Rossi accused him of stealing merchandise and bills of exchange.*

2158

Genoa, 14–19 August 1793

Source: A.S.G., Archivio Segreto, n. 1391.

Nicola Giuseppe Schiaffino, Chancellor of the Protectors, signs the order whereby the Protectors of the Jewish community must call the capi di casa *to elect a* Massaro *and 4 members of the* Congrega. *At the election the highest number of votes are received by Samuel Amadeo Pesaro and Saul Cremiù.*

2159

Genoa, 2 September 1793–27 January 1794

Source: A.S.G., Archivio Segreto, n. 1391.

Private statements on the free port business of Samuel Segre and Giuseppe Spizzichino, both Jews.

2160

Undated, probably 1793

Source: A.S.G., Archivio Segreto, n. 1391.

Beniamin Serusi, Massaro, *and Abram, son of Elia Foa, secretary of the Jewish community, compile for approval a list of the Jews who arrived in Genoa from 1 January 1792 onwards. The Jews are: Samuel Jachia of Turin, Giuseppe Vigevani, Saul, David and Jonas Cremiu of Avignon, Simon Foa of Casale, Leon Gaon from Bosna (Bosnia), Raffael Benedetto Garda of Turin, Angelo and Salomon Levi, Marco Leon Volf (Wolf), a German, Isac and Moise Pescarole of Turin, Aron Coen of Alessandria, Isac and Abram Jona of Nice.*

......

Samuel Jachia di Donato di Torino, arolato nel 6 marzo 1792, in casa di Leon Segre, uomo honesto di buone costumi, non avendo mai dato occazione di lagnanze, e negozia in portofranco.

Giuseppe Vigevani, da 25 anni e piu dimorante in questa metropola senza aver mai datto motivo à niuno dolersi di sua condota, negoziando honoratamente, sogetto de componente la nostra Congrega, assente per asistere una sua litte in Parma contro le suoi fratelli e figli, volendo la sua porzione del patrimonio di rilevantissima somma ed ampliare qui il suo comercio, à tall'effetto tiene casa aperta, e continovando contribuire ne spese publice.

Saul, David e Jonas fratelli Cremiu d'Avignone, arolati nel 27 aprile 1792 in casa di Leon Segre, persone molto richi, vivendo con proprie rediti, li provengono dalla loro patria, negozianti di proffezione, desiderosi di fermarse in questo felicissimo Stato, una casa di comercio, prendendo à tal oggetto quei lumi necessari e precauzione adatati alle circostanze presente.

Persone d'idonea qualità, buoni, costumi caritatevoli e senza minimo indizio di differente.
Simone Foa di Casale, gia da molti anni comorante sotto l'Illustrissimo Magistrato della Consegna, e arolato in aprile 1792, in casa di Leon Segre. Forma un lemitato ma regolare comercio in porto franco, facendo soventi li viaggi in fiera d'Allessandria e Piemonte. Morigerato di buone costumi e senza occasione di lamente a chi che sia.
Leon Gaon quondam Moise di Bosna, arolato nel 10 luglio 1792, in casa di Leon Segre, uomo di buonissima qualità e retitudine, con capitali, che negozia honoratamente, e non essere persona scandalosa, ma bensi esemplare.
Raffael Benedetto Garda di Torino, arolato 12 ottobre 1792, da pochi giorni che il sudetto e andato per agente di negozio in casa d'Abram Namias, mercante, e uomo di buoni costumi.
Angelo Levi con suo figlio Salomon in casa di Lealtad. Il figlio partito ed il padre, nato in questa felicissima città, d'ettà oltre settuagenaria, statto assente per causa di comercio, ritornato qui con sua filia, passatta a marito con Reffael Lealtad col quale abita e pensa intraprendere vasto commercio avendo capitali.
Marco Leon Volf tedesco con sua moglie e quatro figli, arivato li 29 settembre 1792 sotto l'Illustrissimo Magistrato della Consegna, famiglia honesta, vive d'industria e negozia in piccole cose.
Isach Pescarole e figlio Moise di Torino, gia da piu anni che fà il suo traffico da questa Dominante a Torino in diverse generi, e segnatamento in tapissarie di damaschi e veluti ed altro, dilatando pure qualche negozii in portofranco. Uomo d'ottimi costumi, morigeratezza e con capitali propri. In casa di Leon Segre, ed arolato nel tre genaro 1793.
Aron Coen d'Alessandria, ritornato alla sua patria gia da molti giorni. Isac e Abram, fratelli Jona di Nizza di Provenza, arolati li 28 settembre 1792. Uomini di onesta condizione, con molti capitali e negoziando tellerie, mossolini et altri sorte de generi, e vano e vengono per fare molti compre di merci.
E tutti contribuiscano alle publiche spese.

Beniamin Serusi, massaro
Abram di Ellia Foa, cancelliere

Bibliography: On Samuel Jachia, see Segre, *Piedmont*, p. 2133; on Raffaele Benedetto Garda, ibid., p. 2121.

2161

Genoa, 31 January 1794

Source: A.S.G., Archivio Segreto, n. 1391.

The Protectors of the Jewish community, having made proper enquiries and having examined the lease, grant Giuseppe Spizzichino permission to be registered with the Jewish community and notify the Magistrato della Consegna. *Also Samuel Segre from Saluzzo is granted registration with the community.*

Note: See below, Docs. 2163, 2164.

2162

Genoa, 17 March 1794–17 March 1795

Source: A.S.G., Archivio Segreto, n. 1391.

The Massari *ask the Protectors of the Jewish community to have Yasquel Sazias from Avignon registered with the community. He produced evidence of his proper behaviour.*

2163

Genoa, 21 March 1794

Source: A.S.G., Archivio Segreto, n. 1391.

Statements made by Lazzaro Spizzichino and Lustro Segre on the capital and business of Samuel Segre.

Note: See Docs. 2161, 2164.

2164

Genoa, 23 March 1794–3 April 1797

Source: A.S.G., Archivio Segreto, n. 1391.

Giuseppe Lomellino and Alerame Pallavicino, Protectors of the Jewish community, having gathered suitable information, notify the Magistrato della Consegna *that they are in favour of Samuel Segre's registration with the community. He is registered on 23 March 1794. Afterwards the Protectors accept the registration of other Jews, namely:*
25 April 1794 : Yasques, son of the late Isaia Sarias, from Avignon,
4 May 1795 : Isac Conque, son of Jacob, from Gibraltar,
6 July 1795 : Israel Olivetti, son of Moise,
6 February 1797 : Abram Vita Modena,
3 April 1797 : Isac Corcos.

Note: See Docs. 2161, 2163, 2166, 2177.

2165

Genoa, 2 April 1794

Source: A.S.G., Magistrato di Guerra e Marina, filza 301.

Carlo Giuseppe Ayda, a Jew of French origin who lived in Leghorn for a while, is accepted in the Corpo dei Volontari di Stato. *He lives in a flat in Piazza del Molo, owned by the* Padri del Comune. *His lease is for 4 years.*

2166

Genoa, 19 April 1795

Source: A.S.G., Archivio Segreto, n. 1391.

The Massari *ask the Protectors to register Isac Conqui from Gibraltar with the Jewish community. The* Magistrato della Consegna *replies that registration had already been granted to his father, Jacob Conqui, in November 1789.*

Note: See above, Docs. 2147, 2164.

2167

Genoa, 21 June–6 July 1795

Source: A.S.G., Archivio Segreto, n. 1391.

Upon the Massari's *request, the Protectors of the Jewish community grant Emanuele Isac Foa and Abram Vita Modena and other Jews, who moved to Genoa in the meantime, admission to the* Congrega.

2168

Genoa, 3 July 1795

Source: A.S.G., Notaio Francesco S. Pallani, filza 67 seconda.

At the request of Emanuele Isac Foa, a merchant born in Genoa, Giovanni Battista Falchi and Carlo Sanguineti, Foa's agents and employees, state that 13 cases of soap loaded by Foa on 1 July on board the vessel Le 4 Sorelle, *of the Danish master Paolo Cortsen, must be delivered to Messe, in Hamburg. The cases come from the factories along the coast of Genoa and, even if the vessel calls at Sète, the cases belong to Foa and no French person is directly or indirectly involved with them.*

2169

Genoa, 13 July 1795

Source: A.S.G., Notaio Francesco S. Pallani, filza 67 seconda.

At Elia Cohen's request, Emanuele Isac Foa and Giovanni Battista Falchi testify that, when they opened in the free port a case containing silk stockings sent by Soresi from Milan, the stockings were yellow and discoloured. They cannot be worth more that 5 and 2/3 pounds, rather than 8.
Furthermore, Domenico De Filippi, on behalf of the Gazzino-De Filippi company, states that he bought from Elia Cohen 51 and half dozen silk stockings from Milan for 5 and 2/3 pounds, although he would have paid 8 pounds for them, if they had been in better condition.

2170

Genoa, 31 August 1795

Source: A.S.G., Notaio Francesco S. Pallani, filza 67 seconda.

At Emanuele Isac Foa's request, Giovanni Battista Falchi and Carlo Sanguineti state that the 15 hemp bales containing 6 brooms and 12 boxes of candles, loaded by Foa on board the pinco Sant'Antonio, *of the Spanish master Artos, to be delivered to Stefano Aldebert in Barcelona, all came from Ancona and not from France, and that no tax was paid to the French.*

2171

Genoa, 11 September 1795

Source: A.S.G., Notaio Francesco S. Pallani, filza 67 seconda.

Giovanni Battista Falchi and Carlo Sanguineti, Emanuele Isac Foa's agents and employees, state that 10 barrels of wax were loaded the day before on board the pinco Nostra Signora del Carmine *of the Spanish master Pietro Campodonuo, to be delivered to Stefano Aldebert in Barcelona. The barrels came from the East and not from France, and no tax was paid to the French.*

2172

Genoa, 27 October 1795

Source: A.S.G., Notaio Francesco M. Garassino, filza 50 seconda.

Beniamino Serusi, son of Israele, appoints Isac Serusi from Leghorn his attorney to demand and collect from anybody money, property and merchandise owed to him.

Note: See below, Doc. 2173.

2173

Genoa, 1 November 1795

Source: A.S.G., Notaio Francesco M. Garassino , filza 50 seconda.

Beniamino Serusi, without revoking the power of attorney of 27 October to Isac Serusi, appoints him his own attorney and that of the Delucchi, Enrile and Costa company, to collect from Moise Mones Vai a number of cases of sugar from Lisbon, loaded on board the felucca of the Genoese patrono *Meduseo Fiore on 15 July 1793. He is authorised to issue a receipt and, in case of resistance, to have the consigner appear before any magistrate.*
On 2 November Franco Delucchi, on behalf of the others, ratifies and approves Serusi's proxy and vuole che abbia pieno vigore come se personalmente esso fosse intervenuto alla stipulazione della medesima.

Note: See above, Doc. 2172.

2174

Genoa, 7 November 1795

Source: A.S.G., Notaio Francesco S. Pallani, filza 67 seconda.

Emanuele Isac Foa appoints Manuel Finzi from Leghorn his attorney to demand and collect what is owed to him from Moise Nunes Vais from Leghorn and to appear in court.

2175

Genoa, 21 November 1795

Source: A.S.G., Notaio Francesco Pallani, filza 67 seconda

Giovanni Galliano, a shopkeeper, appoints Iseppo Treves, son of the late Emanuele from Venice, his attorney, with ample powers to seize property belonging to Antonio Ferreira De Masquita from Lisbon and to settle all accounts with him.

2176

Genoa, 2 March–11 May 1796

Source: A.S.G., Archivio Segreto, n. 1391.

The Collegi, *with the approval of the Protectors of the Jewish community and of the Senate, approve Abram Raffaele Namias request to be appointed* sensale *of the Jewish community.*

2177

Genoa, 31 January 1797

Source: A.S.G., Archivio Segreto, n. 1391.

The Protectors of the Jewish community make enquiries with the Genoese consul in Leghorn and others about Isac, Samuel and Ezechia Corcos, brothers, who asked permission to move to Genoa and do business there.

Note: See above, Doc. 2164.

2178

Genoa, 19 November 1797

Source: A.S.G., Archivio Segreto, n. 1391.

Agostino Lomellini, Protector of the Jewish community, allows Daniello Ortona to meet once, and only once, with his son Abram Emanuelle, who took refuge at the Convent of San Nicola in order to become a Christian. The meeting, opposed by the friars, is allowed provided that the Prior or the Novice master are present.

2179

Genoa, 15 February 1798

Source: A.S.G., Notaio Francesco S. Pallani, filza 72.

At Emanuele Isac Foa's request, Alessandro Cataldi and Domenico Maragliano, public exchange agent, state that Emanuele Isac, son of the late Moise Foa, was born in Genoa, where he lived and did business. On 16 February Giovanni Battista Falchi and Giuseppe Carlo Sanguineti, Emanuele Isac Foa's agents and employees, state that 6 barrels of litharge (i.e., lead oxide used in the glass industry) loaded in Hamburg on board the vessel of a Danish master belong to Emanuel Isac Foa.

2180

Genoa, 23 February 1798

Source: A.S.G., Notaio Francesco S. Pallani, filza 72.

Abram Vita Modena, a merchant in Genoa, appoints Filippo Castinel from Marseilles his attorney to have the money relating to the sale of one-third part of 61 bales of cotton, purchased by Soulier, a Frenchman, seized. The attorney is authorised to do anything that Abram Vita Modena would do if he were present.

2181

Genoa, 2 March 1798

Source: A.S.G., Notaio Francesco S. Pallani, filza 72.

Blank proxy, whereby Abram Vita Modena appoints someone living in Leghorn his attorney to demand what he is owed from Samuel Procaccio from Leghorn.

2182

Genoa, 8 March 1798

Source: A.S.G., Notaio Francesco S. Pallani, filza 72.

Emanuele Isac Foa, a merchant in Genoa, appoints his brother, Abram Vita Foa, who lives in Leghorn, his attorney to demand and collect what he is owed.

2183

Genoa, 6 June 1798

Source: A.S.G., Eccellentissima Camera, n. 2870, c. 37 ; c. 96.

Requisition of silverware in the synagogue as per the law of 4 and 5 April 1798. This is a list of what was obtained through the melting and recovery of the silverware in the Scuola degli Ebrei.

Due campanili d'argento	630
Una lampada d'argento	373. 7.
Altra detta d'argento	311.2.
Altra detta d'argento	340.10.
Due campanelli	258
	L. 1912.19

Samuel Isachia, Abram Magritz, Amedeo Pesaro, Foa, Beniamino Serusi give the silverware.

Bibliography: Brizzolari, *Gli ebrei*, p. 232.

2184

Genoa, 4 July 1798

Source: A.S.G., Notaio Francesco S. Pallani, filza 73.

Emanuele Isac Foa states that 396 pieces of Santa Marta *wood weighing* 82 cantari e 35 rotoli *and 141 pieces of* legno campaccio del peso di 32 cantari e rotoli 81, *loaded on board the vessel of the Neapolitan master Giuseppe Daramo to be delivered to Antonio Aniello and Gaspare Tramontana in Naples came from Holland or Spain. Nothing came from England, no tax was paid to the English, and no English profit or interest is involved.*

Note: *Campaccio*, probably *quebracio*, wood from South America.

2185

Genoa, 3 September 1798

Source: A.S.G., Notaio Francesco S. Pallani, filza 73.

Samuel Jachia, son of the late Donato, a merchant in Genoa, appoints Sansone Fubini, son of Giuseppe, from Turin, his attorney to demand and collect what is owed to him.

2186

Genoa, 28 September 1798

Source: A.S.G., Notaio Francesco S. Pallani, filza 73.

Power of attorney in French, whereby Emanuele Isac Foa appoints Francesco Rossi his attorney with ample powers to collect what is owed to him in Marseilles.

2187

Genoa, 1 October 1798

Source: A.S.G., Notaio Francesco S. Pallani, filza 73.

Emanuele Isac Foa states that the case of cochineal weighing 95 rotoli, *loaded on 27 September on board the* pinco *of the Genoese* patrono *Angelo Ferraro to be delivered to Antonio Aniello and Gaspare Tramontana in Naples, does*

not come from English dominions or territories and that no tax has been paid to the English.
The sworn statement is no longer "more hebraico", *but* "in debita forma".

Note: See also Doc. 2188 for the sworn statement.

2188

Genoa, 18 October 1798

Source: A.S.G., Notaio Francesco S. Pallani, filza 73.

Sworn statement in debita forma *given by Emanuele Isac Foa. He states that the 17 bales of pepper loaded on board the* pinco *of Genoese Giuseppe Canepa to be delivered to Alessandro Alrissis in Marseilles do not come from English dominions or territories and that nothing was paid to the English.*

2189

Genoa, 17 November 1798

Source: A.S.G., Notaio Francesco S. Pallani, filza 73.

Emanuele Isac Foa certifies that the 6 suola di manna *loaded on board the* polacca *of the Neapolitan captain Felice Di Lauro on 15 November, to be delivered to Antonio Aniello and Gaspare Tramontana, came from France and not from England, and were marked with the star of David and with a nexus formed by letters E and F.*

2190

Genoa, 17 July 1799

Source: A.S.G., Notaio Francesco S. Pallani, filza 75.

Emanuel Isac Foa is referred to as Rey's and Baeroil's attorney. These are merchants in Marseilles who have a bill of exchange unpaid by two merchants in Montpellier.

2191

Genoa, 5 September 1799

Source: A.S.G., Notaio Francesco S. Pallani, filza 75.

Abram Vita Modena deposits with the notary 3,616.7.3 pounds, as 3 biglietti di cartulario del Banco di S. Giorgio, *to pay off his debts to the Boccardo and Samengo company.*

2192

Genoa, 24 September 1799

Source: A.S.G., Notaio Francesco S. Pallani, filza 75.

At Emanuele Isac Foa's request, Giovanni Battista Falchi states that, when he was loading cargo, he heard the patrono, *Domenico Codelupo, say that he did not fear the corsairs on the Western seas because he was well armed and had a well-prepared crew.*

2193

Genoa, 23 October 1799

Source: A.S.G., Notaio Francesco S. Pallani, filza 75.

Emanuel Isac Foa, having been informed by Emanuele Finzi from Leghorn that Giuseppe Guignes had been given a load of Santa Marta *wood, appoints Manuele Finzi of Leghorn his attorney to collect what is owed to him from Giugnes and distrain the wood since Guignes is in debt to him.*

2194

Genoa, 25 October 1799

Source: A.S.G., Notaio Francesco S. Pallani, filza 75.

Proxy by Emanuele Isac Foa to Abram Vita Foa in Leghorn, to collect and distrain items, merchandise, and money owed to the Bouge and Caillo company in Palermo.

2195

Genoa, 11 November 1799

Source: A.S.G., Notaio Francesco S. Pallani, filza 75.

Statements requested by Emanuele Isac Foa on bills of exchange.

Indexes

Note: Roman numerals refer to the Introduction and Arab ones to the Documents, including the notes.

The index is divided into three sections: Persons, Places and Subjects.

It has not been possible to establish surnames with any degree of certainty, especially in regard to the Middle Ages. The father's name is reported whenever available. So are spelling variations of names. It has not always been possible to ascertain the identity of individuals within a family (e.g. Lusena, Della Tomba, etc.), in the absence of sufficient evidence.

Some place names may refer to one or more localities (e.g. Nizza). Others could not be identified at all, perhaps due to incorrect spelling. The subject index contains the names of some institutions in Hebrew or in Italian respectively.

Index of Persons

Habib, Said: 763, 875

Habiglio, Salomon: 763

Geographical Index

Subject Index

STUDIA POST-BIBLICA

1. KOSMALA, H. *Hebräer – Essener – Christen.* Studien zur Vorgeschichte der frühchristlichen Verkündigung. 1959. ISBN 90 04 02135 3
3. WEISE, M. *Kultzeiten und kultischer Bundesschluß in der 'Ordensregel' vom Toten Meer.* 1961. ISBN 90 04 02136 1
4. VERMES, G. *Scripture and Tradition in Judaism.* Haggadic Studies. Reprint. 1983. ISBN 90 04 07096 6
5. CLARKE, E.G. *The Selected Questions of Isho bar Nūn on the Pentateuch.* Edited and Translated from Ms Cambridge Add. 2017. With a Study of the Relationship of Isho'dādh of Merv, Theodore bar Konī and Isho bar Nūn on Genesis. 1962. ISBN 90 04 03141 3
6. NEUSNER, J. *A Life of Joḥanan ben Zakkai (ca. 1-80 C.E.).* 2nd rev. ed. 1970. ISBN 90 04 02138 8
7. WEIL, G.E. *Élie Lévita, humaniste et massorète (1469-1549).* 1963. ISBN 90 04 02139 6
8. BOWMAN, J. *The Gospel of Mark.* The New Christian Jewish Passover Haggadah. 1965. ISBN 90 04 03142 1
11. NEUSNER, J. *A History of the Jews in Babylonia.* Part 2. The Early Sasanian Period. ISBN 90 04 02143 4
12. NEUSNER, J. Part 3. From Shahpur I to Shahpur II. 1968. ISBN 90 04 02144 2
14. NEUSNER, J. Part 4. The Age of Shahpur II. 1969. ISBN 90 04 02146 9
15. NEUSNER, J. Part 5. Later Sasanian Times. 1970. ISBN 90 04 02147 7
16. NEUSNER, J. *Development of a Legend.* Studies on the Traditions Concerning Joḥanan ben Zakkai. 1970. ISBN 90 04 02148 5
17. NEUSNER, J. (ed.). *The Formation of the Babylonian Talmud.* Studies in the Achievements of the Late Nineteenth and Twentieth Century Historical and Literary-Critical Research. 1970. ISBN 90 04 02149 3
18. CATCHPOLE, D.R. *The Trial of Jesus.* A Study in the Gospels and Jewish Historiography from 1770 to the Present Day. 1971. ISBN 90 04 02599 5
19. NEUSNER, J. *Aphrahat and Judaism.* The Christian-Jewish Argument in Fourth-Century Iran. 1971. ISBN 90 04 02150 7
20. DAVENPORT, G.L. *The Eschatology of the Book of Jubilees.* 1971. ISBN 90 04 02600 2
21. FISCHEL, H.A. *Rabbinic Literature and Greco-Roman Philosophy.* A Study of Epicurea and Rhetorica in Early Midrashic Writings. 1973. ISBN 90 04 03720 9
22. TOWNER, W.S. *The Rabbinic 'Enumeration of Scriptural Examples'.* A Study of a Rabbinic Pattern of Discourse with Special Reference to *Mekhilta d'Rabbi Ishmael.* 1973. ISBN 90 04 03744 6
23. NEUSNER, J. (ed.). *The Modern Study of the Mishna.* 1973. ISBN 90 04 03669 5
24. ASMUSSEN, J.P. *Studies in Judeo-Persian Literature.* [Tr. from the Danish]. (Homages et Opera Minora, 12). 1973. ISBN 90 04 03827 2
25. BARZILAY, I. *Yoseph Shlomo Delmedigo (Yashar of Candia).* His Life, Works and Times. 1974. ISBN 90 04 03972 4
27. BERGER, K. *Die griechische Daniel-Exegese.* Eine altkirchliche Apokalypse. Text, Übersetzung und Kommentar. 1976. ISBN 90 04 04756 5
28. LOWY, S. *The Principles of Samaritan Bible Exegesis.* 1977. ISBN 90 04 04925 8
29. DEXINGER, F. *Henochs Zehnwochenapokalypse und offene Probleme der Apokalyptikforschung.* 1977. ISBN 90 04 05428 6

30. COHEN, J.M. *A Samaritan Chronicle.* A Source-Critical Analysis of the Life and Times of the Great Samaritan Reformer, Baba Rabbah. 1981. ISBN 90 04 06215 7
31. BROADIE, A. *A Samaritan Philosophy.* A Study of the Hellenistic Cultural Ethos of the Memar Marqah. 1981. ISBN 90 04 06312 9
32. HEIDE, A. VAN DER. *The Yemenite Tradition of the Targum of Lamentations.* Critical Text and Analysis of the Variant Readings. 1981. ISBN 90 04 06560 1
33. ROKEAH, D. *Jews, Pagans and Christians in Conflict.* 1982. ISBN 90 04 07025 7
35. EISENMAN, R.H. *James the Just in the Habakkuk* Pesher. 1986. ISBN 90 04 07587 9
36. HENTEN, J.W. VAN, H.J. DE JONGE, P.T. VAN ROODEN & J.W. WEESELIUS (eds.). *Tradition and Re-Interpretation in Jewish and Early Christian Literature.* Essays in Honour of Jürgen C.H. Lebram. 1986. ISBN 90 04 07752 9
37. PRITZ, R.A. *Nazarene Jewish Christianity.* From the End of the New Testament Period until its Disappearance in the Fourth Century. 1988. ISBN 90 04 08108 9
38. HENTEN, J.W. VAN, B.A.G.M. DEHANDSCHUTTER & H.W. VAN DER KLAAUW. *Die Entstehung der jüdischen Martyrologie.* 1989. ISBN 90 04 08978 0
39. MASON, S. *Flavius Josephus on the Pharisees.* A Composition-Critical Study. 1991. ISBN 90 04 09181 5
40. OHRENSTEIN, R.A. & B. GORDON. *Economic Analysis in Talmudic Literature.* Rabbinic Thought in the Light of Modern Economics. 1992. ISBN 90 04 09540 3
41. GERA, D. *The Role of Judaea in Eastern Mediterranean International Politics.* In Preparation. ISBN 90 04 09441 5
42. ATTRIDGE, H.W. & G. HATA (eds.). *Eusebius, Christianity, and Judaism.* 1992. ISBN 90 04 09688 4
43. TOAFF, A. *The Jews in Umbria.* Vol. I: 1245-1435. 1993. ISBN 90 04 09695 7
44. TOAFF, A. *The Jews in Umbria.* Vol. II: 1435-1484. 1994. ISBN 90 04 09979 4
45. TOAFF, A. *The Jews in Umbria.* Vol. III: 1484-1736. 1994. ISBN 90 04 10165 9
46. PARENTE, F. & J. SIEVERS (eds.). *Josephus and the History of the Greco-Roman Period.* Essays in Memory of Morton Smith. 1994. ISBN 90 04 10114 4
47. URMAN, D. & P.V.M. FLESHER (eds.). *Ancient Synagogues.* Historical Analysis and Archaeological Discovery. Reprint 1998. ISBN 90 04 11254 5

STOW, K. *The Jews in Rome.*

48.1 Volume One: 1536-1551. 1995. ISBN 90 04 10463 1
48.2 Volume Two: 1551-1557. 1997. ISBN 90 04 10806 8

SIMONSOHN, S. *The Jews in Sicily.*

48.3 Volume One: 383-1300. 1997. ISBN 90 04 10977 3

URBANI, R. & G.N. ZAZZU, *The Jews in Genoa.*

48.4 Volume One: 507-1681. 1999. ISBN 90 04 11325 8
Volume Two: 1682-1799. 1999. ISBN 90 04 11326 6

CONTINUED AS SUPPLEMENTS TO THE JOURNAL FOR THE STUDY OF JUDAISM